Wilhelm Kiesselbach

Der Gang des Welthandels und die Entwicklung des europäischen Völkerlebens im Mittelalter

Wilhelm Kiesselbach

Der Gang des Welthandels und die Entwicklung des europäischen Völkerlebens im Mittelalter

ISBN/EAN: 9783743303874

Hergestellt in Europa, USA, Kanada, Australien, Japan

Cover: Foto ©ninafisch / pixelio.de

Manufactured and distributed by brebook publishing software (www.brebook.com)

Wilhelm Kiesselbach

Der Gang des Welthandels und die Entwicklung des europäischen Völkerlebens im Mittelalter

Der Gang des Welthandels

und die

Entwicklung des europäischen Völkerlebens

im Mittelalter.

Von

Wilhelm Kiesselbach.

Stuttgart.

J. G. Cotta'scher Verlag.

1860.

Seinem verehrten Freunde

Wilhelm Grafen von Reichenbach-Lessonitz

gewidmet

vom Verfasser.

Zueignung.

Lieber Freund!

Als unmittelbar nach unserer Studentenzeit die Ereig=
nisse des Jahres 1848 uns hinreichend Gelegenheit darboten,
die Stichhaltigkeit der uns überlieferten staatswissenschaft=
lichen Sätze an der Wirklichkeit zu prüfen, tauchte in jenem
glücklichen Kreise junger Männer auf Deinem waldesgrünen
Langenzell der Gedanke auf, man müsse dem „tiefen Ge=
heimniß," das, nach Shakespeare's Worte, „in des Staates
Seele wohnt," fortan auf naturwissenschaftlichem Wege bei=
zukommen trachten; und in dem darüber gepflogenen Aus=
tausche der Meinungen trat die Ansicht hervor, daß dieses
Ziel nur auf Grundlage einer Wiederdurchsicht der Völker
geschichte, als des Gesammtausdruckes aller obwaltenden
politischen Kräfte, zu erstreben sey. Damals entstand der
Plan zu dem nachfolgenden Buche, das vorerst an den social=
politischen Erscheinungen des Mittelalters die beregte Methode

verſuchen will. Sein Inhalt iſt dann in unſeren ſpäteren Geſprächen über Staat und ſtaatliche Dinge weiter aus= gebildet worden.

Demnach gehört die Anregung zu der Schrift Dir; meine Zueignung erkennt daher zunächſt nur Deinen geiſtigen Antheil an derſelben an. Und ſollte, was von der Arbeit mein iſt, wie ich kaum zu hoffen wage, einigen Werth haben; ſo wolle in der Darbringung derſelben den Wunſch bei mir erkennen, daß ich Dir mein inniges Dankgefühl für eine Freundſchaft andeuten möchte, die mir in der Tage Luſt und Leid ſo feſt zur Seite geſtanden hat.

22. October 1860.

W. Kieſſelbach.

Inhalt.

Einleitung.

Eine allgemeine europäische Handelsgeschichte hat die Menge des sich ihr zudrängenden Stoffes nur in soweit zu verwerthen, als die an das Licht geförderten Thatsachen der Gesammtwirthschaft unseres Erdtheils angehören. Sie soll in dem Rahmen der fast neunzehnhundert Jahre in sich begreifenden Massenentwicklung bloß die großen ökonomischen Hebel und ihre Einwirkungen auf die durch= gehenden staatlichen Verhältnisse darstellen, welche dann in jedem einzelnen Lande gemäß seiner räumlichen Lage, der Beschaffenheit seines Bodens, der Begabtheit seiner Bewohner und der ander= weitigen geschichtlichen Einflüsse ihre eigene Gestaltung annehmen. Denn ebenso wenig, als sich die ganze Cultur eines Volkes in ihrem Ursprunge wie in ihrem Wesen auf die Marken seines Wohnungs= gebietes beschränken läßt, indem der menschliche Geist, bei der Be= rührung der Nationen unter einander, von allen Seiten neue An= regungen erhält; ebensowenig vermag sich auch die Erfassung der allmähligen Ausbildung von Ackerbau, Handel und Gewerbfleiß und ihrer politischen Rückwirkungen etwa mit den vielleicht zufälligen Grenzen eines einzelnen Reiches abzuschließen. Das Leben auf dem

Meere bedingt vielfach das Leben auf dem Lande; und wie jetzt die See von allen Theilen der bewohnten Erde wirthschaftliche Linien zu uns herzieht, so hat sie auch gleich bei dem Eintritte der europäischen Binnengegenden in den Kreis geschichtlicher Bewegung dieselben mit Asien und Afrika in gewisse, wenn auch noch so schwache Wechselbeziehungen gebracht. Nur nachdem, wenn man so will, die kosmische Perspective festgestellt worden ist, wird man den in besonderen handelshistorischen Bildern vorzuführenden Gang des ökonomisch-staatlichen Werdens von Deutschland, Frankreich, Spanien, England u. s. w. in seiner inneren Aehnlichkeit und Verschiedenheit zu verstehen im Stande seyn.

Die Handelsgeschichte der einzelnen europäischen Länder hat aber, selbst abgesehen von der eben erwähnten nothwendigen Zurückführung auf die darin waltenden allgemeinen ökonomischen Gesetze, auch schon deßwegen einen Ausgang zu nehmen, von welchem man den ganzen Erdtheil überschaut, weil ja nach dem Untergange der alten Welt bis zum Schlusse des fünfzehnten Jahrhunderts eine scharfe Scheidung der verschiedenen Staaten in Europa eigentlich gar nicht vor sich gegangen ist. Wir erblicken bis dahin ein großes Erdreich vor uns, auf welchem viele Ackerbaufürsten herrschen, und das bewegliche Eigenthum in Städten sich einrichtet. Allein die staatlichen Individuen, als solche, hervorgegangen aus dem individuellen, genau nach Außen abgegrenzten Landbereich und dem darauf ruhenden besonderen wirthschaftlichen, politischen und culturlichen Leben, mit einem Worte: die heutigen, ihrer selbst bewußten Nationalstaaten liegen noch embryonisch unausgebildet da. Und wenn es auch für uns von vielfacher Bedeutung ist, unser jetziges Deutschland in seinen ersten Anfängen aufzuspüren, wenn wir deßhalb den geschichtlich gewordenen gegenwärtigen Begriff mit seinem Inhalte und Umfange gern in die Vergangenheit hinein= tragen, als ob er schon damals, wie gegenwärtig, bestanden hätte; so verlangt doch die innerste Erfassung des gesellschaftlich=politischen Processes gerade ein wissenschaftliches Verfolgen des allmähligen staatlichen Zusammenschließens, ein Werdenlassen des durchgeglieder= ten Flächenstaates aus dem noch in sich ungeschiedenen europäischen Staatenstoffe — und zu diesem Vorgehen, welches die Thatsachen der Geschichte geistig in ihrer Natürlichkeit nachbildet, ist gleich= falls die Arena von dem gesammten Europa erforderlich. Die Durchführung einer abgetrennten, deutschen oder französischen Han= delsgeschichte vor dem Auffinden der neuen Welt zeigt sich schon deßhalb als unmöglich, weil es bis dahin kein genau abgetrenntes, in sich national gefügtes Deutschland oder Frankreich gibt.

So will denn das nachfolgende Werk versuchen, das jetzige europäische Staatssystem aus dem Zusammenwirken der dabei thätigen ökonomisch=politischen Kräfte an der Hand der Geschichte herzuleiten. Der beliebten philosophischen Construction des Staates, als etwas von vornherein Gegebenen, soll die naturgemäße Ent= stehung und Entwicklung desselben gegenüber gestellt werden. — Nicht ohne Befangenheit überreicht indessen der Verfasser das nachfolgende Buch dem Leser. Denn obgleich er bereits vor neun Jahren in einer kleinen Schrift: „Einleitung in die europäische Handelsgeschichte" sich das Ziel gesetzt hatte, auf verschiedene öko= nomisch=politische Wechselbeziehungen in der Geschichte hinzuweisen, so verhehlt er sich doch gegenwärtig nicht, wie diese realistischen Anschauungen immer noch sehr wenige Anhänger zählen; und außerdem bleibt die Sorge übrig, die Ausführung des Werkes

möchte einer weiteren Anerkennung des eingenommenen Stand=
punkts mehr schaden als nützen. War es ja nöthig, mit der Be=
wältigung des Stoffes selbst zugleich die sich darin kundgebenden
socialen Gesetze bloszulegen.

Daß die in jener „Einleitung" gewonnenen Hauptsätze, kurz
zusammengefaßt, hier eingeflochten sind, blieb nicht zu vermeiden,
sobald der Ideengang nicht unterbrochen werden sollte; wie denn
auch der Verfasser seine Schlüsse auf die Aussprüche von Autori=
täten in denjenigen Fächern stützt, in welchen er selber nicht völlig
heimisch ist.

Der asiatische Ursprung des Welthandels.

Wer die allmählige Entwicklung der menschlichen Gesellschaft von Stufe zu Stufe verfolgt, wie das eine Geschlecht seine Erfindungen und Einrichtungen dem nachwachsenden Geschlechte überliefert, welches dann an der Verbesserung und Vervollständigung derselben seinerseits, seinen Bedürfnissen gemäß, weiter arbeitet; der kann sich auf die Dauer der Wahrnehmung nicht entziehen, daß eine jede, gegenwärtig bestehende und von unserem Denken geforderte gesellschaftliche Institution ihren Ursprung auf eine Thatsache, auf eine Angewöhnung der Menschen zurückleitet, die sich nur deßwegen durch die Jahrhunderte hin zu erhalten vermochte, weil ihr eben von vornherein ein ökonomisch-sociales Gesetz innewohnte, welches erst allmählig erfaßt und dann selbstbewußt ausgebildet ward. Daher ist es auch so sehr schwierig, gerade die untersten Ansätze des Gesellschaftsthums geschichtlich zu erkennen. Dieselben treten ohne Wissen der Menschen ins Leben ein; sie haben meistens schon eine lange Zeit bestanden, ehe das menschliche Nachdenken sich daran wagt, sie in ihrem Wesen und in ihrer Natürlichkeit zu begreifen. Sobald sie indessen einmal begriffen sind, neigt sich der Erdensohn nur gar zu gern zu dem Glauben hin, er habe sie nun auch in freier Willensbestimmung gemacht, während sie doch in Wirklichkeit thatsächlich nach und nach wurden.

Am schärfsten möchte aber wohl das eben berührte Ergebniß social-historischer Betrachtung bei der Frage nach dem Ursprung des

Metallgeldes hervorspringen. In der heutigen Welt versteht sich
der Umlauf von Münze so sehr von selbst, daß es ihr schwer fällt,
sich einen gesellschaftlichen Zustand vorzustellen, welchem dieser
Tauschträger von Eigenthum und Arbeit mangelt. Sie wird daher
leicht zu der Annahme verleitet, die Menschen hätten einst in rich=
tiger Erkenntniß von der Nothwendigkeit des Geldes nach einem
entsprechenden Stoff gesucht, aus welchem sie Geld schlagen könnten,
und dann die allgemeine Verabredung getroffen, daß dazu Gold
und Silber am besten geeignet seyen. Die Härte und Dauerhaf=
tigkeit, die gleichförmige Beschaffenheit, Schmelzbarkeit und äußere
Schönheit des Edelmetalls wären demgemäß der Grund gewesen,
warum dasselbe von dem Menschengeschlechte selbstbewußt zum all=
gemeinen Umlaufsmittel erhoben worden ist. Allein diese Annahme
setzt nicht nur voraus, daß der Begriff Geld der Beschaffung des
Geldes vorangegangen, sondern sie beraubt auch die Geschichts=
schreibung der Veranlassung, in der Beantwortung der Frage nach
dem Ursprunge des Metallgeldes einen der Hauptfäden bloszulegen,
an welche das bunt verflochtene Gewebe des Völkerlebens seine
Maschen seit uralter Zeit geknüpft hat und noch knüpft.

Da das Wesen des Geldes, ganz abgesehen davon, aus wel=
chem Stoffe es verfertigt wird, darin besteht, daß eine allgemein
beliebte Waare zwischen den unmittelbaren Austausch tritt, indem
auf ihren Werth der Werth alles Eigenthums und aller Arbeit
abgeschätzt wird; so haben innerhalb abgesonderter kleineren Wirth=
schaftsbereiche zu allen Zeiten verschiedene vielgesuchte Sachgüter
den Dienst des Geldes versehen. Zum Beispiele führten die Ent=
decker-Amerikas unter den Ureinwohnern der neu eroberten Reiche
Glasperlen, Nägel und Beile als Umlaufsmittel ein. Marco Polo
berichtet, daß in Tibet von den Tartaren Korallen zu demselben
Zwecke benutzt wurden. Am Jrawaddi gebrauchte man Salzkuchen
dazu und in Yunan die kleine Porzellanmuschel, nach welcher die
weiße Thonerde diesen Namen erhalten hat. Das vielfach genannte
Kaurigeld ist ohne Zweifel dadurch entstanden, daß jene Muscheln
ursprünglich als Verzierungen verwendet wurden, wie man selbst
noch bei uns hie und da Pferdegeschirre damit besetzt sieht. Ferner

erzählt Cortez in seinem zweiten Briefe, daß die alten Mexikaner Cacaobohnen wegen der Beliebtheit dieser Frucht als Scheidemünze annahmen. In Virginien gingen im vorigen Jahrhunderte, in Ermangelung von Gold und Silber, Päckchen Tabak als Geld von Hand zu Hand; auf Island war bis 1752 kein Thaler Geld im Umlauf. Statt dessen dienten seinen Bewohnern getrocknete Fische, der Hauptgegenstand ihrer Ausfuhr, indem dieselben für sie ein allgemeines Maß der Preise abgaben; und die venetianischen Glasperlen (la conteria di Venezia) gelten in Senar und Nubien noch heute als Münze. Wollen wir also der Lösung der Frage, auf welche Weise Gold und Silber zu der beliebtesten Waare und demnach zum Stoff des Weltgeldes geworden sind, jetzt näher rücken, so haben wir den Ursprung und das Wesen des beginnenden Welthandels selber zu untersuchen.

Das Leben des sogenannten klassischen Alterthums gehört räumlich wie wirthschaftlich einzig der Thalatta an; wenn wir unter derselben, außer ihren beiden „Kammern" östlich und westlich von Sicilien, gleichsam als dritte Abtheilung noch den Pontus Euxinus sammt dem Mäotischen See begreifen wollen. In der gegenseitigen Berührung der drei Erdtheile auf dem mittelländischen Meere, um welches nach Plato's Ausdruck: „die Menschen gleich Fröschen um den Sumpf saßen," baut die kleine alte Welt sich auf — ihre Geschichte ist eine Küstengeschichte der Mittellandsee. Die heutige europäische Bildung, die nun über den ganzen Erdball mit seinen sieben Millionen Quadratmeilen Wasser hinfluthet, leitet sich in ihrer Quelle somit auf ein Seegebiet zurück, welches, sobald man die geographischen Kenntnisse der Griechen im Auge behält, kaum vierzigtausend Quadratmeilen umfaßt. Denn die aus dem Innern Asiens mit der Sonne nach dem Westen ziehende Völkerbewegung vertheilt sich, am Gestade der Thalatta angekommen, zunächst rechts und links über die beiden Ufer des zwischen Europa und Afrika gelegenen Wasserbeckens; und erst nachdem hier die ökonomischen und staatlichen Kräfte sich durchgearbeitet haben, dringt, meistens in Folge von Eroberungen, der Handel und damit die Kultur stellenweise tiefer in die Hinterländer ein. Aber wenn auch Griechenland und Italien mit ihrem einstigen Sonderleben einen so gewaltigen Einfluß auf unsere nordeuropäische Entwickelung in Kunst, Philosophie und Recht ausgeübt haben; so soll man sich dessenungeachtet nicht verleiten lassen, die Gebiete Beider überhaupt für die bedeutendsten Länder der alten Welt anzusehen. Von Indiens reich ausgestatteten Gefilden vielmehr verbreitet sich der Verkehr in großem Zusammenhange nach und nach über Vorderasien und Aegypten, die Balkan- und die Apenninische Halbinsel, Rußland, Nordafrika, Gallien und Spanien, um in sagenhaften Ausläufern an den Zinneilands und den cimbrischen Bernsteinwatten zu enden. Alle Völker, welche an demselben Theil nehmen, haben zusammen die aus einer Wurzel herrührende Bildung des Alterthums weiter entwickelt; wenn schon ein jedes von ihnen sich dabei in seinem Sonderwesen geltend macht. Und man wird darum nur dann das gesammte internationale Leben der alten Welt richtig erfassen, sobald man es unter die Gesichtspunkte der einzigen großen Handelsconjunktur bringt, welche die Mutter des Gold- und Silbergeldes ist, und bis zur Zeit Vasco de Gama's und Columbus' die Menschheit beherrscht; ja, die auch heute noch eine große Macht auf die über den Erdball verzweigte Arbeitsgliederung äußert.

Die flüssige Bahn ist von jeher die bequemste Straße des Großverkehrs gewesen. Wie nämlich gegenwärtig die Fracht für einen Sack Kaffee auf der zehntausend Seemeilen langen Strecke von Rio Janeiro nach Triest kaum einen Gulden beträgt, dagegen die Weiterführung desselben Sackes von der Adria bis nach Wien, trotz Heerwegen und Eisenbahnen schon das Doppelte kostet; so haben auch vor Alters die bei der Fuhre zu überwindenden Schwierigkeiten auf den Preis der Handelsgüter wesentlich zurückgewirkt, oder, was auf das Gleiche hinausläuft, die Richtung angezeigt, welche die Waaren bei der Versendung nach ihrem Bestimmungsort einschlugen — der billigste Weg mußte schließlich den Vorzug gewinnen. Die in ihrer wirthschaftlichen Ausbildung mit den jetzigen Verhältnissen nicht zu verglichenden Zustände des Alterthums ließen zwar damals die ökonomischen Gesetze nicht in der heutigen Schärfe heraustreten, welcher zu Folge in unserm neunzehnten Jahrhunderte der äußerst empfindlich gewordene Großverkehr sogar Stunden und Groschen mit in Rechnung zieht. Allein in diesem eben berührten Umstande liegt — so hoch auch immer die Bedeutung des östlichen Karawanenhandels im Alterthume anzuschlagen seyn mag — doch gewiß die Ursache, daß an der schmalsten Landstrecke zwischen dem indischen Meere und seinen beiden Vorzungen, dem persischen und arabischen Golf, einerseits, und der mittelländischen See andererseits, daß in Phönicien und später in Aegypten einst die allgemeinen asiatisch=europäischen Emporien entstanden sind, und selbst in der Gegenwart ein großer Theil der drei alten Erdtheile in der orientalischen Frage den Angel findet, um welchen sein Geschick sich dreht. Wir müssen deßhalb, um zu dem Ursprung des Metallgeldes zu gelangen, die Eigenart des Austausches zwischen Asien und Europa an und für sich darlegen, wie er durch die Vermittelung der Phönicier getrieben ward.

Die südlichen Theile Asiens, das heutige Persien und Ostindien, waren bis zu der Uebermacht der jetzigen englischen Maschinenfabrikation für sich abgeschlossene, in wirthschaftlicher Hinsicht von außen fast völlig unabhängige Reiche. Im Besitze der Grundnahrungsstoffe, der Getreidearten, wie auch der feinsten Leckereien für den menschlichen Gaumen, der edelsten Früchte, der ausgesuchtesten Gewürze und zugleich reichlich gesegnet mit all den Fasern, deren der Mensch zur Kleidung und häuslichen Einrichtung bedarf, hat die Wiege unseres Geschlechtes so gut wie gar keine fremde Zufuhr nöthig. Indien ist ja im Alterthume das Hauptbezugsland für Reis und Baumwolle; es bringt Waizen, Gerste, Hirse im Ueberfluß hervor. Ferner gehören ihm eine Menge Gemüse ursprünglich an, von denen z. B. Alexander die Schwertbohne und Gurke nach Griechenland verpflanzte; Sesamöl, Lein, Hanf und Wolle bilden seine Massenwaaren. Dazu kommen das Teak= und Ebenholz, das Bambusrohr, der Feigenbaum, die Banane, die Dattel= und Cocuspalme; weiter: das Zuckerrohr, aus welchem schon die Indier selber den im Alterthume bekannten Syrup kochten; Orangen, Limonen, Tamarinden, Indigo, Pfeffer, Zimmt, Ingwer, Sandel= und Myrrhenholz. Ueber Indien wurden Muskatnüsse, Nelken und Kampher bezogen. Das Thierreich stellt dazu den Elephanten, den

Büffel und den Seidenwurm, und der Boden enthält außer Eisen, das frühe zu Stahl verarbeitet ward, außer Kupfer und Blei noch viele kostbare Edelsteine, namentlich Diamanten, welche bis zur Entdeckung Brasiliens bloß aus Indien geholt werden konnten. Der Süden Asiens besitzt demnach an Naturerzeugnissen so ziemlich alles, was das Menschenleben zu seiner Erhaltung und Verfeinerung bedarf — diesen Gegenden fehlt eigentlich nichts als Gold und Silber; edle Metalle sucht man in den Gebirgen südlich vom Himalaya vergebens.

Was vermochten indessen die umwohnenden Völker den Persern und Indern etwa für ihre Sachgüter darzubieten? Welche Ergänzungen des materiellen Lebens hatten sie, zumal in jenen Zeiten, wo bei dem mangelhaften Zustande der Schifffahrt, bei der Beschränktheit des Karawanentransportes Massenwaaren nicht versendet wurden, für die verführerischen Erzeugnisse des asiatischen Südens, des Landes Ophir, entgegen zu geben? Schmuck, hauptsächlich Schmucksachen! Unter einem reichen Volke, bei welchem die gewöhnlichen Anforderungen des Daseyns bereits vollständig befriedigt sind, entsteht alsbald das Verlangen nach Pracht, nach Verzierung des Körpers und seiner Umgebung; und solchem Begehren bieten die glänzenden, allein in gediegenem Zustande vorkommenden, leicht zu bearbeitenden edlen Metalle den nächsten Anhalt dar. So wenig aber es uns heutzutage in den Sinn kommen kann, zierlich geformte Porzellangefäße, wie sie ein Theil der gebildeten Bevölkerung bei uns zu brauchen liebt, plötzlich zu einem Umlaufsmittel zu ernennen, ebenso wenig vermochten die Perser und Inder für sich darauf zu verfallen, daß sie aus den silbernen oder goldenen Geräthen, deren sie sich bedienten, Werthzeichen verfertigten. Der wohlhabende Mann am Ganges oder Indus kaufte vielmehr mit dem Ueberschuß seiner Ernten, mit den von ihm nicht verbrauchten Früchten oder Kleidungsstoffen die blanken Geschirre von außen ein; ihm war, was das nächste Bedürfniß des Lebens bedingt, Nahrung und Kleidung, der natürliche Urstand ward ein Handel. Allein da die außerhalb Indiens vorhandenen Menschen gegen den von ihnen begehrten indischen Ueberschuß wenig anderes abzusetzen hatten, als die dort beliebten edlen Metalle, und in Folge dessen es sich nach und nach in weiteren Kreisen herausstellte, daß die feinen indischen Gewebe und Gewürze, die Hauptartikel des damaligen Weltverkehrs für Gold und Silber feil wären, ward beides für alle Nationen, je nachdem sie in den Handel mit Indien hineingezogen wurden, allmählig, wegen der nun seinerseits hervortretenden Wichtigkeit im zwischenländischen Austausche, der künstliche Werthmesser aller Gegenstände.

Die ökonomische Wissenschaft erfaßt jetzt das Geld in seinem Doppelwesen als Waare und als Umlaufsmittel zugleich — niemand wird dem so gegliederten Begriffe widersprechen wollen. Das auf dem Erdboden als Geld rollirende Gold und Silber ist zunächst Waare, deren Werth, deren Verhältniß zu den andern vorhandenen Sachgütern sich in erster Linie nach der zu seiner Gewinnung verwandten Arbeit, nach den Gestehungskosten richtet; und selbst in seiner Form als Geld nimmt es neben solcher allgemeinen auf dem Stoffe beruhenden Waareneigenschaft außerdem noch im Besondern den Charakter der Waare an, indem es in seinem Wesen als Umlaufs-, als Verbindungsmittel der schaffenden Kräfte, den überall herrschenden Gesetzen von Angebot und Nachfrage unterliegt. Aber auch in den anfänglichen Zeiten seiner Existenz mußte das Metallgeld alsbald unter diesem zwiefachen Gesichtspunkte erscheinen. Zeigte es sich erst in weiteren Kreisen, daß man gegen die Waare Gold und Silber im Welthandel die Hauptartikel erhalten konnte; so ergab sich die Bemessung des einzelnen Stückes nach seiner Größe und Schwere so ziemlich von selbst. Lange Zeit hindurch mochte vielleicht diese Bemessung jedesmal bei einem Besitzwechsel des Edelmetalls mit einer Wage vorgenommen werden. So wog Abraham, als er die Höhle Machpela zu seinem Erbbegräbniß kaufte, dem Ephron die Kaufsumme dar, nämlich 400 Sekel Silber, von einer Mischung, wie sie im Verkehr gang und gäbe war. Auf die Dauer mußte man jedoch auf den Ausweg gerathen, daß statt des jedesmaligen Wägens ein für allemal in ein Stück Gold oder Silber sein Gewicht eingeschrieben ward, oder was das Nämliche ist, daß nach einem vorher bestimmten Gewichte die verschiedenen Stücke zurecht geschnitten oder gegossen wurden. Auch heute werden unsere Münzen, wie selbst ihre Namen oft noch anzeigen, auf ein Ge= wichtmaß zurückgeführt; sie sind nichts anderes als Metallstücke, für deren richtigen Gold= oder Silbergehalt der Staat mit seinem darauf gesetzten Wappen Bürgschaft leistet.

Wenn nun wirklich die Völker des Alterthums in dem Ein= tauschen der indischen Naturerzeugnisse gegen die, am Ganges zu Schmuck verwandten, edlen Metalle nach und nach lernten, Gold und Silber als Werthmesser für alle ihre übrigen Sachgüter zu betrachten; so sind es also natürlicher Weise auch eben diese be= nachbarten Nationen und nicht die Inder gewesen, welche zuerst Gold= und Silberstücke von bestimmter Größe und Schwere geformt, d. h. Münzen geprägt haben. Denn nicht die Bewohner jener reichen indischen Länder selbst wurden zum Handel mit dem Aus= lande angereizt; die Fremden holten vielmehr ihren Bedarf in Indien ab. Und bloß bei ihnen konnte daher das Edelmetall als einzig mögliche Gegengabe bei dem Eintausch der begehrten indischen Waaren zuletzt die höchste Stelle in ihrem Güterleben einnehmen; während die Inder noch Jahrhunderte lang fortfahren mochten, Gold und Silber bloß zur Befriedigung von Prachtgelüsten zu ge= brauchen. Mit dieser Schlußfolgerung stimmen aber die Aufzeich= nungen der Geschichte vollständig überein. So hebt es Lassen in seiner indischen Alterthumskunde besonders hervor: „Der Trieb, fremde Länder zu besuchen, scheint sich nie bei den Indern ent= wickelt zu haben. Sie hatten frühe eine Abneigung gegen das Verlassen ihres Vaterlandes und das Wohnen im Auslande; nur des Gewinnes wegen setze man sich den Gefahren des Meeres aus." Und gleichfalls sagt der genannte Gelehrte ausdrücklich: „Die Kunst, Münzen zu prägen, ist höchst wahrscheinlich nicht von den Indern selbst erfunden; die indischen Könige nahmen vielmehr den Gebrauch der geprägten Münzen von den fremden Königen an, welche sich indische Gebiete unterworfen hatten. Die alten Münzen der Satrapa= könige bezeugen durch ihre Schönheit eine Vertrautheit der Verfer= tiger mit griechischer Kunst." Die älteste aller bekannten indischen Münzen gehört dem Könige Agnimitra an, der 177 v. Chr. zur

Herrschaft gelangte; so daß erst anderthalb Jahrhunderte später, als Darius die Dariken (Goldmünzen von großer Feinheit, auf denen ein Bogenschütze abgebildet war) hatte schlagen lassen, die Bewohner Indiens ihrerseits begonnen haben müssen, nach dem Muster anderer Völker gleichfalls Geldstücke für den Verkehr herzustellen. Unter der persischen Herrschaft lieferten deßhalb auch die Inder, wie Herodot bemerkt, ihre jährlichen Abgaben in unverarbeitetem Golde an den königlichen Schatz ab, während alle übrigen Provinzen des Reiches die Steuern in Silbergelde zahlten. Noch Pausanias weiß nicht anders, als daß die Inder, obwohl sie Gold und Silber im Ueberfluß besitzen, doch nicht den Gebrauch des Münzprägens verstehen, sondern nur Tauschhandel treiben. Sogar während der römischen Weltherrschaft hatten die Inder noch wenig selbstgemünztes Geld; der größte Theil ihrer Umlaufsmittel wurde ihnen von den alexandrinischen Kaufleuten zugeführt; wie namentlich zur Zeit des Periplous viele Münzen des Menandros und Apollodotos in Indien gang und gäbe waren.

Die eben kurz zusammengefaßten geschichtlichen Anhaltspunkte werden nun wohl schon genügen, um den Satz, daß im Verkehr mit Indien die angrenzenden Völker allmählig daran gewöhnt worden sind, Gold und Silber zum Geldstoffe zu erheben, einigermaßen außer Frage zu stellen. Verbindet man indessen mit jenen, aus dem indischen Leben entnommenen, Thatsachen einen Hinblick auf die gesammte örtliche Ausbreitung und geistige Entwicklung des asiatischen Völkerlebens; so scheint der angenommene Ursprung des Gold- und Silbergeldes vollends zur geschichtlichen Gewißheit zu werden. Nöth in seinem Werke „Geschichte unserer abendländischen Philosophie" weist es nach, wie sich die alte bactrische Religion mit ihren Göttern über ganz Vorderasien ausgegossen hat und darauf von den Pelasgern und Tyrrhenen, diesen phönicischen Stämmen, getragen, nach Griechenland und Italien übergesiedelt ist. Nicht die eingeborenen Bewohner Indiens, sondern die im Nordwesten an Indien grenzenden Völker sind es also gewesen, die zuerst eine siegreich um sich greifende Kultur entwickelten. Sehen wir es nun aber heutzutage noch überall unleugbar vor uns, daß die größere wirthschaftliche Rührigkeit und Thätigkeit einer Nation durch die sie begleitende Erweckung der verschiedenartigsten menschlichen Kräfte auch unausbleiblich eine höhere Geistesbildung ihrer Angehörigen zur Folge hat, bemerken wir dann ferner, wie kulturlich überlegene Staaten in ihrem Verkehr mit roheren Stämmen auf dieselben ihre Sprache, ihre Sitten und Gebräuche vielfach überpflanzen, und erwägen wir schließlich, daß es immer das Interesse ist, welches die Masse der Menschen zu dauernden körperlichen und geistigen Anstrengungen treibt; so klären sich die Ursachen der frühen Entwicklung Bactriens und der weiten Verbreitung dieser Bildung alsbald auf. Im Güteraustausch mit dem reichen Indien stählten nämlich die ärmeren Bewohner der nordwestlichen Hochebenen zuerst ihre eigene Kraft. Sie theilten darauf ihre selbstständigen kulturlichen Errungenschaften den bei ihrem Ueberflusse in glücklicher Ruhe und Sorglosigkeit hinträumenden Menschen am Indus und Ganges mit, von denen sie die Erzeugnisse des Südens gegen das Gold ihrer nördlichen Gebirge einhandelten. Und indem sie in dem Begehr nach indischen Waaren südostwärts immer mehr vordrangen (da der Sage nach die im Alterthume bekannten Hindu's nicht die Ureinwohner des vorderen Länderdreiecks sind, sondern eben aus dem nordwestlichen Gebirge, vom Berge Meru, dem „Mittelpunkte der Erde," einwanderten), vergrößerte sich zugleich im Westen der Kreis der Völker, bei welchen sie die erlangten tropischen Produkte ihrerseits wieder absetzten. Die bactrische Kultur zog demnach gleichzeitig nach Morgen und Abend über die Länder hin, auf ihren Wegen einzig von der Karawane oder dem Schiff des Handels getragen. Röth sagt: „die Indier wie die Bactrier nennen sich Arier; ihre Sprachen, das Zend und das ältere Sanskrit, sind so nahe verwandt, daß nur eine Dialektsverschiedenheit zwischen ihnen stattfindet, und beide Völker erscheinen in ihren heiligen Büchern als Ackerbau treibende Hirtenvölker" — die ja alle Bedingungen des Karawanenhandels in sich vereinen.

Man muß nur bei der Betrachtung der altasiatischen Völkerverbindung und ihrer Ausbreitung nach Westen sich nicht etwa auf den Zeitraum beschränken, innerhalb dessen das hellenische Leben sich abspinnt. Ist der Erdkörper, wie die Geologen versichern, viele Millionen Jahre alt, weisen ferner die asiatischen Bautrüm= mer auf eine Reihe von Jahrtausenden menschlicher Thätigkeit zu= rück, die sich sogar nicht einmal in die Grenzen der mosaischen Schöpfungsgeschichte einzwängen lassen; so dürfen wir auch nicht mit dem Maßstabe historischer Ueberlieferungen an den Beginn der Menschheit treten, welche zur Ausarbeitung einer Sprache, zur Ausbildung der untersten Lebensbegriffe, zur Erfindung der Schrift und gar zur Aufzeichnung von Thatsachen aus dem Völkerdaseyn vielleicht einer ebenso langen vorgeschichtlichen Frist bedurfte, als wir heute selbst bei dem weitesten Ausgreifen in die Vergangenheit geschichtlich zu überschauen vermögen. Wann der Verkehr Bactriens mit dem Süden und dem Westen begonnen hat, läßt sich nicht bestimmen. Ein bemerkenswerther Umstand aber dürfte die For= schung veranlassen, den Anfang desselben in die grauesten Tage des Alterthums zu versetzen.

Die Naturhistorie hat es nämlich längst hervorgehoben, daß für Waizen, Roggen, Gerste, Hafer, für Reis und Mais selbst die sorgfältigsten Untersuchungen der Reisenden noch keine wirkliche Heimath haben entdecken können. „Man findet sie," bemerkt Schlei= den, „entweder angebaut oder unter Verhältnissen, welche sie offen= bar als verwildert erscheinen lassen. Ueberall weist aber Sage und Geschichte darauf hin, daß die Völker sie von ihren östlichen Nach= barn erhielten, bis endlich der Mythus in der Nacht der fernsten Vergangenheit sich auf dem Plateau von Hochasien verliert. Hier scheinen unsere Kornarten ursprünglich einheimisch gewesen zu seyn, und vielleicht sind gerade die letzten Erhebungen dieses Erdbuckels daran Schuld, daß sie in diesem ihrem ursprünglichen Vaterlande ausgestorben sind. Selbst Indien empfing von hier den Waizen. Die Sanskritsprache hat kein eigenes Wort für ihn, sondern be= zeichnet ihn als mlĕk hâça, „Barbarenessen". Die Hände der Men= schen haben demnach die Grundnahrungsstoffe aus der Pflanzenwelt einst aus ihrer mittelasiatischen Heimath über die Erde verbreitet, natürlicher Weise im Verkehre unter einander ... und muthmaßlich

fällt eben dieser Vorgang mit den ersten Regungen des bactrisch=
indischen Welthandels zusammen, welcher das punctum saliens der
uralten Völkerbewegungen bildet. Es darf uns daher auch nicht
im mindesten verwundern, wir müssen es vielmehr geradezu er=
warten, daß sich im Alterthume die indischen Bezeichnungen für
die von Osten kommenden gangbarsten Waaren in den Sprachen
der westlichen Völker in ähnlicher Art antreffen lassen, wie das
heutige Europa z. B. eine Menge altmexikanischer Namen für ver=
schiedene Colonialprodukte in das kaufmännische Leben herüberge=
nommen hat. So ist das griechische Wort für Pfeffer πέπερι,
lateinisch piper, aus dem sanskritischen pippalî entstanden; Hip=
pokrates erwähnt es, daß die Griechen dieses bei ihnen so beliebte
Gewürz zuerst von den Persern bezogen. Der indische Namen
karpâsa, Baumwolle, griechisch κάρπασος, ist ohne Zweifel ebenso
zugleich mit der Sache den Griechen durch die Phönicier zugeführt
worden, und umgekehrt findet sich die Bezeichnung für das schon
bei Homer vorkommende Zinn κασσίτερος, welches Indien während
des ganzen Alterthums aus dem Westen bezog, in dem sanskritischen
kastiram so unverkennbar wieder, daß sich schon allein darauf,
ohne allen andern geschichtlichen Anhalt, der Nachweis einer früh
vorhandenen Handelsverbindung zwischen Indien und der kleinasia=
tischen Küste begründen ließe.

So ungemein anziehend es jedoch auch für den Historiker
bleibt, die Entwicklung der asiatischen Kultur in Verbindung mit
der Entfaltung des Verkehrslebens näher zu verfolgen; hier liegt
es uns nur ob, einige für den behandelten Gegenstand, den Ur=
sprung des Metallgeldes maßgebende, Gesichtspunkte hervorzuheben.
Deßwegen begnügen wir uns, in Betreff der Richtungen, welche
der indische Waarenstrom westwärts einschlug, darauf hinzuweisen,
daß er zu Lande seinen nächsten Stapel in dem Gebirge des Paro=
misus fand. Denn dort ward nicht allein die noch jetzt so berühmte
Schaf= und Ziegenwolle gewonnen, deren Gewebe als Rückfracht
nach Indien gingen, sondern auch Gold gegraben. Und dieser
in Schachten betriebene Bau auf das gelbe Edelmetall, welcher sich
ja von der sonst bei den Alten üblichen Gewinnung desselben durch

Waschen im Sande eines Flußbettes auffallend unterscheidet, mag wohl bei den entfernten, phantasiereichen Indern die Sage von den Greifen geboren haben, die tief unten in großen Erdhöhlen das Gold bewachen, während es in andern Gegenden in Gestalt von Körnern (pipilika) von den Ameisen (Arimaspen) zusammengetragen wird. Wie aber der Hindu-Khu wegen seines Goldreichthums zu Lande den ersten Zwischenmarkt für die indischen Güter abgab; so trat zur See der goldgesegnete Strich an der Ostküste Afrika's, das später sogenannte Sofala, sehr frühe mit dem Ganges- und Indus-thale in geschäftliche Beziehungen. Beide Wege trafen dann von Indien aus für den Westen in Mesopotamien zu Babylon und Niniveh zusammen und machten so das von den Abyssiniern unter dem „Gotte" Dannes ursprünglich colonisirte Nomadenreich zwischen den beiden Flüssen zu dem eigentlichen Weltemporium des Alterthums. Dadurch wird eben in dem bezeichneten Gebiet eine Völkervermischung eingeleitet, welche nicht nur der biblischen Sage von der Sprach-verwirrung bei dem Bau des babylonischen Thurmes, der hohen chaldäischen Sternwarte, einen geschichtlichen Hintergrund darbietet, sondern sich auch in kultnrlicher Hinsicht deutlich genug ausge-sprochen hat. „Der Schauplatz, auf dem die Entwicklungsgeschichte unserer abendländischen Philosophie spielt," sagt Röth, „zerfällt in drei große Ländermassen, die Wohnsitze dreier verschiedenen Völkerstämme mit eigenthümlicher Sprache, Schrift und Gesittung. Der eine dieser Stämme bewohnte Mittelasien vom Indus an zwi-schen dem persischen Meerbusen und dem kaspischen Meere: Kara-manien, Persien, Bactrien, Medien, Assyrien, Armenien, bis her-über nach Kleinasien zwischen dem mittelländischen Meere: Kappa-docien, Lydien, Bithynien. Wir wollen ihn, weil die bedeutendsten dieser Völker, die Meder und die Bactrier, den Gesammtnamen Arier führten, den arianischen nennen. Mit diesem Volksstamme waren nach Osten die Inder, nach Westen die ältesten Bewohner von Griechenland und Italien verwandt. Der zweite Stamm hatte die Länder zwischen dem persischen und arabischen Meerbusen inne: Arabien, Mesopotamien und insbesondere Babylonien, Syrien, Phönicien, Palästina. Man ist übereingekommen, ihn, obgleich unrichtig, den semitischen Stamm zu nennen. Der dritte Stamm bewohnte die afrikanischen Länder längs dem Nil: Aegypten und das südlicher von Aegypten gelegene Aethiopien. Die Sprachen der arianischen Völker: das Assyrische, Medische, Persische, Bac= trische u. s. w. sind sämmtlich nahe verwandt und gehören nach den erhaltenen Resten zum indogermanischen Sprachstamme. Das Aegyptische bildet ebenfalls einen eigenthümlichen selbstständigen Sprachstamm. Zwischen beiden in der Mitte stehen die Sprachen der sogenannten semitischen Völker, die, obwohl zu einer eigenen grammatischen Ausbildung gelangt, in vielen Beziehungen sich an den äthiopisch=ägyptischen anschließen und dagegen vom indogerma= nischen bedeutend abweichen." An der Hand der geographisch=wirth= schaftlichen Verhältnisse klären sich die geschichtlichen Thatsachen, welche ganze Völker berühren, am leichtesten auf.

Faßt dergestalt Babylon die von Osten und Süden zu ihm herübergespannten ökonomischen und kulturlichen Fäden in seinen Mauern zusammen, so strahlt es nach Westen in noch reicherer Weise seine befruchtenden Einwirkungen aus. Die Töne babyloni= scher Priesterweisheit klingen auf dem Gebiete der Religion und Philosophie in der ganzen thalattischen Welt während des Alter= thums wieder; und nicht minder beruht das gesammte Maß=, Münz = und Gewichtssystem der westlichen Völker von den Syrern an bis zu den Römern hin auf den ursprünglich zu Babylon fest= gesetzten Eintheilungen. Anfänglich mochten wohl die Chaldäer, diese von der See eingewanderten abyssinischen Conquistadores, ihre genauen Maße nur für ihre astronomischen Forschungen, die Haupt= stütze ihrer hierarchischen Macht, gebraucht haben. Bald indessen forderte das mannigfaltiger werdende wirkliche Leben die Verwen= dung jener Technik auch für seine Bedürfnisse. Nach Böckh's und Dunker's Untersuchungen war die Grundlage der babylonischen Gewichte und Maße das Talent, ein Würfel Regenwasser von 822,000 Pariser Grammes (ungefähr 92 Pfund unseres Gewichtes), das in 60 Minen getheilt wurde. „Die Phönicier nahmen dieses Gewicht an, wie die Hebräer, welche das Talent Kikar (Scheibe) nannten und jede Mine wieder in 50 Sekel theilten, so daß das

Talent 3000 Sekel (σίγλοι) hatte. Von den Phöniciern kam dieses
System zu den hellenischen Städten in Kleinasien und auf die
Inseln; von diesen in das Mutterland, wo zuerst 750 v. Chr. zu
Argos und Aegina nach babylonischem Gewichte halbe Sekel, Drach=
men, ausgeprägt wurden, 6000 Stück auf das Talent, das dem
babylonischen gleich war. Aber die euböischen Städte Chalcis und
Eretria, welche in der älteren Zeit vorzugsweise mit den Colonien
in Asien im Verkehr standen, setzten das babylonische Talent um
ein Sechstel des Gewichtes herab (auf etwa 78 Pfund); und als
Solon später eine Umwandlung des Münzfußes in Athen vornahm,
reducirte er das babylonische Talent auf drei Fünftel seines Ge=
wichtes (56 Pfund). Das Gewicht des Talentes bestimmte auch
die Längenmaße der Chaldäer. Die Quadratfläche jenes Wasser=
kubus maß an jeder Seite eine babylonische Elle (234 Pariser
Linien), zwei Drittheile derselben war der babylonische Fuß, dessen
sich auch die Perser bedienten. Die Aeginäer gaben dem griechischen
Fuß nur 136 Linien, weil sie neben dem Talent die Gewichtsein=
heit eines Kubus von 40 Minen oder 80 Pfund aufstellten. Das
äginäische Pfund, das mit den griechischen Ansiedlungen nach Si=
cilien und Unteritalien kam, setzte endlich Servius Tullius in Rom
um ein Zehntel herab, wodurch auch das römische Längenmaß um
den fünfundzwanzigsten Theil kürzer wurde als der griechische Fuß."

Der ökonomisch=kulturliche Zusammenhang Südeuropas mit
Asien während des Alterthums, welchen wir so eben in einige ein=
zelne Erscheinungen verfolgt haben, wird aber anfänglich von den
Phöniciern eingeleitet und auch später lange Zeit hindurch von
ihnen hauptsächlich unterhalten. Die bereits oben mit wenigen
Strichen gezeichnete ungemein günstige Weltlage Syriens mußte auf
die Dauer seine Bewohner unausbleiblich zu Vermittlern in dem
asiatisch=europäischen Güterleben machen; und wenn es der Handel
ist, welcher zuerst die Menschen in größerer Menge veranlaßt, ent=
fernte Gegenden aufzusuchen, so darf man mit ziemlicher Gewißheit
annehmen, daß die westlichen Fahrten der Phönicier zugleich die
Keime einer höheren Bildung an den Rändern des mittelländischen
Meeres ausgelegt haben. Ob und wann dabei die Sidonier, „die

Fischer," wirklich von den beiden kleinen Inseln des persischen Busens, Tylos und Aradus, an das Gestade unter dem Libanon übergesiedelt sind, bleibt unter solchen Gesichtspunkten gleichgültig; die weltgeschichtliche Bedeutung der Kenaani (der Bewohner der Meeresküste), beginnt erst, als „Jupiter die Europa nach Kreta führt," d. h. als sie neben ihren östlichen Beziehungen ihre Verkehrslinien nach dem Westen auszuspannen — ehe die Phönicier auf der Thalatta erscheinen, haben die Ufer derselben keine Geschichte. Die Handelshistorie ist deßhalb auch keineswegs darüber verwundert, daß sich in den Religionsanschauungen von Griechenland und Rom so viele syrische Anklänge wiederfinden. „Die Götter," sagt Movers, „welche die Phönicier als die Erfinder ihrer Industrie, ihrer Schifffahrt und ihres Handels verehrten, und unter deren Schutz und Segen der Weber, der Purpurfärber, der Metallarbeiter, der Fischer, der Kaufmann seine Bemühungen stellte, begleiten sie auch in die Fremde, wohin sie ihre Kunst und ihre Beschäftigung verpflanzen. Die Athene, welche in Griechenland der Webekunst, Aphrodite und Herkules, welche der Purpurfärberei vorstehen, Hephästos als der Gott der Schmiede und der Künstler, die kabirischen Dioskuren als die Beschützer der Seefahrten, Hermes als der Gott der Schreibekunst, der Schreiber und des Handels, sind in diesem ihrem Charakter ursprünglich ebenso gewiß phönicisch, als diese Künste oder Beschäftigungen im Gebiete des phönicischen Handels und der phönicischen Schifffahrt zuerst nach Griechenland gekommen sind." Was indessen die Phönicier außer den religiösen Vorstellungen und der Kenntniß der „phönicischen Zeichen," der Schreibekunst, den Umwohnern des mittelländischen Meeres noch mittheilen, ist der Gebrauch des Metallgeldes. Denn bei keinem Volke der vorchristlichen Zeit prägt sich die große Handelsconjunktur der alten Welt, welcher das Gold- und Silbergeld seinen Ursprung verdankt, so deutlich aus, als bei den phönicischen Zwischenhändlern. Im Gegensatze zu ihrem östlichen Verkehr mit den meistens über Babylon bezogenen indischen Waaren suchen sie nämlich, neben dem Betriebe ihrer eigenen Gewerbthätigkeit, im Westen überall vorzugsweise nach edlen Metallen. Ihre allmählig über Cypern, den Hauptfundort des Kupfers (aes cyprium), über Rhodus, Kreta, die Inseln des ägäischen Meeres, über Sicilien, Afrika, Sardinien und Spanien fingerartig sich ausbreitenden Ansiedelungen gehen vorwiegend vom Bergwerksbau aus; Kreti oder Kureten, Dactylen und Telchinen sind phönicische Bezeichnungen für Bergleute. „Tarsis," ruft Ezechiel in seinem Klageliede über Tyrus, „hat mit dir gehandelt mit der Menge allerlei Güter; Silber, Eisen, Zinn und Blei hat es gebracht auf deine Märkte." Und Aristoteles sagt: „Die Phönicier, welche zuerst nach Tartessus schifften, tauschten dort für Oel und andere geringe Waaren so viel Silber als Gegenladung ein, daß ihre Schiffe es nicht tragen konnten; deßhalb machten sie vor der Abfahrt alle Geräthe und selbst die Anker aus Silber." Im Alterthume hängt von der glücklichen Heimkehr der Tarsisschiffe in gleicher Weise der Schwung des Handels für das laufende Jahr ab, wie für Europa im sechzehnten und siebenzehnten Jahrhundert n. Chr. von der ungefähr bedeuteten Ankunft der südamerikanischen Silberflotte. So lernten denn auch die Völker am mittelländischen Meere, je nachdem sie in den Kreis des phönicischen Verkehrs hineingezogen wurden, alle Werthe auf Gold- und Silberstücke abzuschätzen; und nur in denjenigen Ländern, welche sich, wie Aegypten, gegen außen absperrten, wußte man lange nichts von Münzen. Ehe Griechenland vom Ackerbau zum Handel überging, bildeten bei ihm Rinder den Maßstab der Güter; sogar die goldene Rüstung des Glaukos wird noch von Homer als „hundert Farren werth" angegeben. Später bezeichnet dann Herodot die Lydier und Phrygier, mit denen die kleinasiatischen Griechen wohl zunächst in Verkehr geriethen, als „die Erfinder des Geldes;" und endlich bemerkt der Rhetor Alcidamas geradezu: „Die Phönicier, als die klügsten und gebildetsten unter den Barbaren, haben zuerst Münzen geschlagen: sie theilten eine Metallmasse in verschiedene Stücke und schrieben je nach dem größeren oder kleineren Gewichte Marken darauf" — woraus wenigstens so viel zu entnehmen ist, daß Hellas über Syrien mit dem Gelde bekannt wurde; wenn schon die Phönicier selber sehr wahrscheinlich dieses Umlaufsmittel Babylon entlehnt haben. Ebenso weisen einige Umstände darauf hin, daß Rom anfänglich nicht minder seinen Tauschen das den Bauern allgemein nützliche Vieh als Abschätzungsmaßstab zu Grunde gelegt hat. Das lateinische Wort pecunia wird unmittelbar von pecus hergeleitet. Dann treten Erzbarren, als Stoff für die nothwendigen Geräthe, in der Stadt an die Stelle des Viehs; die jedoch keineswegs in Umlauf gesetzt waren, sondern nur, in den Kellern liegend, mit ihren gleichen Einschnitten als Basis und Ausgleichung für die Umschreibungen (transcriptiones) dienten, in denen der Verkehr von Haus zu Haus sich abmachte. Erst nachdem die Bauernstadt von dem Seehandel berührt wurde, schreiten die Quiriten dazu, Gold- und Silbermünzen zu prägen, welchen dann das alte Erz, das aes, fortan in Gestalt von kleinem Scheidegelde untergeordnet ist — ein Umschwung in der römischen Wirthschaftsgeschichte, dessen nothwendige rechtlichen und politischen Rückwirkungen man bisher zu wenig beachtet hat.

Wir können zwar bei unserm ins Auge gefaßten Ziele hier der Gestaltung des Welthandels zur Zeit des Alterthums keine weitere Aufmerksamkeit zuwenden; es kam uns bloß darauf an, darzuthun, auf welche Weise das Metallgeld im Völkerleben entstanden ist. Allein, wenn bei dieser Auseinandersetzung die große Bedeutung der phönicischen Zwischenhändler für die früheren Jahrhunderte von selbst hervorsprang; so erübrigt es uns noch, zu zeigen, wie ihre Nachfolger, die Juden, für den Beginn des Mittelalters eine ähnliche Stellung im asiatisch-europäischen Verkehre einnehmen.

Denn, während unter der ausgedehnten Herrschaft der Römer, der Erben von Alexander's Siegen und Karthago's Wucher, nach und nach alle geschlossenen Nationalitäten der alten Welt sich ökonomisch, politisch und kulturlich auflösen und nur eine einzige, von der Tiberstadt aus in festen Linien regierte, Völkermasse bilden — ein unerläßlicher Uebergang zum Ursprunge der im Christenthume liegenden Menschheitsreligion im Gegensatze zu den verschiedenen nationalstaatlichen Culten des Alterthums — wird der große wirthschaftliche Zusammenhang des „Erdkreises" von den heimathlos gewordenen Trümmern desselben altasiatischen Volksstammes aufrecht

erhalten, aus deſſen Schoße der gewaltige über die Nationen hin=
ausgehende, die ganze Menſchheit umfaſſende, neue religiöſe Ge=
danken an das Licht tritt. Hätte man da nicht vielleicht einiges
Recht, ſich zu der Anſicht hinzuneigen, daß beide Thatſachen nicht
ohne alle inneren Beziehungen zu einander ſtehen, und auch nach
dieſer Seite hin das inhaltsſchwere Wort der Bibel über „die Er=
füllung der Zeit" für das Erſcheinen der „Offenbarung" aufzu=
faſſen und zu deuten? Dem geiſtigen Leben der Menſchen müſſen,
ſobald es gedeihen ſoll, allemal die, wir möchten ſagen, körperlichen
Bedingungen, welche es tragen, genau entſprechen.

Die Geſchichte des jüdiſchen Volkes, ſowohl während ihres
Verlaufes in Kanaan ſelbſt, als auch während der ſpäteren Ver=
ſprengung deſſelben über den Erdball, iſt leider bisher zu ausſchließ=
lich unter religiöſen Geſichtspunkten betrachtet worden, als daß es
möglich wäre, eine Menge heutzutage ſcharf an uns heranrückenden
Fragen im Betreff der Iſraeliten ohne weitere Unterſuchungen zu
beantworten. Ja, es bleiben ſogar dann noch viele Räthſel in
den Schickſalen der Hebräer ungelöst übrig, wenn man ſelbſt ihre
gegenwärtige Verbreitung in alle Welt als Strafe Gottes anſehen
wollte, welche die an ihrem moſaiſchen Glauben feſthaltenden Be=
wohner Paläſtinas für die Kreuzigung Jeſu' treffen mußte. Es
wird deßhalb der Handelsgeſchichte wohl erlaubt ſeyn, auch die
dabei obwaltenden wirthſchaftlichen Kräfte zu verfolgen, um es ſich
zu erklären, wie ein Volk, das in ſeiner Heimath hauptſächlich
von Viehzucht und Ackerbau gelebt hat, plötzlich in der Fremde
überall ſich des Handels zu bemächtigen weiß. An und für ſich
iſt dieſer Uebergang zu ſchroff, als daß ihm nicht zuvor eine
Reihe von Mittelgliedern eine verbindende Brücke gebaut haben
ſollte.

Daß die Juden in ihrer allmähligen Entwicklung zu einer ſo
feſt abgegrenzten Nationalität, wie ſie das Alterthum überhaupt
nur aufweist, vom Hirtenthume ausgehen und in demſelben zu
ihrer Stammesgliederung gelangen, iſt eben ſo bekannt als die
Lebensgeſchichte der Erzväter. Schon weniger indeſſen hat man
auf den Einfluß geachtet, welchen ihr ſpäteres langes Verweilen

in Aegypten in wirthschaftlicher und somit gesellschaftlicher Beziehung auf sie ausüben mußte. Nur in ihm nämlich läßt sich die Ursache finden, daß die Nachkommen Abraham's bei ihrer Rückkehr ins gelobte Land sogleich als Ackerbauer feste Sitze einnehmen; obschon die aus dem Nomadenthume herüberwirkenden politischen Erinnerungen bei ihnen noch die theokratische Verfassungsform der Hirten und die nomadische, blutseinheitliche Stammesgliederung aufrecht halten. Und so haben wir während der Zeit der Richter in Kanaan die immer weiter durchgreifende Ausprägung eines reinen Bauernthums vor uns, welches in der Gestaltung seiner Glaubenslehre, seiner bürgerlichen und staatlichen Einrichtungen die ägyptischen Vorbilder nicht verläugnet. Was jedoch gewöhnlich ganz übersehen wird, ist das alsdann von außen eindringende neue sociale Moment, bei dessen weiterer Erstarkung die alte nomadisch = agricole Priesterherrschaft dem nunmehr unerläßlich werdenden Königthume unterliegt. Wohl hatte Moses in getreuer Nachahmung der am Nil gebietenden klugen Priesterpolitik auch sein Volk von dem selbstständigen Verkehre mit dem Auslande abzuschneiden gesucht. Durch das Verbot des Zinsnehmens unter einander war den Israeliten der Handel unmöglich gemacht; die geringe, im Lande stattfindende Bewegung des fahrenden Eigenthums wurde durch die fremden Kaufleute, namentlich Phöniciens, unterhalten. Allein da Palästina unmittelbar an jenen Knotenpunkt des damaligen asiatisch = europäischen Güterlebens grenzt, so konnte das Land wohl auf die Dauer unmöglich in der Starrheit seines Ackerbauthums verharren. Schon in dem Verlangen des Volkes nach einem Könige, wie ihn die andern Völker haben, spricht sich die in seiner ökonomisch = socialen Gliederung inzwischen vorgegangene Veränderung aus; wenn gleich Saul und David der herrschenden Priesterkaste noch mannigfache Zugeständnisse zu machen gezwungen sind. Unter dem klugen Fürsten Salomon wird dann aber bereits der Handel zu einem entscheidenden staatlichen Momente bei den Juden. Unmittelbar nach der Thronbesteigung erobert dieser König einen Küstenstrich am rothen Meere, welcher bis dahin den Idumäern gehört hatte, und sucht in Gemeinschaft mit seinen

phönicischen Nachbarn von den neugewonnenen Häfen Elath und
Eziongeber aus an dem Verkehre mit Indien Theil zu nehmen;
wie er ebenfalls westwärts seine Schiffe nach Tarsis sendet. Dabei
wird der Zölle und Abgaben erwähnt, welche die Kaufleute und
Krämer an den König zu zahlen hatten. Zu derselben Zeit treffen
wir daher auch schon jüdische Kaufmannsinnungen in den phönici=
schen Städten an. Freilich erlahmte dieser Aufschwung des natio=
nalen ·jüdischen Handels alsbald nach dem Tode des berühmten
Herrschers; allein die nunmehr folgenden inneren Wirren, die
Spaltung des Reiches in zwei Theile, beweisen deutlich genug,
daß sich durch die Berührung mit dem Auslande zu viele fremd=
artige Stoffe in den alten Zustand der Dinge gemischt hatten, um
noch eine Rückkehr zu der früheren Verfassung zu gestatten. End=
lich wird mit der Zerstörung Jerusalems durch Nebucadnezar und
der Uebersiedlung der Juden nach Mesopotamien der noch vorhan=
dene Rest des Volkes völlig in den Zusammenhang des altasiatischen
Lebens aufgenommen. Denn wie nach dieser Zeit, als Judäa eine
Außenmark des persischen Reiches bildete, in der jüdischen Glau=
benslehre die bactrisch=persischen Anschauungen, welche damals über
ganz Vorderasien verbreitet waren, unverkennbar Fuß fassen; so
hatten auch von Babylon aus jüdische Kaufleute in den verschiede=
nen Marktplätzen Persiens und Syriens Niederlassungen gegründet,
die sie sogar in der Folge (500 v. Chr.) in Gestalt einer Colonie
von 2000 Seelen bis nach Malabar in Indien ausdehnten. Der
außerhalb der Heimath verbleibende jüdische Bevölkerungstheil ging
somit fortan in den phönicischen Zwischenverkehr auf; und selbst
nach Palästina hinüber spannten die benachbarten großen Handels=
plätze nunmehr so viele verknüpfenden Fäden, daß einige Jahrhun=
derte später Ezechiel mit einem Schmerze über den Untergang von
Tyrus wehklagt, als ob er den Fall der eigenen Vaterstadt beweine.
Deßwegen fällt auch die nach Alexander's verheerendem Zuge her=
renlos gewordene phönicische Handelsherrschaft gleichsam von selbst
den Juden in die Hände. Sie sind jetzt in bedeutenderer Anzahl
ebenfalls „umherwandernde" Kaufleute geworden; obschon in der
ursprünglichen Heimath das alte Ackerbauthum immer noch vor=

herrschen mochte. Denn innerhalb der Grenzen von Palästina selbst konnte der asiatisch = europäische Weltverkehr allerdings nur bruch= theilartig als Durchfuhrvermittlung getrieben werden. Als jedoch am Ende des zweiten Jahrhunderts vor Christus die Ptolemäer den indischen Güterzug durch Aegypten zu leiten beſtrebt waren, und demgemäß Philadelphus die neugebauten Häfen an der Oſt= küste seines Landes, Berenice und Myos Hormos, mit der Stadt Koptos am Nil durch Straßen in Verbindung setzte, fanden die Juden in Alexandria die bereitwilligſte Aufnahme. In Folge dessen liegt fortan eine lange Zeit hindurch im Delta der Mittelpunkt ihrer Handelsbeziehungen, welche sie, gemäß der alten Welthandels= conjunktur, von da aus, oſtwärts wie weſtwärts, gleich den Phö= niciern vor ihnen, über die Erde verzweigen.

Es gewinnt demnach schon dadurch eine hohe Wahrſcheinlich= keit, daß die heutigen Israeliten in Europa von dem zu Alexandria wohnenden jüdiſchen Kaufmannsſtamme herzuleiten sind. Dort ent= ſtanden die Miſchna und Gemara, die Grundlagen des späteren Talmud, und zeitweilig soll die jüdiſche Bevölkerung jener Stadt bis auf 100,000 Seelen gestiegen seyn. Erwägt man jedoch gar, welche Schicksale bald nach Jesu' Geburt Palästina selbst heimsuchten; dann läßt sich kaum mehr an der Richtigkeit dieser Annahme zwei= feln. Aeltere Schriftsteller — z. B. die große engliſche Weltge= schichte — geben freilich die Einwohnerzahl Judas während der Römerherrschaft auf 66,240,000 Köpfe an. Die ganze Länge des Berggrates und somit des Landes Palästina selbst mißt indessen in der Richtung von Norden nach Süden nicht mehr als 36 Meilen, während die Breite vom Meere bis an den Jordanfluß höchſtens 10 Meilen beträgt. Will man nun auch die auf dieser Fläche von 360 Quadratmeilen hauſende Menschenmenge mit dem für reine Ackerbauverhältniſſe gewiß hochausgreifenden Satze von 5000 Seelen auf die Quadratmeile anschlagen, so muß wohl jene ungeheure Zahl auf die bescheidene Summe von 1,800,000 Menschen zuſam= menschmelzen; hatte doch das viel größere Aegypten zur Zeit der Ptolemäer nach Diodor's Angabe nicht mehr als sieben Millionen Einwohner. Nach den uns überlieferten Aufzeichnungen der Zeit=

genossen sind aber während des siebenjährigen Kampfes der Römer gegen Palästina 1,500,000 Juden umgekommen. Die fünfmonat= liche Belagerung von Jerusalem soll allein 1,100,000 Angehörigen der Nation das Leben gekostet haben, und außerdem schleppten die Sieger 97,000 Menschen in eine Gefangenschaft, in welcher sie so ziemlich alle zu Grunde gingen. Dürfen wir also mit Hinblick auf die anderweitigen Erfahrungen, welche die Geschichte uns dar= bietet, wohl voraussetzen, daß der armselige, in der Heimath etwa noch verbleibende Volksrest, dessen Städte zerstört, dessen Aecker verwüstet waren, alsbald seine Söhne nach allen Winden über den Erdball senden konnte? . . . . . Die Auflösung des starren, abgeschlossenen jüdischen Ackerbauthums begann, wie gesagt, schon mit der Herrschaft des Königs Salomon. Seit jener Zeit gibt es, um es kurz auszudrücken, inländische und ausländische Juden. Letztere, in den phönicischen Welthandel hineingezogen, folgen auch in örtlicher Hinsicht ganz den Bedingungen dieses großen Verkehrs; während die in der Heimath Zurückgebliebenen, trotz aller von fremden Fürsten über sie verhängten Bedrückungen, an der Lebens= weise der Väter festhalten. Bloß die gemeinsame Sprache und die mosaische Religion bilden das beide Theile miteinander verknüpfende Band. Es läßt sich indessen nur ahnen, nicht eigentlich geschichtlich nachweisen, welche geistigen Rückwirkungen die in der Fremde wei= lenden Israeliten auf ihre Landsleute in Palästina ausüben mußten. Sie ihrerseits mochten draußen immermehr die alte strenge Ab= sonderung abstreifen, d. h. als Kosmopoliten, wie sie waren, auch die Menschheit allmählig, unbekümmert um die vorhandene Völker= gliederung, als Einheit auffassen, und solche Anschauungen ver= breiteten sich dann zeitweilig von ihnen aus wohl zu dem ehema= ligen Vaterlande hinüber. Dort wenigstens gewahren wir den allmählig entstehenden Kampf zwischen den an dem früheren natio= nal=politischen Judenthume hangenden Pharisäern und Saducäern einerseits und der essenischen Schule andererseits, aus welcher letzteren endlich die von allem staatlichen Beisatze gelöste, neue reli= giöse Lehre von der allgemeinen Gotteskindschaft der Menschen her= vorgeht. Dergestalt lassen sich vielleicht, wie wir oben angedeutet

haben, schon im Betreff der Durchbildung des Evangeliums ge=
wisse Beziehungen seines Inhaltes zu der gleichzeitigen Weltstellung
der ausländischen Juden annehmen. Noch mehr aber wird dann
die rasche Verbreitung des Christenthums durch die commerciellen
Verbindungen und Ansiedlungen vermittelt, welche die Juden, wie
einst die Phönicier, über den ganzen damals bekannten Erdkreis
ausgespannt hatten. Denn lange vor Christi Geburt gab es be=
reits in den verschiedensten Städten des Abend= und Morgenlandes
kaufmännische Gilden der Israeliten. Von Aegypten aus holten
sie, sozusagen, mit der einen Hand in Afrika, Arabien, Persien,
Indien und China die Spezereien, Baumwollen= und Seidenstoffe.
Der vielbesprochene, dem Arrhian zugeschriebene Periplous auf
dem erythräischen Meere, der alle Häfen und ihre Ausfuhrgegen=
stände von Raptä an der afrikanischen Küste bis nach Tyndris im
Osten Vorderasiens genau kennt, dürfte etwa einen alexandrinischen
Juden zum Verfasser haben, welcher, jeder anderweitigen griechischen
Bildung baar, jene Gegenden, die er als Kaufmann in der zweiten
Hälfte des ersten Jahrhunderts n. Chr. gesehen, nun auch unter
ausschließlich kaufmännischen Gesichtspunkten betrachtet. Und die
Finger ihrer andern Hand faßten über eine Reihe von Nieder=
lassungen auf Candia und den Inseln des ägäischen Meeres in die
Donauthäler, nach Italien, Frankreich und Spanien hinein. Sie
selbst theilten sich deßhalb auch in die „östlichen" und die „west=
lichen" Juden, von denen die ersteren unter den sogenannten
Gefangenschaftsfürsten standen, die letzteren aber in Aegypten und
Europa von Patriarchen regiert wurden. Zur Zeit der Araber
legten die jüdischen Kaufleute auf allen ihren Märkten eine Art
Zoll an, dessen Erträgnisse sie dem Gefangenschaftsfürsten, oder
wie die Moslem ihn nannten, dem Sohn David's einlieferten.

So waren denn die Israeliten, wenn auch ohne eine gesammt=
staatliche Form, nur durch ihre Religion noch als Nation bestehend,
recht eigentlich die Erben des phönicischen Handels geworden; indem
sie nicht nur unter den Römern den mercantilen Zusammenhang
der alten Welt aufrecht erhielten, sondern auch die ersten Ver=
zweigungen des asiatischen Verkehrs in das beginnende Ackerbau=

leben des inneren Europa vermittelten. Martian sagt in seinen Erklärungen des Ezechiel ausdrücklich: „Bis heute wohnt in den Syrern ein solcher eingeborner Geschäftseifer, daß sie des Gewinnes wegen die ganze Erde durchziehen; und so groß ist ihre Lust zu handeln, daß sie überall innerhalb des römischen Reiches zwischen Kriegen, Mord und Todtschlag Reichthümer zu erwerben trachten.“ Ihr Geschäft aber bestand, wie einst das phönicische, hauptsächlich in dem Austausche der asiatischen Waaren gegen europäische Metalle, und ferner in dem Geldhandel selbst, dessen Ursprung, wie das Zinsennehmen, ja ebenfalls auf Sidon und Tyrus zurückgeführt wird. In ihnen fanden die asiatischen Fürsten wie die Römer wohl die besten Pächter der öffentlichen Einnahmen. Josephus erzählt in seinen Alterthümern, daß Ptolemäus Euergetes die Ein= künfte von Cölesyrien, Phönicien und Judäa mit Samaria an= fangs für 8000 Talente verpachtet gehabt, dann aber ein Jude dieselben um das Doppelte gekauft habe. Und im Suchen nach Gold und Silber, dieser einzig möglichen Gegengabe für Indien, zogen dann die Juden auch schon sehr früh in das Innere von Europa hinein. Unwahrscheinliches liegt daher nichts in der Sage, daß bereits vor Christi Geburt Israeliten sich in einigen uralten Städten von Binnendeutschland, z. B. Mainz, Worms, Ulm und Regensburg aufgehalten haben. Wie einst die Phönicier an den Küsten Europas die jungen Völker den Gebrauch von Gold und Silber als Geld gelehrt hatten, so führten jetzt ihre jüdischen Nach= folger unter dem Schutze der römischen Heere die Barbarenhorden in der Mitte unseres Erdtheils in den Kreis des allgemeinen Gü= terlebens ein. Die römischen Kaufleute, die sich unter den Mar= comannen in der Stadt Marbod's niederließen, sind sicher Juden; die in die frühesten Zeiten hinaufreichenden Gold= und Silber= bergwerke Siebenbürgens mögen durch diese Verbindungen wohl zuerst in Betrieb gesetzt worden seyn. Als Tacitus Germanien besuchte, fingen die alten Deutschen gerade an, dem Verkehr mit dem beweglichen Eigenthum einigen Spielraum zu gewähren: „Die tiefer im Lande angesiedelten Völkerschaften bedienen sich dabei freilich noch des natürlichen und einfachen Waarenaustausches.“

Derselbe ging nämlich dergestalt vor sich, daß zwei Hühner gegen eine Gans, zwei Gänse gegen ein Schwein, drei Lämmer gegen ein Schaf, drei Kälber gegen eine Kuh, ein gewisses Maß von Hafer gegen Gerste, von Gerste gegen Roggen und von Roggen gegen Waizen gegeben wurden. „Und wie es ihnen unbekannt ist, auf Zinsen zu leihen und Wucher zu treiben; so kümmert sie auch der Gebrauch von Gold und Silber wenig, indem bei ihnen silberne, ihren Gesandten und Heerführern zum Geschenk gereichte Gefäße nicht höher als die irdenen geachtet werden. Nur die den Römern näher wohnenden Stämme" — die Ubier am rechten Rheinufer bis zur Mündung des Main standen schon zu Cäsar's Zeit mit den Galliern in Verkehr — „namentlich diejenigen, welche am Ufer des Rheins Wein zu kaufen pflegen, wissen des Handels halber bereits Gold und Silber zu schätzen und kennen auch das Gepräge des römischen Geldes. Die alten und längst bekannten Serraten und Bigaten sind ihnen die liebste Münze; denn sie ziehen Silber dem Golde vor, weil die Scheidemünze ihnen kleinere Einkäufe möglich macht." In den Uebergangszeiten, wo noch wenig Geld in Deutschland umlief, während doch schon die Gesetze die Münzen zur Basis nahmen, war z. B. bei den Sachsen „unter einem Solidus ein jähriger Ochse zu verstehen, wie er gewöhnlich im Herbste beschaffen ist, wenn er von der Weide in den Stall gebracht wird. Bei den Botrensen waren 20 Scheffel Roggen oder 1½ Sexteln Honig einem Solidus gesetzlich gleichgestellt." Einige Jahrhunderte später dagegen sind die Franken mit dem römischen Geldsysteme schon völlig vertraut. Sie trafen in Gallien das römische Gold- und Silberpfund an, welche, unter einander im Werthverhältniß von 12 : 1, in zwölf Unzen oder vierundzwanzig Loth abgetheilt waren. Pipin verordnete 756, daß statt 24 Schillinge fortan nur 22 aus der Libra geschlagen werden sollten, von denen ein Schilling dem Münzmeister als Schlagschatz gegeben werden mußte; und Karl der Große führte den Zwanzig=Schillingfuß ein, wobei der Denar auf der einen Seite den kaiserlichen Namen rundlaufend und in der Mitte das Monogramm des Namens, auf der andern Seite aber den Namen des Prägeortes mit einem Kreuze in der Mitte zu tragen hatte.

Unter den Franken bildeten jedoch damals die in Handels-
und Geldgeschäften thätigen Juden eine besondere zahlreiche Klasse
der städtischen Bevölkerung; selbst die Könige pflegten sich derselben
häufig zu ihren Zwecken zu bedienen. So hielt sich Chilperich einen
Hebräer, Namens Priscus, um den Einkauf von Spezereien zu
besorgen. In Spanien, wohin sich die Juden vor den römischen
Verfolgungen unter Hadrian in großer Menge flüchteten, scheinen
sie ebenfalls schon lange vorher ihre Verkehrsfäden angeknüpft zu
haben; und wenn später das westgothische Gesetz von „überseeischen
Kaufleuten" spricht, welche in uralter Innungsform unter eigenen
Richtern den Einheimischen „Gold, Silber, Kleider und sonstige
Zierrathen verkaufen," so mögen darunter auch wohl „syrische"
Geschäftsleute zu verstehen seyn. In Frankreich hielten die Juden,
vermischt mit den Resten der römischen Handelswelt, z. B. in Marseille, während des fünften und sechsten Jahrhunderts so ziemlich
die ganze Südküste besetzt; Papier, Oel, Seidenwaaren und Spe-
zereien sind die Hauptgegenstände ihrer Einfuhr. Sie konnten aber
damals wohl um so leichter den Verkehr mit den asiatischen Gü-
tern betreiben, als sie gleichzeitig in Indien von den eingebornen
Fürsten die Stadt Cranganore zum Geschenk erhielten, ferner im
Innern von Arabien, nicht weit vom heutigen Aden, das Reich
Homerien gründeten, und selbst in China ansäßig waren. Welche
Achtung dabei ihr Handelsleben in Europa genoß, erhellt aus der
Thatsache, daß ein syrischer Kaufmann, der das Christenthum an-
genommen hatte, sich 591 sogar das Bisthum von Paris verschaffte.
Am Hofe des Königs Guntram von Burgund galt der Wein von
Gaza in Palästina als das köstlichste Getränk; der Goldschmied
des Königs Dagobert, der heilige Eloi, „kleidete sich in Seide und
ägyptische Leinwand, in seinem Gürtel funkelten die köstlichen
Gesteine des Morgenlandes" — nur jüdische Vermittlung vermochte
damals in den weiten Binnenreichen, denen noch jeder Ansatz zu
einem nationalen Handelsstande fehlte, solche orientalischen Waaren
zu beschaffen.

Wie die europäische Welt eine Menge aus Asien herüberge-
holter Fäden in ihre Kultur verwebt hat, welche noch in der

Gegenwart eigenthümliche Gebilde hervorrufen, so ist unserm Erd=
theil in den Juden auch ein ökonomisch=sociales Element mit unver=
ändertem Inhalte und unveränderter Form aus dem altasiatischen
Daseyn zu Theil geworden. Die große Wichtigkeit desselben für
das neu beginnende Wirthschaftsleben des Mittelalters wird indessen
erst dann mit voller Klarheit hervortreten, wenn wir die gesell=
schaftlich=staatliche Rückwirkung des Geldumlaufs innerhalb der
Ackerbauverhältnisse auf der weiten Fläche auseinandergelegt haben.
An dieser Stelle genüge zum Schluß die Bemerkung, daß, falls
nicht während des Zusammenbruches der römischen Herrschaft die
jüdischen, im Welthandel beschäftigten Kaufleute die Verbindungs=
glieder zwischen Asien und Europa gebildet und somit als Träger
des beweglichen Eigenthums den ersten socialen Gährungsstoff in
das agricole Daseyn von Mitteleuropa gebracht hätten, daselbst
das Bürgerthum mit seinen Städten und der aus ihm sich los=
ringenden Staatsentwicklung schwerlich so früh auf dem Schauplatze
erschienen wäre. Den auf ihren Gehöften hinlebenden Adeligen
und Bauern konnte es nicht einfallen, mit den ihnen völlig unbe=
kannten asiatischen Handelsplätzen Geschäftsbeziehungen anzuknüpfen.
Der neue binneneuropäische Völkerhaushalt bedurfte demnach einer
ökonomisch=socialen Beimischung, welche ihn mit der Außenwelt in
Berührung setzte. Das ist am Ausgange des Alterthums und am
Anfange des Mittelalters die Aufgabe der heimathlosen, ewig be=
weglichen Juden, von denen Augustin erwähnt, „daß sie oft als
junge Männer ihre jungen Frauen verließen und erst als Greise
zu den Greisinnen zurückkehrten . . . ." Die Weltgeschichte um=
faßt manche geheimnißvoll waltenden Kräfte!

Der Welthandel in der erſten Hälfte des Mittelalters.

Die Römer hatten bekanntlich in den verſchiedenſten Richtungen eine Reihe Straßen von Italien nach ihren Beſitzungen dieſſeits der Alpen angelegt, von denen aus ſie weit in den Norden vor= drangen; und dieſe Wege waren durch mehrhundertjährigen Ver= kehr und durch die mannigfachen Heereszüge nach Frankreich, Deutſch= land und den mittleren Donaugebieten hinreichend ausgetreten, um den Sturm der Völkerwanderung zu überdauern. Mendelſohn (Deutſchland) ſagt darüber: „Betrachtet man auf der Peutinger'ſchen Tafel (von Aggrippa, uns durch einen Colmarer Mönch erhalten) die zahlloſe Menge der Straßenzüge (Straßenbau war der vor= bringenden Legionen erſtes Geſchäft), welche von Hiſpanien und der kaledoniſchen Mauer aus ununterbrochen manche tauſend Meilen weit durch das Reich bis tief nach Aſien laufen, den Bewegungen der Heere, dem Handel und für Staatspoſten dienend (unter Theo= doſius reiste Caſſarius mit der Poſt von Antiochien nach Konſtan= tinopel 140 geographiſche Meilen in noch nicht ſechs Tagen); ſieht man, wie die Römer durch ſolche Anlagen eine Grundlage der Kultur in allen Ländern, ſelbſt in Schwaben und Franken und den Rhein entlang legten, wie nach ihnen die größere Hälfte des alten Reiches wieder in Barbarei zurückgefallen iſt; ſo müſſen wir die Größe und Kraft jener Weltſtadt hoch bewundern, und die einmalige Nothwendigkeit einer ſolchen Concentrirung begreifen, wodurch Jahrhunderte lang das Band einer Kultur um ſo ungleich=

artige Elemente geschlungen und festgehalten wurde." Wie einge=
schränkt daher auch nach dem Untergange des weströmischen Reiches
die wirthschaftlichen Beziehungen der südlichen Halbinsel mit ihrem
Exarchate zu Mitteleuropa gewesen seyn mögen; der syrische Handel,
welcher für die Erzeugnisse Indiens das Gold und Silber der
europäischen Bergwerke einzutauschen suchte, mußte, um zu den=
selben zu gelangen, aus geographischer Nothwendigkeit vorerst die
alten Römerwege einschlagen. Indessen gerieth der Verkehr zwischen
Indien und Italien schon mit der Verlegung der Regierung nach
Konstantinopel in bemerkbaren Verfall. Dazu kam, daß die Araber
und Perser den asiatischen Handel den reich und unthätig gewor=
denen alexandrinischen Zwischenhändlern immer mehr entwanden.
Namentlich lernten die Perser nach der Zerstörung des parthischen
Reiches von den Hindu=Kaufleuten, den sogenannten Banianen, die
Fahrt nach der malabarischen Küste und Ceylon mit Benützung
der regelmäßigen Winde kennen. Dort kauften sie gegen Edelmetall
und einige Erzeugnisse ihres Landes, vornehmlich gegen Pferde, die
indischen Waaren ein, brachten sie auf den Euphrat über Assyrien an
den Pontus und machten auf solche Weise, mit Umgehung Aegyp=
tens, fortan Byzanz zum asiatisch=europäischen Zwischenmarkt. Im
Laufe des sechsten Jahrhunderts befand sich so ziemlich der ge=
sammte indische Handel in den Händen der persischen und arabischen
Kaufleute. Und als nun gar die mohamedanischen Eroberungen
sich über Syrien und Aegypten ausdehnten, vertrockneten vollends
alle über das Mittelmeer ausgespannten Beziehungen Südeuropas
zu Indien. Bis dahin hatte, sehr bezeichnend für das Wesen der
europäisch=asiatischen Handelsverbindung, durch den unaufhörlichen
Abfluß der Edelmetalle nach dem Morgenlande hin, worüber schon
Plinius seiner Zeit klagt, sich der Umlauf des Geldes innerhalb
der Grenzen des römischen Reiches, den Berechnungen von Jacobs
gemäß, von 9 Milliarden Francs unter Kaiser Augustus, auf 2
Milliarden vermindert. Bei dem Auftreten der Araber soll derselbe
bloß 825 Millionen bis gegen den Schluß des neunten Jahrhunderts
hin betragen haben. Vorübergehend freilich trat innerhalb des be=
zeichneten Zeitraumes in einzelnen Gegenden Europas, außergewöhn=

lichen Umständen zu Folge, wieder ein größerer Ueberfluß an edlen Metallen ein. So bereicherte, wie Gfrörer (Gregor VII.) bemerkt, zwischen den Jahren 798 bis 806 der glückliche Krieg gegen die Avaren in Ungarn das karolingische Reich aufs Neue mit Gold und Silber von den erbeuteten Fingerringen jener Horden, und zwar in solchem Maße, daß dieselbe Waare, die vor 796 zwei Gulden kostete, 806 mit drei Gulden bezahlt wurde. Hatte nun schon Pipin den Münzfuß von 24 auf 22 Schilling aus dem Pfunde verbessert, so führte damals, wie oben erwähnt ist, Karl der Große den Zwanzigschillingsfuß ein. Allein erst nachdem aller Handel Europas mit der Levante aufhörte, füllte der Ertrag der Bergwerke die entleerten Länder aufs Neue dauernd mit edlen Metallen an. Um 1080 hatte der relative Werth derselben im Vergleich zu den karolingischen Zeiten beinahe ein Drittel verloren. Denn die religiös begeisterten Nomadenhorden, welche zu Alexandria den Schatz der classischen Gelehrsamkeit in Asche verwandelten, unterbrachen im Verlauf ihrer neuen Geschichte zugleich den letzten Rest der Verkehrslinien, welche zwischen Indien und den Rändern der Thalatta sich über ihre eroberten Länder noch hinzogen. Es war ihnen, wie später den Türken, wohl unmöglich, auf der Stelle vom Nomadenthume zum handeltreibenden Seeleben überzugehen. Mit der Ausbreitung der mohamedanischen Religion bemächtigten sich die Araber allerdings völlig des östlichen Handels. Nach der Unterwerfung Persiens errichteten die Kalifen den Hafen von Bassora auf dem westlichen Ufer des Schat el Arab; aber sie sorgten nicht dafür, daß die Waaren nach Europa weiter gingen. Im Gegentheil wurde nach der Besetzung Aegyptens den Alexandrinern jeder Verkehr mit Byzanz untersagt. Griechenland mußte die indischen Waaren auf dem Landwege aus dem mittleren Asien beziehen, wobei dieselben in Amol oder Urkenje auf dem Oxus eingeschifft und so über das caspische Meer, den Cyrus hinauf, den Phasis hinab, ans schwarze Meer gebracht wurden. Zwar befahren beide asiatischen Völkerstämme im Siegersturme ihrer Kriegszüge alsbald die See. Schon dreißig Jahre nach der Hedschirat bemächtigten sich die ersten Anhänger des Propheten, wie

später die Osmanli, aller in der Nähe der Levante liegenden In=
seln, Cypern, Rhodus und Kreta; sie besetzten bei der Unterwerfung
Spaniens die Hauptteilande in der westlichen Hälfte der Thalatta,
Sardinien, Korsika und die Balearen; und 827 brachte Ibrahim
ben Abdallah al Agleb Sicilien als arabische Colonie dauernd
unter seine Herrschaft. Jedoch recht heimisch als Kaufleute sind die
Sarazenen auf den europäischen Wogen eigentlich nie gewesen.
Das Kameel blieb nach wie vor ihr Handelsschiff, obschon der Nach=
richt von ihren aus Palmrinden und Seilen erbauten Fahrzeugen
kaum ein Gewicht beigelegt werden dürfte; da eine solche Flotte
den Griechen und den Resten der römischen Bevölkerung in Süd=
europa schwerlich sehr gefährlich gewesen wäre. Das Kalifat in
Spanien ward somit weit mehr durch den Landweg längs der
Nordküste Afrikas als auf der alten phönicischen Wellenstraße mit
dem arabischen Mutterlande verbunden; erst im Verlaufe der Kreuz=
züge gegen Ende des zwölften Jahrhunderts blüht das veröbete
Alexandria wieder auf. Bei den unausgesetzten Seeräubereien auf
der Strecke von Kairo nach Kadix zog sich der Verkehr zwischen In=
dien und Europa südlich wie nördlich um das mittelländische Meer
herum, indem das Becken in der Mitte fast völlig unberührt blieb.
So lange die maurischen Reiche in ihrer Macht standen, zeigte sich
daher auch auf der Küste von den Pyrenäen bis zu den Gebirgen
Albaniens für das europäische Binnenland nirgends ein bedeutender
Knotenpunkt des Welthandels. Barcelona, Marseille, die Häfen von
Languedoc, Genua, Pisa, Livorno, Amalfi, Venedig entwickeln
zu dieser Zeit zwar schon in kleineren Kreisen eine kaufmännische
Thätigkeit; aber zu den östlichen Thoren Europas sind sie für ihre
Hinterländer noch nicht geworden.

In welcher Weise sich innerhalb der weiten arabischen Be=
sitzungen der Verkehr gestaltet hat, geht uns hier, da er nur
dünne Fäden nach den mitteleuropäischen Gegenden ausstreckt, für
unsere Zwecke so gut wie gar nicht an. Es ist jedoch immerhin
beachtenswerth, daß dieselben Schaaren, welche im Jahre 637
Alexandria zerstörten und den größten Theil der dort lebenden
Kaufleute niedermachten, in ganz kurzer Zeit, von der Schifffahrt

auf der Thalatta abgesehen, den Welthandel fast in der nämlichen
Art wieder aufnahmen, um nicht zu sagen, aufnehmen mußten,
in der einst die Phönicier ihn getrieben hatten. Nachdem die Lehre
des Propheten östlich und westlich von Suez ungefähr in gleichem
Raume verbreitet war, und an den Grenzen Persiens und Indiens
sowohl, als in Nordafrika und an den Ufern des Tajo die Gläu=
bigen sich zum Gebet in der Richtung nach Mekka niederwarfen,
zwangen die geographischen und wirthschaftlichen Bedingungen dieses
ungeheuren, zweihundert Tagereisen langen Gebietes die auf dem=
selben hausenden Menschen unabweislich in die gleiche Verkehrs=
thätigkeit hinein, welche sich seit den frühesten Tagen innerhalb
seiner Marken eingerichtet hatte. Indien mit seinen Naturschätzen
bildete wiederum den Ausgang alles Handels; schon im Jahre 636
wurde, wie oben bemerkt wurde, von Omar mit Hinblick darauf der
Hafen Bassora gegründet. Gegen die asiatischen Spezereien konnten
aber nach wie vor bloß die edlen Metalle des Westens ausgetauscht
werden. Und erst als diese Conjunktur hergestellt war, fand zwi=
schen den einzelnen Provinzen des mohamedanischen Reiches ein
Umsatz von anderweitigen Rohproducten gegen Machwaaren statt.
Abou=Zeyd sagt von den östlichen Meeren: „Sie bergen in ihrem
Schooße Perlen und Ambra; ihre Gebirge liefern Edelsteine und
Gold (in Sofala). Die Thiere tragen Elfenbein im Munde; die
Erde bringt Ebenholz und Rothholz, Bambus, Aloe, Kampher,
Muskade, Gewürznelken, Sandelholz und andere wohlriechenden
Stoffe hervor. Die Vögel sind der Papagay und Pfau; außerdem
Jagdthiere, Tibet= und Moschuskatze, man würde gar nicht zu
Ende kommen, wollte man alle Reichthümer aufzählen, welche diese
Länder auszeichnen" — er öffnet damit den Farbenkasten der
Mährchen von Tausend und einer Nacht. In solcher richtigen Er=
kenntniß des im Westen ruhenden mercantilen Schwerpunktes be=
setzten denn auch die Araber, gerade wie in der Gegenwart die
Engländer, die ganze Umfassung der indischen See. Von dem
Lande der Kaffern an der afrikanischen Küste zogen sich ihre
Niederlassungen längs des Strandes nach China hin, und ihre
Gelehrten — bis zu den Zeiten von Ibn Batuta — durch=

forschten mit den Handelskarawanen das Innere jener nach dem
Süden abdachenden Gebiete. War nämlich die kaufmännische Rüh=
rigkeit der Mohamedaner auf den Wogen des mittelländischen
Meeres, wie erwähnt ist, immerhin unbedeutend, so entfalteten die
Araber selbst, oder die ihrem Glauben zugewandten asiatischen
Völkerschaften jenseits der Landenge von Suez dagegen eine desto
größere Regsamkeit auf dem Wasser. Man hat, wie Abou=Zeyd
berichtet, unter der Herrschaft der Araber ein sirasisches (ostasiati=
sches) Schiff in einem syrischen Hafen gefunden, und darauf
ist die Vermuthung gegründet worden, daß dasselbe um das Kap
der guten Hoffnung gesegelt sey. Wie einst die Phönicier auf
König Necho's Geheiß Afrika umschifften, so mögen auch die Araber,
im Suchen nach Gold, an der ihnen bekannten Ostküste dieses Erd=
theils hinuntergeführt worden seyn, bis sie durch die Straße von
Gibraltar in das mittelländische Meer hereinbogen. Jedenfalls bleibt
der große maritime Verkehr der Mohamedaner jenseits des Nildeltas
bis nach China und den Sunda=Inseln hin eine unbezweifelbare ge=
schichtliche Thatsache. Aus ihm und aus den über Persien zie=
henden Karawanen nahmen die berühmten Städte Vorderasiens
Mekka, Medinah, die Residenz des Kalifen, Bagdad, Mossul, Da=
mascus, Bassora, welche nun an die Stelle von Babylon, Niniveh,
Persepolis, Palmyra getreten waren, zunächst ihre Waaren, um
sie, mit eigenen Fabrikaten — Damastgeweben, Klingen, Mossu=
linen — vermehrt, nach dem Westen abzusetzen. Und wenn die
Pflicht des Gläubigen, wenigstens einmal in seinem Leben nach
der Kaaba zu wallfahrten, ein klug centralisirendes Gebot des
ursprünglich patriarchalischen Nomadenstaates in sich schloß; so
hielt gleichfalls der Handel der auseinanderstrebenden Bewegung
in den einzelnen arabischen Kalifaten eine einigende Macht ent=
gegen. Um die kaufmännischen Reisen zu erleichtern, gebot der
Koran Gastfreundschaft; auf den Hauptstraßen wurden Wasser=
behälter und Karawansereien angelegt, und die Chalifen richteten
schon eine Post ein. Das ganze ungeheure arabische Weltreich mit
allen seinen Bestandtheilen von Spanien an bis zu den Völkern
an den Quellen des Indus, des Nil und am Niger hin, und

mit der **einen** herrschenden arabischen Sprache ist gewissermaßen eine räumliche Verkörperung der alten asiatisch-thalattischen Commerzconjunktur, welche, unbekümmert um das mittlere, dem Christenthume angehörende Europa, seine eigenen Kreise zieht; bis die inzwischen durch den Donaustrom, die Ost- und Nordsee an Reichthum und Beweglichkeit gehobenen nordwestlichen Binnenländer in den Kreuzzügen ihren unmittelbaren Antheil an der asiatischen Welt vom Islam zurückfordern.

Während in der oben mit flüchtigen Strichen gezeichneten Weise zur Zeit der Araber der indische Handel vom Süden her, nur noch sehr vereinzelte Fäden nach Europa ausstreckte, suchte er, gleich dem Blute bei Unterbindung einer Ader, wenn auch auf Umwegen einen anderen Zugang dahin. Erwägt man nämlich, daß es seit den frühesten Tagen in Indien selbst nicht nur vortreffliche Landstraßen für Ochsengespanne gab, sondern dort auch die Flußschifffahrt im Gange war; dann erklärt es sich, wie einst asiatische Kaufleute, für welche Bactra das Emporium bildete, indische Waaren den Hydaspes hinauf und den Oxus hinab an das kaspische Meer bringen konnten, und, von da der Wolga und später dem Dniepr folgend, quer durch das heutige Rußland nach und nach zum Strande der Ostsee gelangten. Außer dem Golde in den altbekannten Gruben des Ural fanden sie nämlich in diesem nordwestlichen Bereiche an dem Bernstein eine entsprechende Gegengabe für die Köstlichkeiten des Ostens. So hatte sich allmählig, seitab von den Bahnen der classischen Kulturgeschichte, eine indisch-europäische Handelsverbindung eingerichtet, welche das ganze Alterthum hindurch fortbestand. Der Zusammenhang der Skythen mit dem ältesten Kultus der Germanen und die Wanderung der scandinavischen Völker in Odin's Gefolge aus ihren ursprünglichen Sitzen in Mittelasien sind darauf zurückzuführen. Denn neben der Wasserstraße rund um Europa herum, auf welcher die Schiffe Massilia's zu den Bernsteinstapeln des Nordens segelten, außer den Landwegen, welche das Seeharz durch Spanien an die Ebromündung, durch Gallien die Rhone hinab, und über Carnunt in Pannonien zum adriatischen Meere nach Aquileja einschlug, brachten die Bewohner des heutigen-

Preußens ihrerseits es an die Düna, von wo aus die Skythen die empfangene Waare auf dem Dniepr den asiatischen Zwischenhänd=lern überlieferten. „Die russischen Seen," sagt Kapp in seiner Philosophie der Geographie, „nebst der Bodenform begünstigen auf seltene Weise die Herstellung nicht allein von Kanälen, sondern eines großen Kanalsystems, welches ebensowohl den Ausfluß der Newa und Wolga befreundet als auch die umgebenden Meere in gegenseitige Verbindung zu bringen geeignet ist." War nun auch dieser Verkehr trotz seines Jahrhunderte langen Betriebes wegen der Eigenthümlichkeit der Waare nicht im Stande gewesen, in den Gegenden, welche er durchzog, unter den Nomaden eine wirkliche wirthschaftliche Blüthe hervorzurufen; so hatte er doch schon frühe neben Phönicien und Aegypten auch das schwarze Meer theilweise mit Indien in Berührung gebracht. Bereits vor der Uebersiedlung des Kaisers Constantin an den Bosporus konnte daher das aus der eben angedeuteten Conjunctur erwachsene Byzanz einigermaßen die nördliche Nebenbuhlerin Alexandria's abgeben. Wichtig in ent=scheidender Weise für den Gang des Welthandels ward dieser Um=stand jedoch erst in demselben Augenblicke, als die Araber das Nildelta gegen Europa hin so gut wie abschlossen; da nun unserem Erdtheil nur das schwarze Meer mit seinem Bosporus und der Donau als einziger Zugang zu Indien übrig blieb.

Sehen wir indessen für jetzt noch davon ab, daß die kleinen Fischerstädte an der Südküste Europas Venedig, Amalfi, Pisa, Genua, Barcelona, seit jener Zeit sich an dem byzantinischen Verkehre großzusaugen beginnen, und kümmern wir uns ebenso wenig schon hier um den über Nowgorod geleiteten Austausch Indiens mit dem Bernsteinlande, welcher in den alten Ostseestädten Vineta, Julin, Wisby den Bereich der späteren Hansa berührt; so liegt uns zunächst ob, das Wesen des Handels zwischen Konstantinopel und seinem europäischen Hinterlande, dem Donauthale, scharf aufzufassen, um die Reihe der sich daraus ergebenden Rückwirkungen richtig zu wür=digen. In dem oströmischen Reiche ragt nämlich die ganze wirth=schaftlich=staatliche Bildung des Alterthums, wenn schon in fort=während allmähligen Auflösung begriffen, in das binnenländische

Europa hinein. Der Verkehr von Byzanz gegen den Osten hin,
über Trapezunt in der südöstlichen Ecke des schwarzen Meeres, mit
Persien und Indien bleibt daher auch auf derselben Grundlage
stehen, auf welcher die gesammte Handelsconjunktur der alten Welt
ruht: Gold und Silber gegen Spezereien. Aber nach dem Westen
zu setzt Konstantinopel seine eigenen oder Indiens Waaren und
Fabrikate gegen die Rohstoffe der Ackerbaureiche um und ruft so,
während der ägyptisch=jüdische Verkehr vor der Araberherrschaft
eigentlich bloß die Bergwerke im Innern von Europa aufsucht, im
Donauthale neben dem Bau auf edle Metalle eine Ausdehnung
der Landwirthschaft wach. Zunächst mochte es freilich wohl Salz
und Salzgeries seyn, welches, aus den sehr früh in Angriff ge=
nommenen Gruben Oberbayerns und Salzburgs an die Donau
geführt, den Fluß hinabschwamm. Bald jedoch schloßen sich Fische,
Vögel, Vieh und Getreide jenen Bergwerkserzeugnissen an. In
der zweiten Hälfte des sechsten Jahrhunderts beherrschten die Avaren
die Gegenden unterhalb der March; später machten ihnen die Wen=
den, vom Norden herunter, den Besitz derselben streitig. Und mit
beiden halb nomadischen Völkern, von denen es zwar unbekannt
ist, ob ihr Aktivhandel sich bis Konstantinopel erstreckte, oder ob
ihnen der griechische Kaufmann entgegenkam, treiben die Deutschen
schon lange vor der Hedschirat einen lebhaften Austausch; während
noch der Welthandel vom mittelländischen Meere aus nach Ger=
manien, Gallien und Spanien einzudringen suchte. Als dann aber
Alexandria von den Händen der Araber zerstört dalag, sah sich
unser ganzer Erdtheil für seinen Bedarf an indischen Waaren einzig
auf die Donau hingewiesen; da wurde der bischöfliche Sitz Lorch
in Niederösterreich, unweit der Enns, der berühmte Hauptstapelplatz
für die Erzeugnisse des Westens, die sich auf dem Zwischenmarkte
am Bosporus gegen die orientalischen Güter umtauschten. Im Zu=
sammenhange mit diesem Verkehr ließ Karl der Große, nach dem
Zeugniß von Tudebodus durch Ungarn bis nach Konstantinopel
einen Weg bauen (viam aptari fecit). Ferner haben einer andern
Nachricht zufolge im Jahre 882 Kaufleute und Schiffer an der
Donau „auf den Gestätten" eine Muttergotteskapelle errichtet, und

unter den letzten Karolingern tritt bereits die große jährliche Messe der Marhanen (Mährer) auf, wo die „windischen Männer", etwa die March aufwärts, ihren Antheil an dem Welthandel zu sich herleiteten. Europa hatte in dieser neuen Verkehrsbahn durch die Vermittelung Ostroms die Möglichkeit gewonnen, außer seinem Gold und Silber, außer Kupfer, Blei und Zinn auch noch andere Güter: Holzwaaren, Waffen, Häute, Felle, Sattlerarbeit, Leinwand, Wollenzeuge und Leibeigene (Slaven, Sklaven), dann Regensburger Scharlach und dunkelrothe Passauer Tücher an das Ausland zu verkaufen und dafür morgenländische Spezereien, Lorbeerblätter, Sesamöl, Pfeffer, Ingwer, Muskat, Lackritz, Kümmel, Gewürznelken, rohe Seide, seidene und halbseidene Gewänder, Goldstoffe, Purpurmäntel, Kleider und Prunkgeräthe für Kirche und Haus, messingbeschlagene Waffen u. s. w. einzuführen — der wirthschaftliche Fleiß auf dem Acker und in den Städten begann in den weiten Gebieten des Binnenlandes sich zu regen, dem Handwerkerstande ward allmählig der Boden bereitet.

Daß Konstantinopel diese für es so ungemein günstige Verkehrslage nicht zur Begründung einer, dem südlichen maurischen Reiche entsprechenden, nördlichen Herrschaft ausgebeutet hat, ist wohl hauptsächlich seinem sprüchwörtlich gewordenen hierarchischen Staatsbau zuzumessen. Denn wie in dem ursprünglich römischen Imperator der neuen Siebenhügelstadt alle politische und religiöse Macht gipfelte und ein straff angezogenes Militärbeamtennetz jede freie Regung bei den Unterthanen niederhielt; in gleicher Weise ward auch von Justinian's Regierung an bis zu Dandolo's Eroberung hin, von einem aussaugenden Finanzsystem abgesehen, der Handel mit den eigentlichen Massenwaaren, mit Seide, Wein, Oel, Korn und allen sonstigen Lebensmitteln, zum kaiserlichen Monopol gemacht. „Von keinem Landwirthe," bemerkt Hüllmann (Geschichte des byzantinischen Handels) „durfte der Unterthan Getreide kaufen; er mußte seinen Bedarf von den, bei der Verwaltung dieses Regals angestellten Finanzbeamten nehmen, die, nicht zufrieden mit dem starken Gehalte und der Befreiung von manchen öffentlichen Verbindlichkeiten, sich auf Kosten des Volkes bei diesem Wuchergeschäft bereicherten. Die Provinzen leisteten ihre Abgaben in Korn; wenn die Vorräthe auf der See verdarben, so wurden sie gleichwohl den Käufern aufgebrungen." Flieht nun eine nationale kaufmännische Thätigkeit schon an sich den amtlichen Zwang; wie will man sich dann über den Mangel eines selbstständigen griechischen Handels= standes verwundern, sobald dem Einzelnen fast gar kein Verkehrs= gut mehr übrig bleibt? Was Trapezunt aus Asien über das schwarze Meer sandte, und was an Rohstoffen und Fabrikaten das oströ= mische Reich selbst hervorbrachte, wurde zu Byzanz in südwestlicher Richtung auf der See von den Küstenstädten Italiens und Frank= reichs, die Donau hinauf von den Deutschen in Verbindung mit den Avaren und Bulgaren, und nach dem Norden hin von den Russen abgeholt. Die Fremden hatten ihre besonderen Quartiere in der Stadt; Konstantinopel gab also eigentlich nur den Platz her, auf welchem die verschiedenen Völkerschaften sich trafen, und zog von dem Handel seine Zölle. „Die Stadt," berichtet Benjamin von Tudela, „bezahlt ihrem Herrn täglich 20,000 Goldstücke, die von den Kauf= läden, Buden und Märkten, von persischen und ägyptischen, russischen und ungarischen, italienischen und spanischen Kaufleuten erhoben wer= den, welche zu Wasser und zu Land mit der Hauptstadt Verkehr haben."

Schließen wir auch jetzt den italienisch=griechischen Verkehr noch nicht weiter in den Kreis unserer Betrachtung, und bemerken wir über den russisch=byzantinischen Handel hier vorerst nur, daß er den Dniepr hinauf über Kiew und Nowgorod an die Ostsee ging, indem die Russen die am Bosporus eingetauschten orientalischen Güter mit Häuten, Bauholz, Pech, Honig, Wachs, Korn, Pelzwerk, Fischen und Sklaven bezahlten; dann werden uns die Wege, welche der da= malige aus Osten kommende Güterstrom von dem deutschen Zwischen= markte Lorch und später von Regensburg aus in die verschiedenen Gegenden des westlichen Europas einschlug, leichter und klarer zu verfolgen seyn. Karl der Große, dieser gewaltige Ordner der noch in rohen Blöcken daliegenden mitteleuropäischen Welt, schreibt in seinen Kapitularien den Handelsleuten die Straßen vor, um sie zu ihrer eigenen Sicherheit an seine einzelnen Gaugrafen weisen zu können: „Die Kaufleute auf ihrem Zuge in die Lande der Slaven und Avaren," (denen sie, unter Verbot der Waffenausfuhr, Leinen, Wollenwaaren, Eisen, Salz und Wein brachten), „sollen gen Sach= sen bis Bardewik reisen, wo Hrebi für sie zu wachen hat, zu Schesla (an der Aller) wo sie Madalgoz schützt; zu Magadoburg sind sie der Hut Hatto's anvertraut, zu Erpisfurt dem Madalgaud, zu Forchhaim, zu Bremberg, zu Ragenisburg sitzt Adulph, zu Lorch der Warnar." Aus dieser Stelle erhellt, daß eine Hauptader, viel= leicht mit vielen kleinen Abzweigungen, von dem Donauthale in's Elbe= und Wesergebiet auslief. Ein anderer Arm ging über Augs= burg und Ulm, den Main und Neckar abwärts, nach Frankfurt und an den Rhein, (welchen Karl ja außerdem durch einen Altmühl= Regnitzkanal mit der Donau in Verbindung setzen wollte), um ferner südlich zu Genf und westlich auf den altberühmten Messen zu St. Denys und Troyes den französischen Käufern die orientalischen Güter darzubieten. Denn man hat es sich immer zu vergegenwär= tigen, wie seit dem siegreichen Vordringen der Araber die levan= tinischen Waaren nicht mehr über das mittelländische Meer nach Spanien, Südfrankreich und Deutschland gesendet werden konnten. Bis dahin allerdings führten die Juden, Katalonier, Provençalen, ja sogar schon die Longobarden die levantinischen Stapelgüter von der Küste in die Hinterländer ein und lieferten gleichzeitig dem Rhein= thale die bei der damaligen starken Fleischnahrung unentbehrlichen morgenländischen Gewürze. Dann aber muß, eben unter Rückwir= kung der arabischen Machtausdehnung, im Westen Europas eine allgemeine Stockung des Welthandels und damit eine Lähmung der gesammten gerade beginnenden Kultur eingetreten seyn. Und erst nachdem von den Kölner, Mainzer und den andern westlichen Kaufleuten Verbindungen mit dem Donauthale angeknüpft waren, mochte diese Erstarrung einigermaßen wieder aufhören. Sperrten darauf aber gar, wie im neunten und Anfang des zehnten Jahr= hunderts die aus Hunnen und Avaren gemischten Ungarn die Do= nau, dann konnten die für Deutschland bestimmten morgenländischen Erzeugnisse nur über Kiew und Nowgorod an die Ostsee gehen, und Breslau ward für sie zum binneneuropäischen Emporium. So läßt sich auf der einen Seite die frühe Blüthe der östlichen Provinzen des heutigen Preußens und Sachsens sehr gut erklären. Die Begleiter des heiligen Otto, Bischofs von Bamberg (im zehnten Jahrhundert), vermochten den Ueberfluß Pommerns an Fischen, Rindvieh, Wild, Getreide, Gartenfrüchten, Honig, Butter und Käse nicht genug zu rühmen: „wenn Pommern noch Weinstöcke, Oelbäume und Feigen hätte, käme es dem Paradiese gleich." Und auf der andern Seite wird der unverkennbare Kulturrückgang des übrigen Mitteleuropas unter den späteren Karolingern durch diese Handelsstörungen der Magyaren im Südosten und der Normannen im Norden in das rechte Licht gesetzt. Blanqui in seiner Geschichte der politischen Oekonomie sagt darüber: „Man hört jetzt nicht mehr von den so reichen und ergiebigen Bergwerken in Oesterreich, Ungarn, Böhmen, Sachsen und Tyrol sprechen; die Staatsherrscher empfangen in Naturalgegenständen von ihren Vasallen die Abgaben. Die Masse des Volkes schränkte ihren Verbrauch ein, sie kaufte nur Nahrungs= mittel. Nun begreift es sich aber, daß es nicht vielen Goldes oder Silbers bedurfte, um ein Stück Brod zu bezahlen, welches einen Pfenning kostete, oder einen Büschel Gemüse, dessen höchster Preis selten auf einen Sou stieg. Daher rührt die ungeheure Masse der Scheidemünze, welche in diesen wenig gedeihlichen Zeiten dem Umlauf diente; die Gold= und Silberstücke waren sehr selten und ihr Gehalt schwand von Regierung zu Regierung bis zur Dünne eines Papierblattes." Der Anreiz zum Bergbau hörte mit dem Stocken der südöstlichen Verkehrsbeziehungen mehr auf, während im Norden die plündernden Seeräuberschaaren das Edelmetall in Massen fortführten. Z. B. mußte Karl der Kahle denselben 4000 Pfund Silber zahlen, damit sie abzögen; 882 sah sich Karl der Dicke ge= nöthigt, den Kirchen und Klöstern schwere Abgaben aufzulegen, um ebenfalls mit mehreren tausend Pfund Silber das Reich von den Skandinaviern zu befreien. 883 zahlte Karlmann in Frankreich 12,000 Pfund Silber zu dem gleichen Zwecke, und 886 kaufte sich die Stadt Paris mit 700 Pfund Silber von den Normannen los. Altfranzösische Chroniken schildern den damaligen Zustand von Frank= reich als äußerst bejammernswerth: „Büsche wuchsen auf den Mauern zerstörter Kirchen, Klöster und Städte. Ein Theil der Bewohner

des Landes war gen Osten gewandert, um sich in entfernten Gegenden niederzulassen. An der Meeresküste war Alles öde, weil
die Bewohner sich in die befestigten Städte geworfen hatten, und
das übrige Land hatte kaum ein menschliches Wesen aufzuweisen.
Im Norden wie im Süden und auch sogar im Mittelpunkte des
Reiches überall derselbe Anblick. Die Erde gab den Großen keine
Einkünfte mehr, Weinberge und Gärten waren zerstört, die Arbeiter vertrieben; weder Kaufleute noch Pilgrime traf man mehr
auf den Landstraßen, das Schweigen des Todes herrschte auf den
Feldern, Dornen und Disteln bedeckten allen fruchtbaren Boden."
Hätten die Schlachten bei Merseburg und auf dem Lechfelde gegen
die asiatischen Horden nicht wenigstens die Donau wieder geöffnet,
so wäre Europa zu jener Zeit in die untersten wirthschaftlichen
und politischen Zustände zurückversetzt worden, aus denen der beginnende Geldumlauf es bis dahin bereits einigermaßen emporge-
hoben hatte.

Es bleibt uns noch übrig, eine Folgerung aus dem Wesen
des byzantinisch-europäischen Handels zu ziehen, welche eine sonst
unverständliche geschichtliche Thatsache einfach aufklärt. Weil eben
die östlichen Gegenden unseres Erdtheils durch ihre Beziehungen
zu Konstantinopel die indischen Waaren auf dem Zwischenmarkte
am Bosporus einkaufen konnten, so brauchten sie nicht, wie bei dem
direkteren Verkehre, bloß edle Metalle auszusenden; sie vermochten
vielmehr auch mit ihren eigenen Erzeugnissen, wie wir gesehen
haben, die Griechen zu bezahlen. Zu diesem Vertriebe wurde aber
die Vermittelung der Juden sehr bald überflüssig. Die kleineren
Ackerbauherren oder freien Männer ohne Grundeigenthum, sogar
auch Ritter, welche allerdings zu der weiten Seereise nach Alexandrien hin früher keinen Zug in sich verspürten, lernten es bald,
mit den Produkten ihrer Heimath stromabwärts zu handeln. Waren
es nun im östlichen Deutschland, so weit es seit den ältesten Zeiten
vom Donauhandel berührt ward, hauptsächlich nur Kaufleute und
Gewerbtreibende, welche auf Veranlassung Heinrich's, des Finkler,
in die gegen die Magyaren errichteten Festungen übersiedelten, so
entnehmen wir aus dieser Thatsache, daß das bewegliche Eigenthum

zuerst in jenen Gegenden von Deutschland eine nationale Basis zu
betreten anfing. Das deutsche Bürgerthum, welches König Heinrich
„mit reichen Vorrechten beschenkte,“ wurzelt in wirthschaftlicher Hin=
sicht recht eigentlich an der Donau und hat erst von dort aus die
Adelsgeschlechter in den Städten des Westens ökonomisch wie poli=
tisch zu zersetzen begonnen. Aus demselben Boden entspringt aber
auch der im zehnten Jahrhunderte in der Mitte von Europa zuerst
sich einstellende Gegensatz der einheimischen Bevölkerung zu den
fremden Juden. An den Küsten des mittelländischen Meeres, in
Spanien, im südlichen Frankreich und in Genua, wo die von
Aegypten kommenden israelitischen Kaufleute noch die Reste römischer
Einwohnerschaft im auswärtigen Verkehre thätig fanden, also die
wirthschaftliche Vermittelung der Hebräer im Handel mit dem Aus=
lande weniger nothwendig war, hatten sie sich von vorneherein keiner
sonderlich freundlichen Aufnahme zu erfreuen gehabt. Gerade wegen
der Strenge, mit welcher die Westgothen gegen die Juden in Betreff
ihres Wuchers verfuhren, sollen diese dem Eindringen der Araber
in die pyrenäische Halbinsel allen möglichen Vorschub geleistet haben.
Am zahlreichsten waren sie noch im Süden von Gallien. Hier
trieben sie einen sehr ausgebreiteten Handel, indem sie ihre Waaren
aus der Levante erhielten, von Narbonne, Toulouse, Marseille
und Ayde aus mit Zeugen, Parfümerien, Juwelen, Gold= und
Silberarbeiten die Märkte bezogen und bei einer zahlreichen Flotte
eine Zeit lang fast den ganzen gallischen Seehandel in ihren Hän=
den hatten. Aber schon das Pariser Concilium vom Jahre 615
unter Chlotar, dem Zweiten, verschloß den Juden jedes staatliche
Amt. Weitere Bedrückungen folgten nach, so daß sie 848, gleich=
falls aus Rache, die Stadt Bordeaux an die Normannen verriethen.
In Deutschland dagegen, welches die Israeliten lange in hohen
Ehren hielt, und wo sie zu großen Reichthümern gelangt waren,
wurden sie erst nach völligem Erblühen des Donauhandels, den
sie namentlich in Regensburg gleichfalls an sich zu reißen suchten,
von dem selbstständiger werdenden deutschen Bürgerthum allmählig
bei Seite gedrängt, da nun nicht mehr, wie noch unter den Lu=
dolfingern, Jude und Kaufmann gleichbedeutend war. Bis dahin

hatte Karl der Große den Juden nur verboten gehabt, Frucht= und
Weinhandel, d. h. Handel mit einheimischen Produkten zu treiben,
und sie gelegentlich gestraft, wenn sie goldene und silberne Kirchen=
geräthe an sich brachten, welche die Geistlichen an sie verkauften.
Je mehr dann aber im elften Jahrhunderte die westlichen Städte
des deutschen Kaiserreiches in die Höhe kamen, um so wilder wurde
der Haß derselben gegen die Juden, welche bis dahin als Kaufleute
dieselben Rechte, wie die übrigen Bürger, besessen hatten. Durch
den Wettbewerb der zum Handel übergehenden Städter, auf dem
nationalen Boden, den der Verkehr in ganz Europa mit der wei=
teren Entwickelung des Bürgerthums anzustreben begann, wurde
der israelitische Fremdling immer weiter aus dem Betriebe des
großen zwischenländischen Austausches verjagt und fortan einzig
auf den Schacher und Wucher hingewiesen. Denn Fremdling war
der Jude trotz der seit seinem ersten Auftreten verflossenen Jahr=
hunderte in dem agricolen Europa geblieben. Es läßt sich zwar
urkundlich nachweisen, daß die gewöhnlich herrschende Ansicht, der
Hebräer habe bereits beim Beginn des Mittelalters keinen Grund
und Boden in Deutschland besitzen **dürfen**, durchweg falsch ist.
Das gegen die Israeliten in den meisten Ländern erlassene Ver=
bot, sich anzukaufen, ist eine zum Schutze des kleinen Grundbesitzers
ergriffene Maßregel aus einer Zeit, als schon die Juden nicht
mehr den levantinischen Handel in Deutschland und Frankreich be=
sorgten, als sie vielmehr bereits, und meistens bloß durch die äußere
Gewalt, von Großkaufherren zu feilschenden Detailverschleißern ge=
worden waren. Dagegen ist es eine ausgemachte Thatsache, daß
sie sich in der Mehrzahl von vornherein nicht angekauft haben.
Der Grund dieser Erscheinung ist ein doppelter. In erster Linie
gestattete ihnen der in ihren Händen liegende ausländische Verkehr
nicht, feste Wohnsitze zu gründen und so nebenbei Ackerbau zu
treiben. Der Handel der früheren Zeit erforderte ein fortwährendes
Hin= und Herreisen; eine Nothwendigkeit, die es sattsam darthut,
warum die seßhaften germanischen Stämme nicht sogleich in die
commercielle Periode übergehen. Und zweitens war in dem Feudal=
verbande des Mittelalters, selbst noch unter den Hohenstaufen, sehr

wenig Land zu Kauf feil. Wie konnte es auch einem freien Grund=
besitzer damals einfallen, sein Allod, von dem er lebte, gegen Geld
zu veräußern, für das es ja nicht, wie gegenwärtig, Zinsen tra=
gende Anlagen gab? Es wäre demnach für die Juden nur übrig
gewesen, als Lehnsleute der Adeligen einzutreten, woran sie aber,
wenn sie nicht Leibeigene werden wollten, der auf das Evangelium
zu leistende feudale Huldigungseid verhinderte. Später, als sie in
Deutschland Reichskammerknechte, d. h. nicht an die Scholle ge=
bundene Leibeigene des Kaisers, geworden waren, konnten sie auch
sich Niemandem anders mehr zu eigen geben, um dadurch festen Fuß
auf dem Acker zu gewinnen. Mithin blieben sie an Abstammung,
Bekenntniß und Geschäft zugleich Fremdlinge in den Ackerbaulän=
dern; in welcher Eigenschaft sie dann unterlagen, als die Ge=
schlechter der Städte und die mit dem Christenthume eng verwebten
Zünfte und Innungen der Handwerker den Verkehr des beweglichen
Eigenthums an sich zu reißen begannen. Verloren aber auch der=
gestalt die Israeliten, die Schüler der alten Phönicier, den Welt=
waarenhandel an das Bürgerthum Europas, das sie doch erst
hervorgerufen hatten, so war damit ihre handelsgeschichtliche Mission
noch keineswegs beendet. Wie in der körperlichen Welt die Natur bei
ihren Schöpfungen in jeder Hinsicht sparsam und haushälterisch zu
Werke geht, wie sie fast immer die Stoffe absterbender Gebilde zu
neuen Organisationen, still schaffend, zu benützen weiß; so scheint sie
auch in der Menschheitsgeschichte keinen einmal ausgesponnenen und
verwebten Faden je ganz verloren geben, sondern stets aufs neue,
obschon in veränderter Weise, benützen zu wollen — ein geheim=
nißvolles, gesellschaftliches Walten, das bisher die Aufmerksamkeit der
Historiker viel zu wenig auf sich gezogen hat. Aus den Gewerben
der Städte theilweise verdrängt, geht der Jude aufs Land hinaus
und bildet wiederum für die von dem Handel noch unberührten
Gegenden das System der Capillarkanäle, welches den in den Haupt=
adern pulsenden Strom des Güterlebens in die entlegensten Theile
des Organismus führt. Als Hamster des ökonomischen Getriebes
sammelt er die nebenbei in den Staub getretenen Fruchtkörner der
allgemeinen Ernte auf, um mit dem so gewonnenen Kapitale, ein

Vorläufer der nachfolgenden größeren Geschäftsverbindungen, den Hirten und den Bauern in das über den ganzen Erdball verbreitete Netz des Austausches von Rohprodukt und Fabrikat hineinzuziehen. Das Auge auf den gesammten, in allen seinen einzelnen Theilen ineinander greifenden Bau der europäischen Gesellschaft gerichtet, muß man sich eingestehen, daß der Jude am Anfang des Mittelalters eine wirthschaftliche Nothwendigkeit war und in den reinen Ackerbauländern auch gegenwärtig noch nicht entbehrt werden kann.

Wo dagegen die Israeliten sich in den Städten zu halten wußten, nehmen sie fortan den Geldhandel vorwiegend in ihre Hand; auch ein Erbtheil ihrer phönicischen Vorfahren, mit welchem die jungen Völker Europas noch nicht umzugehen wußten — sie legen daselbst den Grund zu dem Banquierthum unserer Tage.

Gänzlich verschieden von der Gestaltung des Handels in den näheren und weiteren Hinterländern der Thalatta bildet sich der Verkehr in der ersten Hälfte des Mittelalters an dem atlantischen Gestade Europas aus. Denn während auf dem mittelländischen Meere die Küsten dreier Erdtheile als Stapelränder ihrer großen gesegneten Binnenreiche von selbst mit einander in die mannigfaltigsten Wechselbeziehungen treten, und dort die Schifffahrt durch die Menge der Inseln und sonstigen örtlichen Anhaltspunkte begünstigt, deßhalb bereits sehr früh die Völker Asiens, Afrikas und Südeuropas in wirthschaftliche und kulturliche Berührung bringt; wird die Ost- und Nordsee von kleineren, hinsichtlich der Naturerzeugnisse mehr gleichartigen Ländern umgeben, welche sich obendrein an Fruchtbarkeit gar nicht mit den südlichen Gegenden zu messen vermögen. Und außerdem breitete sich westlich vom britischen Kanal die Fläche des Wassers — vor der Entdeckung von Guanahani — in unbegrenzter Weite aus; die nördliche Seite Europas besaß lange Zeit hindurch kein maritimes Gegenland. Bei klarer Berücksichtigung dieser angedeuteten örtlichen Verhältnisse und des darin liegenden geringen Anreizes zur Reibung und Verbindung der menschlichen Kräfte wird man es daher leicht verstehen, warum der rechte Flügel unseres Erdtheils erst so spät selbstständig

in den Kreis der geschichtlichen Bewegung eintritt, und sich in
seinen historischen Anschauungen wohl hüten, nicht die Zustände
und Errungenschaften des Südens ohne weiteres nach dem Norden
zu übertragen, der, lange mit wenigen Unterbrechungen sich selbst
überlassen, nun auch so ziemlich in unmittelbarer Weise seine Ent=
wicklung beginnt. England muß noch im elften Jahrhunderte aus
Mangel an Wein beim Abendmahle zu Bier und Wasser greifen;
ja die Sitten Irlands, selbst in den Tagen der blühenden Hanse,
unterscheiden sich wenig oder gar nicht von der Ursprünglichkeit
indianischer Gewohnheiten. Der Bericht des katalanischen Ritters
Raimund Perellos über seine 1398 zum „Fegefeuer des heiligen
Patrik," einem irischen Vulkane, gemachte Reise, liefert davon ein
deutliches Bild: „Große Herren," heißt es darin unter anderem,
„tragen in Irland einen ungefütterten Rock, der oben weit wie
ein Frauenkleid ausgeschnitten ist; darüber haben sie eine enge
Kapuße, welche bis zum Gürtel herabfällt. Von Schuhen, Strüm=
pfen, Hosen wissen sie nichts. Den nackten Fersen werden die
Sporen angeheftet, und ich habe in dergleichem Aufzuge am Weih=
nachtsfeste den König, die Geistlichen und Ritter, Bischöfe, Aebte
und Barone gesehen. Der gemeine Mann kleidet sich nach eines
Jedweden Vermögen. Die Ansehnlichsten werfen wollene Mäntel
um, zeigen aber darunter alle Theile bloß, so Frauen wie Männer.
Arme Leute gehen nackend. Der Mantel, wie schlecht er auch seyn
mag, wird als Ueberwurf gebraucht. Nach derselben Mode waren
die Damen, die Königin, ihre Tochter und ihre Schwester gekleidet,
nur daß ein Gürtel den Anzug vervollständigte. Sogar nicht eine
von den zwanzig Hoffräulein der Königin trug Schuhe an den
Füßen, und sie ließen alles, was sie hatten, so unbefangen sehen
als das Gesicht. Am Hauptfest hielt der König großen Hof; statt
eines Tisches dienten ihm Binsen auf den Boden ausgestreut. Als
eine Auszeichnung hatte er neben sich ein Bündel zarteres Heu,
um sich damit den Mund abzuwischen. Das Fleisch wurde ihm
auf Stöcken, zu einer Tragbahre eingerichtet, dargebracht. Gott
weiß, wie die aufwartenden Pagen gekleidet waren." Solche Schil=
derungen, aus einer verhältnißmäßig schon weit vorgerückten Zeit,

dienen ohne Zweifel dazu, dem Geschichtsforscher bei der Betrachtung des menschlichen Entwickelungsganges an den europäischen Ufern des Oceans alle ungehörigen Voraussetzungen zu entwinden. Schon die Beschreibungen, welche uns die römischen Schrift=steller, Livius, Cäsar, Tacitus, Strabo, Plinius und Vellejus Pa=terculus von den Schiffen hinterlassen haben, wie sie dieselben gleich=mäßig bei den Deutschen, Britten, Iren und Normannen vorfanden, geben wohl einen sichern Beweis, daß die Menschen an diesen Küsten, unberührt von den Erfahrungen auf der Thalatta, zunächst einmal in ihrer Weise sich auf das Meer hinauswagten. Ausgehöhlte Baumstämme, oder fellüberzogene Weidengeflechte (Koräkles) mit Segel von Thierhäuten, ähnlich den noch jetzt gebräuchlichen india=nischen Nachen, sind ganz gewiß gleich jenen aus der eigenen Er=findung der nordischen Fischer hervorgegangen und nicht etwa den phönicischen oder massilischen Fahrzeugen nachgebildet worden, die sich immerhin einzeln in jenen Gewässern zeigen mochten. Ja, selbst die Gestalt der suionischen Schiffe, von denen Tacitus erzählt, daß sie ohne Segel und Ruder an beiden Enden Vordertheile hatten, um jeden Augenblick landen zu können, war zu roh, als daß die südlichen Muster dabei maßgebend gewesen wären. Vielleicht mochte gar das Schicksal der Flotten von Drusus und Cäsar Germanicus, welche mit ihrem flachen Boden den Wellen des atlantischen Meeres keinen Widerstand leisten konnten, die Friesen und Bataver von der Nachbildung derselben abschrecken. Erst im fünften und sechsten Jahrhunderte nach Christi Geburt kommen, ohne Zweifel durch die römische Bildung vermittelt, in der Nordsee festgezimmerte, mit Schilf kalfaterte, eisenbeschlagene Kriegsfahrer vor, auf dem Stag nach griechischem Beispiele — „der goldene Widder" von Phryxos und Helle oder „der Walfisch" des Propheten Jonas — mit mehr oder weniger mährchenhaften Thiergestalten geschmückt, nach welchen dann das „Skip" seinen Namen erhält. Als besonderer Vortheil wird diesen mit bunten Farben geschmückten Barken, die entweder durch dreißig bis vierzig Ruder oder durch Segel in Bewegung gesetzt wurden, dann bald nachgerühmt, daß sie mit halbem Winde fahren konnten, ein nautischer Fortschritt, zu welchem eine lange

Reihe von Erfahrungen nöthig war. Das Leben übrigens, wie es nach den vorhandenen Ueberlieferungen auf den nordischen Gewässern anfänglich geherrscht haben muß, bestand zunächst aus Fischfang, Kaperei gegen die wenigen fremden Kauffahrer und räuberischen Auszügen gegen das tiefere Binnenland, welches bereits Ackerbau, Viehzucht und Handel mit Fabrikaten trieb. So schildert schon Tacitus die Chauken, die unter ihrem Anführer Ganascus, auf leichten Schiffen heransegelnd, die gallische Küste verwüsteten. Denn trotz der gefährlichen hafenlosen Watten, welche sich von der cim-brischen Halbinsel an fast bis nach der heutigen Bretagne hinziehen, wagten sich die Meeresanwohner sehr früh auf die Wellen hinaus. Die römischen Kaiser kämpften vergebens gegen die Seeräuberbanden der Friesen und Sachsen, die wenigstens das Meer den südlichen Eroberern streitig zu machen suchten. Selbst die von Probus 281 über Land bewerkstelligte Verpflanzung friesischer Kussararen an den Pontus half zu nichts. Dieselben wußten sich in Taurien meh-rerer Schiffe zu bemächtigen, auf welchen sie sich alsbann über Sicilien, Nordafrika, durch die Säulen des Herkules in ihre Hei-math zurückplünderten. Und wenn die Sage berichtet, der Name Merovinger komme daher, daß die Gattin des Königs Chlojo einst am Strande von einem plötzlich aus dem Meere auftauchenden Ungeheuer überrascht worden sey und darauf einen Sohn Merovech geboren habe, so mag immerhin einst eine Berührung der Franken mit einer der nordischen Seeräuberschaaren stattgefunden haben, vor deren Einfällen bis ins zehnte Jahrhundert hinein die ganze Küste keinen Augenblick sicher war. Die festere Gestaltung der politischen Verhältnisse in Gallien und Germanien und die Besied-lung Großbritanniens durch die Angelsachsen bewirkten dann wenig-stens, daß die Sitze der Piraten sich weiter nordöstlich auf die skandinavische und cimbrische Halbinsel verlegten. Unter den Me-rovingern und Karolingern sind es daher hauptsächlich Dänen und Skandinavier, welche die nordischen Gestade beunruhigen. Denn Karl Martell hatte die Friesen so weit gebändigt, daß Karl der Große sie auf der Donau in seinem Kriege gegen die Avaren be-nutzen konnte. Und nicht minder wußte der Kaiser, welcher seine

Flotte auf 400 Galeeren brachte, und noch kurz vor seinem Tode durch ein Heerbannsgesetz bestimmte, daß, im Falle eines Krieges, sich die Adeligen selber auf den Schiffen einzustellen hätten, im Kampfe mit dem Dänen Gotrik sein Land auch gegen die Normannen zu schützen. „Aber während," wie Ranke sagt, „seine Nachfolger über die Vererbung der Krone sich entzweiten, die Völker wieder aus einander traten, der gewaltige Heerbann sich trennte, die mächtigen Männer des Reiches verschiedene Parteien ergriffen, und ein Kampf entbrannte, der alle Aufmerksamkeit und Kraft beschäftigte, ergossen sich die seebeherrschenden Germanen des Nordens, in denen das zurückgedrängte Heidenthum noch einmal seine ganze Energie gesammelt hatte, über alle Küstenländer des Reiches vom Ausfluß der Elbe bis zum Ausfluß der Garonne." In der Mitte des neunten Jahrhunderts gründen sich, gerade in dieser Conjunktur der Welthändel auf dem Festlande, die verschiedenen normännischen Eroberungen in England und Irland, in Rußland, an der Nordküste von Frankreich, in Portugal, dem arabischen Spanien und später auf der fruchtbaren Insel Sicilien und dem südlichen Italien. Die dabei mit ihren Schaaren ausziehenden Fürsten sind, wie zur Zeit der Römerherrschaft, kaum mehr als Besitzer und Befehlshaber einer geringeren oder größeren Flotte — eine Gefolgschaft zur See. Sie wurden entweder durch die Unterdrückung und Aufhebung der kleineren Könige, zuerst in Schweden und darauf auch in Dänemark und Norwegen, welcher politische Proceß mit dem Eindringen des Christenthums in Skandinavien um sich griff, aufs Meer hinausgejagt; oder es verließ bei zunehmender Bevölkerung, verbunden mit eintretenden Mißernten, die Jugend die arme Heimath, um sich in den reicheren Ländern des Ostens, Westens und Südens Unterhalt und Beute mit dem Schwerte zu erringen. Adam von Bremen berichtet: „Wegen der Rauheit der Gebirge und einer übergroßen Kälte ist Norwegen das unfruchtbarste Land und nur zur Viehzucht passend. Wie bei den Arabern weiden ihre Heerden unter freiem Himmel. Von ihnen leben sie, Milch dient ihnen zur Nahrung, Wolle der Schafe zur Kleidung." Die Entdeckung und Bevölkerung Islands durch die „Normannen" (wie noch heut=

zutage in der friesischen Schiffersprache alle Skandinavier heißen), welche im Jahre 870 erfolgte, und aus der für mehrere Jahrhunderte ebenso eine Freistatt für das harte nordische Bauernleben hervorging, wie sie später Nordamerika in sich trug; die daran sich lehnende Auffindung des damals nicht unfruchtbaren Grönlandes durch Erik Raude, und die Fahrt seines Sohnes Leif nach Winland, welche man am Schlusse des zehnten Jahrhunderts anzunehmen pflegt, die norwegische Besetzung der Shetlandsinseln, der Arkaden, der Hebriden und der Faröereilands sind ganz gewiß, von der Lust nach Abenteuern im einzelnen Falle abgesehen, aus dem Bedürfniß nach nährenden Feldern hervorgegangen, zu denen das Meer die Fischer am leichtesten hinführte. Auch die Deutschen blieben damals in kühnen Seereisen keineswegs hinter den übrigen benachbarten Schiffervölkern zurück. Bekannt ist der Bericht des Mönches Adam von Bremen über die Nordpolfahrt, die zur Zeit des Bischofs Alebrand von der Weser aus unternommen wurde. Das kecke Kaperleben wurzelte eben an der ganzen nordischen Küste so tief, daß noch während der Kreuzzüge Guinemeer aus Bouillon eine Flotte Seeräuber aus Flandern, Holland und Friesland nach Syrien führte, die im Anschluß an das christliche Heer vor Tarsus das alte Handwerk gegen die Ungläubigen fortsetzten. Und wenn gleichzeitig in den Süd- und Osthäfen Englands 80 Schiffe zum heiligen Kriege ausgerüstet wurden, so mochten dabei wohl ähnliche Triebe vorwalten. Man wolle es daher auch nicht übersehen, erst nach der allmählig hier und dort erfolgten Ansiedelung der skandinavischen Schaaren, nachdem Rolf, der neue Herzog von der Normandie, der Sage nach, sein goldenes Armband drei Jahre lang im Walde Marre bei Rouen hängen lassen konnte, ohne daß eine habgierige Hand es zu entwenden wagte, beginnt das eigentliche Handelsleben auf der Nord- und Ostsee seine Flügel auszubreiten.

Bis zu dieser Zeit war es, abgesehen von den alten Handelsverbindungen, welche die Phönicier das Ebrothal hinauf mit den Venetern an der Westküste Galliens unterhielten, zunächst nur die südöstliche und südwestliche Ecke des baltischen Gestades gewesen,

die wegen ihres Reichthums an jenem eigenthümlichen Seeharze seit
den frühesten Tagen in den großen Kreis des asiatisch=europäischen
Verkehrs gezogen wurde. Dreifach aber, wie erwähnt ist, gliederten
sich die Wege, auf denen das nach Tacitus' Beschreibung den Alten
kaum weniger als uns bekannte Erzeugniß der Ostsee zu den Sitzen
der Kulturvölker am mittelländischen Meere gelangte. In westlicher
Richtung führten es die unter dem späteren Namen Normänner zu
sammengefaßten Bewohner Skandinaviens und der cimbrischen Halb=
insel, welche den Stoff im heutigen Schleswig=Holstein erhielten, nach
Britannien; von wo es entweder von venetischen Schiffen abgeholt
und an den obern Ebro gebracht oder über die Insel Wight die
Seine hinauf und die Rhone hinab gesandt wurde. Unmittelbar
gen Süden verfrachteten die Römer den Bernstein zu Lande über
Carnunt nach Italien. Und ostwärts schwamm er den Dniepr
hinab, um von den scythischen Gegenden in die Hände der asiati=
schen Kaufleute zu gelangen. Auf dreifachen Wegen kamen daher
ursprünglich die Gegengaben an die Mündungen des Niemen, der
Oder und der Elbe zurück. Es waren nach Tacitus' Angabe die
aesthischen Völkerschaften, welche neben ihrem Getreidebau auch das
Meer durchsuchten und das „Glas" sammelten: „Es lag lange
unter den übrigen Fluthauswürfen, bis es durch unseren Luxus
einen Ruf erhielt. Bei ihnen ist es in gar keinem Gebrauche;
roh wird es aufgelesen, unverarbeitet verkauft, und mit Staunen
empfangen sie den Preis dafür." Bei den Wirren der im mittleren
Europa losbrechenden Völkerwanderung blieb jedoch für den Absatz
des Bernsteins zeitweilig nur die eine Straße nach Osten offen.
Allein da sich auf derselben zugleich der russische, dem Pontus
zugewandte Ausfuhrhandel an Leder, Getreide, Fellen, Pelzen,
Wachs, Caviar und Sklaven bewegte, so war der von Norden
fließende Güterstrom mächtig genug, um von dem Bosporus und
dem mittleren, nach Indien sich hinreckenden Asien einen entspre=
chenden Gegenstrom an griechischen und orientalischen Sachgütern
hervorzurufen. Wir können es deßhalb auch nur ganz natürlich
finden, daß, als die Araber in der geschilderten Weise den un=
mittelbaren Seeverkehr Europas mit der Levante abschnitten, der

indisch = europäische Handel sich fortan eine Zeit lang einzig über
Konstantinopel donauaufwärts und durch Rußland, oder, mit Um=
gehung von Byzanz, in gerader Linie vom kaspischen Meere über
Kiew und Nowgorod an die Ostsee zog. Versperrten dann noch
außerdem halbwilde Völkerschaften an der unteren Donau, wie
früher vorübergehend die Hunnen und Avaren, und im zehnten
Jahrhunderte die Magyaren, diese südöstliche Wasserstraße; dann
mußte sich wohl Deutschland und Frankreich zu Vineta, und, nach
dessen Zerstörung durch die Dänen, zu Wisby auf Gothland über
Breslau und Bardewik mit indischen Waaren versorgen — so weit
dieser Weg auch von der nächsten geraden Bahn abwich. Mögen
immerhin die Schilderungen der alten Chronisten von der Pracht
der jetzt sagenhaften Ostseestädte Julin, am Ausflusse der Oder,
und Vineta, des nordischen Venedigs, noch so übertrieben seyn;
die genannten Orte waren allerdings aus den eben beregten Ur=
sachen für eine Weile nächst Constantinopel die Haupthandelsplätze
von ganz Europa — was dann auf die hervorgehobene frühe Blüthe
des Gewerbfleißes in den slavischen Gegenden, dem heutigen Böh=
men, Ostpreußen, Pommern und Mecklenburg, die in weiterem
Kreise die Ostsee umgeben, belebend zurückwirkte.

Nur unter Berücksichtigung dieser Verhältnisse wird man den
großen Völkerzusammenhang in der alten nordischen Geschichte richtig
auffassen, für den die Ostsee ungefähr dieselbe Rolle spielte, welche
für das classische Alterthum dem mittelländischen Meere zu Theil
ward; und dessen Ursprung ebenso auf das Innere Asiens zurück=
zuleiten ist, als die Wurzeln der phönicischen Völkerverbreitung
bis dahin ausgreifen. Auch auf diesem Bodengebiete weisen die
Religion mit ihren Sagen und die Sprachverwandtschaft auf „die
Wiege der Menschheit" hin. Kaukasos bedeutet „das Land der Asen,"
von welchem Wodin nach dem Norden ausgewandert ist. Die alten
Runenzeichen und die ziemlich genaue Kenntniß des Kalenderjahrs
bei den Skandinaviern schon zur Zeit der Römerherrschaft müssen
nicht minder asiatischen Ursprungs seyn; und dazu gesellt sich noch
die geographische Gestaltung der dabei in Betracht kommenden
Flächenstriche, um uns diese Beziehungen verständlich zu machen.

Die Seen und Ströme im heutigen Rußland verbunden mit der nir=
gends unterbrochenen Ebene leisten nämlich dem inneren Verkehre den
mannigfachsten Vorschub. Die aus solchen Verhältnissen entsprin=
gende Flußschifffahrt fand daher auch selbst in den frühesten Tagen
auf ihrem Wege so wenig Hindernisse, daß noch Adam von Bremen
und verschiedene arabische Geographen die Ansicht hegten, die Ostsee
flöße mit dem schwarzen Meere zusammen. Der genannte Mönch
bemerkt ausdrücklich: „Das Ostmeer, welches das baltische genannt
wird, erstreckt sich weit gedehnt durch die Gegenden Scythiens bis
nach Griechenland." Schon die Alten scheinen eine Ahnung von
der leichten Stromverbindung in dem Inneren von Taurien gehabt
zu haben; denn Diodor von Sicilien sagt: „Eine große Anzahl
früherer Historiker und selbst neuere Schriftsteller, z. B. Timäus,
berichten, daß die Argonauten, nachdem sie das goldene Vließ weg=
geführt hatten, weil Aötes ihnen die Mündung des Pontus ver=
schloß, einen außerordentlichen Zug unternahmen, dessen Gedächtniß
aufbewahrt zu werden verdient. Als sie nämlich den Tanais bis
zu seiner Quelle hinaufgegangen waren und auf einer Strecke ihr
Schiff zu Lande weiter gebracht hatten, setzten sie sich auf einen
andern Fluß, der in den Ocean floß, und gewannen so die See.
Sie wurden von Norden nach Westen geführt, und, das Land zur
Linken, kamen sie endlich bei Gades in das mittelländische Meer
zurück." Die Wirklichkeit entspricht einigermaßen den Voraus=
setzungen der Erzählung. Und geht man ferner den 4500 Werste
langen Lauf der Wolga von ihrer Mündung ins kaspische
Meer stromaufwärts, so zeigt sich, da dieselbe fast bis zu ihrer
Quelle hin schiffbar ist, daß die Hauptstapelplätze des mittleren
Asiens in den oberen Thälern des Indus und Oxus, die Städte
Bactra, Bokhara, Samarcand ohne Schwierigkeit ihre Waaren
in das Herz des Moscowiterreichs zu senden vermögen. Wie
noch gegenwärtig die Provinzen Twer, Kasan und Astrachan auf
der eben bezeichneten Wasserstraße einen regen Verkehr mit Persien
unterhalten, wie dieselbe noch jetzt für den Backsteinthee Chinas
und die armenischen Kaufleute den natürlichen Reiseweg nach
Petersburg und den großen russischen Messen bildet, in ähnlicher

Weise diente sie auch im Alterthume und während des beginnen=
den Mittelalters zu einem indisch=europäischen Waarenaustausche,
welcher, obgleich er außerhalb der bekannten Bahnen der Kultur=
geschichte sich bewegte, dennoch keineswegs unbedeutend war. Auf
der Wolga gelangte man dann weiter vermittelst ihres linken
Nebenflusses, der Kama, und nach Ueberschreitung einer geringen
Zwischenhöhe in die Petschora, d. h. zum Eismeere, oder auf der
Dwina in das weiße Meer zu dem heutigen Hafen von Archangel.
Die zweite Straße führt den Dniepr hinauf bis an die Höhe von
Wolok, geht darauf die Lowat hinab und findet ihren naturgemäßen
Verlauf durch die Wolchow, den Ladoga=See, die Newa und den
finnischen Busen nach Schweden hin, wo am nördlichen Ufer des
Mälarsees die Orte Birca und Sigtuna, nach der Ueberlieferung
des bremischen Mönches, einst als Meßplätze für Normänner, Dänen,
Slaven, Sembrer und scythische Völker weit und breit berühmt
waren.

Zwischen dem Eismeere, dem Uralgebirge und der Wolga
dehnte sich nun, freilich mit unbestimmten Grenzen und noch un=
bestimmterem Ursprunge, im frühesten Mittelalter die Herrschaft
des später verstreuten finnischen Volkes, das Biarmareich), aus,
von dessen einstiger Bedeutung noch jetzt die Ruinen seiner ehemals
mächtigen Hauptstadt Perm zeugen. Ein verhältnißmäßig weit
vorgeschrittener Ackerbau, die edlen Metalle des Ural, welche aus
dem Flußsand gewaschen wurden, und die Jagd auf die vielen
Pelzthiere gewährten nicht nur seinen Bewohnern selbst einen reich=
lichen Unterhalt, sondern lockten auch von den verschiedensten Sei=
ten die umwohnenden Völker zum Verkehr herbei. Im Süden,
am linken Ufer der Wolga, hausten damals die Bulgaren. Die=
selben standen einerseits über dem Aralsee mit der Bucharei, Per=
sien und Indien im Waarenaustausche; andererseits hatten sich
mehrere ihrer Stämme im fünften und sechsten Jahrhunderte nach
blutigen Kriegen mit den byzantinischen Kaisern, in Mösien und
Dacien, der heutigen Bulgarei, niedergelassen, wo sie ein Mittel=
glied des deutsch=griechischen Donauhandels bildeten; und drittens
spannten sie ihre merkantilen Linien nordwärts in das Biarmerland

aus; so daß ihre, von den arabischen Schriftstellern erwähnte Hauptstadt Bulgar an der Wolga, ungefähr 18 Meilen südlich von Kasan, noch jetzt gleichfalls durch Ruinen kenntlich, für die südliche Ausfuhr der biarmischen Güter den nächsten Knotenpunkt abgab. Die Bulgaren brachten indische und persische Gewebe und Gewürze nach Perm und tauschten dagegen die im Süden so be= liebten nordischen Rauhwaaren ein. Aber auch nach dem Eismeere zu muß von Perm aus vielfacher Verkehr geherrscht haben. Noch jetzt finden sich Ueberreste von hölzernen Brücken auf der buchonin= schen Anhöhe, die der Sage nach zum leichten Fortschaffen der Waaren nach der Petschora hin von den alten Permiern gebaut worden sind. Und man weiß, daß, seitdem der Normanne Othar in der ersten Hälfte des neunten Jahrhunderts zuerst über das Eismeer zum Nordgestade von Biarma gefahren war, um Wallroß= zähne und Hautseile zu holen, von Skandinavien aus mehrere Fahrten dorthin unternommen wurden.

Verschieden von dem, so zu sagen, wirthschaftlich selbstständigen östlichen Gebiete der Wolga und seinen nördlichen Erweiterungen, bildet der Dniepr mit seinem nordwestlichen Hinterlande im Alterthume wie im Mittelalter recht eigentlich das Durchfuhrbereich für den pontisch = baltischen Zwischenhandel. Schon zu den Zeiten Herodot's hatten die Griechen im Norden des schwarzen Meeres mehrere Colonien: Olbia, Panticapäum, Phanagoria und Tanais angelegt, von denen aus sie ihre Verkehrslinien in die Binnen= gegenden verzweigten. Der hellenische Reisende weiß bereits von dem Bernstein, welcher „von einem in das Nordmeer fallenden Fluß kommt;" und er erzählt, wie im Norden, in dem waldigen Lande der Budinen, einem zahlreichen Volke mit röthlichem Haare und blauen Augen „eine hölzerne Stadt mit hölzernen Mauern, Häusern und Tempeln" liege. „Die Bewohner derselben, die Geloner, waren ursprünglich Griechen; sie bauten das Feld, hatten Gärten und aßen Getreide. Auch in der Hautfarbe waren sie von den Nomaden= und Jägerstämmen rund umher verschieden." Darf man wirklich in dem heutigen Kulm, in dem unteren Weich= selgebiet, das alte Gelonum wiederfinden, so wäre damit der

Beweis geliefert, wie weit die hellenischen Handelsposten nach den Bernsteingestaden hin vorgeschoben waren. Unwahrscheinlich ist eine derartige Ausdehnung des taurischen Verkehrs keineswegs. Denn Strabo berichtet gleichfalls, daß man zu seiner Zeit auf den großen Messen von Panticapäum (welche Stadt ja Mithridates zum Mittelpunkte seines pontischen Reiches erwählte) Leute von siebenzig verschiedenen Nationen hätte treffen können. Und in unseren Tagen sind im Netzedistrikt schöne griechische Münzen aufgefunden worden, die wahrscheinlich vor der 85sten Olympiade geprägt sind. Der Südländer liebte das nordische Pelzwerk zur Verzierung seiner Kleider. Im sechsten Jahrhundert n. Chr. spricht Jornandes ausdrücklich von den schwarzen sapphischen Fellen, die von dem Volke Suethans, hoch im Norden von Rußland, zu den Römern kamen. Felle, Bernstein, Getreide, Honig und Wachs sind von jeher in diesen Gegenden gegen Wein und die Fabrikate des südlichen Europas umgesetzt worden.

Unter Berücksichtigung des so eben übersichtlich gezeichneten uralten Handelslebens von Rußland läßt sich dann auch im beginnenden Mittelalter die frühe Bedeutung der Zwischenstationen Kiew und Nowgorod (Naugard, neue Stadt), frei, so lange sich in ihrer Nähe kein Gewaltherrscher aufwarf, leicht verstehen. In dem letzteren, dem Holmgård der skandinavischen Sagen, versehen sich die Schweden mit Tisch- und Goldtüchern, goldgestickten Zeugen und andern köstlichen Waaren für die Könige des Nordens. Dorthin, dem Lande Wisu der arabischen Schriftsteller, brachten die Bulgaren die Produkte Asiens und die Säbelklingen der Levante gegen Grauwerk, Biber und Zobel. Und von dort aus gehen wieder russische Kaufleute und die Umwohner des Ladogasees nach Bulgar und Itil, ja nach Constantinopel und Spanien. „Auch die Araber,“ bemerkt Neumann (die Hellenen im Scythenlande) „durchzogen des Handels wegen diese Länder. Sie reisten nach Bulgar und gaben dem Landwege den Vorzug, da die Schifffahrt auf der Wolga stromaufwärts doppelt so viel Zeit beanspruchte. Damals wohnten hier die Burtas, deren Land sich 15 Tagereisen längs der Wolga erstreckte und südlich an das Reich der Chazaren, nördlich an das der Bulgaren stieß, ein Jägervolk, welches die nach ihm Burtasyr benannten schwarzen Fuchspelze lieferte." Daß die Araber die Biberfelle vorwiegend von den Slaven erhielten, beweist der bei ihnen gebräuchliche slavische Name des Thiers, wie auch Edrisi die Waldungen nördlich vom Komanenlande als Aufenthalt des Bibers bezeichnet.

Greifen wir nun zurück auf unsere früheren Andeutungen der Ursachen, welche die kampflustigen Bewohner der skandinavischen Halbinsel und Dänemarks aus ihrer Heimath in die Ferne trieben; so zeigt uns diese viele Jahrhunderte bereits betretene Handelsstraße quer durch Rußland einmal die Möglichkeit, daß die Kaiser zu Constantinopel, dem Mitligård der nordischen Sage, ihren wankenden Thron mit der reisigen Schaar der Waräger zu stützen versuchen konnten. Und zum andern erhält die Annahme der russischen Chronisten über die Keime des späteren russischen Reiches nicht minder ein klareres Licht. Der Name Rus, welcher zuerst im neunten Jahrhundert vorkömmt, soll nämlich ursprünglich Schweden bedeuten. Denn Waräger, die von Skandinavien nach Griechenland ziehen wollten, Rurik Sune und Truvor, gründeten 862 in Nowgorod eine kleine Herrschaft über Finnen und Slaven, wie zwei andere warägische Brüder eine ähnliche Besitzung zu Kiew einrichteten, die sich allmählig bis zum schwarzen Meere ausdehnte. Im neunten und zehnten Jahrhunderte beunruhigten bereits diese kleinen Reiche mit ihren Flotten die Byzantiner. Der Schiffsbau wurde an dem damals holzreichen südrussischen Gestade sehr schwunghaft betrieben. Namentlich lieferten die Kriwischen Stämme viele Fahrzeuge. „Oleg zog," wie Neumann erwähnt, „906 mit 2000 Fahrzeugen zu 40 Mann gegen Constantinopel; 967 führte Swátoslaw 60,000 Kiewer auf Booten nach Bulgarien und Igor soll auf seinem Griechenzuge im Jahre 941 sogar 10,000 Boote gebraucht haben." Als dann später die Byzantiner die russischen Kaufleute nicht mehr zu Constantinopel im direkten Handel mit den Italiern verkehren lassen wollten, setzten sich die Italiener am schwarzen Meere fest, und die Deutschen eröffneten von Breslau und Regensburg aus über Brody den Austausch mit Kiew. Welchen

Schicksalen diese verschiedenen staatlichen Ansätze auf der großen nordischen Ebene später unterliegen, kümmert uns hier natürlich nicht weiter. Innere Unruhen zerstörten das Biarmerreich und versprengten die finnischen Völkerschaften in die Weite; bis seine letzten selbstständigen Reste 1236 bei dem Eindringen Dschingis-Chan's plötzlich zerbrachen. Innere Unruhen am Schlusse des zehnten Jahrhunderts (zunächst hervorgerufen durch die von Griechenland ausgehende Einführung des Christenthums, welches, indem es die jungen Herrschaften in innigere Berührung mit Byzanz brachte, die schwedischen Beziehungen allmählig lockerte und die Slaven wieder zu Herren erhob), zerwühlten auch die von Wladimir vereinigten warägischen Eroberungen — zumal nachdem dieser Fürst das Land unter seine Söhne getheilt hatte. Wladimir selbst regierte bis Esthland hin, wo er durch den Waräger Sigurd Erikson die Königsschatzung erheben ließ. Nach Jaroslaw's Tode zersplitterte jedoch die russische Macht in lauter kleine Fürstenthümer, die nur noch scheinbar unter dem Großfürsten von Kiew standen — derselbe Proceß wie im deutschen Reiche. Dann lagerte sich 1238 für die Dauer von dritthalb Jahrhunderten das mongolische Joch ebenfalls über sie hin.

Zweitens aber vermögen wir es uns mit solchen Anhaltspunkten leicht zu erklären, wie in neuerer Zeit, sowohl im Innern von Rußland, in den Grenzen des ehemaligen Biarmerreiches, als auch rings herum an den Gestaden der Ostsee bis nach Schweden hinein eine Menge arabischer Münzen, die sogenannten Dirhems, aus der Blüthe der arabischen Herrschaft vom 7. bis 11. Jahrhunderte, aufgefunden werden konnten. Wie heftige Erschütterungen des Völkerlebens auf dem langen Landstriche zwischen dem Aralsee und dem baltischen Meere nach dem Verfalle des römischen Reiches immerhin statt hatten; die natürliche Beschaffenheit des Bodens, welcher die Menschen von Ost und West zusammenführte, und sein Reichthum an brauchbaren Erzeugnissen blieben ja die nämlichen. Und wie an der Landenge von Suez alle nach einander dort in den Welthandel eingreifenden Nationen: Phönicier, Juden und Mohamedaner den Verkehr stets wieder nur in gleicher Weise zu treiben im Stande waren; so traten auch die Anhänger des Propheten, nachdem sie sich bis zum kaspischen Meere ausgedehnt hatten, von dort aus zu dem Nordwesten von Europa ganz in dieselben Austauschbeziehungen ein, welche ihnen ihre Vorzeit über= lieferte. Hauptsächlich aber bestehen diese Funde — auf griechische und andere arabische Geldsorten stößt man sehr selten — gerade aus Prägstücken der Samaniden, jener arabischen Emire, welche zwischen den Quellen des Indus und Oxus in der Gegend von Bokhara, Samarcand und Bactra saßen. Dieselben müssen in dem ganzen europäischen Norden, der seinerseits die Kunst des Münzens noch nicht verstand, ebenso Umlauf gehabt haben, wie gegenwärtig etwa die Theresienthaler im Morgenlande. Und die Masse der in den verschiedenen Theilen des Ostseegebietes zurückgebliebenen gol= denen und silbernen Werthzeichen beweist, daß die Ausfuhr an Pelzwerk, Sklaven, Bernstein, Honig und Wachs die Rückfracht der indischen Güter überwog; die Araber hatten den Ueberschuß mit baarem Gelde zu bezahlen.

Neben der bisher behandelten Verkehrsquelle des Nordens, wie sie aus dem hier vorhandenen Schatze an Bernstein entsprang, ent= wickelte sich ein regeres wirthschaftliches Leben an der atlantischen Küste Europas dann ferner durch die belgischen Wollewebereien und Lederfabriken am unteren Rheine, die aus der römischen Zeit unmittelbar in das Mittelalter fortdauerten. Anfänglich mochte es wohl Trier gewesen seyn, welches jenen Geschäftszweig in dem Bereiche der heutigen Niederlande weiter verbreitete. Der alte römische Stapelplatz, wo sechs Straßen, von Köln, Rheims, Metz, Mainz, Straßburg und vom Rheine her an der linken Moselseite zusammenliefen, war schon zur Zeit der römischen Kaiser ein be= deutender Markt und Fabrikort. „Die Mosel, im ruhigen Strome vorbeigleitend," sagt Ausonius, „trug Waaren aus der ganzen Welt." Namentlich aber waren es die Staatsfabriken für Waffen, Leder und Tuche, welche dem Platze seine Wichtigkeit verliehen. Was eigentlich die Tuchmacherei in jenen Gegenden von vornherein besonders begünstigt hat, ob etwa auf den dortigen Weiden die Schafzucht damals vorzugsweise gut gedieh, ist nicht recht klar.

Allein da der genannte Arbeitszweig nun einmal daselbst bestand, so erhielten dadurch die Friesen, unter welchem Namen man den ganzen Stämmezusammenhang von der Elbe bis zur Rheinmündung begriff, eine Ausfuhrwaare, die sehr bald die nordische Ebene mit allen Völkern rund umher in Verbindung brachte. Schon bei Tacitus heißen die groben Wollenstoffe, welche die Mägde in den Frauengemächern der deutschen Gehöfde verfertigten, „Freese," nach friesischer Weise gewebte Decken; und vielleicht haben Köln und Aachen ebenfalls durch den Verschleiß dieses überall so benöthigten Kleidungsstoffes sich einen Theil ihrer frühzeitigen Blüthe erworben. Urkundlich treffen wir im Mittelalter den friesischen Handel zuerst im achten Jahrhunderte an, indem friesische Kaufleute mit ihren Waaren über See auf die berühmte Messe des heiligen Dionysius (St. Denys) in der Umgegend von Paris reisen. Und hundert Jahre später erneuerten Karl der Große und Ludwig der Fromme den Friesen, welche schon unter Pipin nach Worms hinaufgezogen waren, die Befreiung vom Ladenburger und Wimpfener Flußzoll. Den eigentlichen Knotenpunkt dieses Verkehrs bildete Wyk te Duur= stede, in der Gegend des heutigen Utrecht gelegen, und Tiel an der Waal. Dorthin verfrachteten die Engländer, die seit dem siebenten Jahrhunderte durch den schottischen Glaubensboten Wille= brode mit Flandern in Berührung getreten waren, Wolle, Leder, Blei und Zinn; die Leute der Nord= und Ostsee, die „sächsischen Kaufleute," wie Karl der Große sie bezeichnet, ihre Fische und Getreide sammt den über Vineta oder über Lorch=Bardewik bezoge= nen orientalischen Güter; die Franken: Wein, Honig und Färber= röthe, und die rheinischen Städte ihre aus dem Donauthale ge= kauften indischen Waaren . . . . Alle, um dagegen friesische Tuche einzutauschen. Und diese Conjunktur blieb auch die nämliche, als die Normänner im neunten Jahrhunderte das mit einem kaiser= lichen Münzwerke versehene reiche Wyk, nach dreimaliger Plünde= rung in drei Jahren, zerstörten — derselbe Markt verlegte sich nach Dordrecht. Das ist der Beginn der frühen wirthschaftlichen Blüthe in den rheinischen Niederungen, deren Betriebsamkeit die einsichts= vollen Grafen von Flandern — Engelram am Anfange des neunten

Jahrhunderts und seine Nachfolger — durch Aufrechthaltung von Sicherheit und Rechtsschutz den glücklichsten Vorschub leisteten. So lange noch die Seeräubereien auf der Nordsee fortdauerten, war, nachdem Kaiser Karl die friesische Flotte zerstört hatte, die Verkehrs= richtung der unteren Rheinebene lange Zeit hindurch hauptsächlich dem Binnenlande zugewandt. Zwar haben die westlichen Friesen im zwölften Jahrhunderte aus den rooles d'Oléron ihr berühmtes Seegesetz von Damme und Westcapelle hergenommen. Allein ihre Meerfahrten, die bis zur Mitte des achten Jahrhunderts zumeist nach England gingen, waren gegenüber von ihrer Fabrikthätigkeit und ihrer Landwirthschaft unbedeutend geworden. Die östlichen Völker des „deutschen Meeres" und der Ostsee vermittelten vielmehr zum größten Theile den Austausch des heutigen Hollands und Belgiens mit England und Skandinavien: die Hansen bemächtigten sich für Jahrhunderte des niederländischen Frachtverkehrs. Erst mit dem Zusammenbrechen des großen Bundes, als gleichzeitig die Niederlande einen kräftigen Halt in der kaiserlichen Macht des Hauses Habsburg finden, beginnt die holländische Flagge wieder unabhängig auf der See zu flattern. „Des Kaisers Kaufleute," welche nach der Verordnung des Königs Ethelred II. vom Jahre 979 gehalten seyn sollen, in London zu Ostern und Weihnachten zwei Stücke braunes Tuch nebst zehn Pfund Pfeffer, fünf Paar Handschuh und zwei Tonnen Essig als Abgabe zu zahlen, sind daher auch wohl als „Oesterlinge" aufzufassen, die im Zwischen= handel englische Wolle, Blei, Zinn und Getreide gegen die in ihre Hände gelangten indischen Waaren, gegen die norddeutschen Fabrikate oder die Rohprodukte ihrer eigenen östlichen Gestade um= setzten. Der Verkehr der englischen Inseln mit den Küsten unserer Nordsee knüpft sich, nach geschichtlichen Belegen, bereits im achten Jahrhunderte, anfänglich wohl durch die Hände der damals see= mächtigen Dänen, an, welchen darauf die Deutschen nachfolgten. Einen nicht unerheblichen Ausfuhrartikel Englands bildeten bis zur Normannenzeit auch männliche und weibliche Sklaven, womit sich die großen Grundbesitzer bedeutende Reichthümer erwarben. Eng= lische Freudenmädchen wurden damals weit versandt.

Außer den beiden genannten Nährquellen, dem asiatisch-russischen Waarenzuge, der an der Ostsee endete, und dem Verkehr mit friesischen Geweben, welcher das nordische Güterleben mit dem weiteren Umkreise der thalattischen Welt in Berührung setzte, entwickelte sich die wirthschaftliche Blüthe auf der atlantischen Küste Europas in unmittelbarer ursprünglicher Art nämlich noch durch den Austausch der Erzeugnisse, wie Land und See sie daselbst liefern.... Die merkantile Macht der Hanse hat demnach eine dreifache Wurzel. Das Dörren und Einsalzen der Fische kam schon lange, bevor die Niederländer damit bekannt wurden, an der Ostsee vor. Der Fischfang also, namentlich der Häringsfang, der bei dem katholischen Fastengebrauch eine so große Bedeutung erhält, verbunden mit der Verfrachtung des baltischen Getreides, Holzes, Theers und Pelzwerks, der Einkauf der genannten Erzeugnisse Englands, der Handel mit Lüneburgischem und Hallischem Salze über See, mit rheinischen Weinen und Butter von Norwegen, die Ausfuhr des schon frühe in den norddeutschen Städten, z. B. Hamburg, gebrauten Biers gibt dann dem in Fluß gerathenen beweglichen Eigenthum vollends nachhaltige Kraft und ruft einen ökonomischen Verband hervor, der sich später in der Hansa seinen eigenthümlichen politischen Ausdruck schafft. Um jedoch den Ursprung des nachher so gewaltigen Bundes richtig aufzufassen, muß man sich zuletzt auch noch daran erinnern, daß der karolingische Heerbann, diese Grundverfassung des feudalen Reiches, an den nordischen Gestaden so gut wie gar nicht durchgedrungen ist. War es schon an sich eine schwierige Aufgabe, das uralte freie Bauernvolk der Sachsen in die Formen des neuen kaiserlichen Staates umzugießen, wozu es einer langen Reihenfolge kräftiger Herrscher bedurft hätte, so boten auch die örtlichen Verhältnisse keinen rechten Anhalt zur Bildung der feudalen Gliederungen dar, oder widerstrebten ihnen stellenweise geradezu. Z. B. mußten die Friesen wegen der zum Schutze der Felder ihnen aufliegenden Deichlast vom Kriegsdienst befreit werden. Es gab daselbst also keinen eigentlichen, politisch abgestuften Adelsstand auf der Ackerfläche, der fähig gewesen wäre, dem um sich greifenden Städteleben einen abwehrenden Damm entgegenzusetzen.

Zwar kommen im Mittelalter auf den jetzigen friesischen, hannöver=
schen und schleswig=holsteinischen Marschen große Grundbesitzer,
Adelige, allerdings immer vor; allein dieselben vermögen dort in
der Ebene nirgends, nach süddeutscher Art, ihre Burgen an schützende
Bergabhänge zu lehnen. Und andererseits stellte das nahrungsreiche
Meer die Menschen daselbst von vorneherein der Starrheit der agri=
kolen Pachtverhältnisse freier gegenüber. Sogar die Geistlichkeit ist
bei ihrem lange dauernden Kampfe gegen das unbändige nordische
Heidenthum in den von dem einstigen römischen Leben fast völlig
unberührten Gegenden nicht im Stande, dieselbe Uebermacht zu
erlangen, durch welche sie in den übrigen Gebieten des mittleren
Europas ihre territoriale Oberherrlichkeit nach und nach durchsetzt.
Fußend in dem unabhängigen Boden des nordischen beweglichen Eigen=
thums sehen wir sie vielmehr selber während des Kampfes der beiden
Schwerter Gottes auf Erden — Adalbert von Bremen — eine beginnende
nationaldeutsche Richtung einschlagen, welche einige Jahrhunderte
später in dem norddeutschen Protestantismus kräftiger wiedererscheint.
Von Anfang an hat daher in diesen Gegenden der von römischen
Bestandtheilen freie Bürgerstand mehr Spielraum gehabt. Hier
wachsen dem Worte des Tacitus über die Germanen, daß sie keine
geschlossenen Ansiedelungen unter sich dulden, zum Trotze überall
Städte auf. In Schleswig strömten in der Mitte des neunten
Jahrhunderts schon „Kaufleute von allen Enden her zusammen."
Und obgleich Hamburg von seiner Gründung im Jahre 805 bis
ins eilfte Jahrhundert siebenmal zerstört wurde, Lübeck gleichfalls
eine dreimalige völlige Vernichtung erfuhr, ... der vorhandene
Städtestoff, d. h. eine Bevölkerung, die nicht an den Boden ge=
fesselt war, blieb stets übrig, und sie setzte immer neue städtische
Niederlassungen ab.

Wenn man sich jedoch in geschichtlichen Untersuchungen bemüht
hat, das eigentliche Stiftungsjahr der Hansa aufzufinden, so liegt
diesem Bestreben, bewußt oder unbewußt, die Ansicht zu Grunde,
als sey der Bund, mit klarer Vorerkenntniß seiner Stellung dem
Auslande wie dem Reiche gegenüber, von den in sich bereits fertig
organisirten Städten abgeschlossen worden. Dieselbe widerspricht

jedoch eben so sehr der Bedeutung des Wortes „Hansa," dem Gange der politischen Entwickelung im Allgemeinen, als insbesondere dem Zustande des gesammten damaligen Städtelebens. Auch diese geschichtlich so gewaltig gewordene Gestaltung entsteht nach und nach aus kleinen Anfängen; und sie hatte, wie das sehr oft im socialen Leben der Fall ist, thatsächlich eine hohe Blüthe schon erreicht, als sie zum eigentlichen Selbstbewußtseyn gelangte.

—

Der Umschwung des Welthandels während der Kreuzzüge.

Eine so gewaltige Bewegung, wie sie während der zwei Jahrhunderte der Kreuzzüge durch ganz Europa hingeht, und die in solch durchgreifender Weise ihren Einfluß auf die wirthschaftlichen, politischen und kulturlichen Verhältnisse unseres Erdtheils äußert, ist wohl nicht auf eine einzige Triebkraft zurückzuleiten. Mag der Grundgedanke des Christenthums in jenen Zeiten, wo sich noch keine selbstständige Wissenschaft von der religiösen Ueberzeugung abgesondert hatte, also die Kirche noch die einzige Trägerin der gesammten geistigen Bildung abgab, immerhin eine Herrschaft über die menschlichen Gemüther besessen haben, von der wir uns gegenwärtig gar keine Vorstellung mehr machen können; so genügte doch auch selbst damals „das Läuten der Glocken" — dieser Trommeten der Kirche — allein wohl schwerlich, um Hunderttausende von Streitern mehrere Menschenalter hindurch in einen Kampf zu führen, dessen Gefahren und Mühseligkeiten kaum ihres Gleichen in der Geschichte finden — Anderson berechnet, daß in den 194 Jahren des Krieges 2 Millionen Europäer umgekommen sind. Unter der Fahne des Glaubens hatten sich freilich die Araber früher ebenfalls über einen großen Theil des Erdballs ergossen. Aber sie kamen einmal unmittelbar aus dem stets theokratischen Nomadenleben her, und zum Andern besiegten und eroberten diese südlichen, phantasieerregten Stämme „in ihrem Zeichen" zugleich fruchtbare Länder. Sie dehnten ihr Reich fast bis an die Grenzen der alten Welthandelsconjunktur aus — sollte man die Heerfahrten der europäischen Völker zur Wiedereroberung des heiligen Grabes so völlig aller weltlichen Rücksichten entkleiden können? Dasselbe Gesetz der socialen Natur, welches wir bei der Entstehung des Metallgeldes als vorwaltend erkannten, macht sich auch bei dem Ursprunge der Kreuzzüge bemerkbar. Eine der Willensfreiheit des Einzelnen oder dem Zufalle angehörende Thatsache — das Reisepredigen Peters von Amiens wie Luthers Thesen — gewinnt nur dann eine weltgeschichtliche Bedeutung, wenn bereits alle Momente im Völkerleben zu einer entsprechenden neuen Gestaltung fertig entwickelt sind. Ist das Wasser in einem ruhig stehenden Glase schon bis zu sechs oder sieben Grad unter dem Gefrierpunkte gekältet, ohne sich indeß zu Eis umgesetzt zu haben, so genügt das Hineinfallen eines Barthaars, um es im nämlichen Augenblicke in lauter Kristallen zusammenschießen zu lassen. Und bei eingetretenem Thauwetter vermag an einer schneebedeckten Bergwand ein schwacher Vogelfuß eine Lawine in die Tiefe zu senden. Wo jedoch die Umstände sich nicht zu einer derartigen Conjunktur vorbereitet haben, ist alles Kratzen mit der Kralle vergeblich.

Die Sarazenen hatten im Jahre 637 Jerusalem, das schon vorher eine Zeit lang durch Kosroes III., König von Persien, den Christen verschlossen worden war, erobert, allein die Stadt keineswegs beschädigt, sondern in ihrer Ehrfurcht vor dem Stifter der christlichen Religion, als dem Vorläufer Mohameds, daselbst, nach Wiederherstellung des Tempels, einen Patriarchen sammt seiner Gemeinde geduldet. Und so feindselig sie auch sonst gegen die Europäer auf dem mittelländischen Meere auftraten, so legten sie doch den schon früh beginnenden Wallfahrten der Christen nach dem Grabe Jesu' keine Hindernisse in den Weg. Wie einst Constantin zu Jerusalem eine Kirche erbaute, in gleicher Weise ließ Karl, der Große, welchem Harun al Raschid das heilige Grab geschenkt hatte, daselbst ein geräumiges Hospital errichten, das die Pilger kostenfrei aufnahm. Das eigene Pilgern der Mohamedaner nach Mekka mochte sie bestimmen, den Völkern des Abendlandes den Zugang zu den heiligen Stätten des Christenthums nicht völlig abzuschneiden; wie sehr auch das centralisirende Heranziehen aller Mohamedaner zu der Kaaba sich von den Pilgerfahrten der Bischöfe und Mönche an den reliquienreichen Jordan unterschied. Außerdem wuchs die Zahl der frommen europäischen Waller wohl nicht in dem Maße an, daß sie dem politischen Bestande des arabischen Reiches hätten irgendwie gefährlich werden können. Denn obschon es feststeht, daß Kaiser Konrad II. im Anfange des eilsten Jahrhunderts den Dänen für ihre Kaufreisen und Wallfahrten in Deutschland eine Befreiung von allen Zöllen zusicherte, woraus vielleicht auf eine bedeutendere Schaar von christlichen Wanderern geschlossen werden könnte, so richteten sich die Schritte derselben wahrscheinlich weit mehr nach Rom als nach dem fernen Jerusalem; zumal da die Häupter der beiden Kirchen, am Bosporus wie an der Tiber, damals noch keineswegs diese Züge nach Syrien besonders förderten.

Es ist ein eigenthümliches Geschick in der Entwickelung des europäischen Lebens, daß der Ursprungsort unsrer Religion so frühe dem staatlichen Besitze der christlichen Welt entzogen ward. Wäre es wohl Rom gelungen, sich zu seiner hierarchischen Stellung emporzuarbeiten, wenn der byzantinische Kaiser Syrien und Palästina zu behaupten verstanden hätte? Wer an die leidenschaftlichen Ausbrüche denkt, mit denen von Gottfrieds von Bouillon Eroberung an bis auf den heutigen Tag die lateinischen und griechischen Priester ihren Kampf um den Alleinbesitz der heiligen Grabkirche geführt haben, der möchte beinahe versucht seyn, zu glauben, daß, ohne das glückliche Dazwischentreten der Araber zur Zeit der losbrechenden Concurrenz der beiden Pontifices, Rom schwerlich die Muße und die Fähigkeit aufzuwenden gehabt haben würde, deren es zur Begründung seiner abendländischen Hierarchie bedurfte. Aber in demselben Augenblicke, in welchem Papst Hildebrand die geistliche Herrschaft in seine gewaltige Hand nimmt, sendet die römische Kirche ihre europäischen Streiter nach Syrien. Die Weltmacht der Tiara stand nicht fest, sobald sie Gefahr laufen mußte, daß ihre griechische Nebenbuhlerin früher oder später ihrerseits sich jener Plätze wieder

bemächtigen würde, welche in dem ganzen geistigen Leben der da=
maligen Menschheit eine so große Rolle spielten. Und diese Auf=
fassung, in der zwischen Rom und Byzanz herrschenden Eifersucht
einen der gewaltigsten Hebel der Kreuzzüge zu suchen, erhält noch
durch die gleichzeitige Lage der Dinge am Bosporus weitere An=
haltspunkte. Da nämlich die griechischen Kaiser selbst zu ohnmächtig
waren, die Levante den Sarazenen wieder zu entreißen, so ent=
sprach es ihrem religiösen, staatlichen und wirthschaftlichen Vortheile,
daß auch das an Rom gefallene Abendland in keine engere Ver=
bindung mit den Mauren träte. Es ist fürwahr nicht allein die
Furcht, die Venetianer möchten den arabischen Völkern Schiffsbau=
holz, Helme, Schilde, Schwerter und Lanzen verkaufen, welche den
griechischen Kaiser Leo V. veranlaßte, den italienischen Kaufleuten
allen Verkehr mit Syrien und Aegypten bei einer Strafe von hun=
dert Pfund Gold zu untersagen. Durch den bis dahin stattgehabten
Abbruch des europäisch-levantinischen Handels war ja Constantinopel
das einzige Emporium für den indisch=europäischen Austausch ge=
worden. Und außerdem ward mit jenem Verbote dem Stuhle Petri
jede Möglichkeit abgeschnitten, seine Finger nach dem Osten aus=
zustrecken — es gingen keine Kauffahrteischiffe mehr von Italien
nach Syrien. Daß der römische Bischof selber, im Jahre 972, bei
Erneuerung dieses Verbotes in dasselbe einstimmte, widerspricht der
aufgestellten Ansicht noch keineswegs, sondern beweist nur, bis zu
welchem Grade das gleichzeitig zu Rom herrschende „Metzenregiment"
— Theodora mit ihren beiden Töchtern Theodora und Marozia —
die auswärtige Politik der abendländischen Kirche vernachlässigte.
In den Parteikämpfen der südeitalischen Barone befangen, hatte
der heilige Vater das Bewußtseyn des alten Gegensatzes von Rom
und Byzanz so gut wie verloren. Man darf es aber nicht über=
sehen, daß dasselbe hundert Jahre später zugleich mit der Regene=
ration der päpstlichen Macht wieder in seiner ganzen Schärfe er=
wachte. Ein Menschenalter vor dem Beginn der Kreuzzüge, im
Jahre 1053, ward bereits von Papst Leo IX. der Versuch gemacht,
durch eine an den byzantinischen Patriarchen Michael Cerularius
gerichtete Gesandtschaft von der griechischen Kirche die Anerkennung

der römischen Oberherrlichkeit zu erlangen. Was damals gänzlich gescheitert war, konnte es nicht vielleicht durch eine Schaar deutscher und französischer katholischer Krieger, welche man zur Eroberung des heiligen Grabes aussandte, schließlich durchgesetzt werden? Wir behaupten nicht, daß die Kreuzzüge in Folge dieser staatlich-hierarchischen Intriguen mit klarem Bewußtseyn eines vorgesteckten Zieles in Gang gesetzt worden sind; das hieße, auch abgesehen von dem Mangel an geschichtlichen Beweismitteln hinsichtlich der einzelnen dabei ins Spiel kommenden Persönlichkeiten, den Menschen jener Zeit einen Ueberblick über die politischen Verhältnisse eines ganzen Erdtheils in Bezug auf Gegenwart und Zukunft zueignen, wie er selbst heute bei unseren ausgebildeten wissenschaftlichen und technischen Beihülfen nur einem Staatsmanne ersten Ranges innewohnen kann. Unsere Meinung geht vielmehr bloß dahin, daß, weil am Schlusse des eilften Jahrhunderts ein Theil der Weltconstellation in der gezeichneten Weise dalag, jene mehr oder weniger vielleicht individuell angeregten Wanderfahrten der abendländischen Völker schon allein deßwegen eine nachhaltigere Bedeutung erlangt haben. Mag immerhin der Beginn der heiligen Heerzüge aus religiöser Schwärmerei hervorgegangen seyn — die beiden Kirchenhäupter und dann auch die übrigen staatlichen und wirthschaftlichen Mächte Europas lernten es bald, sich derselben zur Erreichung ihrer Absichten zu bedienen. Denn obschon es Anhänger des römischen Glaubens waren, die als Krieger zur Eroberung Jerusalems ausrückten, mithin im Falle des Sieges zunächst die römische Kirche hoffen durfte, ihre Altäre am Jordan aufzustellen, so war doch auf der andern Seite auch wiederum dem griechischen Cabinette mehr als eine Handhabe dargeboten, von der losgebrochenen Bewegung für sich Nutzen zu ziehen. Für Europa bildete in jenen Tagen nur das Donauthal den Zugang zum Osten. Regensburg und Wien gaben den sich fortwälzenden Schaaren die Schiffe und Frachtfuhrleute; die griechische Flotte setzte sie über den Bosporus. Der byzantinische Kaiser Alexius, der zuerst 1094 den Papst Urban um Hülfe gegen die Ungläubigen angegangen war, fand daher, trotz seiner Furcht vor den deutschen Schwertern, bei der überlegenen Diplomatie seines Hofes Gelegenheit genug, sich für seine Dienstleistungen die Oberlehnsherrlichkeit über die zu erobernden Gegenden vorab auszubedingen. Fragt man sich nun aber, was trieb, von solchen staatlichen Rücksichten abgesehen, die Masse der Reisigen selber zum gefahrvollen Kampf nach Asien, so muß man sich zuerst einmal daran erinnern, daß die selbschuckischen Türken, welche früher im Nordosten des kaspischen Meeres ein rohes Nomadenleben geführt hatten, nach Ausbreitung ihrer Herrschaft 1080 Jerusalem gerade zu einer Zeit eroberten und daselbst die abendländischen Pilger mißhandelten, als der Jahrzehnte lang geführte Kampf der beiden Schwerter Gottes auf Erden das gesammte social-politische Leben Europas bis auf den Grund durchschüttert hatte. In Folge jenes gewaltigen Ringens zwischen Kaiser und Papst mußte in der Menge eine durchgehende Stimmung der Gemüther eingetreten seyn, welche der Macht der religiösen Gedanken, wie solche Perioden von Zeit zu Zeit in der Geschichte immer wiederkehren, einen besonderen Vorschub leistete. Wenn die bisherigen Gewohnheitsstützen des Daseyns zusammenbrechen, flüchten die Menschen stets gern auf das Gebiet dumpfer Gefühlsschwärmerei. Der Glaube an die nahe Verwirklichung des tausendjährigen christlichen Reiches, welcher gerade in jener Zeit abermals auftauchte — indem man von der Zerstörung Jerusalems an rechnete, nachdem die früher festgehaltenen „tausend Jahre nach Christi Geburt" die Weissagungen der Priester im Stiche gelassen hatten — deutet uns für damals unmittelbar auf den Geist einer kirchlichen Reaktionsepoche hin, welcher in zufälligen Aeußerlichkeiten: Erdbeben, Kometen, Hungersnoth, von denen die Geschichte erzählt, weitere Bestärkung fand. Unter solchen Umständen kommt sowohl für den Einzelnen als für ein ganzes Volk die Aufforderung, irgend ein Jerusalem zu erobern, auch heute noch allemal wie gerufen; und noch heute ertönt dann meistens ein: „Gott will es!" wie im Jahre 1095 auf der großen Versammlung der Geistlichen zu Clermont. Außerdem aber mag der ritterliche, zum Kampfe geneigte Sinn der einzelnen Feudalherren, genährt durch die Sagen der aus dem Oriente heimkehrenden Pilger, der deutsche Drang in die

Ferne, der ja in der Gegenwart wieder Hunderttausende von Men=
schen jährlich über den Ocean treibt, Hohe und Niedere, die Häupter
wie die Masse, gleichzeitig mit in Bewegung gesetzt haben. Ein
eigentliches Bürgerthum kennt zwar Europa bis zum Schlusse des
eilften Jahrhunderts noch nicht. Der Handwerkerstand in den
Städten fängt erst an, in zeitweilig versuchten Aufständen die nach
und nach errungene wirthschaftliche Unabhängigkeit auch politisch
zu erkämpfen. Allein wenn schon nicht durchgehend im Ganzen,
so waren doch stellenweise im Einzelnen die alten Hörigkeitsverhält=
nisse bereits so weit gelockert, daß eine Reihe von Existenzen in
dem wirthschaftlichen Getriebe, proletarierartig in unserem Sinne
des Wortes, überschüssig blieben. Sie gehörten der feudalen Glie=
derung des Ackerbauthums nicht mehr an; und doch war das Ge=
werbe noch nicht so ausgebildet und noch zu wenig von den Linien
des Welthandels berührt, um die von der Scholle losgerissenen
Arbeitskräfte alle in sich aufnehmen und verwerthen zu können.
Die in der Geschichte als „Gesindel" aufgeführten zweimalhundert=
tausend Köpfe, jener aus Deutschland und Frankreich stammende
Haufen von Männern, Weibern und Kindern, der vor Gottfrieds
von Bouillon Aufbruch unter der Führung des Walter von „Habe=
nichts" durch Ungarn nach dem Osten zog und auf dem Wege
durch die Angriffe der Bulgaren zum größten Theile elendiglich
umkam, bestand gewiß aus der bezeichneten überzähligen Bevölke=
rung, welche, brodlos in der Heimath, sich bereitwillig einer Heer=
fahrt anschloß, von der sich für den Augenblick Lebensunterhalt
und später Beute oder Besitz von Land hoffen ließ. Die Beweg=
gründe, welche außerdem noch im weiteren Verlaufe der Heerfahrten
die Könige von Deutschland, Frankreich und England — Kaiser
Konrad III., Friedrich I., Friedrich II., Richard Löwenherz und
Ludwig, den Heiligen, — von individuellen Neigungen oder Abnei=
gungen abgesehen, bestimmen mochten, dem orientalischen Kampfe
Vorschub zu leisten, ja selbst sich an die Spitze desselben zu stellen,
sind in der Specialhistorie der genannten Länder darzulegen. Hier
genügt die Bemerkung, daß alle fünf Herrscher, namentlich aber
die Hohenstaufen, selbstbewußt darauf hinarbeiteten, die Macht ihrer

hervorragenden Vasallen zu Gunsten einer strafferen Reichseinheit zu brechen, daß ihnen mithin ein auswärtiger Krieg, der obendrein eine zahlreiche Uebersiedelung von Rittern und Herren in die Fremde zu veranlassen versprach, bei ihren Bestrebungen äußerst gelegen kommen mußte.

Ein ganz besonderes Interesse hatten endlich die jungen Handelsstädte an den Südküsten Europas daran, daß der Herrschaft der Sarazenen, wenn auch nicht über das heilige Grab, aber doch über Syrien und Aegypten, welche Länder noch immer dem Abendlande so gut als verschlossen waren, ein Ende gemacht würde. Um indessen den Eifer, mit dem Barcelona, Genua, Venedig die frommen Heerzüge unterstützten, in seinem ganzen Umfange richtig zu würdigen, müssen wir zuvor einen kurzen Rückblick auf die Entwicklung des thalattischen Handels seit dem Untergange des römischen Reiches werfen.

Wo die Wogen des Meeres fruchtbare Länder bespülen, entsteht der Verkehr von selbst. Mag immerhin, wie der Dichter sagt, „ein dreifaches Erz die Brust des muthigen Mannes umgeben haben, welcher zuerst den zerbrechlichen Nachen auf die schaukelnde Welle gesetzt" — sobald der Kiel einmal schwimmt, lockt die nähere oder fernere Küste die Menschen stets aufs Neue in die See hinaus, und an die Leichtigkeit der Verfrachtung knüpft sich dann der Austausch mit den verschiedenartigen Bodenerzeugnissen natürlich an. Jedes im weiteren Umfange bebaute Strandgebiet, bei welchem nicht etwa die Brandung ein sicheres Landen unmöglich macht, bietet daher an sich schon die Grundlage zu einem Seemarkte dar. Aber nur dort allein wird sich, von den örtlichen Uebergangsplätzen des Welthandels hier abgesehen, wirklich ein größerer merkantiler Knotenpunkt bilden, wo sich ein reiches Hinterland nach der Küste zu in einem Flusse, einem Thale öffnet, und der Stapelplatz selbst, mehr oder weniger unmittelbar, seine Linien in den Strom des Welthandels einmünden lassen kann. Venedig ist in seinem Beginne nichts als ein Fischerdorf, welches die vor dem Einfalle Attila's flüchtenden Bewohner von Aquileja, Padua und Concordia im Jahre 450 auf einer Insel in den Sümpfen an der Brenta-

mündung ohne allen commerciellen Zweck gründeten. Die Nieder=
lassung lebte zuerst bloß vom Fischfange und dem Verkaufe des
Meersalzes, welches noch heutzutage durch Verdampfung des See=
wassers an der Sonne auf eigens dazu festgestampften Uferflächen
an den dalmatinischen und albanischen Küsten in alter einfacher
Weise gewonnen wird. Zur Zeit der ostgothischen Herrscher, unter
Theodorich, bediente sich dann Ravenna, der italienische Einfuhr=
hafen für die griechischen und orientalischen Güter, der venetia=
nischen Schiffer zu seinen Frachten. Allein die spätere Königin des
adriatischen Meeres liegt an der natürlichen Oeffnung der gesegne=
neten Poebene, als deren weiteres Hinterland über die Alpen
hinaus sich das ganze mittlere Europa ausdehnt. In der Umgebung
Venedigs fassen die italienischen und griechischen Länderbildungen
das flüssige Element zwischen sich ein und biegen es im Süden bei
Korfu und Cephalonia nach der Levante hin. Nachdem einmal
Deutschland in den Kreis der Völkerbewegung eingetreten war,
mußte sich daher für seinen Verkehr mit Afrika und Asien im
Norden der Adria irgend ein großer Zwischenmarkt ansetzen; und
diese commerciellen Bedingungen wirken auch in der Gegenwart
noch fort. Wie Venedig die Erbin Aquileja's wurde, so ist Triest
nur eine Verjüngung des altgewordenen Venedigs.

Sehen wir indessen für jetzt noch von den Anfängen Pisa's
und Livorno's ab, die, weniger von der örtlichen Lage begünstigt,
erst später an der Ausfuhr der norditalienischen Machwaaren em=
porblühen, so genügt ein Blick auf die Karte unseres Erdtheils,
um die Nothwendigkeit mehrerer großen Hafenplätze für das euro=
päisch=orientalische Güterleben auch in der westlichen Hälfte des
mittelländischen Meeres alsbald zu begreifen. In Frankreich knüpften
nach dem Zusammenbruche des römischen Reiches die wirthschaft=
lichen Kräfte an die alten griechischen Colonie Massilia, jener be=
rühmten Handelsstadt der classischen Welt, von selbst wieder an,
obschon dieselbe eine Strecke östlich vom Ausfluß der Rhone gelegen
ist. Dagegen hat man es der im Süden auf der pyrenäischen
Halbinsel ausgebreiteten arabischen Herrschaft zuzuschreiben, daß
Barcelona, das östliche Handelsthor Spaniens, nicht, wie einst

Tartessus, am Ebro, sondern viel weiter nördlich entstanden ist. Diese Stadt bildete zuerst als Sitz der karolingischen Markgrafen eine gegen die Mauren vorgeschobene Festung, deren Sicherheit für den Verkehr in den damaligen Zeiten leicht den Sieg über glücklichere räumliche Verhältnisse davontragen konnte. Und die Wechselbeziehungen von Sardinien, Corsica und dem Festlande endlich gaben auch allmählich dem alten Genua, welches 641 der Longobardenkönig Rothari gleich den übrigen ligurischen Städten seiner Mauern beraubt und zu einem Dorfe gemacht hatte, wieder neue Nahrung. Sobald das wirthschaftliche Getriebe einer Epoche noch nicht die innere mathematische Schärfe erlangt hat', welche die Beweglichkeit des Geldes und Transportes mit sich bringt, vermögen die vielleicht nicht ganz naturgemäß aufgewachsenen älteren Städte als lang gewohnte Sitze des Kapitals, kaufmännischer Erfahrungen und persönlicher Verbindungen sich dennoch gegen den Wettbewerb günstigerer Oertlichkeiten zu behaupten. Außerdem haben die früh über das Mittelmeer hereinbrechenden Araberschaaren vielfach die gesunde Entwicklung der südeuropäischen Seeverhältnisse gestört. Die Eroberungen der Sarazenen auf Sicilien, Sardinien, Corsica und den Balearen schlossen für die französischen und piemontesischen Küsten die westliche Kammer der Thalatta eine Zeit lang beinahe völlig zu. Und selbst für Venedig, das schon mit sechzig Schiffen, im Bunde mit dem griechischen Kaiser, Sicilien gegen die Mauren zu vertheidigen gesucht hatte, drohte bei der Einäscherung Ausera's und Ancona's von Seiten der Araber im Jahre 829 die Gefahr einer gänzlichen Vernichtung. Frankreich hat deßhalb auch zur Zeit der Karolinger so gut wie gar keine Stellung zur See. Erst die oben erwähnte Befestigung Barcelona's und der Seesieg, welchen Burchard, der Stallmeister Karls, des Großen, vor Genua über die Mauren davon trug, verschaffte dem ligurischen Meere wenigstens etwas Luft, die jedoch durch das abermalige Vorstürmen der Araber gegen Apulien und Genua (934) wieder sehr beengt ward; bis dann beim Beginne des eilften Jahrhunderts die unter einander verbundenen Genuesen und Pisaner den Sarazenen Sardinien völlig wegnahmen.

Nur das kleine, zunächst aus den Handelsverhältnissen der Umgegend aufgewachsene Amalfi, am Golfe von Salerno, hatte, zusammen mit Gaëta und Neapel, in schweren Kämpfen gegen die Mauren seine Unabhängigkeit zu behaupten vermocht und wußte sich auch später in eigener, selbstständiger Verfassung von den karolingischen Herzögen frei zu machen. Unmittelbar aus dem Alterthume dauerte dergestalt die Stadt in das Mittelalter hinein, wie sie denn auch ein Exemplar der justinianischen Pandekten bei sich aufbewahrte, welches nach Eroberung des Platzes durch die Pisaner im Jahre 1137 daselbst gefunden ward. Die Blüthe von Amalfi, das zur Zeit seines Glanzes 50,000 Einwohner zählte, wurzelte aber darin, daß es nach sicher gestellter Freiheit einen Verkehr mit den Arabern auf Sicilien und mit Griechenland einzuleiten verstand. So besaßen die Amalfiten zuerst ihre Waarenmagazine in Messina, Syracus und Palermo, ferner in Durazzo und Constantinopel. Das Nildelta war den Europäern noch im zehnten Jahrhundert verschlossen, obgleich die Fatimiden bereits Cairo erbaut hatten. Bald gründeten indessen die Kaufleute von Amalfi auch in dieser neuen arabischen Handelstadt, in Alexandria und Jerusalem ihre Niederlassungen; ihre Münzen, die Denaren oder Tarenen, galten überall im Morgenlande. Während Venedig, Genua, Marseille durch die feindliche Abgeschlossenheit der Mahomedaner, durch die Räubereien auf dem Meere und durch das früher berührte Verbot der griechischen wie römischen Kirche am Verkehr mit Kleinasien verhindert waren, leiteten dergestalt die Amalfiten, unbekümmert darum, aus dem großen arabischen Welthandel einen kleinen Nebenarm zu sich her. So nahe dem gewerbereichen Sicilien, das schon, ebenso wie Spanien, Seidenweberei trieb, und wohin die Araber aus Aegypten das Zuckerrohr, aus Persien das Manna und aus Anatolien die Baumwolle verpflanzt hatten; ferner seit 1020 nach abgeschlossenem Vertrage mit Aegypten durch ein sarazenisches Geleit mit der Levante in Verbindung gesetzt, ward Amalfi in Folge dieser Conjunktur recht eigentlich zum Austausche zwischen den südlichen Rändern der Thalatta angelockt und vermittelte seinerseits die empfangenen orientalischen Waaren über

Pisa und Genua nach dem Norden weiter. Europa kommt zunächst durch Süditalien mit dem wirthschaftlichen und kulturlichen Leben der Araber in Berührung. Zwischen Amalfi und Sicilien knüpfen sich die ersten arabisch-italienischen Wechselbeziehungen an; und aus der nämlichen Quelle nimmt dann nach und nach der ita= lienische Handel, zugleich mit den kaufmännischen Einrichtungen selbst, die arabischen Namen für dieselben, Dogana, Cassa, Ma= gazin, Tara, Tarifa u. s. w. in sich auf. Denn die Araber in ihrer hohen socialen Ausbildung haben eigentlich den commerciellen Betrieb im Mittelalter erst wieder geordnet. Wenn das Alterthum auch schon Anweisungen auf einen Dritten kannte, die freilich nicht weiter umliefen; so kommen doch schriftliche Zahlbefehle nach dem Untergange der alten Welt, Jahrhunderte lang, ausschließlich bei den Arabern vor. „Auf dem Zuge Melikschahs nach Haleb 1097 gab," wie Weil (Geschichte der Chalifen) bemerkt, „Nizam Almuk den Schiffern, welche ihn über den Oxus gesetzt hatten, eine Anweisung auf den Tribut von Antiochien, um dadurch von dem großen Umfange des Reiches des Sultans reden zu machen." Auf die Araber darf auch wohl der erste Gebrauch des Magneten als Compaß in den europäischen Gewässern zurückgeführt werden. Wenigstens steht so viel fest, daß sie die Windrose in ihre 32 Richtungen eingetheilt haben; und diese Kreiszerschneidung nach den Himmelsgegenden scheint uns ohne eine damit verbundene Anwendung der Nadel nicht angenommen werden zu dürfen. Be= kannt aber mußte den Mohamedanern, die ja im Zusammenhange unter sich bis nach Ostasien hinüber herrschten, die Eigenschaft des Adamas unzweifelhaft seyn. Die chinesischen Schriftsteller stimmen darin überein, daß ihre Landsleute bereits mehrere Jahrhunderte vor unserer Zeitrechnung kleine Wagen mit einer Figur angefertigt haben, die den Süden anzeigte; wie nach Lassen's Zeugniß die alten Inder Schwerter machten, „welche Hagel, Gewölk und Blitz= strahlen ableiteten." Im dritten Jahrhunderte nach Christi Geburt segelten daher schon chinesische Fahrzeuge im indischen Ocean nach magnetischer Südweisung. Dazu kommt, daß das ehemals fälschlich dem Aristoteles zugeschriebene „Buch über die Steine," worin es heißt: „die Spitze eines Magnets besitzt die Eigenschaft, das Eisen nach „Zoron", eines andern nach Afron zu richten, und das benützen die Schiffer," muthmaßlich arabischen Ursprungs ist. Wenn mithin die Amalfiten auf ihrer schwarzweißen Flagge einen Compaß mit den acht Hauptstrahlen der Windrose führten, als Zeichen, daß sie Tag und Nacht fahren könnten; so haben sie die Bussole sicher von den Arabern herübergenommen, obschon sie den europäischen Völkern immerhin als Erfinder derselben erscheinen mochten: „Prima dedit nautis usum magnetis Amalfi."

Amalfi selbst aber wollte nach Eröffnung seines Verkehrs mit Aegypten im Anfange des eilften Jahrhunderts sich des Compasses wohl um so eher bedienen, weil ja die Fahrt von Süditalien nach dem Nildelta keineswegs überall im Angesicht des Landes gemacht werden kann, wie etwa der Weg von Venedig nach Constantinopel, auf welchem man die Küste keinen Tag aus den Augen verliert. Im Periplous des erythräischen Meeres wird es als eine große geschichtliche Thatsache aufgeführt, daß der Schiffer Hippalus mit Hülfe der Monsuns eine Straße über die hohe See nach Indien gefunden habe, wohin früher die Fahrzeuge nur längs der Ufer segelten. In ähnlicher Weise mochte im Mittelalter die Benützung der Magnetnadel von Seiten der Amalfiten in ihrem Handel mit der Levante die benachbarten europäischen Völker anfänglich in Erstaunen versetzt haben. Auf die besondere Gestaltung des Verkehrs können wir indessen hier nicht weiter eingehen. Daß er Zwischenhandel war, hauptsächlich ein Austausch der verschiedenen Stapelprodukte im Süden des mittelländischen Meeres, und sicher nur ein kleiner Arm von dem indischen Waarenzuge aus Constantinopel und Aegypten nach Unteritalien hergeleitet wurde, ergibt sich schon aus der örtlichen Lage des Hafens, welchem zur Einrichtung eines ausgedehnteren Absatzes ein größeres producirendes und consumirendes Hinterland fehlte. Die Eroberung Amalfi's durch Roger II. von Sicilien im Jahre 1131 und die Zerstörung der Stadt durch die Pisaner 1137 ist unter solchen Gesichtspunkten daher auch nichts anderes als eine vielleicht etwas verfrühete gewaltsame

Vernichtung des Platzes, der ohnehin nach dem vollen Aufblühen von Venedig und Genua sehr bald auf natürlichem Wege seine Bedeutung hätte verlieren müssen. Ja, in dem kriegerischen Ueber= gewicht, welches sich das junge Pisa über das seit Jahrhunderten bestehende südliche Emporium zu verschaffen wußte, liegt wohl schon ein Beweis für den zu jener Zeit beginnenden Verfall Amalfi's. Von seinem einstigen Glanze liefert heut zu Tage allein noch das alte Schifffahrtsgesetz, la tabula de Amalfa, einen Beleg, welches, im Jahre 1010 von den Amalfiten zusammen gestellt, die Grundlage des später weit verbreiteten Consulato del mare bildet.

Kehren wir nach dieser abschweifenden Betrachtung der von vorübergehenden Verhältnissen bedingten commerciellen Stellung Amalfi's zu den Nordküsten des mittelländischen Meeres zurück, so haben wir nur in einem allgemeinen Ueberblicke die Gestaltung des südeuropäischen Seelebens darzulegen, um aus seiner von Außen herrührenden künstlichen Einschränkung einen sehr wirksamen Hebel für die Bewegung der Kreuzzüge zu entnehmen. Als Aus= gang ist dabei stets festzuhalten, daß in dem behandelten Zeit= raume weder Venedig noch Genua schon die südlichen Thore der mitteleuropäischen Gegenden abgaben. Obgleich Venedig von dem Exarchen Eutychius die Erlaubniß erhalten, in Norditalien Fak= toreien anzulegen, und der Stadt von Karl dem Großen Zoller= mäßigungen zugestanden waren, weil sie ihm gegen die Longobarden zur Rückeroberung von Ravenna geholfen hatte, bedurfte doch der Kaiser für seine Besitzungen noch der venetianischen Kaufleute so wenig, daß er den Papst veranlaßte, dieselben wieder aus Ra= venna und den fünf lombardischen Städten zu vertreiben. Erst nachdem Venedig ihm gegen Pavia Hülfe geleistet, erkannte er seine Unabhängigkeit an und begünstigte seinen Handel. Und wenn auch König Otto I. dem Hafen Rorschach am Bodensee das Marktrecht verlieh, „weil der Ort für die nach Italien Reisenden bequem liegt," und die Venetianer selber von Otto III. 996 die Befugniß erlangten, die Messen in Deutschland zu besuchen, so belief sich trotzdem der damalige Verkehr über die Alpen doch nur auf den Austausch der aus der Nachbarschaft bezogenen Waaren; er trug noch keine Aber des großen Weltgüterlebens in sich, wie es sich von Constantinopel aus durch den Körper Europas hinzog. Selbst die agricolen Massengüter, welche das obere Donaugebiet stromabwärts nach dem Bosporus sandte, ließen sich schwerlich etwa aus Bayern und dem südlichen Rheinthale über die Gebirge an die Adria bringen. Andere Ausfuhrgegenstände besaß ja aber damals das innere Europa kaum; sein Gewerbfleiß stand noch in den Kinderschuhen, und für den Export binnenländischer edlen Metalle nach Indien war den italienischen Küstenstädten die Levante verschlossen. An der Verfrachtung von Salz und gesalzenen, zur Fastenspeise verwendeten Fischen wuchsen daher, wie erwähnt, die südlichen Seeplätze zunächst empor. Der unausgesetzt nothwendige Kampf gegen die christlichen und maurischen Seeräuber stärkte darauf ferner ihre Kraft und lieferte ihnen zugleich Sklaven für die afrikanischen Heiden. Bis endlich zu Ende des zehnten Jahrhunderts die schwache Regierung in Byzanz den Genuesern, Venetianern und Amalfiten einige Vorstädte Constantinopels mit großen Vorrechten einräumt, und die genannten Hafenplätze demnach durch den pontisch-griechischen Zwischenhandel, den die trägen Byzantiner selber nicht trieben, reich zu werden beginnen. Das dadurch an dem Gestade von Südeuropa hervorgerufene wirthschaftliche Leben verfehlte dann aber nicht, sowohl in den eigenen Mauern der Seestädte als in der binnenländischen Poebene gewerbfleißige Hände nach griechischem Vorbilde in Bewegung zu setzen. Die Seidenzeuge und anderen kostbaren Machwaaren, welche die Venetianer, zum Erstaunen der Adeligen in der Umgebung Karls, des Großen, nach Italien brachten, waren freilich noch byzantinischen Ursprungs. Allein bereits im eilften Jahrhunderte ist die lombardische Industrie zugleich mit dem gesammten lombardischen Städtewesen zur Blüthe gelangt, und es befinden sich demnach die merkantilen Thore Norditaliens im Besitze eines zahlungsfähigen Hinterlandes. Nur die südöstliche Ecke des mittelländischen Meeres mit ihren Geschäftsverbindungen nach Ostasien hin blieb den Italienern, mit Ausnahme der Amalfiten, versperrt. Die starre Abgeschlossenheit der Sarazenen hatte zwar am Ende des zehnten Jahrhunderts bei dem allmählıgen Verfall ihrer weiten Reiche nach und nach einigermaßen aufgehört. Die Künste des Friedens waren an die Stelle des kriegslustigen Glaubenseifers getreten. Und wie sich zwischen Amalfi, Sicilien und Aegypten nach Aufhören der Feindseligkeiten ein für beide Theile vortheilhafter Verkehr angesponnen hatte, so wäre auch auf Seiten der Araber einer Wiederanknüpfung der alten syrisch=europäischen Handelsfäden für die Dauer wohl nichts mehr im Wege gestanden. Dagegen ließen die eigenthümlichen Verhältnisse, wie sie zwischen der griechischen und römischen Kirche herrschten, und die Eifersucht von Constantinopel, welches der einzige Zwischenmarkt der indischen Güter für Europa bleiben wollte, die italienischen Schiffe nicht offen in die phönicischen und ägypti= schen Häfen segeln. Bloß heimlich im Schmuggel verkehrten zeit= weilig die Kauffahrer von Venedig und auch von Barcelona mit jenen durch die christliche Priesterherrschaft und byzantinische Di= plomatie in Blokade erklärten Stapelplätze. Als 828 zehn vene= tianische Schiffe dabei ertappt wurden, waren sie angeblich nur der widrigen Winde wegen in Alexandria eingelaufen und brachten außerdem die Knochen des heiligen Markus, des nachherigen Schutz= patrons ihrer Stadt, mit, was ihnen zu Rom Verzeihung erwirkte. Solche religiöse Schwierigkeiten mochten deßhalb auch den südeuro= päischen Handelsstädten den ihnen sonst ziemlich fremden Wunsch nahe legen, daß wieder das Kreuz am Jordan und namentlich im Nildelta gebiete.

Wer übrigens behaupten wollte, die italienischen Häfen hätten gleich beim Beginn der Kreuzzüge die ganze Bedeutung derselben für ihre eigene kaufmännische Thätigkeit klar überschaut und in diesem Erkenntniß die heiligen Heerfahrten nach Kräften gefördert, der würde damit der damaligen Zeit nicht minder ein tief inneres Verständniß der zwischenländischen Verkehrsconjunkturen beimessen, als wir es oben bei den politischen Mächten Europas in Betreff der internationalen staatlichen Angelegenheiten in Abrede gestellt haben. Erst allmählig lernten es die klugen Kaufleute, ebenso wie die beiden Kirchenhäupter und die Fürsten unseres Erdtheils,

die kriegerischen Pilger zur Erreichung ihrer Handelszwecke zu be=
nützen. Es ist allerdings richtig, daß die sogenannten „Assisen des
Königreichs Jerusalem," welche Gottfried von Bouillon bald nach
vollendeter Eroberung Palästina's als Gesetzbuch für seine neue
Herrschaft in der damaligen französischen Sprache abfassen ließ,
auch einige Bestimmungen über Seeangelegenheiten enthalten.
Allein wir dürfen uns dadurch nicht verführen lassen, beim Aus=
gange des eilsten Jahrhunderts uns den später so blühenden vene=
tianisch=kleinasiatischen Verkehr als schon mit frischer Kraft begonnen
zu denken. Die ersten Heerzüge der Kreuzfahrer gingen, wie ge=
sagt, die Donau hinunter, sie berührten in keiner Weise, weder
im Binnenlande noch auf der See den commerciellen Bezirk der
südeuropäischen Hafenplätze. Was an Handel sich nach vollzogener
Ansiedelung der Christen in Judäa zunächst zwischen Italien und
Joppe einleitet, beschränkt sich anfänglich bloß auf mildthätige
Zufuhren von Lebensmitteln, welche die römische Kirche den hun=
gernden Pilgern aus wohlberechneter Barmherzigkeit nachsandte.
Erst nachdem die Kreuzzüge aus regellosen Wanderungen aben=
teuernder Horden eine Staatssache für die europäischen Könige ge=
worden waren, und demgemäß die Expeditionen mit politischer
und strategischer Ueberlegung eingerichtet wurden, sahen Barcelona,
Marseille, Genua, Pisa und Venedig ihre Schiffe zum Ueberfahren
in Anspruch genommen; erst damals wandte sich der Völkerzug
über das mittelländische Meer. Die erste Flotte, welche Venedig
dazu herlieh, bestand aus 200 Fahrzeugen und kam 1099 vor
Joppe an. Dann ertheilte König Balduin den Venetianern für
ihre bei der Eroberung von Sidon geleistete Hülfe, außer vielen
Handelsbegünstigungen im Königreiche Jerusalem, das Recht, in
Ptolemais eine eigene Kirche, eigene Gerichtsbarkeit und eigene
Marktplätze zu haben, und gab ihnen das Privilegium, daselbst
nach eigenen Gewichten und Maßen verkaufen zu dürfen. Der
Vortheil, welchen die genannten Städte von der erwähnten Trans=
portvermittlung zogen, war ein doppelter. Das Heranziehen jener
großen Menge Menschen an die Küste setzte sie nämlich einmal
mit dem tieferen Binnenlande in engere Verbindung; sie traten

nunmehr in den ökonomischen Organismus des ganzen Erdtheils
ein, auf dessen Außengrenzen sie bis dahin korallenartig mit ihrem
für sich bestehenden Polypenleben nur aufgeklebt gesessen hatten.
Und zum Andern erwarben sie vertragsmäßig unter dem Schutze
der abendländischen Fahnen in Syrien feste Ansiedelungen, ver=
mittelst deren sie fortan Asien und Europa in festem wirthschaft=
lichen Zusammenhange hielten.

Solche durchgreifende Kraftanstrengungen des gesammten Abend=
landes mußten aber auch vorangehen, um in Verbindung mit an=
deren später hervortretenden Thatsachen den asiatisch = europäischen
Welthandel in der Folge von der Donau ab an die Nordküsten
des mittelländischen Meeres zurückzulenken, denen die Alpen nur
schwer einen Zugang zu den inneren Gebieten gestalteten. Wir
überlassen indessen die einzelnen Wechselfälle dieses neuen Verkehrs
auf der Thalatta einer besonderen ökonomischen Geschichte Italiens.
Die Kämpfe zwischen Venedig und Genua um die Seeherrschaft
berühren die steigende Macht des beweglichen Eigenthums in der
Mitte von Europa nicht weiter. Ja, sogar die Eroberung Con=
stantinopels durch die Venetianer läßt noch keineswegs den bis=
herigen Donauhandel völlig verwelken. Die Blüthe desselben stirbt
erst ganz ab, als sich die Mongolen zwischen den Pontus und
Regensburg einschieben und in solcher Weise auch den Norden
Deutschlands in seinem Bezug der indischen Waaren auf das
adriatische Meer verweisen, welches fortan aus Trapezunt und
Syrien zugleich die edlen Produkte Ostasiens zu sich herzieht.
Sobald aber dem inneren Europa die Möglichkeit verlegt ist, seine
asiatischen Importe auf dem byzantinischen Zwischenmarkte mit
seinen Rohprodukten zu bezahlen, muß es wieder seine edlen Me=
talle hervorsuchen. In demselben Verhältnisse, als sich der italienisch=
levantinische Verkehr inniger gestaltet, nimmt deßhalb jetzt der
Bergbau in der Mitte unseres Erdtheils überall wieder zu; der
Abfluß von europäischen Contanten über Syrien nach Indien be=
ginnt aufs Neue. Nicht die Kosten des heiligen Krieges, wie
Anderson meint, sondern die Ausfuhr von Gold und Silber
nach Indien in dem über Kleinasien abermals eröffneten geraderem

Verkehr der chriſtlichen Welt mit dem Ganges = und Jndusgebiete, hat um dieſe Zeit die Umlaufsmittel im Weſten ſo ſelten gemacht, daß man daſelbſt durchweg zu Münzverſchlechterung ſeine Zuflucht nahm, und Philipp der Schöne von Frankreich ſogar ſein Geld um ⅓ des bisherigen Werthes geringer ausprägte.

Ehe wir indeſſen zu den umgeſtaltenden Einwirkungen der Kreuzzüge und ihrer commerciellen Folgen auf die ökonomiſch=poli= tiſche Gliederung Europas näher eingehen können, haben wir die Weiterentwicklung des wirthſchaftlichen Treibens auf ſeiner Nord= küſte zu verfolgen. Denn nach dem Schluſſe des zwölften Jahr= hunderts richten beide Geſtade ihre kräftigenden Anregungen zu dem Bürgerthume des Binnenlandes hinüber.

Das Handelsleben des atlantiſchen Geſtades von Europa iſt aber in dieſer Zeit ziemlich gleichbedeutend mit der commerciellen Thätigkeit der Hanſe, indem die übrigen Nordränder unſeres Erd= theils bis nach den Pyrenäen hin und außerdem die brittiſchen Jnſeln mehr oder weniger in beſtimmten Winkeln zu derſelben ſtehen. Dem Worte „Hanſa“ wird nun gewöhnlich die Bedeutung von societas, Geſellſchaft, gegeben. So citirt Anderſon das Diplom Heinrichs III. von England aus dem Jahre 1266 (nach Werdenhagen „de rebus publicis hanscatiis tractatus“): „Wir bewilligen für uns und unſere Erben den Kaufleuten von Hamburg, daß ſie ihre Hanſe haben dürfen — quod ipsi habeant Hansam suam“ — Werdenhagen ſetzt hinzu, „das heißt, wie ich es auslege, ihre Geſellſchaft, ihre Verbrüderung.“ Es liegt indeſſen darin noch gar nicht die Nothwendigkeit, daß unter Hanſe eine „Geſellſchaft“ zu verſtehen ſey. Man könnte ja auch „Flagge,“ ein „Contor“ oder dergleichen darunter begreifen. Dagegen führt Fiſcher, Geſchichte des deutſchen Handels, nach dem alten hanſi= ſchen Chroniſten Willebrand das Privilegium des Kaiſers Friedrich I. vom Jahre 1187 an: „adhaec et cum mercibus suis libere eant et redeant per totum ducatum Saxoniae absque hansa et absque theloneo“ und ferner: „Rutheni, Goti, Normanni et ceterae gentes orientales absque theloneo et absque hansa ad civitatem veniant et recedant.“ Aus dieſer zweifach vorkom=

menden Verbindung des Wortes Hansa mit dem bekannten Worte, theloneum, Zoll, geht demnach hervor, daß dasselbe in erster Linie eine Abgabe bezeichnet. In Uebereinstimmung damit finden wir, daß in der „hamburgischen Ordnung" und dem lübischen See=rechte bestimmt wird, wie viel die hamburgischen und lübischen Kaufleute, die nach Flandern kommen „tor hense" (zu der Hanse) geben sollen. Die „Hansabrüder" sind also wohl Handelsmänner, welche eine gemeinsame Kasse zu ihren Zwecken errichtet haben. Und erst aus diesem Umstande erwächst allmählig die Thatsache, daß das altflämische Wort Hansa jede Verbindung bedeutet, deren Mitglieder Beiträge zu bestimmten Zwecken zahlen. Ursprünglich hat man sich deßhalb unter jenen Hansebruderschaften nur die ge=wöhnlichen Kaufmannsgilden zu denken, deren natürlich sich erge=bende Bildung unter einem Aeltesten wir später näher darlegen werden. Die Bezeichnung „Gilde" ist ja ebenfalls von „gilden," zahlen, abzuleiten und bedeutet eine Körperschaft, die Beiträge erhebt. Die sogenannten „Leggen" in Tirol oder die verschiedenen Hansen von Norddeutschland, deren Hansgraf bereits im eilften Jahrhundert in Regensburg auftritt, sind Handelscompagnien von Privatleuten einer und derselben Gegend oder der nämlichen Stadt. So bestand lange vor Erbauung des deutschen Stahlhofs in London daselbst eine derartige „vlämische Hanse." Als jedoch die Städte selbst zu einer in sich abgerundeten, ökonomisch=politischen Organi=sation im zwölften und dreizehnten Jahrhundert durchgedrungen waren, und ihr ganzes Leben im Handelsverkehr aufging, schlossen sie für sich, nach dem Muster ihrer Bürger, Hansen unter einander ab; zuerst verschiedene einzelne, die sich dann endlich zu dem fortan ausschließlich „gemeine deutsche Hanse" genannten großen Bunde vereinigten. Der Name wird zuerst von König Magnus von Schweden gebraucht, als er dem Städteverbande größere Handels=freiheiten in Schonen ertheilt. Das Grundwesen desselben besteht indessen, von seiner inneren Gliederung und seiner politischen Stellung nach Außen hin abgesehen, immer in dem Beitragzahlen der Städte an eine gemeinsame Kasse. Eine in den Bund aufge=nommene Stadt ist nur so lange Hanse= d. h. Abgabestadt, als sie die sie treffende Beisteuer richtig leistet; sonst scheidet sie aus. Daher wird denn auch bei jeder einzelnen Hansestadt die Summe der auf sie fallenden Umlagen angegeben. So zahlte Lübeck 100, Köln 100, Bremen 60, Lemgo 15 Thaler jährlich; im Ganzen ward der Gesammtbeitrag für das Jahr 1370 auf 2069 Thaler angeschlagen; eine Summe, deren Höhe einmal nicht nach dem heutigen Maßstabe beurtheilt werden muß, und welche außerdem nur zur Bestreitung der regelmäßigen Bundesausgaben an Unter= haltung der auswärtigen Contore u. s. w., keinesweges jedoch zur Ernährung von Bundesheeren dienen mochte. Wir können hier aber nicht weiter auf die Sondergeschichte der Hanse eingehen. Es genügt uns, die äußeren Momente kurz zu berücksichtigen, die zu ihrer Entstehung mitwirken, und im Allgemeinen den Kreis ihrer handelspolitischen Thätigkeit zu ziehen. Die Lage der gesammt= deutschen Verhältnisse drängte im dreizehnten Jahrhunderte unab= weisbar auf eine solche städtische Verbrüderung hin. Mit dem Zerfalle des askanischen Hauses und dem Sturze der Welfen war in Norddeutschland jede größere fürstliche Macht verschwunden. Nun zogen die Mongolenhorden, die ein Jahr vorher Kiew ver= brannt hatten, gegen die Reichsgrenze heran. Wer konnte es ver= bürgen, daß der zweifelhafte Sieg bei Liegnitz sie für immer ab= weisen würde? Fast gleichzeitig floh Papst Innocenz IV. nach Lyon, um neue Bannstrahlen gegen Friedrich II. auszusenden, und nach dem 1249 erfolgten Tode des Kaisers kaufte Richard, der reiche Graf von Kornwallis, von den Erzbischöfen von Köln und Mainz die deutsche Krone. Das heilige römische Reich deutscher Nation ging „der kaiserlosen, der schrecklichen Zeit" entgegen, wo bei der völligen Aufhebung des staatlichen Brennpunktes ein Jeder auf sich selbst gestellt wurde. Obgleich nun noch im Jahre 1231 die Fürsten auf dem Reichstage zu Worms entschieden gegen etwaige Städte= verbindungen geeifert hatten, schlossen doch unter der dringenden Wucht der äußeren Umstände zuerst Hamburg und Lübeck einen Vertrag zur Sicherung und Ausbreitung ihres Handels mit ein= ander ab. Lübeck behauptete schon damals eine sehr hervorragende Stellung. Nachdem nämlich Bardewik von Heinrich dem Löwen in

Asche gelegt war, und König Swend von Dänemark Schleswig
zerstört hatte, wie im Jahre 1130 Julin durch König Niel ver=
nichtet wurde, blieb die um 1158 nach der welfischen Befeh=
dung neu erbaute Travestadt als Hauptverkehrsplatz an der Ostsee
übrig. Ihre Beziehungen griffen aber ebenso weit in das Binnen=
land hinein, als sie sich über das Meer ausstreckten. Rebslob,
in seinem Werke über Thule, hat die gewiß richtige Behauptung
näher erörtert, daß im Alterthume die cimbrische Halbinsel nie
umschifft worden war, indem man glaubte, dieselbe hänge mit
Skandinavien unmittelbar zusammen. Und auch im Mittelalter
ist die Wasserverbindung zwischen der Nord= und Ostsee sicher erst
später benützt worden. Als Gotrik, der jütische Heerführer, 806
die Obotriten überfiel und sogar von den Friesen den „Klipschild,"
ein in den Schild geworfenes Geldstück, eintrieb, schlug Kaiser
Karl ihn zwar zurück, allein die fränkische Flotte kannte noch
keinen Weg nach der Ostsee. Nicht die Elbe oder Weser hinab,
sondern gerade östlich zu Lande ging deßhalb die Ausfuhr aus
dem binnenländischen Norddeutschland an das baltische Gestade.
So ist es denn gekommen, daß fast bis ins dreizehnte Jahrhundert
hinein das deutsch=baltische Geschäft, wie Kurd von Schlözer,
(die Hansa und der deutsche Ritterorden), bemerkt, ausschließlich
von Binnenstädten, Soest, Dortmund, Münster, Soltwedel und
Goslar betrieben wurde. „Die Kaufleute dieser Städte brachten
selbst ihre Waaren durch die wendischen Gebiete an die Meeres=
küste, mietheten dort, namentlich in Lübeck, die Frachtschiffe und
gingen nach Wisby und später nach Nowgorod, wo sie Kolonien
anlegten." In Soest bestand z. B. noch im achtzehnten Jahrhun=
dert die sogenannte Schleswiger Compagnie, die ursprünglich jenen
Verkehr gepflogen hatte. In dem erwähnten Hamburg=Lübecker
Vertrage vom Jahre 1241 wird aus diesem Grunde auch besondere
Rücksicht auf den Schutz der Landwege und inneren Wasserstraßen
genommen, die von der Elbe zur Trave führten. Aehnliche Ver=
einbarungen anderer Städte traten in der nämlichen Zeit auf.
Um die Seeräuber auf der Ostsee niederzuhalten, verbündeten sich
Wismar, Rostock, Greifswalde und Stralsund mit Lübeck 1293,

deſſen altberühmtes Städterecht ſie ſchon früher angenommen hatten, und welchem 1275 von Rudolf von Habsburg das Recht, Bünd= niſſe zu errichten, beſtätigt war. Vorher war ſchon ein Pact zwiſchen Soeſt, Münſter und Dortmund zur Aufrechthaltung des Landfriedens zu Stande gekommen; wie Braunſchweig, als binnen= ländiſcher Zwiſchenmarkt zwiſchen der Oſt= und Nordſee, 1247 ſich ebenfalls dem Bunde von Hamburg und Lübeck beigeſellt hatte. Von der drohenden Gefahr der Mongoleneinfälle geängſtigt, fanden ſich die Städte zuſammen. Sie lehnten ſich nach und nach an das mächtige Lübeck an, welches dann auch auf dem erſten, 1260 gehaltenen Bundestage als das natürliche Oberhaupt der nord= deutſchen Handelsplätze erſcheint. Aber es dauerte deſſenungeachtet noch ein Jahrhundert, bis dieſes loſe Gefüge ſich in ſeinen ver= ſchiedenen Beſtandtheilen enger aneinander ſchloß, und der Verein 1367 auf dem Städtetage zu Köln mit der Bundesacte zugleich eine feſtere Verfaſſung erhielt. Derſelbe ward fortan in vier Quartiere getheilt, von welchen ein jedes die bedeutendſte Stadt ihres Umkreiſes zu ſeinem politiſchen Mittelpunkte machte. Lübeck trat an die Spitze des ſogenannten vandaliſchen Quartiers, das von dem öſtlichen Ende Pommerns bis nach Hamburg und Lüne= burg reichte. Dem zweiten, dem ſogenannten rheiniſchen Quartiere ſtand Köln vor, welcher Platz damals ſchon ein ſolches com= mercielles Uebergewicht ausübte, daß alle rheiniſchen, niederlän= diſchen und weſtphäliſchen Städte ſich ſeines Maß= und Münz= ſyſtems bedienten. Zu dieſem Bezirke gehörten Weſel, Duisburg, Emmerich, Münſter, Paderborn, Osnabrück, Dortmund, Soeſt und Herford. Das dritte Quartier, das in Sachſen und Weſtphalen die Städte Magdeburg, Bremen, Goslar, Münden, Hildesheim umfaßte, führte Braunſchweig. Die gleichzeitigen Schriftſteller nannten die beiden letzteren Quartiere „extravandaliſche‟ oder ultraethniſche, weil die von ihnen umgrenzten Gegenden ſchon vor dem Anfange der Hanſe ganz chriſtlich waren, während in den beiden andern noch viel Heidenthum vorherrſchte. Denn das vierte Quartier unter Danzig endlich enthielt die im Oſtſeehandel zur Blüthe gelangenden Städte, wie Elbing, Marienburg, Kulm,

Thorn, Braunsberg, Königsberg, Dorpat, Reval und die 1201 von Albert von Bremen angelegte Kolonie Riga. Alle Geschäfte eines jeden Quartiers, die nicht von der äußersten Wichtigkeit waren, wurden insgemein der Entscheidung der Versammlung anheimgegeben, welche von Jahr zu Jahr in der Quartierhauptstadt zusammentrat. Weiter greifende Angelegenheiten blieben den alle drei Jahre stattfindenden Städtetagen des gesammten Bundes vorbehalten, für welche gewöhnlich Lübeck, der Sitz des hansischen Archivs, den Versammlungsort bildete. Letztere Stadt besorgte damit zugleich die Oberleitung des Bundes, wobei ihr für die laufenden Angelegenheiten eine Art engerer Rath aus den Vororten Wismar, Rostock, Stralsund und Greifswalde zur Seite stand.

In welcher Art der Bund sich im Laufe der Zeiten oft näher aneinander schloß oder sich lockerte und in der Zahl seiner Mitglieder zwischen 40 und 85 wechselte, müssen wir der besonderen deutschen Handelsgeschichte zuweisen. Es bleibt uns hinsichtlich seiner Gliederung hier nur zu bemerken übrig, daß der freiwillige Verein sich niemals zu einem vollständig einheitlichen, politischen Organismus umgestaltet hat, wie er denn auch nie ein gemeinsames Bundeszeichen führte. Im Streite mit englischen Unterthanen verwahrte sich die große hansische Tagfahrt vom Jahre 1450 vielmehr ausdrücklich: „Die Städte seyen nicht eine Corporation in solcher Weise, daß um einer Stadt That und Geschäfte willen die andern Städte beschwert, angeklagt und arrestirt werden möchten, gleich als wenn sie einem Herrn gehörten, wie die englischen; sondern sie seyen ein Körper in etlichen Freundschaften und Verbündnissen, darin sie mit einander übereingekommen." Und die innere Verfassung der Städte ging den Bund vollends nichts an. Die Einen waren nach kölnisch-soestischer Art mehr demokratisch, die Andern nach lübischem Recht mehr conservativ. Dazu geschah die Aufnahme in den Verein, ohne daß die neu beitretende Stadt bestimmte Verpflichtungen zu unterschreiben brauchte. Sie verblieb in ihrem bisherigen Unterthanenverhältnisse und war keineswegs genöthigt, sich auf den Tagfahrten vertreten zu lassen. Wie denn

auch die Beschlüsse der Tagssatzung stets einer besonderen Geneh=
migung von Seiten der städtischen Magistrate bedurfte.

Gleich dem vierfachen inneren Gefüge der Hanse, „von der
man mit nicht geringerem Rechte als von der ostindischen Com=
pagnie sagen kann, daß · sie das Schwert in der einen und das
Hauptbuch in der anderen Hand geführt habe,“ war auch vierfach
die Gestaltung ihres auswärtigen Verkehrs in einem Seegebiete,
welches von Drontheim bis Island, vom bothnischen Meerbusen
bis zum biscayischen Golf reichte. Vermittelst wohlgeordneter Nie=
derlagen, sogenannter Contore, gab sie ihrem Handel mit dem
Auslande nach den verschiedenen Richtungen feste Anhaltspunkte.
Das erste derartige Emporium befand sich zu Brügge. Flandern
war, wie wir gesehen haben, eine zu wichtige Gegend für den
nordeuropäischen Waarenaustausch, als daß nicht die möglichst
engen Beziehungen zu ihm eine Lebensfrage für das ganze han=
sische Commerz gewesen wäre. Und mochte auch später Brügge,
welches seine handelspolitische Selbstständigkeit im Auge hatte, in
offene Feindschaft mit dem Bunde gerathen, . . . die Hansen ver=
legten ihr Contor nach Antwerpen, wo noch heute das ehemalige
hansische Kaufhaus in ähnlicher Weise, wie das 1268 von den
Augsburgern errichtete deutsche Haus in Venedig, Kunde von ihrem
alten Glanz und Reichthum gibt. Das zweite Contor, zu London,
welches 1267 von König Heinrich III. den Freibrief erhielt, betrieb
hauptsächlich die Ausfuhr der englischen Roherzeugnisse gegen die
Einfuhr deutscher Manufakturen; wobei die Hansen den Grundsatz
aufstellten: „Wir kaufen von dem Engländer den Fuchsbalg für
einen Groschen und verkaufen ihm den Fuchsschwanz für einen
Gulden wieder.“ Die Stadt war zwar nachweisbar bereits am
Ende des ersten Jahrhunderts nach unserer Zeitrechnung von einzel=
nen Kaufmännern des Festlandes besucht worden, und im zehnten
Jahrhunderte siedelten sich viele deutsche Handelsleute an der Themse
an. In England selber ward der Handel schon frühe sehr geachtet;
eine dreimalige Seefahrt aus eigenen Mitteln verlieh dem einfachen
Bürger den Rang eines Thane. Dessenungeachtet besaß London
später kein eigenes selbstständiges Geschäft. Die Normannen hatten

die Tage Alfreds, des Großen, völlig vergessen machen, die Insel war wieder zum ausschließlichen Ackerbauthume zurückgekehrt, und mußte nun, aus Mangel an Schiffen, den Hansen größtentheils die Austauschvermittlung mit dem Continente überlassen. So hat denn der hansische Stahlhof (steelgard, Andere schreiben steelyard, Waage- oder Packhof) in der Geschichte Großbritanniens eine bedeutende Rolle gespielt. Die dritte Station des auswärtigen deutschen Handels bildete dann Bergen, wo die Hansen nach ihrer dort befindlichen Niederlage den Namen „Contorschen" trugen. Der Ort war gegen das Ende des eilften Jahrhunderts gegründet worden und in kurzer Zeit emporgeblüht. Im Jahre 1190 trafen dänische Kreuzfahrer daselbst bereits eine Menge Schiffe von Isländern, Grönländern, Deutschen, Engländern, Dänen, Schweden und Gothländern, welche insgesammt ihre Landeserzeugnisse gegen Pelzwerk und gedörrte Fische zu verkaufen suchten. Denn die norwegische Küste ist in Folge des an ihr endenden warmen mexicanischen Golfstromes außerordentlich fischreich. Namentlich kommt dabei der Häring in Betracht. Im zwölften Jahrhundert hatte dieser Fisch, der zur Laichzeit an die Küste geht, seinen Hauptzug an die pommerschen und rügenschen Sandbänke genommen. Später blühte die Häringsfischerei zu Schonen, „wohin," wie Abt Arnold von Lübeck sagt, „sich die Handelsleute aller umwohnenden Nationen drängen, um gegen Silber, Gold und andere Kostbarkeiten den Häring einzutauschen, welchen doch die Dänen durch die Güte Gottes umsonst haben." Als sich dann in der Mitte des fünfzehnten Jahrhunderts der Häring mehr in die Nordsee verzog, fand Holland in dem Fang und Verkauf derselben die Grundlage seiner beginnenden Seemacht. Die Hansen erwirkten in Bergen zuerst im Jahre 1271 von König Magnus das Stapelrecht: „von Kreuzerfindung (3. Mai) bis Kreuzerhöhung (14. September) alle Waaren frei aus- und einführen zu dürfen"; während welcher Zeit oft zweihundert deutsche Fahrzeuge im dortigen Hafen lagen. Und bald blieben sie in einer festen Factorei auch den Winter durch in Bergen. Die vierte Station für den auswärtigen hansischen Handel endlich war der deutsche Hof in der mächtigen Stadt Nowgorod,

von der das Sprichwort ging: „Wer kann wider Gott und Groß=
nowgorod!" Wir haben früher gesehen, welche Stellung im russi=
schen Verkehrsleben dieses Emporium einnahm; es verstand sich
daher, so zu sagen, von selbst, daß die deutsche Küste mit demselben
in die nämlichen Beziehungen zu treten trachten mußte, die das
schwedische Gestade — Sigtuna — seit langer Zeit mit dem Innern
von Rußland unterhielt. Zu diesem Zwecke war indessen vorerst
der Weg nach Esthland und Livland sicher zu stellen; und so sehen
wir denn gegen den Schluß des zwölften Jahrhunderts die Deutschen
ihre gefesteten Ansiedlungen immer weiter ostwärts auf dem Ufer
des baltischen Meeres vorschieben. Nach Unterdrückung der Wenden=
herrschaft im heutigen Mecklenburg zogen zunächst Schaaren von
sächsischen Einwanderern in jene veröbeten Gegenden ein. 1170
wird Rostock an der Warnow gegründet. Zunächst war dabei der
Blick der Deutschen nur auf die Hauptstadt der Insel Gothland,
auf Wisby, gerichtet, welches damals, nach der erwähnten Zer=
störung von Schleswig und Julin, und nachdem 1189 Sigtuna
gleichfalls von Seeräubern in Brand gesteckt war, als erster Zwi=
schenhafen der Ostsee dastand. Dort trafen die Schweden, welche
ihrerseits gegen 60 Mark den Gothländern volle Zollfreiheit gewährt
hatten, mit den deutschen Kaufleuten von Soest, Dortmund, Mün=
ster, Soltwedel und Bardewik zusammen, und von Osten her
brachten die Russen Pelz, Leder, Wachs und asiatische Produkte
im Austausch gegen Häringe, Tücher, Salz und Eisenwaaren.
Bald jedoch suchte man auch festen Fuß an der heutigen russischen
Küste zu fassen. Nachdem im Jahre 1158 die Bremer zuerst Liv=
land „angesegelt" hatten, war in der norddeutschen Kirche das
Bestreben lebendig geworden, diese Gebiete für das Christenthum
zu gewinnen. So gründete denn 1201 der unermüdlich thätige
Bischof Albert von Bremen die Stadt Riga (ein livländisches Wort
für: Stapelplatz) an der Düna, errichtete im folgenden Jahre „die
Brüderschaft des Ritterdienstes Christi," die Schwertbrüder, zur
Sicherung des neu gewonnenen Sprengels; und schon 1211, nach=
dem inzwischen ganz Livland die Taufe empfangen hatte, ward den
gothländischen Kaufleuten zu Riga Freiheit von Zoll und Strand=

recht zugestanden. Damit war aber zugleich ein offener Zugang zu Nowgorod gewonnen, welcher dann durch den 1229 zwischen den Fürsten von Smolensk und Riga und Gothland abgeschlossenen Handelsvertrag seinen vollen Schutz erhielt. Zur nämlichen Zeit rückten auch die kaufmännischen Kolonien an der Ostseeküste vor; 1209 legte Jaromar von Rügen Stralsund an. Der Däne Woldemar erbaute zehn Jahre später den Hafen Reval in Esthland. Bis endlich, als gar der deutsche Orden nach Polen zog, durch die Gründung von Kulm, Thorn, Marienwerder und Danzig in Verbindung mit den lübischen Niederlassungen zu Elbing, Wismar und Greifswalde den Deutschen der Besitz des Bereiches zwischen der Weichsel und dem Niemen vollends gesichert ward, zumal da obendrein, wie wir bei der Betrachtung der entstehenden Hansa gesehen haben, damals zugleich Lübeck, Rostock, Wismar und Wisby einen Bund zur Sicherung der Ostsee gegen Seeräuber errichteten. Die allmählig zusammentretende „gemeine deutsche Hansa" fand also den Weg in das russische Reich so ziemlich geebnet vor. Wisby auf Gothland fiel bei diesem östlichen Verkehr eine Rolle zu, wie Malta in dem italienischen Handel nach der Levante. Mit dem Jahre 1263 erwarben daselbst die Deutschen sich das Recht, die Stadtobrigkeit zur Hälfte mit ihren Angehörigen zu besetzen, und in die St. Peterskiste der dortigen Marienkirche, deren vier Schlüssel die Aeltermänner von Gothland, Lübeck, Soest und Dortmund bewahrten, legten die hansischen Kaufleute den Gewinn ihres russischen Geschäfts nieder. In welchem Grade mächtig aber der Verkehr mit Nowgorod bereits in sehr kurzer Frist emporwuchs, beweist der Umstand, daß, als Fürst Jaroslaw von Nowgorod die Rechte der Deutschen daselbst antasten will, er alsbald verjagt wird und nur sich die Rückkehr erkaufen kann, indem er 1289 verspricht: „das bei der Stadt gelegene Dorf der heiligen Sophie den Deutschen als unantastbares Eigenthum zu überlassen, auf dem deutschen Hofe keinen andern Handel als durch nowgorodische Kaufleute zu treiben, denselben nie zu schließen und keinen seiner Aufseher dahin zu senden." Das eigene Gesetzbuch der Hansen: „Schra dere Dhutschen to Nogarden" befreite sie dann schließlich auch von der fremden Gerichtsbarkeit.

In solcher Weise hatte sich am Ende der Kreuzzüge der Handel auf dem atlantischen Gestade von Europa entwickelt, wenn wir die unbedeutenden maritimen Anfänge von Frankreich und der pyrenäischen Halbinsel dabei noch außer Betracht lassen. Es kommt uns jetzt darauf an, darzulegen, wie nun an beiden Küsten das so erstarkte bewegliche Eigenthum politisch und kulturlich auf den Ackerbauzustand unseres Erdtheils zurückwirkte, der sich bis dahin nur seinen eigenen wirthschaftlichen Kräften gemäß ausgebildet hatte.

Die politische Gliederung des Ackerbauthums in Europa.

Die Zeitrechnung der christlichen Welt, welche mit dem Ge=
burtsjahre unseres Religionsstifters den Zusammenhang der Ge=
schichte gleichsam durchschneidet, lenkt von vorneherein die historische
Anschauung, bewußt oder unbewußt, darauf hin, mit dem Tage,
an dem der Stern über der Krippe von Bethlehem erschienen, auch
den Beginn für eine Neubildung des gesammten öffentlichen Lebens
anzunehmen. Was indessen dergestalt anfänglich nur eine von
Kindheit an gewohnte, ins Allgemeine verschwimmende Vorstellung
des Einzelnen ist, gewinnt bei näherer social=politischer Forschung
sehr bald festere Umrisse. Denn, auch abgesehen von den ganz
frischen Keimen, welchen die christliche Lehre, wie wir später dar=
thun werden, in das europäische Gesellschaftsthum legt, ist das
Alterthum mit dem Auftreten der römischen Kaiserherrschaft bei
dem Ende seiner Entwicklung angekommen. Von den Küsten des
mittelländischen Meeres rückt fortan allmählich der Schauplatz der
entscheidenden Begebenheiten nach den Binnenländern Europas hin=
über, und im Gegensatze zu den Städtestaaten des thalattischen Ufers
spannt dort der nunmehr einsetzende Flächenstaat, das Reich, seine
ersten Linien aus. Das Christenthum hat gerade deßhalb eine so
durchgreifende Einwirkung auf die Ausbildung des binneneuropäi=
schen Völkerdaseyns ausgeübt, weil der Inhalt seines, von allem
nationalen Beisatze freien, religiösen Glaubens auf unserem Erd=
theile zugleich mit einem ökonomisch=politischen Zustande der Dinge

verwächst, welcher sich ebenso sehr von dem staatlichen Baustyle der klassischen Zeit unterscheidet, als das Gottesbekenntniß des Naza= reners von den verschiedenen Staatskulten der bisherigen Haupt= nationen in Asien und Südeuropa.

Das politische Grundgefüge, auf welchem die heutigen euro= päischen Staaten ruhen, ist nämlich — nur an den Außenseiten von dem Leben des Alterthums berührt — selbstständig, gemäß der ihm innewohnenden Kräfte zusammengeschossen; und wenn es auch später die Errungenschaften der Vergangenheit auf dem Gebiete der Religion, des Rechts, der Wissenschaft und Kunst in sich aufnimmt, so macht, den Gebilden derselben gegenüber, doch stets sein eigenes Wesen sich geltend. Allerdings ragen einzelne Bestandtheile der alten Welt unverändert in das Mittelalter hinein. Gleich den römischen Fabriken in Norditalien und Belgien, bleiben in den Küstengegenden des mittelländischen Meeres Schulen, Universitäten, ja, stellenweise ganze Städteverfassungen trotz der inzwischen herein= gebrochenen Stürme der Völkerwanderung in mehr oder weniger ungestörter Wirksamkeit bestehen. Allein eine ökonomisch=staatliche Gestaltung, wie das mittelalterliche feudale Flächenreich, hat das Alterthum zu keiner Zeit aufzuweisen. Der politische Organismus des nördlicheren Europas ist unmittelbar, ursprünglich. Hält man diesen Satz, dessen Richtigkeit im Verlaufe der Darstellung hoffent= lich klar hervortritt, vorläufig fest, und bedenkt man ferner, daß unsere heutigen öffentlichen Verhältnisse zunächst nur das Ergebniß unserer Vorzeit sind, dann wird man sich wohl hüten, aus der alten Welt gültige Muster für die staatlichen Ziele der Gegenwart herholen zu wollen.

Es ist jedoch keineswegs eine leichte Aufgabe, die Ausbildung des feudalen Reiches von seinen ersten Ansätzen an zu verfolgen. Das heutige politische Denken der Menschen bleibt zu innig mit dem reich entwickelten Stadtleben und seiner weit vorgeschrittenen Theilung der Arbeit verquickt, als daß es so ohne Weiteres gewahr würde, wie die Theilung der Arbeit selber aus sich alle vorhandene gesellschaftlich=staatliche Gliederung gebiert. Der ernährende Beruf der Einzelnen bestimmt in den meisten Fällen die Richtung ihres ganzen Lebens; er gibt den rothen Faden her, an welchem sich sowohl ihr äußeres Schicksal als ihre innere Ausbildung aufreiht. Allein auch eine Menge einzelner Menschen, ein Volk, erhält die Grundfarbe seines socialen und kulturlichen Daseyns von der Weise, in der es sich sein Brod erarbeitet; eine gleiche Ernährungsart größerer Menschengruppen bedingt mithin für dieselben im Allgemeinen gleiche Gesellschaftsverfassungen. Entäußern wir uns nun aber aller den heutigen Bildungszuständen entnommenen social-politischen Begriffe und Anschauungen, suchen wir die Entstehung und Entwicklung der menschlichen Gesellschaft rein aus ihr selbst herzuleiten, dann finden wir dafür einen unbestrittenen Ausgang in dem Satze, daß die Unzulänglichkeit des Einzelnen zur dauernden Befriedigung seiner Bedürfnisse ihn gerades Weges darauf hinführt, sich zur Erreichung dieser für einen Jeden unabweislichen Zwecke mit seinem Nebenmenschen zu verbinden. Wie gesagt, die Theilung der Arbeit unter den Menschen also, oder besser: die Zusammenfassung ihrer verschiedenen Kräfte beim Vollzug eines gemeinschaftlichen Geschäfts, deren Bedeutung für das hervorzurufende Ergebniß auf dem wirthschaftlichen Gebiete zuerst Adam Smith nachgewiesen hat, zeigt sich auf dem socialen Felde als die Bestimmerin der politischen Organisation. Wie durch sie in der Thierwelt die Bienen instinktiv zu der oft geschilderten Ordnung ihres Zusammenhausens und ihrer Thätigkeit gebracht werden; so zwingt das nämliche ökonomische Gesetz die Menschen, unmittelbar nach ihrer Erschaffung, wohl zunächst nicht minder unbewußt, ebenfalls zu einer gegenseitigen Annäherung. Aus dieser bildet sich bald stufenweise eine Gliederung ihrer Wirksamkeit, eine Schätzung und Anerkennung der in dem Kreise befindlichen Einzelnen gemäß dem für die Zwecke des Ganzen hervortretenden Werthe seiner auf Fähigkeit oder Besitz gestützten Leistung, bis im langen Laufe der Geschichte eine so entstandene Gesellschaft bei behaupteter Unabhängigkeit von Außen sich als Staat erfaßt und die in ihr seit Jahrtausenden waltenden Hebel klar erkennt. Die Vergangenheit hat nun natürlicher Weise keine sichere Ueberlieferung über den Beginn der Arbeitstheilung unter den Menschen hinterlassen, an denen der Anfang der gesellschaftlichen Ordnung bestimmt nachgewiesen werden könnte. Welche weitgreifende Schichtung der menschlichen Betriebsamkeit mußte nicht vorausgehen, ehe die geistige Thätigkeit nur einmal ihre besonderen Träger zur Beobachtung und Aufzeichnung von Zuständen, That= sachen und Ereignissen zu finden im Stande war! Und auch in der Gegenwart entzieht sich die vorhandene Arbeitstheilung in vielen Fällen dem nachforschenden Auge. Wer sieht denn in Wirklichkeit alle die Hände vor sich, welche bei dem Zustandebringen eines ein= fachen Kleidungsstückes, vom Rohstoffe an bis zur Nähmaschine hin, mitgeholfen haben? Nur an dem Ergebniß der Arbeitstheilung und an der in ihr fußenden Stellung der Arbeiter zu einander zeigt sich ihr eigentliches Wesen; und an diese Resultate hat mithin die Er= fassung ihrer gesellschaftlichen Bedeutung sich zu halten.

Ohne Zweifel hat die Jagd einst dem kaum geschaffenen Men= schengeschlechte ebenso die erste Nahrung geboten, als sie noch heute die unterste Stufe der Lebensfristung bildet; wir müssen mithin zuerst untersuchen, welche sociale Gliederung die Arbeit des Jagens nothwendig unter einer Jägerhorde hervorruft.

An und für sich bedingt das Leben von dem Erlegen wilder Thiere keineswegs das Zusammenwirken mehrerer oder vieler Men= schen. Jeder Einzelne fängt sich das Wild, dessen Fleisch er zur Nahrung bedarf und kleidet sich in das Fell desselben. Nur die geschlechtlichen Beziehungen des Mannes zum Weibe rufen auf der Basis der Familie insofern eine Arbeitstheilung hervor, als der Frau naturgemäß die Sorge für die Kinder anheimfällt, während der Gatte die benöthigte Beute herbeischafft. Bald wird indessen die Erfahrung den einzelnen Jäger darauf hinlenken, daß er in Verbindung mit andern Jägern nicht nur mehr Wild zu erjagen vermag, sondern daß auch das Erträgniß der Jagd, welches sich nicht für längere Zeit aufbewahren läßt, zu gleicher Zeit eine größere Zahl von Theilnehmern zu sättigen im Stande ist. Wenn nun mehrere Menschen in selbstbewußter Gemeinsamkeit ein und dasselbe Ziel verfolgen, so ergibt sich für sie rasch die Nothwendig= keit von selbst, daß sie dabei nach einem gemeinsamen Plane handeln. Aus dieser Nothwendigkeit entspringt die einheitliche

Leitung einer Jägerschaar, und damit die Stellung des Leiters in der Horde selber. Es ist nicht etwa eine zufällige geschichtliche Sage, sondern es beurkundet sich ein social=politisches Gesetz in der Ueberlieferung, daß Nimrod, „der gewaltige Jäger vor dem Herrn," auch der erste König gewesen. Derselbe stützt aber seine Obermacht keineswegs auf eine individuelle körperliche Gewalt über seine Ge= nossen, sondern auf seine persönliche Tüchtigkeit für die Jagd. Weil seine Anführung der Menge für sie stets die größte Jagdbeute zur Folge hat, darum leisten die sonst noch unter sich unverbun= denen Jäger seinen Anordnungen Gehorsam. Eine weitere Ge= meinschaftlichkeit derselben entsteht dann daraus, daß die durch ge= meinsame Anstrengungen Aller getödteten Thiere nicht mehr dem Einzelnen, sondern der Gesammtheit als solcher zugehören. Daran knüpfen sich demnach gewisse Rechtsverhältnisse der Einzelnen zu dem augenblicklich vorhandenen Gesammteigenthum und zu einander. Dem Jägerkönige wird neben der Leitung des Jagens mithin bald eine Art Verwaltung der Habe und in streitigen Fällen ein Urtheils= spruch zustehen. Allein über die eben berührten gegenseitigen Be= ziehungen schreitet die gesellschaftlich-politische Gliederung einer Jäger= horde auch nicht hinaus. Die Königswürde kann nicht erblich werden, weil sie nur auf der individuellen Befähigung des Königs für die Zwecke der Schaar beruht. Sein Sohn, der, außer den Waffen und Geräthen, kein Eigenthum von ihm empfängt, da es ja noch kein dauerndes Eigenthum weiter gibt, bedarf zur Ueber= nahme des Amtes der gleichen Tüchtigkeit. Auch kommen die Bande des Blutes oder die Einheit der Sprache für die Gliederung der Jäger gar nicht in Betracht. Dieselbe wird weder in Folge beider Momente nach Außen abgeschlossen, noch wird ihr dadurch ein be= sonderes Verhältniß zu den in der Nähe hausenden Völkern aufge= drückt. Bloß insofern erhält noch die Familie eine weitere Bedeutung im Jägerthume, als das Weib bei ihrer größeren wirthschaftlichen Ruhe, im Vergleich zu dem Treiben der Männer, zuerst das geistige Leben unter den Jägern zu entwickeln beginnt, d. h. daß sie Trä= gerin der Religion wird. Wenn daher bei einem Volke Frauen sich als Priesterinnen zeigen, denen ausschließlich die Handhabung der Gottesverehrung obliegt; dann befindet sich dasselbe entweder noch auf der Stufe des Jägerthums selbst, oder es hat diese Einrichtung von jenem seinen früheren wirthschaftlichen Leben trotz der inzwischen eingetretenen höheren Ausbildung sich bewahrt. Welcher Art indessen der religiöse Cultus der Jäger allemal seyn muß, läßt sich dabei leicht denken. Wie nämlich die Jagd mit den stets wechselnden Glücksfällen ihr ganzes Daseyn ausmacht, so können sie auch in Bezug auf die Götter folgerichtig nur ihr den Maßstab für Freude und Annehmlichkeit entlehnen. Blutige Opfer von Menschen und Thieren dampfen deßhalb auf ihren Altären. Die getödteten Feinde werden bei feierlichen Gelegenheiten stellenweise ebenso gut verzehrt, als das erlegte Wild; und Schädel und Scalpe zieren nicht minder Tempel und Hütte, als das Horn des Büffels und die Haut des Hirsches. Im Himmel aber ruhen die Seligen von aller schweren Jagdarbeit hienieden in ewigem Nichtsthun aus. Erst wenn ein Jägerstamm durch den Eintausch anderweitiger Nahrungsmittel und Fahrnisse gegen Fleisch, Knochen und Felle mit den benachbarten, weiter vorgeschrittenen Völkern in Berührung geräth, vermag bei ihm ein Verkehr zu entstehen. Unter den Jägern selbst bietet sich so gut wie gar keine Gelegenheit zu einer Güterbewegung dar, da Jeder seine nothwendigen Geräthe selbst verfertigt. Sollte auch wirklich der Einzelne zeitweilig von seinem Gefährten eine Dienstleistung oder eine Waffe entgegennehmen, so wird die Vergütung dafür gleichfalls in einem Dienste oder Werkzeuge bestehen. Weder für sich kann also die Horde auf die Anwendung irgend eines Werthzeichens verfallen, noch auch etwelche von Außen unter sie gelangenden Münzen als Geld gebrauchen; indem sie mit fremden Völkern einmal rein als abgeschlossene Gesellschaft handelt und zweitens nur einen unmittelbaren Austausch von Waare gegen Waare betreibt.

Es liegt hier natürlicher Weise von dem Zwecke unserer Darstellung seitab, zu untersuchen, ob und in wie weit einst der Boden Europas diese Stufe der gesellschaftlichen Anfänge aus sich emporgetrieben hat. Wenn übrigens Geschichtsforscher, wie Löbell, die Ansicht hegen: „in uralter Zeit sey in Deutschland Königsherrschaft allgemein gewesen, dann ein demokratisches Bestreben aufgekommen und die Monarchie aller Orten gestürzt worden;" wenn ferner die frühesten Ueberlieferungen von den Zuständen der alten Deutschen auch der Frauenpriester (Velleda und Aurinia) erwähnen, so dürfen wir wohl annehmen, daß ehemals in unsern Wäldern ein uranfäng= liches Jägerleben gehaust hat; und dann gab es „Könige," welche allerdings unter den späteren wirthschaftlichen Verhältnissen wieder fallen mußten. Obendrein schildert uns Plutarch die Bastarner an den nördlichen Gestaden der Donau vollständig als Jäger, und Cäsar berichtet: „vita Germanorum omnis in venationibus consumitur."

Gänzlich verschieden von der Lebensweise der Jäger, sowohl in wirthschaftlicher als in socialer Hinsicht, gestaltet sich die Arbeit und die gesellschaftliche Gliederung der Hirten. Denn nicht allein ist die Zucht und Pflege zahmer Heerden eine ganz andere Thätig= keit als das Erlegen wilder Thiere, sondern es tritt auch bei den Nomaden bereits ein ökonomisches Grundkapital hervor, welches den Jägern noch völlig fehlte. Außer ihren Jagdgeräthen vermochten ja diese, wie wir gesehen haben, nichts weiter für sich zu besitzen; selbst das Jagdgebiet dehnt sich für sie noch unbegrenzt aus. Es ist noch nicht durch eine ausschließliche Beschlagnahme individuali= sirt, wenn die Horde es auch im Allgemeinen gegen fremde Stämme oder Völker zu behaupten suchen wird. Und die gewonnene Jagd= beute ist nach wenigen Tagen verzehrt. Der Hirte dagegen lebt von dem Ertrage seiner Heerde. Dadurch bildet sich zwischen ihm und diesem dauernden Besitze ein besonderes Verhältniß; die Schaar der gezähmten Thiere wird sein Eigenthum. Weil er dieselbe durch seine Arbeit sich hergestellt hat, darum versteht es sich von selbst, daß sie auch ihm zugehört. Zunächst vermag nun freilich ein ein= zelner Mann in Verbindung mit seinem Weibe von einer Heerde seinen Unterhalt zu gewinnen; er bedarf dabei der Hülfe Anderer nicht. Zieht er indessen die Dienste fremder Menschen heran, so bezahlt er diese nur mit einem Antheil von dem Heerdeerträgniß, d. h. er ernährt sie für ihre Arbeit; sie treten nicht, gleich ihm, in ein Eigenthumsverhältniß zu der Heerde selber ein. Eine Jäger= horde kennt gar keine Knechte und kann sie nicht kennen. Bei gänzlichem Mangel von Besitz und somit bei dem Fehlen jeder Besitzverschiedenheit sind alle Jäger auf Grund ihrer gleichen Jagd= arbeit in der Gesammtheit auch gleichberechtigt. Der Heerdenbesitzer steht jedoch dem zu ihm kommenden eigenthumslosen Fremden als Kapitalist gegenüber, und die in seinem Kapitale liegende wirth= schaftliche Macht verleiht ihm mithin auch ein gesellschaftliches Ueber= gewicht über Alle, die sich mit ihrem Unterhalte auf die Heerde angewiesen sehen, d. h. über seine Kinder und seine Knechte. Ging das Königthum der Jäger aus der persönlichen Tüchtigkeit des Einzelnen zur Leitung der Jagd hervor, so entspringt das Patriarchen= thum der Nomaden naturgemäß aus der thatsächlichen Gewalt, welche das schon vorhandene Eigenthum seinem Besitzer über die ihn umgebenden Menschen ohne Eigenthum verleiht. Eine Hirten= schaar gliedert sich nämlich nicht etwa in Folge von einem Zu= sammenziehen verschiedener, gleich unabhängigen Heerdeneigenthü= mern, sie wächst nicht, so zu sagen, in die Breite; sondern die Nomadengesellschaft dehnt sich an einer und derselben Heerde durch die Stufenreihe der auf einander folgenden Geschlechter aus. Der Hirt wird allmählich von einem Familienoberhaupte zu einem Stammesfürsten. Diese Thatsache, daß die sociale Gliederung der Nomaden nur innerhalb des Kreises sich einrichtet, der von einer zusammenhängenden Heerde lebt, wurzelt aber ursprünglich in einer gewissen wirthschaftlichen Untheilbarkeit der Heerde. Die Heerde selber, welche den Lebensbedürfnissen der Menschen entsprechen soll, läßt sich nicht in beliebige Theile zerlegen; darum bleibt die von ihr sich ernährende Hirtenschaar auch nach dem Tode des ursprüng= lichen Besitzers beisammen. Der eine Sohn kann bei einer Thei= lung nicht das Nahrungsvieh, der zweite die hauptsächlich zur Be= kleidung dienenden Schafe und der dritte die Lastträger, die Pferde und Kameele, an sich nehmen, sobald ein Jeder von ihnen unab= hängig leben soll; und ebenso ist es klar, daß eine große Heerde in ihrer Geschlossenheit mehr Menschen zu unterhalten vermag, als in ihrer Verstückelung. Von der ökonomischen Untheilbarkeit des Nahrungskapitals getragen, erhält deßhalb die Familie, und in weiterer Folge die Blutseinheit, bei den Nomaden eine sociale

Bedeutung, welche den Jägern völlig unbekannt ist. Wie viele Frauen
ein Jäger hat, oder in welchem Range sie unter einander stehen,
bleibt für die Gliederung der Horde gleichgültig. Erbschaftsverhält=
nisse, die einen gesellschaftlichen Unterschied nach sich zögen, gibt
es bei ihnen ja nicht. Eine Paarehe ist bei den Hirten freilich
auch noch nicht eine sociale Nothwendigkeit. Allein da die gebotene
Aufrechthaltung der Heerdeneinheit nach dem Tode des Stammvaters
die Vererbung des Obereigenthums über dieselbe verlangt, entspringt
daraus die größere Bevorzugung einer Gattin vor den andern
Weibern des Patriarchen, wegen des von ihr gebornen ältesten
Sohnes als natürlichen Obererben. In naher Verbindung damit
steht es dann, daß die übrigen in gerader Linie von dem gemein=
schaftlichen Stammvater herrührenden Nachkommen wenigstens inso=
fern als Miterben sich geltend machen, als sie zur Unterscheidung
von den bei der Heerde dienenden, völlig eigenthumslosen Knechten
stets ihre Herkunft von dem ursprünglichen Patriarchen im Auge
behalten. Die Jäger wissen nichts von Stammbäumen; bei den
Hirten beurkunden dieselben jedoch das auf der Blutseinheit beru=
hende ideelle Miteigenthum der Einzelnen an der Heerde im Gegen=
satze zu den bloß Dienenden. Der Unterschied des Eigenthums ruft
unter den Nomaden zuerst einen Unterschied in der socialen Stellung
der Menschen hervor, und verleiht damit der Stammeseinheit nach
Innen wie nach Außen ihren gesellschaftlichen Werth. Und weil
dieselbe bei den Hirten die Grenzen des Anspruchrechts in Betreff
des Gesammteigenthums und der daran sich lehnenden Beziehung
des Einzelnen zum Ganzen absteckt, trägt sie gleich bei ihrem ersten
Auftreten als gesellschaftliche Macht jene Ausschließung fremder
Elemente in sich, durch welche eine solche Gliederung erst ihr volles
Selbstbewußtseyn ausbildet. Dieser in Eigenthum und Blutsver=
wandtschaft wurzelnde separatistische Geist des Nomadenthums wird
dann gewöhnlich durch kulturliche Momente weiter ausgeprägt. Bei
den Jägern fiel die Pflege der Religion, wie wir gesehen haben,
naturgemäß zunächst den Frauen anheim. Unter den Nomaden
vereinigt indessen der Stammesvater das Königthum und Hohe=
priesterthum in seiner Person. Aus seinen religiösen Anschauungen,

mögen dieselben ihm nun eigenthümlich oder von andern Völkern zugekommen seyn, geht für seine Angehörigen die Art ihrer Gottes= verehrung hervor, ordnen sich die Rechtsgesetze des Stammes, bis sich vielleicht eine besondere Priesterschaar ausscheidet. Das theo= kratische Element in den orientalischen Staaten des Alterthums rührt eben aus dem Hirtenleben her, das ihnen insgesammt zu Grunde liegt, und läßt auch meistens in seiner äußeren wie inneren Gestaltung diesen Ausgang nicht verkennen. Wir dürfen hier natür= licher Weise die geschichtlich auftretenden Hirtenstämme nach ihrer weiteren Gliederung in Asien nicht verfolgen, wie sie z. B. bei stark anwachsenden Heerden in Verbindung von Mangel an aus= reichenden Weiden — Abraham und Lot — sich spalten, oder bei einem von Außen drohenden Kriege vorübergehend sich zur gemein= samen Abwehr der Gefahr wieder vereinigen. Auf das aus Noma= den= und Ackerbauthum social=politisch zusammengesetzte Leben der Juden hinzuweisen, werden wir noch da und dort Gelegenheit finden. In Bezug auf das asiatische Kastenwesen aber können wir es an dieser Stelle nur flüchtig andeuten, daß die mehr oder weniger gewaltsam übereinander geschichteten, ursprünglich verschiedenen Völ= ker in Indien und Aegypten, nach wiedergewonnener Ruhe, sich innerhalb des so entstandenen Ganzen in die einzelnen Zweige des Nähr=, Wehr= und Lehrstandes theilten, wie sie ihren bis dahin vorherrschenden Beschäftigungen am meisten entsprachen. Die auf solche Weise aufgeworfene Form des Zusammenlebens gab dann später überhaupt für ihre gesellschaftlichen Einrichtungen auch außer Landes das natürliche Muster ab. Als die Inder in den späteren Zeiten des Alterthums, durch den Seehandel auf dem erythräischen Meere herausgelockt, wie gegenwärtig die Chinesen in Californien, in dem glücklichen Arabien Ansiedlungen gründeten, schlossen sich die Bewohner derselben von vornherein in die Reihen der Krieger, Ackerbauer, Handwerker, Weihrauch= und Myrthenpflanzer ein, weil sie diese gesellschaftliche Gliederung zu Hause gewohnt waren.

Eine reichere Bildung vermag natürlicher Weise aus der ein= fachen Lebensart der Nomaden nicht hervorzugehen, da bei ihnen eine mannigfaltigere Arbeitstheilung nicht möglich ist. Des Geld=

umlaufes unter sich bedürfen die Hirten eben so wenig als die Jäger. Nur sobald sie mit anderen Völkern in einen Austausch ihrer verschiedenen Erzeugnisse gerathen, indem sie Vieh und Wolle gegen Korn, Waffen und Gewebe umsetzen, oder gar für den Welt= handel die Verfrachtung der durch ihre Steppen gehenden Waaren übernehmen, werden sie zeitweilig nach Außen hin sich der Münzen bedienen; wie wir diese Erscheinung bei den alten Dabonitern, Isse= doniern und Aorsen in den östlichen Hinterländern des schwarzen Meeres vor uns haben. Und dann vermag sich allerdings aus dem Nomaden leicht der „Midianiter," d. h. der Karawanenkauf= mann, emporzubilden. Unberührt von den großen Strömungen des Verkehrs indessen werden die Hirten ihr Daseyn Jahrtausende lang in den nämlichen Formen fortführen, bis sie etwa, durch äußere Veranlassung dazu genöthigt, zu festen Wohnsitzen im Land= bau übergehen. Auch in Deutschland mag neben oder nach dem Jägerthum einst vorwiegend Viehzucht geherrscht haben. Wenigstens weist die von Tacitus aufbewahrte Sage, nach welcher Tuisco, der Stammvater der Deutschen, den Mannus gezeugt, und von diesem sich die drei Stämme Ingävonen (an der Nordküste), Hermionen (in der Mitte) und Jscävonen (im Süden) ihren Ursprung herleiteten, uns unbedingt auf eine Nomadenzeit unserer Vorfahren hin, die sammt ihren socialen und kulturlichen Erinnerungen in dem beginnenden Ackerbauthum wieder verschwindet. Denn die Bildung von blutsein= heitlichen Stämmen ist das social=politische Ergebniß des Hirtenthums.

Wir haben so eben im raschen Ueberblick, uns anlehnend an die „Einleitung in die europäische Handelsgeschichte", die gesellschaftliche Gliederung des Jäger= und Nomadenthums betrachtet, weil aus dem Gegensatze zu derselben das sociale Gefüge, welches durch die Arbeitstheilung des Ackerbauthums hervorgerufen wird, noch schär= fere Umrisse erhält. Es bleibt dabei für die ins Auge gefaßte Aufgabe unerheblich, zu untersuchen, ob und wann in dem mitt= leren Europa die drei verschiedenen Wirthschaftsstufen nach der Reihe in einander übergegangen sind. Natürlicher Weise können auf einem gegebenen Raume viel weniger Jäger ihren Unterhalt finden, als Hirten; und da derselbe Bodengrund, dessen ein Ochse

zur jährlichen Nahrung bedarf, mit Getreide bebaut, sieben Men=
schen die benöthigte Speise gibt; so zwingt eine steigende Bevölke=
rung auch wieder die Hirten zum Landbau hin. „Auf den Gras=
fluren von Mexiko bis zum Winnipegsee," bemerkt ein Aufsatz in
der Tübinger Vierteljahrsschrift (1853), „schweiften noch
vor zehn Jahren 300,000 Indianer, die nur vom Fleisch der
Büffel lebten. Welche Zahl dieser Thiere getödtet wird, mag man
daraus ersehen, daß oft 10= bis 12,000 Büffelzungen in einem
Boote zu Markte kamen. Wenn aber der Mensch Alles weit und
breit um sich her tödtet, sagt Oken, so vermehrt sich dafür seine
eigene Bevölkerung, und das Fleisch, welches die Natur im Wilde
gewogen hatte, wandelt nun in menschlicher Gestalt umher."
Uebrigens lassen sich in Betreff der deutschen Gegenden diese Ueber=
gänge von dem niedrigen zum höheren Wirthschaftsleben bei ver=
schiedenen Stämmen geschichtlich aufweisen. Nach Cäsar's und
Tacitus' Zeugniß ist nämlich der einstige Geschlechtsverband
unter den Bewohnern Deutschlands ganz unzweifelhaft vor der
Einweisung der Einzelnen in die stellenweise auftretende, höchst
eigenthümliche alte Bauernverfassung dagewesen. Denn nicht die
Zusammenschließung einer bestimmten Ackerfläche mit den darauf
neben einander hausenden Menschen begründet in den frühesten
Zeiten die Gliederung derselben zu einem gesellschaftlichen Ganzen,
sondern gemäß dem Wesen der bereits bestehenden Genossenschaften
geht die jährlich wiederkehrende Vertheilung der Grundstücke unter
die Mitglieder vor sich. Man kennt noch gar kein Privateigenthum
an dem Boden; die Menschen sitzen also auch noch nicht fest auf
der Scholle; so daß diese etwa vermöge ihrer örtlichen Lage und
Beschaffenheit ihnen eine gewisse gemeindeheitliche Stellung zu ein=
ander zu verleihen im Stande wäre. „Die Felder werden nach
der Zahl der Bebauer im Wechsel eingenommen, und nur die
Triften und Wälder bleiben als ungetheiltes Gemeindeland über"
— „superest ager." Jene Geschlechter waren vielmehr dem vor=
angegangenen Nomadenthume der deutschen Stämme entsprungen,
den Zeiten, in welchen Cäsar von den Bewohnern Deutschlands
sagte: „sie treiben keinen Ackerbau." In ganz ähnlicher Weise

nämlich wie die Juden bei der Besetzung Kanaan's, nach ihrem
Auszuge aus Aegypten, ihr neues agrarisches Leben vielfach nach
den lang gewohnten gesellschaftlichen Einrichtungen ihres früheren
Hirtenthums gliederten, wurden auch die einstigen Nomaden in
der Mitte von Europa nach eingetretenem Feldbau zuerst zu Markgenossen, indem sie ihren bisherigen Geschlechterverband beibehielten.
Sie brachten die vorher gewonnene Gliederung in die Ackerwirthschaft mit; und wo sie nach vollzogener Seßhaftigkeit nicht bald
durch äußere Einflüsse zu einzelnen freien Besitzern von Sondereigen werden, treiben sie die aus der Gemeinschaftlichkeit des Bodens später sich ergebende „Gemengewirthschaft" mit ihren stadtartig
gebauten Dörfern, die sich so völlig von dem Höfesystem unterscheidet. Das Wesen der in der Rechtsgeschichte häufig genannten
„Hundertschaften" bildet daher der nomadische Stamm unter dem
Priester- und Aeltestenthum (Ealdardom) wie bei den Israeliten.
Die Edda schreibt die Aeckervertheilung geradewegs den Göttern zu.
Und auf solchem gesellschaftlichen Grunde wächst dann der gemeinsame Feldbau ebenso wie die Rechts- und Kriegsverfassung der Markgenossen empor. Sehr wahrscheinlich haben wir auch in diesen den
Ackerbau erst beginnenden Nomadenstämmen, vor dem Einnehmen
fester Sitze, die Völkerwanderungen vor uns. Denn die am Schluße
des Alterthums Europa überschwemmenden Horden Asiens sind nicht
etwa auf eine Schaar „unruhiger Wargangen" oder „besitzloser
Hagestolden," aus der Gefolgschaft eines übermächtigen Anführers
hervorgegangen, zurückzuführen. Nur stellenweise mochte, wenn die
Bevölkerung durch ihren Bodenbereich nicht mehr ernährt werden
konnte, bloß der Ueberschuß derselben in geschlossener Masse
ausziehen. In den meisten Fällen ist dagegen das ganze Volk
in Bewegung gewesen; wie ja auch die Züge, wenn sie sich den
damals bekannten Nationen nähern, überall Land zum Anbau von
ihnen verlangen, „wogegen sie Kriegsdienste leisten wollen." Die
agrarische Seßhaftigkeit setzt bei den Menschen schon den Gebrauch
des Düngers voraus, da sie sonst stets neue, nicht ausgesogene
Felder aufsuchen müssen.

Um indessen die Theilung der Arbeit, wie sie sich im Acker-

banthume gliedert, klar ins Einzelne verfolgen zu können, hat man
von den aus dem Nomadenthume hergeleiteten alten Gauverfassun-
gen abzusehen, und von dem einfachen Verhältniß des für sich
bestehenden Grundbesitzers zu seiner Bodenfläche den Ausgang zu
nehmen. War es aber der Müheaufwand bei dem Fangen und
Zähmen der Weidethiere, welcher naturgemäß den Hirten zum
Eigenthümer der bis dahin Niemandem zugehörenden Heerde machte,
so bildet nicht minder die auf ein herrenloses Feldstück verwendete
Arbeit den Ursprung des Bodeneigenthums. An und für sich hat
ein unbebautes Ackerbereich ja keinen wirthschaftlichen Werth. Erst
die Bebauung verleiht ihm denselben. Wie noch heute in den ame-
rikanischen Urwäldern, so erarbeitet der Mensch sich auch in den
Urzeiten der Gesellschaft sein unbewegliches Eigenthum. Der sogenannte Neubruch fällt demjenigen zu, der ihn zuerst wirthschaftlich in Angriff zieht; die menschliche Arbeit verbindet sich gleichsam
mit dem Acker, sie individualisirt ihn; und wenn der Landmann
sein in Kultur gesetztes Feld einem Andern übergibt, so überläßt
er ihm thatsächlich nur die bereits an dem Erbstück haftende Arbeit.
Ganz folgerichtig bleibt es mithin auch, daß Wälder und Weiden,
welche der Bearbeitung nicht weiter bedürfen, lange Zeit hindurch,
statt in ein Privateigenthum überzugehen, der gemeinsamen Benützung der Umwohnenden vorbehalten werden. Auf der anderen
Seite weist dagegen der tief ins Mittelalter hineinreichende Gebrauch,
dem zu Folge hie und da von einem Grundbesitzer dem Knechte so
viel Land geschenkt wird, als er in zwölf Stunden mit der Pflug-
schaar umziehen kann, zu der in der Arbeit ursprünglich liegenden
Ergreifung des Eigenthums am Boden zurück. Das „Eigen" ist
eben das Grundbereich, was das „Ich" sich aus der Menge des
herrenlosen Gutes zurecht gemacht hat. Wie jedoch der Ursprung
des Bodeneigenthums durch und durch sich als natürlich darstellt,
so ist ebenfalls ohne die Fortdauer desselben eine vielfach gegliederte
Gesellschaft nicht denkbar, weil unaufhörlich neue Arbeit sich mit
der bereits verkörperten Arbeit der vorangegangenen Geschlechter
verbindet. Gerade am Grundeigenthume, wenn der Begriff, wegen
der überwiegenden Bedeutung des Familienverbandes, auch nicht

sogleich seine heutige scharfe Begrenzung erhielt, an den neben ein=
ander errichteten Höfen haben sich die großen Ackerbaureiche Euro=
pas, diese Fundamente unseres heutigen Staatslebens, empor=
gebildet. Der Zustand, wie ihn die Sachsen (Sassen, Ansäßigen)
„an Bächen, in Wald und Feld zerstreut angesiedelt", im Gegensatze
zu den von den Sueven (den Umherschweifenden) unterworfenen
Völkerschaften zur Zeit der Römer zeigen, trägt als unterste Schicht
das Gebäude des jetzigen europäischen Flächenstaates.

Anfänglich ist nun auf einer aus dem allgemeinen Boden=
bereich herausgearbeiteten Hufe fast gar keine Arbeitstheilung unter
mehreren Menschen vorhanden. Ein jeder Landmann bezieht, unab=
hängig von seinen Nachbarn, den Unterhalt von dem ihm eigenen
Felde. Sobald jedoch an dem gegebenen Grundgebiete bereits überall
Besitz ergriffen ist, muß der bei einem Bevölkerungszuwachse sich
aufwerfende Ueberschuß an Menschen, falls er nicht in der Ferne
neue Sitze — terra proprisa — gründen will, eigenthumslos wie
er ist, sich gegen seine Dienste seinen Unterhalt erwerben. Wie
bei den Hirten jeder, der nicht vermöge seiner Blutseinheit mit
dem Stammvater Theil an dem Gesammteigenthum, der Heerde,
hat, zum Knechte wird, ebenso ruft beim Ackerbau das Eigenthum
den Unterschied zwischen Herr und Diener hervor. Anfänglich zeigt
allerdings diese Unterscheidung sich nur von ihrer ökonomisch=socialen
Seite; bald aber prägt sie sich auch in Rechtsnormen durch; so
daß, wer etwa all sein Hab und Gut verspielt, was bei den alten
Deutschen häufig vorkam, seine persönliche Freiheit nur noch ein=
setzt, um zu wissen, welchem Herrn er verfällt; der Verlust seines
Eigenthums weist ihn thatsächlich ohnehin, wenn er fortleben will,
in die Reihen der Knechte. Auf einer und derselben Hufe gliedert
sich demnach die Theilung der Arbeit auf dem Boden des Eigen=
thumes in der Weise, daß der Besitzer des Gehöfdes die mit ihm
arbeitenden Leute für ihre Dienste von seiner Ernte ernährt und
kleidet. Erweist es sich dann bei größerem Grundbesitze vielleicht
vortheilhafter für den Eigenthümer, ein Stück Landes zu verpachten,
so kann die Verpachtung da, wo noch kein Geldumlauf stattfindet,
nur in der Art vor sich gehen, daß er einem Dritten diejenigen

Aecker, die er nicht selber mehr als terra salica, Inland, bebauen will, gegen persönliche Dienste und Abgaben in Früchten zur zeitweiligen oder erblichen Benutzung als terra tenementalis, tenancy, Utland, überläßt. Tacitus sagt: „Den Dienern ist in Deutschland nicht nach römischem Gebrauche eine besondere Verrichtung im Herrenhause zugewiesen; sondern jeder hat seinen eigenen Wohnsitz und ist Gebieter an seinem Heerde. Der Herr legt ihm bloß eine Abgabe von Getreide, Vieh oder Kleidern auf, und bloß in so weit ist der Diener demselben untergeben." Die einmal gefundene wirthschaftliche und gesellschaftliche Abstufung der Menschen auf der Unterlage der Ackerverpachtung setzt sich darauf allmählig vom Vasallen zum Aftervasallen fort, wobei nur diejenigen Arbeiter, die nicht selber Land übernommen haben, auf dem Haupthofe wie auf den Nebenhöfen, als unmittelbar von der Scholle abhängige Tagelöhner verbleiben. Man kann einen derartigen socialen Zustand nach unserem gegenwärtigen Maßstabe menschlicher Verhältnisse unerträglich nennen; allein der einstigen Starrheit des Ackerbauthums bot sich gar keine andere Möglichkeit der Arbeitstheilung unter Aufrechthaltung des Eigenthums dar. Die eben zergliederte anfängliche Gestaltung der Frohnden und Canons ist naturgemäß in ihrer Entstehung, so lange die nämlichen ökonomischen Verhältnisse unverändert dauern. Gesellschaftlich und politisch unnatürlich werden diese Einrichtungen erst da, wo sie gewaltsam einer schon weiter vorgeschrittenen Stufe wirthschaftlicher Entwicklung wieder aufgezwungen werden. Deßwegen zeigt denn auch die „feudale Gliederung" sich bei allen Völkern der ganzen Erde während der Zeit ihres reinen Ackerbauthums mehr oder weniger gleichmäßig.

Mit der gleichen Unabhängigkeit von einander aber, in welcher sich die agrarische Feudalität bei allen Ackerbauvölkern von selber einrichtet, hat sich bei ihnen nicht minder ursprünglich — in Japan wie in Niedersachsen, in Mexiko wie in Altrußland — auch die Geschlossenheit der Höfe festgesetzt. In den anfänglichen Zeiten der Feldwirthschaft nämlich, wo noch kein Geld umläuft, bleibt der Mensch weit abhängiger von seinem Ackerbereich, dem einzig

vorhandenen Nahrungskapitale, als es gegenwärtig der Fall ist. Er
erscheint gewissermaßen noch bloß als ein ökonomisches Anhängsel
desselben; er steht ihm, in wirthschaftlicher Hinsicht, noch nicht mit
der geringsten Willensfreiheit gegenüber. Zeigte sich uns nun schon
bei dem Heerdeneigenthume die Nothwendigkeit der Untheilbarkeit,
wenn seine Ernährungsfähigkeit nicht verringert werden sollte, so
bildet auch das Hufegebiet in Europa, welches allein mit dem
Ineinandergreifen seines in uralter Dreifelderwirthschaft bebauten
Kornlandes, den Weiden und dem Walde seinen Besitzer selbstständig hinzustellen vermag, folgerichtig das höhere Ganze, dessen
organisch gefügter Individualität die Person des Eigenthümers sich
unterordnen muß. Weil eben die Zerstückelung des Gutes keinem
der mehreren Erben eine ökonomische Selbstständigkeit mehr darbieten würde, darum verbleibt der Hof nur einem Sohne, zu
welchem dann die übrigen Geschwister in ein Dienstverhältniß treten.
Bei den Franken freilich, die sich im verkehrsbelebten römischen
Gallien niederließen, konnte wohl eine gleichheitliche Erbtheilung,
wie das bewegliche Eigenthum sie durchweg kennt, nach dem dort
vorherrschenden italischen Rechte auch in Bezug auf den Grundbesitz
Platz greifen. Wo indessen noch kein Handel und Wandel sich
rührte, und nicht etwa Nomadenstämme sich als Markgenossen ansiedeln, griff überall in den reinen Ackerbauzeiten das System der
geschlossenen Hufe Platz. Und mit der Zulassung nur eines Erben,
sey er nun der jüngste oder der älteste Sohn, ist auch in der Ehe
die Stellung des Weibes, der rechtmäßigen alleinigen Gattin, gegeben. Wo Hirten sich in Bauern verwandeln, mögen zeitweilig
auch in dieser Hinsicht die Erinnerungen der vorangegangenen
Wirthschaftsstufe fortwalten. So erzählt Tacitus, daß einzelne
reichere Bewohner Deutschlands, nicht aus übertriebener Lustgier,
sondern des äußeren Ansehens (der Verbindung mit vornehmen
Geschlechtern halber), mehrere Frauen nahmen. Allein bei weiter
entwickeltem Ackerbauleben wird die heutige Paarehe alsbald zu
einem unumgehbaren gesellschaftlichen Gebote. Es ist daher vollkommen richtig, „daß die römischen Bischöfe in ihrem Ankämpfen
gegen die Doppelehen der merovingischen Könige eben so sehr eine

politiſche Nothwendigkeit als ein chriſtliches Princip vertheidigten." Denn nur die einzige Gattin vermag auf die Dauer das bei der Untheilbarkeit des Hofes oder Reiches unveräußerliche Vorrecht eines Erben aufrecht zu erhalten. An und für ſich iſt die Viel= weiberei, nach Art der Weidethiere, der natürliche Ausgang der Nomaden in ihren geſchlechtlichen Beziehungen. Zu Bezug auf die Einzelheirath laſſen ſich nämlich nicht etwa, wie man ſo häuſig thut, Europäer und Orientalen einander gegenüberſtellen, und die Urſachen von der verſchiedenen Lebensweiſe beider aus dem mittleren und heißeren Klima herleiten; es handelt ſich vielmehr bei dieſer Frage zunächſt nur um einen Vergleich zwiſchen Ackerbauern und Hirten. Die Thatſache, daß Erſtere mit ihrer ganz anderen Wirth= ſchaft das heutige Staatsgebäude und die Kultur Europas tragen, während alle Staaten Weſtaſiens bis auf dieſen Tag den unver= kennbaren Stempel ihres Urſprunges, des Hirtenthums, aufweiſen, rührt davon her, daß das aſiatiſche Feſtland wegen ſeines Mangels an Waldungen und Ueberfluſſes an Steppen vorzugsweiſe und dauernd das Nomadenleben begünſtigte; während Europa frühe ſeine Bewohner zur Bodenbebauung hinlenkte. Erſt nachdem ſich die politiſche Gliederung des Hirtenſtammes feſtzuſetzen angefangen, tritt, wie oben gezeigt iſt, auf der Grundlage des Obereigenthums an der Heerde die unſeren ausgebildeten ſittlichen Empfindungen allein entſprechende Paarehe mehr hervor, welche dann endlich im Ackerbauthume den ausſchließlichen Sieg davonträgt. Das geſchlecht= liche Verhältniß des Mannes zum Weibe, in ſeiner ſocialen Natur, läutert ſich zu gleichen Schritten mit der vor ſich gehenden Ent= wicklung der Geſellſchaft. Bleibt ein politiſcher Organismus an irgend einer Grenze ſtehen; ſehen wir z. B. die Mohamedaner, ungeachtet ihrer inzwiſchen erfolgten Seßhaftigkeit, in allen ihren Sitten ſich noch immer als die alten Nomaden beurkunden; ſo findet ſich derſelbe Stillſtand in der Durchbildung der ehelichen Beziehungen ſeiner Mitglieder ebenſo angezeigt, als das Inſichzer= fallen eines Staates allemal auch die Auflöſung der geſchlechtlichen Sittlichkeit nach ſich zieht. Bei den Hirten hatten die Familienbande nur in ſo fern eine geſellſchaftliche Bedeutung, als die daraus hervorgehende Blutseinheit mit dem Stammvater für den einzelnen Stammesangehörigen einen ideellen Antheil an dem Gesammteigen= thume der Heerde und damit eine Unterscheidung von Adeligen und Knechten hervorrief; bei dem Höfesysteme des Ackerbauthums dagegen wächst die Familie mit der Hufe vollständig zu einer öko= nomisch=socialen Gruppe zusammen, indem die übrigen Nachkommen des verstorbenen Eigenthümers ihr Familienverhältniß zu dem Allein= erben auf das Gehöfde übertragen. An sich erhalten, wie erwähnt, die nachgeborenen Söhne und Töchter keinen Theil von der Hufe. Bleiben sie darauf wohnen, so erarbeiten sie, bei dem Mangel von anderweitigen Erwerbsmitteln, sich als Knechte ihren Unterhalt. Aber es steht ihnen beim Tode des kinderlos verstorbenen ältesten Bruders ihrerseits wieder, in der Reihenfolge, die Möglichkeit des Erbens zu; als Mitglieder der Familie besitzen sie in ihrem Anerbenrecht eine Art Miteigenthum an dem Stammgute, weßhalb jeder Einzelne von ihnen mit der Aufzeichnung des Stammbaumes zugleich die Marke des Hofes und später das Wappen desselben zur Aufrechthaltung seiner Ansprüche führt. So kommt es, daß das altdeutsche Recht kein wirkliches Privateigenthum im heutigen Sinne des Wortes kennt; da nicht dem einzelnen jedesmaligen Inhaber, sondern der Gesammtheit der Familie mit ihren stufenweise folgen= den Anrechten ideell das Eigenthum an dem Grunderbe gehört. Der Wille aller Agnaten muß somit eingeholt werden, wenn es gilt, abgesehen von der thatsächlichen Nutznießung des Besitzers, über das Gehöfde weiter zu verfügen. Deßhalb wissen denn auch die alten Deutschen, wie Tacitus berichtet, nichts von Testamenten. Das fahrende Geräthe und selbst das Vieh kann nicht von der Hufe, zu deren Benutzung es dient, losgerissen werden.

Nachdem wir bis dahin die gesellschaftliche Gliederung verfolgt haben, wie sie von der Arbeitstheilung und dem Eigenthume unter den Insassen eines und desselben Gehöfdes zuwege gebracht wird, entsteht nun die Frage: auf welche Weise vereinigt sich die Menge der freien Grundbesitzer mit der Reihe ihrer Pächter und Knechte unter einem Oberhaupte, da ja in ihrer Vereinzelung ein Jeder von ihnen als ein kleiner König erscheint? Das einzige, freiwillig sich ergebende, gesellschaftliche Band aber, welches unter solchen Verhältnissen denkbar und geschichtlich nachweisbar ist, besteht in der für einen größeren Landbezirk gemeinschaftlichen Handhabung der Civil = und Criminaljustiz, wenn wir für den Augenblick die zwingende social=politische Macht des Krieges hier noch außer Betracht lassen. Nicht zufällig hat sich uns die Kenntniß von den Zuständen der sich bildenden Ackerbaureiche hauptsächlich an die strafrechtlichen Ueberlieferungen der alten Zeiten gelehnt. Die Fernhaltung von Friedensstörungen im täglichen Leben bedingt nämlich unter Menschen, die unverbunden neben einander leben, einen mit Selbstbewußtseyn geschaffenen Vertrag der Einzelnen. Die Gerichtsbarkeit über die mehr oder weniger abhängigen Hintersassen fällt naturgemäß den Hofherren zu. Cäsar erzählt: „Im Frieden haben die Deutschen keine gemeinsame Behörde; ein jeder große Grundbesitzer spricht unter den Seinigen Recht." Indessen leitet das feindliche Aufeinanderprallen der großen Grundbesitzer selber, nach und nach, sobald die Gewalten gleich sind, in der resultirenden Linie zu einer Rechtsverständigung hin. Der Vertrag ist, wenn auch nicht, wie Rousseau fälschlich meinte, der Vater der gesellschaftlichen Gliederung, geschweige des Staates, so doch jedenfalls der erste Schöpfer rechtlicher Bestimmungen. Demnach kann das beginnende Criminalrecht unter den Grundherren nur in privatrechtlichen Formen auftreten; und der ganze Kreis der Betheiligten sitzt so lange selbst zu Gericht, bis eine überlegene Staatsmacht die Wahrung der Privat= wie Criminaljustiz ihrerseits in die Hand nimmt. Damit jedoch in dem starren Zustande des Ackerbauthums unter lauter freien Grundeigenthümern, die eine in sich zusammenhangslose Bauernrepublik bilden, der Keim zu einer wirklich selbstständigen Staatsmacht gelegt werde, muß von außen eine gemeinsame Gefahr sie Alle bedrohen. Wir haben die Unzulänglichkeit des Einzelnen zur dauernden Befriedigung seiner Bedürfnisse die Mutter der gesellschaftlichen Gliederung genannt: der Krieg ist der Urheber der feudalen Reiche, wie sie aus der Zusammenfassung der feudalen Gehöfde entstehen. Verlangt nämlich die Jagd die Unterordnung der Jäger unter einen Willen, d. h. unter den Befehl

des tüchtigsten Jägers, so fordert der Angriffskrieg oder die gemein=
same Vertheidigung nicht weniger gebieterisch die Herrschaft e i n e s
Planes. Tacitus unterscheidet daher ganz richtig, wenn er es von
den Katten rühmt: „Sie führen wirklich Krieg, indem sie dem
Feldherrn mehr als dem Heere vertrauen, die andern Stämme
schlagen sich nur." Zunächst wird also wohl persönliche Tapferkeit
die Anführerschaft über die Gleichen begründen; wie es denn auch
in der „Germania" von den Deutschen heißt: „Ihre Fürsten wäh=
len sie unter den großen Grundbesitzern, ihre Heerführer dagegen
nach der männlichen Tüchtigkeit derselben." Naturgemäß fechten
die einzelnen Hofherren an der Spitze ihrer Hintersassen, wenn es
zu Felde geht; „Familienglieder und sonstige Angehörige bilden
ihre Reiterhaufen und Truppenkeile." Allein die in dieser Weise
gebildeten kleinen Züge stellen sich dann unter die Leitung des durch
Tapferkeit am meisten hervorragenden Grundbesitzers. So erscheint
Arminius nur als ein durch seine Persönlichkeit ausgezeichneter
„Fürst" unter den übrigen „Fürsten." Wie gering indessen unter
solchen Umständen noch die Macht der Heerführer bleibt, geht aus
dem Berichte von Tacitus hervor. Denn selbst im Kriege „berath=
schlagen im alten Deutschland die Fürsten bloß über die minder
bedeutenden Dinge; die wichtigeren fallen dem Urtheil der Volks=
versammlung anheim, nachdem die Fragen vorher von den Ober=
häuptern verhandelt worden sind." Bei zurückgekehrtem Frieden
hört diese Herrschaft aber zugleich mit der zwingenden Nothwendig=
keit völlig wieder auf. Darum gerade wird Hermann, trotz seiner
großen Verdienste im Kampfe gegen die Römer, von seinen eigenen
Landsleuten umgebracht, weil er „nach der Begründung eines
dauernden Reiches strebte." Erst nach langjährigen Kriegen vermag
sich dadurch für den einzelnen Anführer eine auch für den Friedens=
zustand nachwirkende thatsächliche Ueberlegenheit zu entwickeln, daß
er in Folge der gemachten Eroberungen sein Sondereigen an Grund
und Boden namhaft vergrößert und nun eine zahlreichere Schaar
von Reisigen zu ernähren im Stande ist. Denn mit dem Land=
besitze selber geht fortan die Anführerschaft über den so verstärkten
Truppenkörper auf seinen Sohn über; nicht mehr die persönliche

Tüchtigkeit allein, sondern das hinzutretende Eigenthum hebt den Einzelnen über die Köpfe der Uebrigen empor. Eben weil der Hofherr im Stande ist, mehr Recken zu unterhalten, deßwegen besitzt er mehr Macht. Er ruft die kampfeslustigen Jünglinge, die nicht Lust haben als Knechte auf dem väterlichen Stammgute zu arbeiten, in sein Gefolge. „Freie Kost, nicht fein aber reichlich, nehmen sie als Sold;" und sie „halten es für schimpflich, den Lebensbedarf mit Schweiß zu erringen, wenn er mit Blut erworben werden kann." Welche Stellung jedoch die eine Gefolgschaft zu der andern einnimmt, „hängt von ihren Anführern ab." „Unter den Gefolgsleuten herrscht großer Wetteifer, wer bei dem Fürsten den ersten Rang hat; die Fürsten dagegen wetteifern unter einander, wem die meisten und kräftigsten Mannen gehören." Darin besteht gerade die erste social=politische Einwirkung, welche Rom auf die inneren Ackerbaugegenden Europas ausübte, daß es daselbst durch seine unaufhörlichen Kriege gegen die Barbaren eine militärische Gliederung derselben auf dem Boden des Grundeigenthums hervorrief. Durch die Gefolgschaft wird der einzelne Gutsherr zum Fürsten, und der mächtigste Fürst wird allmählig zum Könige. Thierry bemerkt in seiner Geschichte der Eroberung Englands: „Kong, Konung, Kineg, Konig, King ist vom Worte ken, kennen, können abgeleitet, der am meisten weiß und kann; der Erste unter den Anführern hieß zuweilen Kongakong, König der Könige." Wir bezwecken hier natürlicherweise nicht, den eben hervorgehobenen social=politischen Vorgang während des beginnenden Mittelalters bei den einzelnen Völkern unseres Erdtheils geschichtlich näher zu verfolgen. Bei den Saliern fand, nach Waitz, „die Vereinigung unter einem Könige zuerst statt, als Chlojo um die Mitte des fünften Jahrhunderts zu weiteren Eroberungen auszog, welche zu einem unglücklichen Kampfe mit dem Römer Aëtius führten, ihn aber zuletzt zu dem Herrn von Cambrai und des Landstriches bis zur Somme machten." Sehr langsam bildete sich bei den verschiedenen Stämmen diese politische Gestaltung aus. Der genannte Rechtshistoriker weist ferner darauf hin: „Wenn in dem ersten Jahrhunderte unserer Zeitrechnung Vibilius den Hermunduren als

König gebot, im sechsten Hermanfred ihren Nachkommen, den
Thüringern, so liegen lange Zeiten, ungeheure Veränderungen der
ganzen deutschen Welt dazwischen; und doch ist kaum Anlaß, das
Recht des Einen und des Andern für wesentlich verschieden zu
halten." Denn in den wirthschaftlich=gesellschaftlichen Zuständen
selber hatte sich inzwischen wenig oder nichts geändert. Ja, sogar
hie und da zeigte es sich noch, daß in der Menge das Bewußtseyn
der ehemaligen gleichen Berechtigung der freien Mannen mit dem
Heerführer fortlebt. Als Chlodewech nach dem Siege über Sya=
grius ein silbernes Gefäß für den Sprengel des Bischofs Remigius
zu Rheims von der zu vertheilenden Beute für sich vorab nehmen
wollte, zertrümmerte einer seiner Gefolgsleute den Kelch mit den
Worten: Nichts über dein Loos! Für welches Festhalten an den
Ueberlieferungen der Vergangenheit der König ihn dann freilich
bei der ersten Gelegenheit eigenhändig niederstieß.

Untersuchen wir jedoch, in welcher Art der mächtigste Gefolgs=
führer allmählig seine Herrschaft dauernd begründet, so bietet dafür
Scandinavien eine geschichtlich bekannte Thatsache dar, die früher
oder später wohl so ziemlich überall in dem feudalen Europa auf=
getreten seyn mag. Harald Haarfagr verlangt nämlich von den
freien Grundherren, den Odalbunden, daß sie ihm das Obereigen=
thum über ihre Güter einräumen sollen. Wie der einzelne Guts=
besitzer sich zu seinen Hintersassen in der Theilung der Arbeit und
der Abstufung der Pachtungen verhält; so will jetzt der „König"
der Lehnsherr der Gutsbesitzer werden. Das auf dem einzelnen
Hofe geltende Recht der ökonomisch=socialen Schichtung wird zum
Muster des beginnenden Volksrechtes genommen. Allerdings beur=
kundet sich in diesem Vorgange die offene Gewalt des Stärkeren;
soll indessen unter einer Menge von bis dahin unabhängigen Acker=
bauern, die noch nichts vom Staate und seinen Bedingungen wissen,
eine weiter greifende sociale Gliederung entstehen, so ist dafür kein
anderer Weg denkbar. Wir wiederholen hier den oben ausge=
sprochenen Satz: der Krieg ist der Schöpfer des Reiches. Die per=
sönliche Machtfülle des Königs bildet zunächst die politische Einheit
der feudalen Gesellschaft. Derselbe vereinigt jedoch in dem natür=

lichen Entwickelungsgange der argarisch-gesellschaftlichen Verhältnisse nicht etwa selbstbewußt, wie die römischen Kaiser, verschiedene, schon bestehende öffentliche Rechte in sich; er wird nicht, wie bei den Juden, nach dem Muster der umwohnenden Völker gewählt, um den Staat zusammenzuhalten, nachdem in Palästina der Acker= bau die bisherige nomadisch=theokratische Verfassung aufgelöst hatte; sondern als mächtiger Gefolgsherr geht er mit der Ausbreitung seines wirklichen Eigenthums oder seines Obereigenthums vorwärts, indem sich dadurch zugleich der Kreis der von ihm abhängigen Landbauern vergrößert. Erst später verband sich mit diesen that= sächlichen Zuständen die byzantinisch=römische Rechtsanschauung, welcher zufolge der König, eben weil er König ist, als der Eigen= thümer des ganzen Reichsgebiets angesehen wird. Sind aber die freien Odalbunden nunmehr Lehnsleute des Königs geworden, so unterstehen sie auch seiner Gerichtsbarkeit, gleich wie der Hofherr über seine Hofgenossen Recht spricht; zahlen fortan an ihn Abgaben und leisten ihm Dienste, als ob sie Aecker von ihm in Pacht hätten.

Wächst jedoch die Königsmacht an der Gefolgschaft empor, und findet sie ihren Halt nur in der Schaar der erwähnten Rei= sigen, dann kann es nicht ausbleiben, daß der König auch wiederum von denselben vielfach abhängig bleibt. Sie fordern ja ihrerseits für ihre geleisteten kriegerischen Dienste ihren Lohn, der nur in der Belehnung mit Land und Leuten bestehen kann. Im Besitz aber von Grund und Boden werden sie zu natürlichen Gegnern der königlichen Gewalt. Und wenn der König Beamte zur Voll= streckung seines Willens in weiterer Ferne anzustellen genöthigt ist, muß er ihnen gleichfalls von seinem „Boclande" am Orte ihrer Wirksamkeit Lehne verleihen. Das einzige Band also, welches im Frieden ein feudales Ackerbaureich zusammenhält, besteht in der persönlichen Treue der Lehnsleute für den König; die Treue soll dem natürlichen Zuge des Ackerbauthums, welcher stets auf die Bildung kleiner selbstständigen Landgüter gerichtet ist, entgegenar= beiten. Darum spielt das Hommagium und die Felonie im Mit= telalter eine so gewichtige Rolle; innerhalb beider Pole bewegt sich Jahrhunderte lang jeder politische Conflict. Das ethische Moment der Dankbarkeit ist jedoch auf die Dauer nicht im Stande, die ihm zuwiderlaufenden individuellen Interessen zu überwinden. — „Das Ansehen des Königs bei seinen Leuten zerfiel," sagt Spitt= ler (Geschichte der Europäischen Staaten), „wenn er Nichts mehr zu geben hatte. Das große Domänengut verschwand ganz; Schaa= ren von rohen Kriegern, die sich in die schönsten Stücke desselben getheilt hatten, und den langsamen Gewinn der erhaltenen und steigenden Landescultur nicht zu schätzen wußten, griffen rings um sich her mit aller der Eigenmacht zu, die jetzt erst durch den erb= lichen Gewinn, den jede Usurpation versprach, recht gereizt und durch keine kraftvolle höchste Macht im Staate gehemmt wurde." In diesen Worten liegt das Wesen der mittelalterlichen Reichsge= schichte ausgesprochen. Erst die beginnende festere Fügung der heu= tigen Staaten bringt darin eine Wandelung hervor. Deßwegen ist denn auch während jener Zeit das Bestreben der Könige stets dar= auf gerichtet, so oft sich ihnen Gelegenheit dazu darbietet, ihrer Botmäßigkeit die mächtigen Vasallen aufs neue zu unterwerfen. Denn außer der Lehnstreue bleibt immer nur noch die kriegerische Gewalt des Stärkeren die Kette, welche die Ackerbaufürsten unter sich zusammenhält. Stammes= oder blutseinheitliche Beziehungen kommen dabei für die feudale Gliederung gar nicht in Betracht. Noch sind Volk und Heer — aber nicht schon Volk und Stamm, oder gar Stamm und Land — gleichbedeutend. Eben so wenig vermögen bereits auf dieser Stufe der social=politischen Entwickelung die verschiedenen Sprachgebiete auf die Raumgrenzen der beginnenden staatlichen Gestaltungen bedingend einzuwirken. So weit die per= sönliche Machtfülle des Königs reicht, so weit dehnt sich thatsächlich sein Reich aus. Dagegen haben wir nunmehr darzulegen, in welcher Weise die feudale Heerverfassung, verbunden mit den in der Zeit wirksamen ökonomischen Momenten, auch nothwendig die bekannte social=politische Abstufung der Ackerbauer im Reiche nach sich ziehen muß; der Ursprung des Adels und seine Unterscheidung von dem niederen Bauernstande wurzelt einzig darin, daß während des ungebrochenen Ackerbauthums allein die wirthschaftliche Selbst= ständigkeit dem Einzelnen staatliche Rechte zu verleihen und zu bewahren vermag. Nur unter Festhaltung der eben angedeuteten Gesichtspunkte läßt sich die berühmte Frage befriedigend beantworten, welche zuerst der Franziskanermönch John Ball in den englischen Bauernkriegen am Schlusse des vierzehnten Jahrhunderts mit den Worten aufwarf:

„Als Adam hackte, Eva spann,
Wer war denn da ein Edelmann?"

Hat uns die bisherige Untersuchung gezeigt, daß die persönliche Machtfülle des Königs die bewegende Kraft für die politische Gliederung in einem Ackerbaureiche bildet, so ist es eben so denkfolgerichtig, als geschichtlich unbezweifelbar, daß nun auch die Krone die politische Abstufung der Menschen unter einander hervorruft. So lang in einem Lande noch keine festen Ansätze zu einer staatlichen Gestaltung herausgetreten sind, kann nur aus dem Unterschiede von Eigenthum und persönlicher Befähigung der Einzelnen ein Stand von Vornehmen entstehen, welchen man den gesellschaftlichen Adel nennen dürfte. Die römische Nobilitas, im alten Gallien die „Ritter und Druiden" sind reiche und demnach social dominirende Männer. Wenn jedoch innerhalb eines politischen Verbandes eine derartige persönliche Machtbefähigung besondere politische Rechte erhält, weil sie entsprechenden politischen Pflichten genügt, und nun diese auf dem hervorragenden Eigenthum fußende Stellung mit dem Eigenthume selber vom Vater auf den Sohn weiter erbt, wandelt sich der gesellschaftliche Adel in einen politischen Adel um. In den uralten deutschen Gemeindeverfassungen, wie sie sich nach erfolgter Seßhaftigkeit aus dem Nomadenthum als Markgenossenschaften einrichten, ziehen deßhalb die einigen Geschlechtern eingeräumten Vorrechte bereits die Ausbildung eines politischen Adels nach sich, der aufs neue verschwinden muß, wenn jene Verbände durch das System der Einzelhöfe verdrängt werden. Darum gibt es denn später bei den Franken wieder keinen Adel, ihre politische Gliederung ist loser als die der Markgenossen; und das salische Gesetz wendet den Ersten des Volkes keine weiteren Berechtigungen zu. Dagegen sucht alsbald der fester wurzelnde König seine Getreuen, welche die Pfeiler seiner Gewalt ausmachen, durch ein höheres Wärgeld mehr als die übrigen Unterthanen zu schützen. Es ist ganz richtig, daß die Grafen und Herzöge von den Mero= vingern stellenweise gerade aus dem besitzlosen Stande der Unfreien genommen worden sind. Ja, noch Karl, der Große, rechnet im Jahre 800 in einem an seinen Sohn Pipin gerichteten Briefe die Herzöge und Centgrafen sammt den Falknern und Jägern zu seinen Ministerialen. Wird überhaupt die innere Einrichtung des Einzel= hofes das Vorbild der Reichsverwaltung, nachdem der König sich das Obereigenthum über das gesammte Reichsland zugesprochen hat; dann müssen die gewichtigeren Diener des königlichen Gehöfdes, der Hausmeier, der Seneschall (Altknecht), der Marschall (Pferdeknecht), der Truchseß, der Comes (Begleiter) auch zu den ersten Beamten des Reiches werden. An und für sich betrachtet sind freilich die eben bezeichneten Stellen keineswegs erblich. Da jedoch der König seine bevorzugten Leute zu ihrem Unterhalte mit Land zu belehnen hatte, und demnach jedem Posten ein bestimmtes Nahrungsgebiet zugewiesen wurde; so ging die aus Pflicht und Recht zusammen= gewachsene Würde, als an dem Gute haftend, bald erblich vom Vater auf den Sohn über. Selbstverstänblich bleibt außerdem die Möglichkeit offen, daß der König einen reichen freien Grundherrn zu seinem Reichsbeamten ernennt. Und in den Uebergangszeiten, ehe die Oberlehnsherrlichkeit der Könige sich vollständig durchgear= beitet hat, unterscheidet die Rechtsgeschichte auch wirklich noch zwischen Edelherzog und Dienstherzog, Edelgraf und Dienstgraf, wie zwischen Erbgut (Allod) und Königsgut. Allein für die Ausbildung des Adels selber ist diese Unterscheidung gleichgültig; derselbe beruht an sich einzig auf der politischen Anerkennung einer erblich gewor= denen social=staatlichen Stellung, einerlei, woher dieselbe für den Einzelnen rührt. Setzt sich aber das mittelalterliche Reichsgefüge aus der Verschmelzung der Arbeits= und Eigenthumstheilung im Ackerbau, verbunden mit den social=politischen Einwirkungen des Krieges, zusammen, dann muß neben der Verwaltungsverfassung des großen Reichshofes die Heerverfassung des Volkes ebenfalls eine politische Abstufung der Reichsunterthanen nach sich ziehen, weil sie thatsächlich nicht minder der vorhandenen gesellschaftlichen

Gliederung unterworfen bleibt. Am deutlichsten zeigt sich dieser Vorgang, wenn wir es etwas näher verfolgen, in welcher Weise Karl, der Große, den alten Heerbann neu einrichtet. Im Ganzen genommen, war damals noch immer, wie wir oben sagten, Volk und Heer gleichbedeutend. Der König also, um seine Mannen übersehen und eintheilen zu können, mußte sich zunächst ein Verzeichniß derselben, ein capitum registrum, ein Kataster, anfertigen lassen. Da jedoch die Krieger selber sich im Feldzuge zu ernähren hatten, so umfaßte jene Liste zugleich die Größe ihres Besitzthums, von welchem sie lebten, d. h. das Heergewebde, von dem sie sich stellten. Drei bis vier Hufen Landes war der Maaßstab eines vollen, während der drei ersten Monate auf eigene Kosten zu unterhaltenden Mannes; von den ärmeren mußten so viele zusammentreten, daß ihr Gesammtbesitz diesem Flächenraum gleichkam. Der Eigenthümer von zwölf Höfen hatte sich einen Harnisch zu halten und in demselben bei dem allgemeinen Aufgebote zu erscheinen, sobald er nicht seines Gutes verlustig gehen wollte. Wer dagegen wegen Alters, Krankheit oder in späteren Zeiten wegen geistlichen Standes dem Heerbanne nicht in Person zu folgen vermochte, zahlte wenigstens seine Heersteuer, die sogenannten Hostendienste, wobei einer jeden Kirche ein Hof steuerfrei blieb. Durch diese ganze Einrichtung erhielten demnach alle Güter im Reiche, sie mochten ursprünglich Allode oder Beneficien seyn, den Charakter von Lehen, die darauf ruhende Reichskriegslast mußte ihrerseits die natürliche Gebundenheit der Höfe nur noch mehr befestigen. Und ferner schloß sie die Bevölkerungsschichte der Eigenthumslosen von der im Heerbanne liegenden Reichsmitgliedschaft völlig aus. Die wirthschaftliche Unselbstständigkeit, welche in erster Linie rechtlich zur Hörigkeit führte, verfällt somit jetzt auch der politischen Unfreiheit.

Ein weiterer Schritt des Königs in der Wiederherstellung des Heerbanns bestand dann darin, daß er eine bestimmte Schaar von Reisigen unter einem Hauptmann und eine bestimmte Menge also gebildeter Fähnlein, Banner, auch Heerzöpfe genannt, unter einem Herzoge zusammenfaßte. Es soll hier nicht näher untersucht werden, ob er selbst dabei das durch die Geistlichen ihm übermittelte

Vorbild der ehemaligen römischen Heereseinrichtung im Auge hatte, oder ob vielleicht gar schon seit mehreren Jahrhunderten die Eintheilung der Legionen von ihren nordischen Feinden bei dem früheren Heerbanne nachgeahmt worden war. Tacitus bekannte Beschreibung der uralten deutschen Heeresgliederung: „Jeder Gau liefert hundert Mann, wovon sie unter sich den Namen führen, so daß, was anfänglich bloß Zahl bedeutet, später auszeichnende Benennung ist," zeigt uns nur, wie selbst in den frühesten Zeiten der binneneuropäischen Geschichte die militärische Verfassung überhaupt eine ordnende Macht in den embryonisch sich ansetzenden politischen Bildungen ausübt. Er klärt es jedoch nicht auf, in wie weit bei diesen Fähnlein von hundert Mann das römische Centurionensystem nachgebildet worden ist. Da wir indessen wissen, daß zu Karls, des Großen, Regierung die alten Geschlechtsverfassungen der Hundertschaften im Allgemeinen längst durch die feudale Abstufung des überwiegenden Sondereigens zersetzt waren, obschon sie noch stellenweise bestanden haben mögen; so hat der von ihm eingesetzte Hauptmann, Hundafath, Centurio, wohl ebenso nur den altherkömmlichen Namen mit dem ehemaligen Kriegsvorsteher der Centenen gemein, als der Herzog (dux) der Karolinger gleichfalls auf einer politischen Neubildung des einstigen naturgemäßen Anführerthums fußte. Allerdings hat diese militärische Eintheilung der Unterthanen ihrer Anlage nach nichts mit dem Lande als solchem und seiner agrarischen Gesellschaftsgliederung zu thun; sie richtet sich, wie im römischen oder unserem heutigen Staatsleben, zunächst rein an die Menschen selbst. Allein — und das muß man von vorneherein mit berücksichtigen — der einzig von seinem Acker lebende Mensch war damals noch weit mehr als gegenwärtig mit seinen Feldern zusammengewachsen. Der Heerbann mußte sich deßhalb nicht nur thatsächlich wieder an die feudalen Gliederungen lehnen; sondern die Hauptmannschaft, das Herzogthum begriff demnach mit der Anzahl von Köpfen auch ihr Besitzthum unter sich, seine Grenzen waren zugleich örtlich durch die Lage der Hufen gegeben, von denen sich die einzelnen Mannen zum Heerbann stellen mußten — die Amtsbezirke der Heerführer

wurden thatsächlich Landgruppen ... Provinzen, seine Bewohner
künstliche, d. h. auf politischem Wege gebildete Stämme. Denn
es konnte nicht ausbleiben, daß auf die Länge die Hauptmannschaft
wie das Herzogamt in den Bezirken erblich ward; wenn auch an=
fangs jedes Jahr neu dazu gewählt wurde. Lehnten sich doch beide
Würden nicht so sehr an die Persönlichkeit, als an die größeren
Güter, von denen die Hauptleute und Herzöge lebten. Die jähr=
lichen Wahlen schliefen nämlich nach und nach ein. So wuchs
denn der Herzog allmählig mit dem Herrscher über seinen Bezirk
zusammen, indem er seinem Hofe die Kriegslasten fortan zahlen
ließ, die er ursprünglich nur für das Reichsheer erhoben hatte,
und dadurch eine Art Oberlehnsherrlichkeit über die Güter seiner
Mannen sich aneignete. Die Karolingischen Herzöge haben zwar
dieses Ziel vor dem elften Jahrhunderte nicht vollständig erreicht.
Noch unter Heinrich III. hieß es wenigstens in der Benennung
nicht Bernhard, Herzog von Sachsen, sondern bloß: dux Bern-
hardus; das Amtsbereich des Herzogs ist noch nicht zum Herzog=
thum geworden. Ja, kräftige Herrscher, wie Otto und Heinrich,
sprachen es sogar mit bestimmten Worten aus: „Die Würde der
Herzöge und Grafen sey keineswegs erblich, sondern den Königen
stehe deren An= und Absetzung durchaus frei." Schwäbische Adelige
konnten daher auch Herzöge in Sachsen, und sächsische ebenfalls Her=
zöge in Bayern werden. Aber vor der Karolingischen Zeit waren
doch die sogenannten National= (Stammes=) Herzöge, deren Unab=
hängigkeit dann Karl, der Große, zerbrach, Tasilo von Bayern, und
wie sie sonst heißen, in derselben angedeuteten Weise entstanden. Die
Verbindung der Menschen unter sich, die man in der Geschichte mit
dem Ausdrucke Stamm bezeichnet, ist nämlich in den seltensten Fällen
eine ursprünglich vorhandene Zusammengehörigkeit der
Einzelnen, hervorgegangen aus der Abstammung von einem und
demselben Ahnherrn, auf deren Basis und innerhalb deren Grenzen
dann, wie man so anzunehmen scheint, die Menge der Mitglieder
selbstbewußt sich eine mehr oder weniger willkürliche gesellschaftliche
Ordnung einrichtet. Die Blutsverwandtschaft tritt, wie wir gesehen
haben, nur unter den Hirten mit einer social=politischen Bedeutung

hervor, und nur bei ihnen bezeichnet das Wort Stamm die Masse der baum- und zweigartig aus einer Wurzel emporgewachsenen und bei einander wohnenden Menschen. Das Ackerbauthum auf der weiten Fläche dagegen löst einen solchen, aus dem Nomadenthum herrührenden Geschlechtsverband durch die Neubildung vieler einzelnen unabhängigen Gehöfde allmählig aber sicher auf. Die Frage nach dem Ursprunge des agricolen Stammes erheischt daher auch eine ganz andere Antwort: „Denken wir uns nun,“ sagt der Geolog Bernhard Cotta (Deutschlands Boden), „gleichartige Bevölkerungs= elemente gleichartig über ein geognostisch sehr mannigfaltiges Land ausgebreitet; so wird es der Boden seyn, welcher neben andern Einflüssen nach und nach Ungleichheiten in der Bevölkerung, sowohl in ihrer Natur als in ihrer Dichtigkeit, hervorbringt. Denken wir uns aber einen kleinen Stamm irgendwo eingewandert (Nomaden in der Uebergangszeit zum Ackerbauthum) und festgesetzt, so wird er sich den gegebenen Verhältnissen anschmiegen, seine Sitten und Industrie ihnen anschmiegend entwickeln, und wenn er sich nun mehr und mehr ausbreitet; so wird das vorzugsweise nach den Richtungen hin geschehen, wo die gewohnten durch viele Genera= tionen hindurch vertraut gewordenen Bodenverhältnisse am ähnlichsten sich vorfinden. Auf diese Weise entstanden besondere Volksstämme in gewissen natürlichen Abgrenzungen, und von diesen einfachen Normen erfolgten nur Ausnahmen durch äußeren oder inneren Drang.“ Der Naturforscher vergißt bei seiner geistreichen Ent= wickelung jedoch, daß zu den in der Außenwelt liegenden Einflüssen, denen zufolge ein in Körperbau, Dialekt, Sitten und Lebensweise gleichartiger Menschenschlag sich ausbildet, noch gesellschaftliche Mo= mente treten müssen. welche jener Schaar erst das Bewußt= seyn ihrer Zusammenhörigkeit verleihen. Hat sich uns nun aber gezeigt, daß der Krieg zuerst die einzelnen Männer sich zusammenschließen macht; so dürfen wir die eben erwähnten gesell= schaftlichen Momente, welche zu der Stammesbildung beim Beginn des Ackerbauthums mitwirken, gewiß auch in den ältesten Heeres= verfassungen aufsuchen. Sogar Tacitus enthält in der früher angeführten Stelle: „Jeder Gau liefert hundert Mann, wovon sie

unter sich den Namen führen; so daß, was anfänglich nur
Zahl bedeutet, jetzt auszeichnende Benennung ist,"
eine dahin einschlagende Andeutung. Doch zeigt er zugleich, wie
neben dieser künstlichen Gliederung die blutseinheitlichen Bezie=
hungen des vorangegangenen Hirtenthums damals noch ihre volle
Macht bei den alten Deutschen ausüben, indem „Familienglieder
und Verwandte ihre Reiterhaufen und Truppenteile bilden;" so
daß jene künstlich gegebene Eintheilung noch vielfach durch den
natürlichen Zustand der Verhältnisse durchbrochen seyn mußte. In
der darauf folgenden Periode der europäischen Entwickelung haben
die durch die Uebermacht eines Fürsten entstehenden oberherr=
lichen Landesbezirke die Grenzen ihrer Ausbreitung gewiß
vielfach mit durch jene von dem Geognosten hervorgehobenen äußeren
Momente empfangen; obschon das Hauptbindemittel dieser größeren
gesellschaftlichen Gruppen in der Gefolgschaft bestand, durch
deren Hände allein der Fürst in weiteren Kreisen zu regieren ver=
mochte. Und als gar unter der Herrschaft der Merovinger der
Heerbann sich in rohen Zügen einrichtete, konnte daher der einzelne
Herzog schon vollends mit seinen durch örtliche und klimatische Ein=
flüsse gleichartig gewordenen und unter seiner Fahne zusammen=
gehaltenen Mannen als Stammesfürst im Laufe der Zeiten
verwachsen. Mit den natürlichen Einflüssen bei der Stammes=
bildung hatten die politischen sich bereits verschmolzen. Denn
über diese Zeiten waren ja bis zur Regierung Karls, des Großen,
dreihundert Jahre hingegangen! Es hatten sich inzwischen
die Namen der Völkerschaften, den vor sich gehenden Stam=
mesbildungen entsprechend, völlig geändert. Und wenn auch
dieser König durch seine großartige Anordnung von fast ganz Eu=
ropa jenen stillen Bildungsgang unterbrach, indem er die unab=
hängigen, vor ihm gewordenen sogenannten Nationalherzöge besei=
tigte; so schlugen seine Dienstherzoge unter seinen schwachen
Nachfolgern — Heinrich der Vogler unter Konrad I. — wieder
denselben Weg ein: — die Stammesbildung, obschon mit
andern Bestandtheilen und vielleicht innerhalb anderer örtlichen
Abmarkungen, beginnt von Neuem! Ursprünglich trafen z. B.

in der oberen Rheinebene zwischen der Hardt und dem Odenwald: Alemannen und Franken in ihren Heereszügen zusammen; später entwickelte sich dort in den Grenzen des Palatinats der specifische Pfälzerschlag; und jetzt sehen wir in der Ausdehnung des badischen Mittelrheinkreises unter der aus Pfälzern und Schwaben zusammengesetzten Bevölkerung wenigstens einen neuen Mischdialekt sich bilden, dessen Verbreitung mit dem Regierungsbezirke zusammenfällt. Hoffentlich werden diese Andeutungen dem Leser genügt haben, um es zu verstehen, wie einmal Hand in Hand mit der Erblichkeit der Herzogsmacht eine Ausbildung der früheren Stammesansätze vor sich gehen muß; da die Herzoge gar zu gerne ihre, dem König abgerungene, Sondermacht auf das geschichtlich gewordene Sonderleben ihrer Unterthanen zu stützen suchen. Und zweitens läßt aus denselben gesellschaftlichen Ursachen der Wechsel in den Namen der Völkerschaften auf der historischen Karte von Deutschland leicht die schichtweise über einander gelagerten politischen Reichseintheilungen der verschiedenen Kaiser verfolgen, indem die in einem neuen Herzogthume etwa gemischten früheren Stammesansätze, sobald nur die Oertlichkeit unterstützend einwirkt, sich auch zu einem neuen einheitlichen Stamm umbildeten. Wir kommen bei der Darlegung der Nationalitätsentwickelung auf diesen Satz zurück.

Neben der für sich bestehenden Heeresgliederung spannte dann der Kaiser über sein weites Gelände mit seinen Grafen, Voigten und Schulzen die Gerichtsverfassung und das Verwaltungswesen des Reiches aus. Die Linien beider Organisationen liefen neben und durch einander hin.

Das Wort Graf (lateinisch: graphiarius, angelsächsisch: gerêfa, neufranzösisch: grefïier) bedeutet ja ursprünglich nichts als: Schreiber und nimmt erst als der von dem Herrn zu gewissen Diensten angestellte Schreiber dann die weitere Bedeutung des Beamten in sich auf; wie noch heutzutage die Bezeichnungen Holzgraf für: Waldhüter, Neckargraf für: Flußzollerheber auf dem Neckar — sehr untergeordnete Posten — vorkommen. Aber als königlicher Schreiber zugleich mit dem Richteramte betraut und außerdem als Verwalter der königlichen Wirthschaftssachen, mußte der Graf mit der Ausbildung des Reichslebens nothwendiger= weise in gleichem Schritte an Macht und Ansehen steigen. Die Rechtsgeschichte mag es indessen darthun, wie sich im Laufe der Zeit die durch die Grafen ausgeübte richterliche Gewalt des Königs entwickelte. Mit der wachsenden Macht derselben mußte wohl die Befugniß des Familienvaters über seine Kinder, wie über= haupt die Bedeutung der Blutsverwandtschaft im bürgerlichen und peinlichen Rechte ebenso abnehmen, als sich der einzelne Grundherr nach und nach genöthigt sah, in gleicher Weise wie die Schöffen= verbände, die bisher geübte Gerichtsbarkeit dem Herrn des gesamm= ten Landes zu überlassen. So lange aber diese allmählige Ent= äußerung persönlicher Befugnisse an die in dem Könige liegende Reichseinheit nicht vollzogen, d. h. der Königsfrieden noch nicht der allein geltende ist, bezahlt in den Uebergangszeiten z. B. ein Mörder das verschuldete Wärgeld in dreifacher Weise: an die Familie, an den Grundherrn und an den König; wie denn auch die drei Be= zeichnungen dieser Abstufungen: Wärgeld, Frieden und Bann für dasselbe vorkommen. Der privatrechtliche Ausgang des Criminal= rechts wirkt noch nach. Daher bildet denn auch der Graf oder sein Stellvertreter, der Vogt, Jahrhunderte lang den Vorsitzenden des Schöffengerichts, bis der siegreiche Absolutismus endlich allein der Staatsgewalt, mit Umgehung der Geschworenen aus dem Volke, die Gerichtsbarkeit zuweist. Sehen wir indessen von den richter= lichen Funktionen des Grafenthums ab, und bemerken wir bloß im Vorübergehen, daß auch sie, wie die Hauptleute und Herzöge, nur durch Lehen ernährt werden konnten, also sehr bald ihre Wür= den erblich machten; so bleibt uns noch übrig, mit der Betrachtung ihrer Verwaltungsthätigkeit zugleich einen Blick auf das Steuerwesen in den agrarischen Zeiten des Reiches zu werfen.

Die ursprünglichen Gesellschaftszustände des Ackerbauthums wissen nichts von regelmäßigen oder zeitweiligen Abgaben der Ein= zelnen zur Bestreitung von gemeinschaftlichen Aufwänden. Es gibt ja noch nirgends eine gemeinsame Gliederung. Höchstens daß die den Göttern dargebrachten Opfer in den Händen der Priester oder

Priesterinnen zu Zwecken verbraucht werden, welche über den einzelnen Lebenskreis der getrennten Gehöfde hinausgehen. Und selbst die beginnende Königsmacht sieht sich lange Zeit in wirthschaftlicher Hinsicht einzig auf das königliche Sondereigen hingewiesen, von dessen Erträgnissen der Fürst mit seinem Gefolge lebte. Nur in denjenigen Gegenden Mitteleuropas, welche von den Römern her das Steuerwesen der Geldwirthschaft seit Jahrhunderten kannten, mochte es den neuen Herrschern leichter werden, das gewohnte Auflagesystem beizubehalten, wie denn ja Chlodowech auch über die römischen Provinzialen in römischer Weise fortregierte. Wo jedoch früher die Römer nicht hingedrungen waren und außerdem noch die ungebrochene Naturalwirthschaft bestand, mußten nicht nur die Menschen erst nach und nach darauf hingeführt werden, daß sie Abgaben bezahlten; sondern die Erhebung derselben war auch, weil sie in Naturalien geleistet wurden, eine andere als in Gallien und Spanien. Schon unter der Römerherrschaft hatten die besiegten Friesen, aus Mangel an Geld, gegerbte Rinderfelle als Tribut zu liefern gehabt; da waren denn vollends nach der Völkerwanderung in Deutschland wohl nur Abgaben in Waaren möglich. Hält man es aber bei sich fest, daß der freie Eigenthümer eines Gehöfdes anfänglich vollständig sein eigener Herr ist, der wohl seinerseits seinen Knechten Land gegen Frohnden und Erntezehnten überläßt; so wird man es verstehen, wie der Grundholde zunächst einen „Schimpf und eine Urkunde des Dienstes" darin erblicken konnte, daß er von seiner Person oder seinem Eigenthume an den König Steuern abzuführen genöthigt werden sollte. Nur zu einem sogenannten freiwilligen Beitrage mochten sich die Freien, im Falle der Noth, zur Deckung von Kriegskosten etwa herbeilassen. „Bei den Gemeinden ist es Sitte," sagt Tacitus, „freiwillig und Jeder für sich, den Fürsten Vieh oder Getreide zu geben, welches, als Ehrengeschenk angenommen, zur Bestreitung der Bedürfnisse dient." Erst die vollendete Durchführung des Königsfriedens und des Heerbanns war im Stande, eine Wandelung in dieser Lage der Dinge zuwege zu bringen. Denn fortan wurde von dem Friedensstörer dem Könige oder seinem richtenden Grafen der Bann bezahlt, der ehemals als Wärgeld bloß dem Beschädigten, seiner Familie oder seinem Grundherrn zufiel; und außerdem gewährten die Strafgelder für versäumte Kriegspflichten dem königlichen Kriegsherrn nicht minder ein beträchtliches Einkommen. Der Heerbann umfaßte näm=lich, abgesehen von der erwähnten Eintheilung der Mannen und ihrer Hufen, zunächst auch die festgesetzten Sühnungssummen für die Vernachlässigung des Dienstes. Ursprünglich bestand eine jedes=malige Buße in 60 Schillingen (1 Schilling = 12 Silberpfenni=gen, 1 Silberpfennig = 15 Stück zweipfündige Roggenbrode; 2 Schillinge = einer Kuh im Werthe), wovon ein Drittel dem Grafen als Grafenschatz zufiel. Später, als sich diese Strafe zu hoch erwies, verordnete ein Capitulare, daß von 6 Pfund Ver=mögen: 3 Pfund, von 3 Pfund: 1½ Pfund, von 2 Pfund: 10 Schillinge und endlich von 1 Pfund: 5 Schillinge gegeben werden sollten. Zweitens aber waren in die Heerbannrolle die von dem Einzelnen zur Unterhaltung des Heeres im Frühlinge und Herbste beizuschaffenden Mai= und Herbstbeede eingetragen, welche in ihrem Ausgange allerdings die Person als solche trafen und zu dem eigenen Unterhalte der Mannen während der Uebungszeit dienten, die jedoch bald genug als Grundsteuer, zugleich mit dem Kriegsdienste, sich auf die Hufe legten, von welcher sie geleistet wurden. Nur wo diese Kriegsabgabe, aus Mangel an Grund und Boden, an der Person (tributarius) haften blieb, wurde sie in der Folge auf dem Lande wie in den Städten zur Kopfsteuer. Vor Pipin, Karls Vater, hatten, wie Gfrörer bemerkt, die kaiserlichen Kammergüter, oder die Zinsbauern der Krone, bloß Früchte des Bodens oder des Stalls, als Getreide, Wein, Hanf, Flachs, Häute, Schlachtvieh, Geflügel, Eier geliefert. Karl, der Große, bestimmte dann, daß die Hälfte der schuldigen Abgaben in baarem Gelde geleistet werden solle; aber diese kaiserliche Verordnung ließ sich in den Zeiten des reinen Ackerbauthums nicht durchführen. Otto I. war wieder völlig auf die Naturalverpflegung angewiesen. Er bezog im Jahre 968 täglich: 1000 Schweine und Schafe, 10 Fuhren Wein, 10 Fuhren Bier, 1000 Malter Korn, 8 Ochsen und eine Masse Geflügel, Fische, Eier, Gemüse u. s. w. Abgerechnet ward

bei der Zahlung der Auflagen auf Seiten der Empfänger durch
Einschnitte in ein Kerbholz, woher die Bezeichnung incise, cise
oder taille (für Steuer) stammt. Accise, d. h. adcise, ist die
nachher zur Zise hinzutretende Verzehrungssteuer im städtischen Weich=
bilde. Das Wort Steuer erscheint zuerst 889 in einer Urkunde
König Arnulf's. Die Abgaben vom Lehnslande heißen im Domes=
dey=book: Gavel, Gasol, Gable, Gablum, vollständig: Landgable, in
welchen Bezeichnungen sich wohl unser deutsches Gefäll wiederfindet.
Im Französischen bedeutete gabelle anfänglich auch nur Abgabe im
Allgemeinen, erst später ward darunter ausschließlich die Salzsteuer
verstanden; und die Araber, unter denen in Spanien viele christliche
Gothen mit Steuereinnehmerstellen bekleidet waren, haben dann viel=
leicht „alcabala“ daraus gemacht, ein Schoß, der als Kaufaccise
eine beträchtliche Rolle in der spanischen Finanzgeschichte spielt.

Entwickelt sich nun in der eben angedeuteten Weise der Anfang
des Steuerwesens in den agrarischen Binnengegenden Europas nach
und nach aus dem königlichen Gerichts = und Heerbanne, wie
sich ja in der Rechts = und Kriegsverfassung die erste politische
Schichtung der Landbauern kundgibt, so lehnen sich doch auch an
die Ausbildung des königlichen Obereigenthums über das gesammte
Reich mancherlei Einkünfte für den beginnenden Staat, der neben
seiner militärischen Gliederung sich zugleich nach dem Muster der
Gehöfdeeinrichtung aufbaut. Nachdem nämlich die Oberlehnsherr=
lichkeit des Königs sich einmal festgesetzt hatte, war es eine einfache
Folgerung, daß alles nicht in den Besitz der Unterthanen als Folk=
land bereits übergegangene Erdreich, unter dem Namen Bokland,
dem Könige gehörte. Dasselbe wurde demnach mit dem ursprüng=
lichen Sondereigen desselben, dem Dominium, vereinigt. Außerdem
leiteten sich aus dem Begriffe des königlichen Obereigenthums, zu
welchem alle Unterthanen mit ihren Gütern in die Stellung von
Lehnsleuten geriethen, eine Reihe von wirthschaftlichen Nutzungs=
rechten her, wie sie der Grundherr sich auf den Ländereien seiner
Pächter vorzubehalten pflegte. Die später sogenannten Regalien,
z. B. der Betrieb der Jagd, der Salinen, der Fischereien und des
Bergbaus, welche sich die Könige im Laufe der Zeit zusprachen,

erwachsen ihrer Natur nach aus dem Wesen des „Landgutsstaates,“ als welchen das Reich sich in seinem Ausgange darstellt. Demnach hatten die königlichen Verwalter, die Grafen und ihre Unterbeamten, die Voigte und Schultheißen, innerhalb ihrer Gauen das Richteramt auszuüben und die daraus sich ergebenden Bußen zu erheben. Sie nahmen die erwähnten „freiwilligen Beiträge“ in Empfang und trieben die zur Unterhaltung des Heerbanns zu leistenden Abgaben ein; zu Kriegszeiten belegte der Graf oft zwei Drittel von dem in seinem Bezirke vorräthigen Korne mit Beschlag, um es zum Heere abzuliefern. Außerdem aber führten die „Schreiber“ die Aufsicht über die in ihren Gauen liegenden königlichen Güter, sobald sie nicht königliche Sitze, Palatien, Pfalzen, waren. Karl, der Große, ließ nämlich seine Domänen in der Weise verwalten, daß dem einzelnen Gute der Villicus, Schaffner, vorstand, der außer der Bewirthschaftung derselben auch die Polizei ausübte; und eine Reihe solcher Gehöfde und Villen waren wieder der Administration des Gaugrafen und seiner Justiz unterworfen. Nur die königlichen Pfalzen bildeten unter den Pfalzgrafen einen besondern Bezirk.

Im Allgemeinen hatte dieses, aus Herzögen, Pfalzgrafen, Grafen und ihren Untergebenen zusammengefügte Beamtennetz an sich manche Aehnlichkeit mit der Satrapenregierung eines Darius Hystaspis aufzuweisen. Allein, da alle königlichen Beamten des Kriegs= wie des Verwaltungsdienstes stets ihren Lohn im Lehn empfingen, so konnte es nicht ausbleiben, daß sie insgesammt bestrebt waren, das königliche Amt zugleich mit dem Lehne zu einer eigenen persönlichen Berechtigung zu machen. Zwar suchte Karl, der Große, diesem natürlichen Zuge der Ackerbauzeit dadurch entgegen zu arbeiten, daß er den sogenannten Sendgrafen eine Oberaufsicht über die ganze politische Gliederung übergab. Dieselben hatten als Comites missi die Verpflichtung, alle Vierteljahre die ihnen zugewiesenen Reichsbezirke zu bereisen, dem Könige Bericht über ihre Angelegenheiten abzustatten, die von den Grafen gesammelten königlichen Einkünfte an den Fiscus abzuführen und in höchster Instanz die erfolgten Rechtsurtheile zu bestätigen oder zu verwerfen. Sie bildeten also der Anlage nach, wenn man so will,

die beweglichen Träger des königlichen Willens, die, nirgends mit
den Gauen zusammenwachsend, die Macht des Königs und sein
Ansehn bei den königlichen Beamten aufrecht zu erhalten bestimmt
waren. Daher wurden sie denn auch nicht durch Lehne, sondern
bloß durch Reisespesen unterhalten, welche ihnen ihre Bezirke zu
zahlen hatten. Allein mit der persönlichen Machtfülle des Königs
selber mußten auch diese „Kammerboten" immer mehr an Wirk=
samkeit verlieren; bis sie endlich, den völlig erblich gewordenen
Reichsämtern gegenüber, ganz eingingen.

Es ist nun der Specialgeschichte der einzelnen Länder zuzu=
weisen, daß sie es darlegt, wie sich im Laufe der Zeit die erblich
gewordenen Reichsämter im Heere und Verwaltungsdienst zu ein=
ander an Macht und Grundbesitz stellen. In der Regel wußten
später die Herzöge, z. B. in Sachsen, Thüringen, Bayern, Rhä=
tien, Kärnthen, Spanien und Italien, weil sie die Kriegsanführer
waren, und ebenso die an den Grenzen hausenden Markgrafen,
welche die Kriegs= und Verwaltungsmacht von vornherein vereinigt
in Händen hatten, über die Grafen, trotzdem, daß diese letzteren
Würden früher erblich geworden waren, sich zu erheben. Hie und
da gelang es aber auch wohl den Grafen, namentlich den Pfalz=
grafen, sich gleichfalls zu Heerführern in ihrem Bezirk aufzuwerfen.
Schon Karl, der Kahle, mußte auf dem Reichstage von Chiersey sich
zu folgenden Zugeständnissen bequemen: „Stirbt ein Graf mit Hinter=
lassung eines mündigen Sohnes, so tritt letzterer ohne weiteres
in das Lehn ein. Hinterläßt aber der Verstorbene einen unmün=
digen Erben, dann wird eine vormundschaftliche Verwaltung der
Grafschaft eingesetzt, und zwar der Art, daß der Erbe, sobald er
zu reifen Jahren gekommen ist, das Lehn des Vaters bekommt.
Dagegen behält sich der Kaiser das Recht vor, Grafschaften ohne
Erben beliebig wieder zu begeben." Die Erblichkeit in dem Grafen=
amte war übrigens auf die Dauer ebenso wenig zu verhindern, als
bei der Herzogswürde; sie ergab sich aus der Macht der Gewohn=
heit. Suchte nun der Herzog seinerseits, wie wir oben gesehen,
die vom Könige dem Volke auferlegten Kriegslasten nach und nach
für sich einzuziehen, und wandelte sich demgemäß die allgemeine

Landesmiliz alsbald wieder in eine feudal abgestufte Lehnsmiliz um; so durchbricht nicht minder mit der Erblichkeit des Grafenthums die alte Lehnsgerichtsbarkeit das königliche Gerichtswesen. Darin besteht gerade der charakteristische Zug der reinen Ackerbauzeit, daß sie mit ihrer aus Arbeits = und Eigenthumsgliederung hervorgegangenen feudalen Schichtung jede selbstbewußt ins Leben tretende politische Einrichtung alsbald aufs Neue, den feudalen Formen der Natural= wirthschaft gemäß, umgestaltet. In der Epoche, welche der Reichs= bildung voranging, waren die großen Grundherrn die natürlichen Beherrscher ihrer Hintersassen; fortan regieren sie, die selber nun= mehr auf der Basis ihres Eigenthums eine politische Stellung ein= nehmen, in der nämlichen Weise als kleine Könige auch politisch über die ihnen von Reichs wegen untergeordneten Leute weiter. Daß dadurch bei der mannigfaltigen Abstufung der verschiedenen Lehne unter einander eine gleich große Anzahl verschiedener feudalen Menschenklassen entstehen muß, folgt aus der Natur der Dinge. So erheben sich z. B. die Nutznießer der königlichen Güter über die Vasallen der übrigen Allodherren, indem der mit einer Domäne belehnte freie Bauer (baro) zum Reichsbauern oder Reichsbaron wird; die Vasallen der Herzöge stehen über den Lehnsmannen der Grafen u. s. w. Und wie das Eigenthum nach seiner Größe die Unterschiede in der politischen Stellung der Grundbesitzer nach sich zieht, so scheidet es auch folgerichtig die politisch Berechtigten über= haupt, d. h. den Adel, von der Masse der politisch nicht mehr be= rechtigten Ackerbauer ab. Die Freien, die für Abgaben Andere im Heerbanne für sich dienen lassen, die Nothfreien, die, im Besitz eines kleinen Lehns, den Schutz ihrer Grundherren haben, und vollends die ganz besitzlosen Hörigen sind an sich gar nicht im Stande, die kostspieligen Dienste zu leisten. Je mehr dann aber die Erblichkeit in den Reichswürden Platz greift, und auf der andern Seite der Druck der Kriegslasten die kleineren Grundbesitzer ver= anlaßt, sich gegen einen jährlichen Canon von dem Kriegsdienste in Person loszukaufen, um so mehr erweitert sich der Kreis des nichtadeligen Bauernthums. Selbst ein Karl, der Große, vermochte es nicht, diesen Zug seiner Ackerbauzeit zu beseitigen. Kurz vor seinem Tode war seine großartige Reichsverfassung schon in einer feudalen Zersetzung begriffen. Vergebens ermahnte er im Jahre 811 die geistlichen und weltlichen Lehnsträger der Krone: „Ich muß hören, daß Bischöfe, Aebte, Grafen, Richter, Centenen die kleinen Freien, welche sich weigern, ihr Eigenthum durch Precarei an jene abzutreten, so lange plagen und drücken, bis die Armen, gutwillig oder nicht, sich ihres Eigenthums begeben. Ich höre, daß namentlich der Kriegsdienst zu solchen Zwecken mißbraucht wird, und daß Solche, die ihr Eigenthum abgetreten haben, ruhig zu Hause bleiben dürfen, während die Andern immer und immer aufs Neue ausrücken müssen. Man berichtet mir, daß Bischöfe, Aebte und Grafen oft freie Leute, die in ihren Bezirken angesessen sind, unter dem Namen von Ministerialen zu ihrem Hausdienste verwenden und dieselben als Falkner, Jäger, Zöllner, Gutsverwalter, Schultheiße oder zur Beherbergung der kaiserlichen Sendboten gebrauchen." Mit dem Tode des Kaisers griff diese feudale Umwandlung vollends unaufhaltsam um sich, so daß schon in der Mitte des neunten Jahrhunderts das einst aus fränkischen Freibauern bestehende Fußvolk völlig verschwunden ist.

Gemäß der früheren Geschichtsanschauung, welche sich nicht die zwingende Nothwendigkeit der social-politischen Mächte und das gesellschaftliche Wesen der Menschen bei ihrer Beurtheilung des Entwickelungsprocesses der Völker klar machte, hat man in dem durchgebildeten Lehnsstaate mit Bedauern nichts als den Untergang der altgermanischen Freiheit erblickt. Manche Historiker preisen deßhalb den Welfen Eticho, der, als sein Sohn Heinrich sich dem Kaiser Arnulf angeschlossen und von ihm viertausend Höfe zu Lehn genommen hatte, im Schmerze über die Knechtschaft seines Geschlechtes sich mit zwölf Genossen in den Einöden des Böhmerwaldes verlor. Während doch Eticho als kleiner Fürst nicht über die von ihm selbst nach unten zu aufrecht erhaltene feudale Gliederung überhaupt, sondern nur wegen der Unterwerfung seiner Fürstenwürde unter einen höheren politischen Organismus trauert. Auch mag es stolz und selbstbewußt klingen, wenn die reichen Herren von Coucy in Frankreich unter ihr Wappen schrieben:

„Je suis m duc ni comte aussi
Je suis le Sire de Coucy."

Sie hatten sich, wenigstens ihrer Behauptung gemäß, stets frei von
der feudal=politischen Gliederung und dem agricolen Beamten=
thum als unabhängige Gutsherrn zu erhalten verstanden.
Allein mit lauter derartigen „Herrn" von Concy wäre die Welt
niemals zu ihrer gegenwärtigen Ausbildung gekommen. Denn,
wie gering die Bildung bleibt, welche eine reine Bauernrepublik
aus sich zu entwickeln im Stande ist, hat das Friesen= und Dit=
marschenland sattsam bewiesen. Die Feudalität herrscht durch ganz
Europa, weil sie der naturgemäße politische Ausdruck des reinen
Ackerbauthums ist, dessen Angehörigen durch den Krieg zum Zu=
sammenschließen größerer Gruppen gezwungen werden. Es müssen
zuvor ganz neue gesellschaftliche Momente an der Hand der Geld=
wirthschaft die Starrheit der agrarischen Verhältnisse in Fluß ge=
bracht haben, ehe sich eine reichere staatliche und kulturliche Gestal=
tung auf unserm Erdtheile zu entfalten vermag!

Die sociale Bedeutung des Christenthums und der Bau der Kirche.

Wohl ist es eine allgemein anerkannte Thatsache, daß inner=
halb des zusammenhängenden altasiatischen Völkerkreises die einzelnen
Volksgruppen, wie sie in Betreff der Abstammung sich vielfach be=
rühren, auch unter einander sowohl in dem Wesen als in den
wiederkehrenden Namen ihrer Götter eine unverkennbare Verwandt=
schaft aufweisen. Sogar Homer's lebenswarme Gestalten der Himm=
lischen, denen später Rom gleichfalls seine Tempel öffnet, können
den phönicischen Ursprung nicht verleugnen. Eben deßhalb tritt
aber an uns um so schärfer die Frage hinan, warum denn die
Religion im Alterthume, trotz ihres, so zu sagen, einheitlichen Aus=
ganges, keine bestimmte, alle Menschen umfassende einheitliche Form
zu gewinnen vermochte? Das Ergebniß selber, daß in der alten
Welt das jedesmalige religiöse Bekenntniß einen unveräußerlichen
Bestandtheil der gesammten gesellschaftlichen wie staatlichen Ver=
fassung eines Volkes bildet, kann doch an und für sich nicht zur
Erklärung der dabei obwaltenden Ursachen dienen. Und somit hat
denn auch die eigentliche sociale Bedeutung des Christenthums, im
Vergleich zu den gesellschaftlichen Einwirkungen der antiken Glau=
benssysteme, noch nicht genug ihre volle Beleuchtung erhalten.

Als das auf den Erdball versetzte Menschengeschlecht sein Zu=
sammenleben begann, baute sich aus der Hülfsbedürftigkeit des Ein=
zelnen, verbunden mit der in jedem Menschen thätigen Eigensucht

das gesellschaftliche Getriebe in unmittelbarem Unbewußtseyn seiner selbst auf. Jahrtausende lang ist es allein der ungeschwächte Egois= mus der Individuen, welcher in allmählig sich ergebenden Rechts= verträgen den gesammten socialen Organismus stützt und weiter entwickelt. Erst nach und nach erwacht, bei der zunehmenden gei= stigen Verfeinerung der Menschen, innerhalb der entstandenen poli= tischen Absonderungen, wenigstens die Vaterlandsliebe, in Erwei= terung der natürlichen Familienliebe, und verleiht den sich bildenden nationalen Staatsformen ihren sittlichen Inhalt. Vieles, was bisher nur aus instinktiv gebietendem Eigennutze von den Einzelnen im socialen Leben verrichtet ward, empfängt jetzt die Weihe selbstbe= wußter Willensfreiheit, die sogar da siegend wirksam werden kann, wo sie zuvor die Selbstsucht niederzukämpfen hat. Allein über die Grenzen der bestehenden nationalstaatlichen Organismen vermochte doch der in der selbstbewußten Vaterlandsliebe vorhandene Keim zur stufenweisen Vergeistigung der socialen Instinkte lange Zeit nicht hinauszuwachsen. Trotz ihres gemeinschaftlichen Ausganges schmelzen daher die Religionssysteme der altasiatischen Welt mit der Herkunft, der Sitte, dem Staatsbau einer Nation jedesmal völlig ineinander und tragen so zur gegenseitigen feindlichen Abscheidung der gewordenen Volksgruppen nur noch mehr bei — der religiöse Fremdling ist auch zugleich politisch rechtlos. Es mußten also zuvor alle jene nationalen Staaten des Alterthums sich ausgelebt haben und auf dem Wege des Zusammenbrechens seyn, ehe die in ihnen festgebannte Vaterlandsliebe sich zum Begriff der allgemeinen Men= schenliebe frei aufschwingen konnte. Sobald indessen an irgend einer Stelle der Erde das menschliche Bewußtseyn zu diesem Grund= satze in der Auffassung des socialen Lebens durchgedrungen war, und derselbe in weiteren Kreisen um sich griff, wurden die bisher waltenden gesellschaftlichen Instinkte fortan immer mehr mit sittlicher Willensfreiheit durchwebt.

Wir haben früher, als wir die Stellung der Juden am Ein= gange des Mittelalters klar zu machen versuchten, darauf hinge= deutet, in welcher Weise die Verbreitung derselben über den Erdball, als sie nach Zerstörung von Tyrus die phönicische Handelserbschaft angetreten hatten, gleichzeitig auf die Weltanschauungen ihrer Stammesgenossen in der palästinensischen Heimath zurückwirken mochten. Erwägt man dabei ferner, daß das geistig hochbegabte Volk der Hebräer bereits seit Jahrtausenden zur Erfassung des einigen Jehovah's durchgedrungen war, von dem es kein Bildniß, noch irgend ein Gleichniß anfertigen durfte, dann erscheint vielleicht die Lehre Christi als das natürliche Ergebniß der gesammten alt= asiatischen Geschichte. Lassen wir jedoch die Frage hier unerörtert, in wie weit der essenische Philosoph selber den ganzen Inhalt seines Glaubensbekenntnisses übersah, und nur der Möglichkeit der Ueber= tragung wegen, des Verständnisses seiner Jünger selber, zu einer dem jüdischen Leben entsprechenden Einkleidung desselben griff; kümmern wir uns für jetzt auch nicht um die ungeheure Gedanken= arbeit, mit welcher in den ersten Jahrhunderten der Kirche aus den apostolischen Ueberlieferungen und den Sätzen der Neuplato= niker die christlichen Dogmen herausgebildet wurden .... die hohe sociale Bedeutung des Christenthums besteht darin, daß mit dem Zusammensturze der alten Welt die neue Religion durch die Ver= mittlung Roms sich hauptsächlich unter die rohen Völker des inneren Europas verbreitete, welche so ziemlich auf den untersten Stufen ihre gesellschaftliche Entwicklung erst anfingen. Es ist, als ob die in der Geschichte waltende Hand Gottes, nachdem die ursprünglich beginnende Völkerarbeit Asiens zuletzt mit dem errungenen Gebote der Menschenliebe die ausschließliche Herrschaft der socialen Instinkte durchbrochen und so ihrerseits für sich geendet hatte, auf jungfräu= lichen Boden unter jungfräulichen Völkern ein mit diesem Gebote von vorneherein sich aufbauendes, im Uebrigen gleichfalls ursprüng= liches Gesellschaftsthum habe aufwachsen lassen wollen. So mußte denn wohl der feine, geistige Inhalt der christlichen Lehre bei ihrer Verbreitung unter die noch ganz in der Sinnenwelt befangenen Horden unseres Erdtheils auch eine völlig sinnliche Aeußerlichkeit annehmen. Das Symbol wurde demnach die nothwendige Brücke zu ihrem Uebergange aus der alten asiatischen in die junge euro= päische Welt. Und selbst das Symbol richtete sich dabei vielfach nach den kulturlichen Zuständen der Völker, unter welche das

Christenthum eintrat. „Heidnische Götter und Heroen," bemerkt Bauer (Christliche Kirche) „wurden christliche Heilige, und die Mythen und Sagen, die man von jenen erzählte, verwandelten sich in christliche Märtyrergeschichten. Man konnte der heidnischen Denk- und Anschauungsweise nicht mit einemmale entsagen, unbewußt und unwillkürlich nahm man sie auch in das Christenthum herüber; es lag oft so nahe, den Gegenständen der Verehrung nur die heidnische Form abzustreifen, um sie in christliche umzugestalten. Und warum hätte man sich dessen, woran man sich als Heide gewöhnt hatte, nicht auch als Christ erfreuen sollen? Was sich das Volk aller Orten und Zeiten am wenigsten nehmen läßt, sind die nationalen Feste und Vergnügungen ... heidnische Volksfeste verknüpften sich mit den Gedächtnißtagen der christlichen Heiligen."

Wie aber die christliche Lehre mit ihrem von allem nationalen Leben losgelösten, rein menschlichen Inhalte aus der allgemeinen Auflösung der abgesonderten nationalen Gruppirungen ans Licht trat, so fand sie auch bei ihrer Ausbreitung keine festgeschlossene Nationalitäten ihr gegenüberstehen. Die Bibel sagt in ihrer schlichten Auffassung einer unmittelbaren göttlichen Weltregierung: „Als die Zeit erfüllet war, da sandte Gott seinen Sohn." Aber sie spricht in diesen einfach gläubigen Worten doch vorweg das Endergebniß aus, zu welchem die am weitesten greifende geschichtliche Forschung gleichfalls nur gelangen kann. Die Zeit, wo auf den Trümmern einer untergehenden Kultur eine neue Religion aufzublühen vermochte, war eben erfüllt.

Zunächst sind es allerdings wohl die im römischen Reiche zerstreuten Judengemeinden gewesen, unter denen bei dem lebhaften, eben durch die Juden vermittelten, Völkerverkehr am Ausgange des Alterthums das von Palästina kommende neue Bekenntniß Aufnahme fand. Allein es gab auch im römischen Staatsverbande selber bereits eine Menge Menschen, deren geistige Kraft von dem gesellschaftlich-kulturlichen Organismus, in welchem sie lebten, damals nicht mehr ganz gefesselt wurde; die vielmehr, gerade wegen der gleichzeitig beginnenden Auflösung der Nationalitäten, schon einen Ueberschuß ihres inneren Wesens in sich rege fühlten, worin sie aufhörten, Römer zu seyn und anfingen, sich als Bewohner von Gottes Erde zu erfassen. Jupiter mit seinem Olymp reichte nicht mehr aus; die verschiedenen asiatischen Gottheiten, deren Kultus man im Suchen nach Befriedigung dieses Seelenbedürfnisses auf kurze Dauer künstlich nach Europa verpflanzte, bewiesen sich gleich= falls als ungenügend. Da wuchert denn das noch formlose Be= kenntniß der neuen Liebelehre im Stillen weiter; bis es endlich in der inzwischen völlig anders gewordenen römischen Welt seine poli= tische Anerkennung erlangt und damit in seine nunmehrige gesell= schaftliche Wirksamkeit eintritt.

So lange der Bau des römischen Staates sich noch auf die Reste der ehemaligen Stadtverfassung und die daran sich lehnende römisch=italische Nationalität stützt, müssen seine Staatsmänner in dem Christenthum einen an der weiteren Zersetzung des nationalen Verbandes arbeitenden Gährstoff erblicken. Wie einst die Athener· aus gleichem Grunde die sokratische Tugendlehre verfolgen, wie die altnationale Partei der Israeliten den Stifter unserer Religion als staatsgefährlich tödtet, dessen „Reich nicht von dieser Welt ist," so vermag ebenfalls Rom nicht, die Verbreitung einer religiösen Welt= anschauung zuzugeben, welche keine einzige Linie zu dem bestehenden nationalen Staat hinüberzieht. Tacitus, dieser Charakter nach altem römischen Schlage, eifert deßhalb auch mit der vollsten sitt= lichen Entrüstung gegen den verderblichen Aberglauben, „der nicht nur in Judäa selbst, seinem Ursprungsorte, sondern sogar in Rom, wo alle verwerflichen Lehren zusammenströmen und gefeiert werden, aufs Neue hervorbricht." Und Julian Apostata, als er im völligen Verkennen der in seiner Zeit wirkenden social=politischen Mächte später noch einmal den nationalen römischen Staat herzustellen trach= tet, sieht sich trotz seiner hohen persönlichen Ausbildung durch sein Ziel von selbst gezwungen, gegen die neue Religion feindlich auf= zutreten. Umgekehrt aber machte Kaiser Constantin in der näm= lichen Folgerichtigkeit zugleich mit Verlegung seines Herrschaftssitzes nach Byzanz das Christenthum zur Religion des Staates. Denn da fortan der politische Organismus des römischen Reiches nicht mehr in unmittelbarem Zusammenhange mit seinen ehemaligen italischen Grundlagen stand, und somit jeder nationalen Sonderheit entbehrte, mußte diesem seinen weltherrschaftlichen Wesen auch eine Religion am meisten zusagen, welche von keiner nationalen Gliederung weiß. In dem christlichen Glaubensbekenntniß konnte nämlich die byzantinische Politik, die nur mit künstlichen Mitteln die staatliche Einheit des ungeheuren, aus den verschiedensten Bestandtheilen zusammengesetzten Gebietes aufrecht zu erhalten vermochte, einen weiteren Hebel für die Centralisation der Regierung gewinnen. Das von der Hauptstadt ausgehende Netz der Diöcesen und Parochien verband sich mit den militärischen und administrativen Fäden, welche die Völker in Asien, Afrika und Europa an die Kaisermacht knüpften. Und die Verschmelzung einer und der nämlichen religiösen Kultur mit der griechischen Staatssprache ließ wohl um so eher die Heranbildung einer neuen, den Reichsgrenzen entsprechenden Nationalität erwarten, als innerhalb derselben alle früheren nationalen Bildungen sich bereits aufgelöst hatten. In diesen Umständen ist daher auch die Ursache zu suchen, daß die griechische Kirche mit dem griechischen Kaiserstaate und dem byzantinischen Volke von von vornherein zusammenwächst und bis auf die Gegenwart ihr nationales Wesen im Slaventhume sich erhalten hat. Denn nachdem die Flügel des oströmischen Adlers durch die Türken zerbrochen waren, nahmen die Beherrscher des russischen Reiches, als Verwandte der Paläologen, mit diesem Wappenzeichen selbst zugleich auch die politischen und religiösen Einrichtungen des griechischen Staates, soweit es die nordischen Verhältnisse nur erlaubten, zu sich herüber.... Moskau trat an die Stelle von Byzanz.

In Rom dagegen, wo nach der Theilung des Reiches bald jede staatliche Macht verschwand, konnte sich die Kirche bloß als Trägerin der christlichen Lehre selbst und der antiken Bildung überhaupt einen weiteren Anhang unter den jungen Völkern des Nordens und Westens erringen. Hier blieb sie demnach nicht allein ihrem ursprünglichen, die ganze Menschheit umfassenden Charakter getreu, sondern selbst ihr Bau mußte auf dem ehemaligen weströmischen Gebiete natürlicher Weise völlig andere Formen annehmen, als am Bosporus, wo die religiöse Gliederung eigentlich nur eine

Vervollständigung des politischen Mechanismus abgab. Auch diese eigenthümlichen Umstände sind scharf ins Auge zu fassen, wenn man die Ausbildung und sociale Bedeutung der römischen Kirche richtig verstehen will.

Das Christenthum erscheint nun in seinem äußerlichen Auf=treten anfangs in Form einer Sekte, welche die von ihr getragene religiöse Wahrheit durch ihre Jünger nach den verschiedensten Rich=tungen unter den Menschen zu verbreiten sucht. Als ursprüngliches Eigenthum der Juden richtete sich die neue Lehre dabei naturgemäß zunächst nur an die jüdischen Kreise in den einzelnen Städten des römischen Reiches und Asiens. Bald jedoch mußte ihr eigner In=halt sie über jene nationale Begrenzung hinausführen, was der Apostel Paulus an sich selber gewahr wurde. Und wenn sie in Folge dieses Schrittes das an seiner alten Nationalität festhaltende Judenthum, welches für sich allein den Messias erwartete und ver=werthen wollte, von sich entfernte, so beginnt sie erst damit, ihrem innersten Wesen entsprechend, sich zur Menschheitsreligion zu erhe=ben. Daß aber in den ersten Zeiten hauptsächlich den Armen das Evangelium gepredigt ward, ist sicher der damaligen sittlichen Ver=sunkenheit der höheren Stände zuzuschreiben, die allemal in der Geschichte mit der beginnenden Auflösung eines ehemals kräftigen nationalstaatlichen Verbandes Hand in Hand geht. So entspricht denn auch der Beginn der christlichen Gesellschaftsverfassung ganz der einfachen Lebensweise, wie sie in den mittleren und unteren Volksschichten zu herrschen pflegt. Die Gleichgesinnten schließen sich zu Vereinen zusammen, innerhalb welcher das religiöse Bedürfniß der Theilnehmer in fortschreitender gegenseitigen Verständigung der Satzungen Jesu' seine Befriedigung sucht. Bei den von Zeit zu Zeit stattfindenden Versammlungen oder religiösen Feierlichkeiten versehen bloß einige Diener, diaconi, die für gemeinschaftliche Handlungen einer größeren Menschenzahl stets nothwendigen An=ordnungen. Durch die dauernde Ausübung dieser Pflichten wurden indessen die Diener bei eigener Rührigkeit und der natürlichen Trägheit der Gemeinde nach und nach zu Aufsehern der Betsäle, welche Stellung sich außerdem bei der ohnehin vorhandenen Neigung der Menschennatur zur geistigen Herrschaft noch mehr befestigte. Dazu kam, daß allmählig wirthschaftliche Momente unter den so gebildeten religiös = socialen Gruppen auftauchten. Es galt nicht nur, Beiträge zur Bestreitung der Gemeindebedürfnisse einsammeln, sondern die Gemeinden als solche erwarben auch eigenes Vermögen, das verwaltet werden mußte. Waren nun zu jenen „herrschenden Dienern" sehr bald die Aeltesten, presbyteri, der Kreise genom= men, die dann den Namen episcopi, Aufseher, trugen, so wurde darauf die Besorgung der ökonomischen Angelegenheiten, nach dem Beispiele von Alexandria, überall einem der Aeltesten übergeben, welchem Amte zuletzt ausschließlich die Bezeichnung Episcopat ver= blieb. Auch auf dem kirchlichen Gebiete führt die wirthschaftliche Macht eines Individuums unausbleiblich zu socialen Vorrechten desselben. An und für freilich erstreckte sich die so entstandene bischöfliche Macht nicht über die Menschengruppe hinaus, die sich aus eigenem Willen zu einer religiösen Gemeinschaft zusammen= geschlossen hatte. Aber da das Christenthum zunächst in den größe= ren Städten Fuß faßte, von denen als Mittelpunkten aus die Lehre auf dem Lande verbreitet wurde, so genoß von vornherein der Bischof der städtischen Muttergemeinde ein größeres Ansehn als die Landbischöfe in den umliegenden kleineren Orten. Jedoch vollzog sich dieser Vorgang in den verschiedenen Gegenden nicht mit derselben Raschheit. Noch zu Eusebius' Zeiten war z. B. in Gallien und Afrika kein merkbarer Unterschied zwischen den Stadtbischöfen und den Landbischöfen eingetreten. So pflegte man denn auch an= fänglich die Verwaltungsbezirke beider ohne weitere Unterscheidung Parochie oder Diöcese zu nennen. Erst später, als schon der Bau der Kirche anfing, sich mehr pyramidal zu gestalten, übertrug man die erstere Bezeichnung ausschließlich auf die Sprengel der niedrigen Geistlichen, während der gesammte Bereich des in der städtischen Muttergemeinde sitzenden Bischofs als Diöcese aufgeführt wurde.

Daß sich überhaupt in den christlichen Gemeinden nach und nach ein Priesterstand ausschied, beruht einfach wiederum auf der social = politischen Macht der Arbeitstheilung. Nachdem einmal die Pflichten der kirchlichen Diener so mannigfaltig geworden waren, daß sie eine tägliche, regelmäßige Mühewaltung verlangten, mußten die „Aufseher" dafür von der Gemeinde ernährt werden. Außerdem fand der beginnende Stand der christlichen Geistlichen seine Stütze in den Ueberlieferungen von der Stellung der jüdischen Leviten, die sich als Erbtheil (clerus) Gottes dem Volke (laos), den Laien, gegenübergestellt hatten, und er sonderte sich bald auch nach byzantinischer Sitte durch die Tracht der Kleider und den Schnitt des Haares selbst äußerlich von der großen Menge ab.

Auf diese Weise sammelte sich ein immer höheres kirchliches Ansehn bei den Bischöfen an. Sie wußten sich dann ferner die durch Handauflegen vermittelte Einsetzung und Weihung ihrer Untergebenen anzueignen; und, indem sie sich von der Gemeinde stets weiter absonderten, breiteten sie durch die von ihnen abhängigen Diener ihre Macht in größeren Kreisen aus. Im Anfange ist es die Gemeinde in ihrer Gesammtheit, welche die in den religiösen Angelegenheiten gültigen Bestimmungen erläßt. Die Versammlungen der Christen zu Jerusalem, Cäsarea in Palästina, Ephesus und Lugdunum in Gallien unter den Bischöfen Narcissus, Theophilus, Polykrates und Irenäus weisen noch eine solche unmittelbare Bethätigung der Gemeindegenossen an der kirchlichen Gesetzgebung auf. Allein schon im zweiten Jahrhunderte riefen die Bischöfe nur noch zeitweilig bei außerordentlichen Vorkommnissen ihre Sprengel zusammen, um in Verbindung mit den niederen Geistlichen und sonstigen, nicht zu umgehenden Mitgliedern derselben gemeinschaftlich Anordnungen zu treffen. Gerade eine derartige, bloß von Zeit zu Zeit eintretende Mitwirkung der Gemeinde konnte jedoch den sich bildenden Abstand der Geistlichen von den Laien auf die Dauer nur erweitern. Sie ließ nämlich auf den Schultern der Uebrigen die bis dahin mehr thatsächlich hervorragende Stellung des Bischofs gewissermaßen zur allgemeinen rechtlichen Anerkennung gelangen. Und so ergab sich, als im dritten Jahrhunderte, namentlich in Asien, eine Anzahl von Bischöfen mit ihren Diöcesen Concilien abhielten und in gegenseitigem Einverständniß unter sich einen Bund abschlossen, für denselben die Bezeichnung „Gesammtheit der Herren" — Kyriake ecclesia — in dem Kreise der Gläubigen, so zu sagen, von selbst. Die Synode von Nicäa, welche die Wahl eines neuen Bischofs an die Zustimmung aller übrigen Provinzial= bischöfe, wie des Metropolitanen, knüpft, schafft daher auch den Priestern keine eigentlich neuen Rechte, sondern sie zieht nur eine einfache Folgerung aus der über den Laien weit emporgewachsenen Stellung, zu der die geistlichen Beamten schon damals in Wirklich= keit vorgedrungen waren.

In dieser Körperschaft der Bischöfe haben wir aber die über die zusammenhangslose Sektengestaltung hinausschreitende christlich= religiöse Gesellschaftsverfassung als Kirche vor uns, welche fortan, in selbstbewußter Erfassung ihres geistigen Inhaltes, sich als die allgemeine, die katholische, hinstellt und im Alleinbesitz der ächten Lehre Christi die von ihrem Bekenntnisse abweichenden Auf= fassungen der neuen Religion als irrig verwirft.

War nun bis zu dieser flüchtig gezeichneten Gliederung die religiöse Gemeinschaft der Christen ganz ohne Berührung mit den bestehenden politischen Formen in natürlicher Entwicklung ihrer socialen Momente vorgedrungen, so konnte es, wie sich von selbst versteht, nicht ausbleiben, daß, als das römische Kaiserreich aus den früher angedeuteten Gründen die christliche Religion zur Staatsreligion erhebt, fortan eine künstliche Umbildung der alten Kirchengestaltung beginnt. Als Theil des Staatslebens muß sie sich jetzt den Grundlinien des Staatsgebäudes fügen, wenn auch dabei die Namen ihrer alten gesellschaftlichen Ansätze vielfach beibehalten werden.

Demnach treten denn zuerst an die Stelle der natürlichen Ober= gewalt, welche bis dahin eine Muttergemeinde über die von ihr ausgegangenen Töchtergemeinden in der Umgegend ausübte, die verschiedenen Mittelpunkte der Provinzialverwaltungen; und, obschon gewöhnlich seither eine größere Stadt als Muttergemeinde die länd= lichen Bischöfe unter sich vereinigt hatte, so ist doch jetzt der „Me= tropolitane" ausschließlich der in der Hauptstadt der Provinz woh= nende Bischof geworden; vollends nachdem auf der Kirchenversamm= lung zu Kalchedon festgesetzt ward, daß die Regierung mit einer Verlegung der Landesverwaltung zugleich auch die Kirchenverwaltung an den neu erwählten Platz übersiedeln könne. Noch schärfer prägt sich indessen die eintretende Unterwerfung der christlich = religiösen Gesellschaftsverfassung unter die Formen des Staates darin aus, daß die im oströmischen Reiche vorhandenen 55 Metropole, entsprechend dem Gebiete der fünf Oberstatthalterschaften: Thracien, Pontus, Asien im engeren Sinne, Morgenland im engeren Sinne und Aegypten, unter fünf Oberbischöfe, archiepiscopi, zusammen= gefaßt werden, welche wieder ihr Oberhaupt in dem zu Byzanz wohnenden Bischof von Thracien finden. Denn die kaiserliche Macht ist nunmehr der Centralpunkt der gesammten Kirchengliederung. „Was mir beliebt,“ sagte, nach Athanasius' Zeugniß, Constantius zu Mailand, „das ist Canon!“ Wie wir es bereits oben ausgesprochen haben: in dem neuen staatlichen Organismus am Hellespont wird die kosmopolitische christliche Lehre national und nationalisirend zugleich, eine weitere Stütze für das künstlich zusammengehaltene oströmische Reich!

Im Abendlande dagegen, wohin sich die kaiserliche Macht von Byzanz aus nicht mehr so unbedingt erstreckte, konnte, selbst ehe sich in der Theilung des Reiches das Geschick des Westens von dem des Ostens schied, die Ausbildung der christlichen Gesellschafts= gemeinde eine Zeit lang ihrer ursprünglichen Anlage getreuer bleiben. Zwar erhielt ihre natürliche Gliederung in Illyrien, Italien und Gallien mit der Erhebung des neuen Bekenntnisses zur Staatsreli= gion, dem kaiserlichen Plane nach, dasselbe politische Gepräge wie im Morgenlande. Allein die eingesetzten Oberbischöfe fanden hier weder in dem staatlichen Organismus eine genügende Handhabe, um die verschiedenen hauptstädtischen Bischöfe ihres Bezirkes sich unterzuordnen, noch vermochte die Provinzialeintheilung die kirch= lichen Gebiete nach ihren Grenzen abzumarken. Der Bischof von Vienne mußte, obgleich er in der Hauptstadt der Provinz saß, die Stellung des Bischofs von Arles, einer alten Muttergemeinde, als gleich anerkennen. Nur daraus geht in dem Gefüge der weströmi= schen Kirche eine eigenthümliche Bewegung hervor, daß der Bischof von Rom durch das moralische Uebergewicht der alten Welthaupt= stadt und durch die in dem damaligen Glauben festgehaltene

Annahme, die römische Gemeinde sey unmittelbar von einem Apostel gestiftet, eines Vorzuges in der öffentlichen Meinung sich erfreute, dessen sich sonst kein Ort des Occidents rühmen konnte; wodurch er schon früh an Ansehn und Würde die andern Bischöfe überragte. Wenn nämlich bei den Ansätzen der Kirchenbildung ein erster Sitz, prima cathedra, womit eine kirchliche Mutterstadt bezeichnet ward, in den Augen der Christen überhaupt schon einen Vorrang genoß, so stieg derselbe noch um so höher, wo außerdem die Bedeutung einer großen Stadt, wie Antiochia, Alexandria, Ephesus oder Rom sich dazu gesellte. Die daselbst wohnenden Bischöfe erhielten den Ehrennamen Altvater — patriarcha — ihre Sprengel wurden demnach nicht mehr bloß als Diöcesen, sondern als Patriarchien aufgeführt. Und berücksichtigt man ferner, in welcher Weise Roms bisherige Weltstellung in dem Gefühle der Menge nothwendig fortwirkte, selbst als der Kaiserthron bereits nach Byzanz verlegt war, so läßt es sich leicht erklären, daß die kirchliche Macht des römischen Bischofs selbst über die anderen Patriarchen sich erheben mußte. Die ihm beigelegten Benennungen, als: Bischof der ganzen Kirche, Reichskirchenvater — oecumenicus papa — Oberbischof, Reichsaltvater und Oberbischof von Rom — oecumenicus patriarcha et archiepiscopus Romae — oder aus Verwechslung umgestellt: Reichsoberbischof und Altvater von Rom, bedürfen mithin keiner weitgreifenden Herleitung mehr; zumal als nach der Theilung des Reiches Rom unter Honorius, wenn auch nicht die kaiserliche Residenz, doch aufs Neue der politische Schwerpunkt des westlichen Europas geworden war. Wie der Oberbischof von Byzanz unter dem Kaiser den Mittelpunkt der morgenländischen Kirche abgibt, so findet das Abendland, mit Ausnahme von Spanien und Nordafrika, deren selbstständige kirchliche Bildungen später von den Arabern vernichtet werden, den Primat der christlichen Hierarchie in Rom.

Wir müssen es hier jedoch der allgemeinen Geschichte überlassen, die wechselnde Stellung der griechischen und römischen Kirche zu einander nach der Theilung des Reiches näher zu entwickeln. Nur im Vorbeigehen können wir es anführen, daß als zur Zeit des

Kaisers Mauritius der Bischof von Konstantinopel, Johannes, ge=
stützt auf die kaiserliche Macht, sich den Namen eines allgemeinen
Hohenpriesters — universalis pontifex — anmaßte, der römische
Bischof, Gregor I., um jeden, etwa nicht siegreich durchzuführenden
Rangstreit zu vermeiden, sich ausdrücklich als „Knecht der Knechte
Gottes“ bezeichnete und somit seine unabhängige Stellung behaup=
tete. Dagegen bleibt darauf hinzuweisen, daß die römische Kirche
in Folge der Völkerwanderung, während der Einfälle der Vandalen,
Hunnen und Franken in Italien, zeitweilig sich jeder politischen
Gewalt beraubt sieht. Damals schreibt Papst Gregor I., wie
Gfrörer berichtet: „Die Städte, die Dörfer Italiens sind zerstört,
die Saatfelder verwüstet, das Land ist in eine Einöde verwandelt,
die bäuerliche Bevölkerung verschwunden. Rom, die einstige Herrin
der Welt, sieht von tausendfachen Schmerzen niedergedrückt ihre
Bürger dahinsiechen, die Gebäude in Trümmer fallen und erduldet
täglich die Ungebühr der Feinde.“ Bloß durch die Ueberreste der
alten römischen Bildung, welche sie zugleich mit der neuen Lehre
unter die jungen Völker des Nordens verbreitet, vermag sie ihr
Ansehn wieder zu gewinnen und abermals zu befestigen; selbst äußere
Umstände leisten ihr dabei gute Dienste. So fordert im Jahre 501
Theodorus, Bischof zu Lorch an der Donau, vom Stuhle Petri
das Feiergewand. Symmachus, Pontifex zu Rom, antwortet ihm
darauf: „Das Tragen des kirchlichen Mantels, das du, wie sich's
geziemt, von unserm apostolischen Stuhle erbeten hast, gestatten
wir dir gern, um zu zeigen, daß du Erzbischof bist, und deine
Kirche zu Lorch die Würde einer Mutterkirche hat.“ Das Ueber=
gewicht der südeuropäischen Webereien über die Geschicklichkeit der
deutschen Frauen in Anfertigung von priesterlichen Gewändern
mochte das Ihrige dazu beitragen, daß sich die deutschen Geistlichen
damals bewogen fanden, dieselben von Rom kommen zu lassen.
Mit Berücksichtigung der dargelegten Umstände kann man es daher
auch verstehen, warum die römische Kirche, im Gegensatze zu der
griechischen, den ursprünglich kosmopolitischen Charakter des christ=
lichen Bekenntnisses aufrecht erhielt; wobei denn freilich noch zu
erwägen ist, daß die in einer nationalen Ausbildung begriffene

westgothische Kirche zu Toledo im Anfange des achten Jahrhunderts, wie gesagt, durch die Mauren beseitigt ward, und das mitteleuropäische Reichsleben, wie wir später sehen werden, bis zum Schlusse des fünfzehnten Jahrhunderts noch nicht zu abgesonderten, fest in sich gefügten nationalstaatlichen Gliederungen durchgedrungen war.

Ehe wir aber die Art und Weise verfolgen, in welcher die römische Kirche sich unter die neu entstehenden Ackerbaureiche von Nord- und Westeuropa einschiebt, haben wir ihrer ökonomischen Seite unsere Aufmerksamkeit zu widmen, so wenige Anhaltspunkte dazu die Ueberlieferungen auch darbieten. Als Ausgang dürfen wir dabei wohl nehmen, daß bei dem ausgebildeten Wirthschafts= leben innerhalb des thalattischen Ländergebiets die ökonomischen Bedürfnisse der jungen Religionsgemeinschaften durch freiwillige Beiträge der Mitglieder gedeckt worden sind. Zur Ernährung der in der Gemeinde Angestellten wie zur Unterhaltung der benöthigten Baulichkeiten lieferte jedes Mitglied nach Kräften Zuschüsse; nach= dem die anfängliche Gütergemeinschaft sich auf die Länge als un= haltbar herausgestellt hatte. Wie noch jetzt in den einzelnen prote= stantischen Ländern bei der Vorbereitung zum Abendmahle von den Communicirenden ein Opfergroschen für den Pfarrer auf den Altartisch gelegt wird, ward auch in den frühesten Tagen der Kirche bei Vollzug der allgemeinen religiösen Feierlichkeiten von den Be= kennern eine Gabe dargebracht. Die Erinnerung an die jüdischen Einrichtungen, denen zu Folge jeder Israelit eine Kopfsteuer an den Tempel zahlte, mochte dabei maßgebend seyn. Und der Ertrag ward dann nach dem Zeugnisse von Theodorus Lector in drei gleichen Theilen: dem Bischofe, dem Clerus und dem Kirchengebäude zugewiesen. „Der Bischof," bemerkt Gibbon, „war der natür= liche Rentmeister der Kirche, ihm waren ohne Berechnung und Gegenrechnung die Gemeindegelder anvertraut. Die Presbyter schränkten sich auf ihre Kirchenämter ein, und der mehr abhängige Diakonenstand beschäftigte sich bloß mit der Verwaltung und Aus= theilung der Kircheneinkünfte."

Eine Aenderung in diesem natürlichen Gange der Dinge mußte freilich in dem nämlichen Augenblicke eintreten, wo die Gliederung der christlichen Gesellschaftsverfassung in den Bau des römischen Staates eingefügt wurde. Denn der Kaiser sah sich dadurch selbstverständlich gezwungen, nach Art seiner übrigen Beamten auch seine Geistlichen nunmehr in finanziell geordneter Weise zu besolden. Die ursprünglich freiwilligen Gaben der Gemeindemitglieder setzten sich deßhalb fortan in pflichtschuldige Zuschüsse um. Moses hatte den Stamm Levi, dem er keine Ländereien zuwies, durch die Zehnten der übrigen Stämme unterhalten. Aus der alten römischen Naturalwirthschaft war gleichfalls die allgemeine Bezeichnung für Steuer, decimae, in die spätere Geldwirthschaft herübergenommen; so fand denn die christliche Geistlichkeit eben keine Hindernisse, sich mit kaiserlicher Bewilligung ebenfalls das Zehntrecht zuzusprechen. Und das früher erwähnte Verlegen des bischöflichen Sitzes in die Hauptstadt der jedesmaligen Provinz mag ohne Zweifel auch in Rücksicht auf die kirchlichen Verwaltungsangelegenheiten verfügt seyn. Außerdem verordnete Constantin noch ausdrücklich: „daß, wenn Jemand nach himmlischem Rathschlusse abscheide, er die Befugniß haben solle, der allerheiligen katholischen Kirche jeden beliebigen Theil von seinen Gütern zu vermachen.“ Auf solche Weise begann nun die Kirche zu Land und Reichthum zu gelangen; und wir sehen sie am Ausgange des vierten Jahrhunderts sowohl in Asien und auf der Balkanhalbinsel, als auch auf Sicilien und im mittleren und unteren Italien im Besitz von umfangreichen Ländereien, die hauptsächlich durch Schenkungen an sie gekommen waren. Nur muß man dabei unausgesetzt festhalten, daß ihre politische Organisation in Westrom bei weitem nicht so rasch zu der festen Fügung durchzubringen vermochte, deren sich die byzantinische Hierarchie seit Constantin's Regierung ungestört erfreute. Die christlich-religiöse Gesellschaftsverfassung im Abendlande befand sich ja nicht nur in der Behauptung ihres Bestandes während des Wirrwarrs der Völkerwanderungen und der daraus entspringenden Kriege, sondern auch bei ihrer Ausbreitung nach dem Norden hin auf einem politisch wie wirthschaftlich von dem oströmischen völlig verschiedenen Gebiete. Sie muß sich sogar in Italien, wo mit dem sinkenden Handel die feudale Gliederung wieder auftauchte,

hinsichtlich ihrer Formen dem Wesen des ausschließlichen Ackerbau=
thums anbequemen, welches ihr vollends auf den weiten, von dem
Seeleben nicht berührten Binnenreichen bei dem Vordringen nach
Norden ihre besondere Gestaltung zuweist.

Die Ausbreitung der christlichen Lehre in dem Ländergebiete
des mittelländischen Meeres war, wie wir hervorgehoben haben,
durch Sektenstiftungen bewerkstelligt worden. Die Apostel und
später ihre Schüler reisten umher und gründeten überall Gemein=
den, die sie dann unter einander in Zusammenhang zu brin=
gen suchten. Der leichte Verkehr in dem südlichen Europa kam
ihnen dabei vielfach zu Hülfe; auf dem Schiffe des Handels setzte
das Evangelium von Küste zu Küste über. In ganz anderer Weise
aber mußte es zu den rohen Horden des Nordens gebracht werden.
Zu ihnen trat die neue Religion zugleich in Begleitung der über=
legenen südlichen Kultur. Und wenn das Christenthum unter den
Völkern der alten Welt deßwegen so schnell Aufnahme fand, weil
sie mit ihrem nationalen auch ihren religiösen Inhalt ausgelebt
hatten; so gewann es in den europäischen Binnenreichen nicht min=
der leicht festen Fuß, da dort in den Wäldern des Rheins und der
Elbe, auf den Bergen Britanniens und Schottlands sich noch keine
geschlossene Nationalgruppen ihm entgegenstellten. Allein die christ=
lichen Lehrer konnten in diesen Gegenden nicht bloß den Samen
der neuen Botschaft niederlegen, die rohen Zustände derselben nöthig=
ten sie, daselbst sich in religiösen Colonien anzusiedeln, d. h. ge=
schlossene Orte (claustra), Klöster anzulegen, welche ihnen erst die
Möglichkeit des Lebens und Wirkens darboten.

Deßwegen hat denn auch das europäische Mönchsleben in seiner
Entstehung wie in seiner Entwicklung mit dem asiatischen wenig
oder nichts gemein. Der Mensch, von dem Zustande der ihn um=
gebenden Außenwelt angeekelt und zugleich an einer Besserung der=
selben verzweifelnd, liebt es, sich in sich selbst zurückzuziehen. Die
Anachoreten der Levante, welche bei dem Zusammenbruche der klas=
sischen Kultur auftreten, sind Erscheinungen, wie sie in jeder in
sich zerfallenden, schöpferisch unfähigen Zeit wiederkehren. Ihre
geschlechtliche Enthaltsamkeit ist dabei nur der natürliche Rückschlag

einer vorangegangenen grenzenlosen Ausschweifung; und daß später mehrere Einsiedler in Vorderasien sich zu einem gemeinschaftlichen beschaulichen Leben zusammenthaten, stellt ihre Klöster auch noch nicht den abendländischen Klöstern gleich. Denn die Ehelosigkeit der Priester in Europa setzte sich aus praktischen Gründen fest. Allerdings hatte schon der römische Bischof Siricius im Jahre 385 die Ansicht ausgesprochen, daß der Bischof, der Presbyter und Diakonus nicht heirathen dürfe. Dieselbe war indessen so wenig zu einem kirchlichen Gesetze geworden, daß noch 997 Gerbert bei seiner Einweihung in das Hauptbischofthum zu Rheims sagte: „Ich will die Ehe nicht verbieten und das Nehmen der zweiten Frau (nach dem Tode der ersten) nicht verdammen." Dagegen blieben die nach dem Norden ausziehenden Sendboten der Kirche thatsächlich unverheirathet, weil sie nur so die nöthige Beweglichkeit für ihre Zwecke sich bewahrten.

Den Grund zu dem abendländischen Klosterwesen legten zwei Männer, Martinus und Benediktus. Der erstere von beiden stiftete bei Tours in Gallien eine geschlossene Pflanzstätte des Christenthums, von welcher aus sich die Lehre in der Umgegend und namentlich durch Vermittlung des Schottländers Soiset auf den brittischen Inseln ausbreitete. Die eigentliche Arbeitstheilung innerhalb der Klöster aber gliederte 529 Benediktus in seiner berühmten Abtei bei Salerno auf dem Berge Cassino, deren Ordensregeln „über die Aufnahme neuer Mitglieder, über die Prüfungszeit, über geistliche Uebungen, Lesung erbaulicher Schriften, Tischordnung, Wachen und Schlafen, Handarbeiten, niedere Künste und über die Tugenden der Demuth, Schweigsamkeit und Unterwürfigkeit unter das Ansehn des Abtes" maßgebend für eine ganze Reihe von ähnlichen Stiftungen im Abendlande geworden sind. Bei den Benediktinern wie bei den Schottenklöstern bildete indessen die wirthschaftliche Thätigkeit der Geistlichen die Grundlage der Existenz für die Ansiedlungen. „Die Bewohner des Walesischen Klosters Bangor," schreibt Hüllmann (Ursprünge der Kirchenverfassung), „waren in sieben Abtheilungen gesondert, jede von dreihundert Personen, sämmtlich Kunstarbeiter und Handwerker; und in einem irischen Kloster ernährten sich dreitausend Mönche von ihrer Hände Arbeit.

Durch solche Gewerbsamkeit haben die Mönche des früheren Mittelalters zu dem Stande der freien Handwerker die Bahn gebrochen
und damit die Entwicklung des Bürgerstandes vorbereitet." Doch
dürfen wir diese ihre Bedeutung für das europäische Gesellschafts-
leben hier noch nicht ausführlich hervorheben. Nur soweit die
Klöster der nachrückenden Kirche und ihrer dem Süden entnommenen nunmehrigen bischöflichen Verfassung ·den Boden unter den
Heiden ebnen, kommen sie anfänglich in Betracht; aus welcher
Stellung denn auch von selber folgt, daß in der ersten Zeit die
in einem Sprengel befindlichen Mönchsvereine sammt ihren Aebten
nach hergestellter kirchlichen Gliederung ohne Weiteres unter die
religiös-disciplinarische — noch nicht politisch-richter-
liche — Botmäßigkeit des jeweiligen Bischofs fallen. Welchen
Schicksalen die Ausbreitung des Christenthums im mittleren und
nördlichen Europa unterliegt, wie Gregor, der Große, durch in Rom
losgekaufte angelsächsische Gefangene in Britannien das Evangelium
predigen läßt, und besondere Schulen der Sachsen, Friesen und
Franken zur Ausbildung von Missionären am Tiber einrichtet; wie
schon König Offa auf der brittischen Insel zur Ernährung der
Geistlichen den Peterspfennig einführt, und nach den verheerenden
Kriegen scandinavischer Seeräuber in Schottland und Irland von
dort die Schottenväter nach Deutschland übersiedeln, verfällt der
speciellen Geschichtsschreibung. Die merovingischen Könige fanden,
wie Waitz (deutsche Verfassungsgeschichte) bemerkt, in den römischen
Theilen von Gallien bei ihrem Auftreten bereits eine ausgebildete
kirchliche Gliederung vor. „Selbst in den Moselgegenden waren
Bischofssitze, deren Inhaber eine nicht unbedeutende Stellung einnahmen. In dem mittleren und südlichen Gallien waren sie durch
Reichthum und persönliches Ansehn ausgezeichnet und hatten zuletzt
in Zeiten des sinkenden Römerreiches eine große Macht in ihren
Städten zu erlangen gewußt." Deßwegen konnte dann Chlodewech
die Kirchenverfassung vielfach zur Stütze seines ganzen Reiches verwenden, wie sich die römische Geistlichkeit ihrerseits gern an die königs-
liche Macht lehnte, vermittelst welcher sie zugleich Gelegenheit fand,
den westgothischen Arianismus im südlichen Gallien zu unterdrücken.

Kirche und Reich wuchsen auch bei den Franken auf byzantinische Weise vielfach in einander; da die Könige die Wahl der Bischöfe in der Hand hatten, und ohne ihre Genehmigung keine Streitsache nach Rom gebracht werden durfte. Im Uebrigen erhielten die Bischöfe im Frankenlande, wie Spittler anführt, „nicht nur Zutritt bei den großen Nationalconventen, sondern sogar das erste Stimmrecht in denselben. Und selbst bei der Revision der salischen und ripuarischen Gesetze, die ungefähr hundert Jahre nach Chlodewech vorgenommen worden, hatten vorzüglich auch sie ihren Antheil."

Vor der Aufnahme des christlichen Bekenntnisses als Reichsreligion in dem Gebiete der Merovinger mochte die Unterhaltung der Geistlichkeit und die Bestreitung der sonstigen Kirchenbedürfnisse, wie in Italien, so auch in Gallien und Germanien durch freiwillige Spenden der Gemeinden und Ueberweisung von Aeckern bewerkstelligt seyn. Inwiefern jedoch in den nordwestlichen Gegenden des Abendlandes, so weit römisches Leben und die Geldwirthschaft reichte, sich auch die oben berührten südlichen Einrichtungen der Kirchenverwaltung durchgerungen haben, läßt sich bei dem Mangel an sicheren Anhaltspunkten geschichtlich nicht klar feststellen. Wir finden bloß in den sogenannten „Constitutionen der Apostel," die bekanntlich aller Wahrscheinlichkeit nach aus einer arianischen Quelle herrühren, die Thatsache aufgeführt, daß in Spanien unter den Westgothen mit den anderweitigen Ueberkommnissen aus der römischen Vergangenheit auch die Zehnten für die Priester beibehalten und zwar, gerade wie die übrigen Steuern, als eine Pflichtzahlung eingefordert wurden. Nach der Bekehrung Chlodewech's dagegen treten in Gallien die hier einschlagenden Verhältnisse schärfer begrenzt hervor. Denn der König, welcher sich der Geistlichen fortan als königlicher Beamten für seine Zwecke bediente, sah sich deßhalb auch gezwungen, sie in derselben Weise wie seine übrigen Diener zu ernähren; und dieses konnte, den wirthschaftlichen Zuständen der Zeit gemäß, am leichtesten dadurch geschehen, daß er ihnen Land und Leute überwies, d. h. sie belehnte. Zwar hielten die Franken in Gallien, wie die Westgothen in Spanien, gleichfalls noch die römischen Steuern aufrecht, so daß bei ihnen stellenweise eine förmliche Besoldung der kirchlichen Diener eingerichtet seyn mochte; wonach es den Anschein gewinnen kann, als hätten die Katholiken nach dem Beispiele der Arianer den Zehnten auch bei sich einge= führt. Allein mit dem Verfall des Welthandels auf dem mittel= ländischen Meere und seiner Verzweigungen in den nördlichen Binnen= reichen mußte selbst in Gallien das ausschließliche Ackerbauthum mit seiner Schwerfälligkeit und seinen feudalen Formen sich bald wieder geltend machen, welches in den deutschen Gebieten des merovingischen Reiches ja ohnedieß noch völlig in seiner unberührten Ursprünglichkeit vorherrschte.

Darum erblicken wir denn im sechsten Jahrhunderte die Geist= lichen überall in den mittleren Gegenden Europas, so weit der Arm der Merovinger reichte, auf ihren Lehnsgütern sitzen. Sie sind in die feudale Gliederung des Reiches eingetreten; bei den Franken stehen Bischöfe und königliche Leute zusammen als geistliche und weltliche Großen da. Und wie die Bischöfe zunächst als Va= sallen der Könige ihre Stellung einnehmen, so behalten auch ihre Höfe, als ursprüngliche Domänen, im Anfange die fiskalische Eigen= schaft bei. Sie sind Beneficien im Obereigenthum des Königs, dem als „Senior der Prälaten" von den kirchlichen Ländereien die feu= dalen Abgaben, das pascuarium, zu zahlen waren. Der Namen rührt wohl daher, daß der von den Prälaten jährlich an den Reichslehnhof abzuführende Lehnscanon hauptsächlich in einer An= zahl von Pferden bestand. Als Lehnsleute sind daher die geistlichen Herren dem Könige auch, wie die Ministerialen, zu Hof = und Kriegsdiensten verpflichtet. Bis ins neunte Jahrhundert zählt die Geschichte mehrere Bischöfe auf, welche mit dem Schwerte in der Hand umkamen. Und erst von jener Zeit an haben sie selber, auf ausdrücklichen Befehl der Könige wie des Papstes, sich vom Heer= dienste fern gehalten; nur ihre weltlichen Hinterfassen mußten den= selben bei 60 Solidi Strafe leisten. Seitdem schwuren Bischöfe und Aebte auch nicht mehr knieend das Mannschaftsgelöbniß (hom= magium), sondern stehend auf das Evangelium bloß den Eid der Treue (fidelitas).

So breiteten sich zugleich mit den Amtsbezirken der Herzöge

und Grafen die kirchlichen Sprengel über das Reich aus. Eine besondere Klasse von Geistlichen entstand aber noch dadurch, daß die Könige vielfach auf ihren Pfalzen für sich Kirchen, sacella regis, erbauten. Am berühmtesten unter denselben war die Marien= kirche zu Aachen, von Karl, dem Großen, angelegt und „mit goldenen und silbernen Gefäßen, mit ehernen Gittern und Thoren, mit Marmorsäulen aus Italien geschmückt, mit Blei gedeckt, ein Wunder der Baukunst jener Zeit." Diese Kirchen auf den Pfalzen erhielten bald den Namen Kapellen, weil sie zur Aufbewahrung von Reliquien dienten, unter denen das Gewand (cappa) des heiligen Martin von Tours in so hohem Ansehn war, daß es zur Sanktion feierlicher Eide benutzt und in Feldzügen voran getragen ward. Die Geistlichen der Hofkirchen standen dann als Kapläne unter dem Oberkaplan, der den königlichen Kirchenrath (apocrisiarius) der Provinz bildete, und welcher den König in den kirchlichen Dingen vertrat, wie der Graf in weltlichen Angelegenheiten.

Schon mehrfach ist im Laufe dieser Darstellungen darauf hin= gedeutet worden, daß die Geistlichen den rohen Völkern des Nor= dens die Kenntniß von den politischen Einrichtungen der alten Welt übermittelten. Sie waren auch die Einzigen, welche sich auf die Schreibkunst verstanden. Deßhalb wurden sie denn sehr frühe in unmittelbarer Nähe des Königs zu Staatsgeschäften verwendet. Bischöfe, Aebte oder auch einfache Mönche dienten vielfach als könig= liche Privatsekretäre; und da sie bei ihrer Arbeit ebenfalls wohl, wie die unteren Gerichtspersonen der Römer, in einem von dem übrigen Saale abgetrennten Raume (cancella) saßen, so führten sie den Na= men Kanzler. Neben der Ausfertigung der königlichen Verordnungen und der Verkündigung der Gesetze blieb ihnen aber auch die Aufbe= wahrung der öffentlichen Dokumente anvertraut. Die königlichen Ka= pellen waren indessen in jener Zeit fast die einzigen Steingebäude und bildeten außerdem umfriedete Gebiete; deßhalb wurden sie in der Regel neben ihrer kirchlichen Bestimmung zur Bergung jener Akten= stücke benützt. Das englische Domesday-book, Gotteshausbuch (do- mus dei), ward deßhalb so benannt, weil es in der Kapelle von Winchester verwahrt lag. Auf solche Weise vereinigte sich oft das

Amt des Oberkaplans mit dem Amte des Kanzlers. Später unter
der sinkenden Macht der Könige hob sich dann, wie nach griechi=
schem Vorbilde über die Bischöfe der Erzbischof emporstieg, über die
Oberkaplane der sämmtlichen Pfalzen ein Erzkaplan und über die
Oberkanzler ein Erzkanzler, der als erster Minister allmählig Groß=
siegelbewahrer ward.

An und für sich sind demnach die Geistlichen in den jungen
Ackerbaureichen des Nordens nur kirchliche Beamte. Sie bleiben in
weltlichen Dingen den königlichen Grafen und Voigten untergeord=
net. Allein da sie immer mehr Landeigenthum bei ihren Stellen
ansammelten, so fielen ihnen bei der Verwaltung derselben auch
nach und nach die politischen Lehnsrechte zu. Dieser Proceß leitete
sich bereits unter den späteren Merovingern ein, indem die Geist=
lichkeit, welche schon im Codex Theodosianus von den gemeinen
Frohnden zu Weg= und Brückenausbesserung freigesprochen war,
nun ihrerseits auch das Recht der Zehnterhebung zu erwerben wußte,
das bis dahin nur dem Könige zugestanden hatte. Im Jahre 560
war nämlich von Chlotar I. diese Steuer, so weit sie ihm zufiel,
den Kirchengütern erlassen worden, so daß die in dem Sprengel
liegenden Klöster und die auf den geistlichen Höfen hausenden
Bauern außer einer bestimmten Lieferung an Wachs für die Kirchen=
lichter auch den zehnten Theil ihrer Ernte an den Bischof abgeben
mußten. Gestützt auf eine solche rechtliche Grundlage, ermahnte jedoch
die Geistlichkeit schon sieben Jahre später auf der Kirchenversamm=
lung zu Tours die Unterthanen im Allgemeinen zur Zehntzahlung,
damit für den erlösten Ertrag „die christlichen Gefangenen losge=
kauft werden könnten." Ja, 585 wagten es dann die burgun=
dischen Bischöfe auf ihrem Concil zu Macon bereits, die Nicht=
zahlenden sogar zu excommuniciren. In Deutschland dagegen,
wo vor Pipin's Herrschaft die Schottenväter bloß einen mehr frei=
willig geleisteten Kirchenschatz erhoben hatten, richtete sich der
geistliche Zehnte erst 779 auf eine ausdrückliche Verordnung Karl's,
des Großen, ein, die noch obendrein 794 wegen des geringen An=
klanges, den sie fand, mit dem Zusatze wiederholt werden mußte,
daß bei säumiger Zahlung „der Teufel die Aehren aushöhle,"

obschon sie sogar auf die Einkünfte der königlichen Kammer aus=
gedehnt worden war. Es versteht sich von selbst, daß bei dem vor=
herrschenden Ackerbauthume der Zeit, der Zehnte zunächst von
den Ergebnissen des Feld= und Gartenbaus und der Viehzucht
erhoben und somit der Sache nach eine Grundsteuer wurde. Mit
dem entstehenden Verkehre legt er sich jedoch auch auf die in
Gewerbe und Handlung gemachten Gewinnste, ferner auf die Ren=
ten, Gülten, Bußen und Strafgelder, welche von den Beamten
erhoben wurden, und heißt, wo er als Geld erscheint: Zehntlohn.
Karl, der Große, hatte ursprünglich nach einer Verordnung des
Papstes Gelasius befohlen, daß von dem einkommenden Zehnten ein
Viertheil für die Nahrung des Bischofs und die andern drei Theile
für die übrigen Geistlichen, für die Verpflegung der Armen und
für den Kirchenbau verwendet werden sollten. Die Gründe übri=
gens, welche den Kaiser bestimmen mochten, seine eigenen Domänen
zu Gunsten der Kirche zu belasten, obgleich er sonst gegen die
Machtvergrößerung der Priester so kräftig ankämpfte, sind vielleicht
darin zu suchen, daß er die Geistlichen auf sonstige Weise er=
nähren mußte, wenn er bei seinen Anleihen ihre Güter verpfändet
hatte. So oft er nämlich Geld aufzunehmen gezwungen war, gab
er dafür seinen Gläubigern ein Kirchengut in eine Art Nießbrauch
auf Lebenszeit, wofür dieselben von jedem darauf ruhenden Hause
anfangs 1 Pfennig, seit 779 aber nur von 50 Häusern 1 Schilling,
von 30 einen halben und von 20 Häusern einen drittel Schilling
an die Kirche jährlich zahlen mußten. Die Geistlichkeit fand indessen
Mittel genug, um immer wieder zu neuen Ländereien zu gelangen.
Und wie sie auf dem oben bezeichneten Wege nicht nur ihrerseits
zu der eigenen Steuerfreiheit, sondern selbst zu einem allgemeinen
Besteuerungsrecht vorzudringen weiß, so versteht sie es in ganz
gleicher Art, zuerst sich selber der Gerichtsbarkeit der königlichen
Beamten zu entziehen, und dann ihrerseits auf ihren Territorien
das Richteramt an sich zu bringen. Das Beispiel, welches die
Merovinger für einige bevorzugte Sprengel gegeben hatten, indem
sie denselben den eigenen Bann (Immunitas ab introitu judicum
publicorum) verliehen, geht nicht verloren. Es bildet fortan das

Ziel, nach welchem eine jede bischöfliche Macht zu streben beginnt. Und wenn auch die geordnete Zusammenfassung des Reiches unter der gewaltigen Hand Karl's, des Großen, diesen Proceß eine Zeit lang unterbricht, so leistet ihm die Schwäche der Nachfolger wieder jeden nur möglichen Vorschub. Gerade die Verordnung des Kaisers, „daß Bischöfe und Aebte zur Besorgung aller weltlichen Geschäfte, welche eine Folge des Grundbesitzes der geistlichen Stifte waren, Voigte aus dem Laienstande anstellen mußten," machte sie nachher, gleich den Grafen und Herzögen, zu kleinen Gaukönigen. Unter den späteren Karolingern ist schon die Sonderstellung der kirchlichen Gliederung innerhalb der nordischen Länder klar genug ausgesprochen. Auf dem Boden ihrer Gerechtsamen standen die geistlichen Herren dem weltlichen Adel völlig gleich. Walafridus Strabo vergleicht daher geradezu die Metropolitanen mit den Herzögen, die Bischöfe mit den Grafen und die Parochen mit den Voigten; wie sie denn ebenfalls durch die gleichen Wärgelder geschützt sind. Deßhalb werden auch schon früh einige Bischöfe und bedeutendere Aebte als Besitzer von größeren Beneficialgütern (St. Denys, St. Gallen, Fulda, Corvey) zu den Reichsversammlungen gezogen. Welche Ausdehnung nämlich die Kirche ihrem Grundbesitze zu geben verstand, geht daraus hervor, daß ihr in Gallien bereits gegen das Ende des siebenten Jahrhunderts fast der dritte Theil aller Ländereien gehörte. So erwarb das Kloster Wandeille, welches unter den Merovingern gestiftet wurde, in kaum hundert Jahren über 7000 Höfe, und Fulda stand gar auf einem Bodenreichthum von 15,000 Hufen. Die kleinern Grundbesitzer nahmen gern ihre Aecker von den schützenden Kirchen zu Lehn, oder es ließen sich Neuteleute als Colonisten auf unbebautem Kirchengut nieder.

Hatten nun auch die früheren kräftigen Merovinger die kirchlichen Angelegenheiten ihres Reiches fest in der königlichen Hand gehalten, so mußte die unter den schwächeren Nachfolgern vor sich gehende Ausbildung der Geistlichkeit zu einem agrarischen Stande, zum Adel, nothwendigerweise die Kirche allmählig dem Reiche als selbstständig gegenüberstellen. Während nämlich der weltliche Adel seinen politischen Einigungspunkt in dem Könige findet, laufen von den einzelnen Geistlichen die hierarchischen Linien in Rom zusammen. In Byzanz fiel, wie wir gesehen haben, Staat und Kirche in eins; im westlichen Europa hat dagegen das weltliche wie das geistliche Schwert jedes seinen eigenen, sogar örtlich verschiedenen Stützpunkt. Denn Roms gewaltige Kulturvergangenheit, die trotz aller politischen Wirren in Italien stets von Neuem aus den Trümmern emporwuchs, beraubte die nordischen Herrscher der Möglichkeit, nach dem Muster der griechischen Kaiser, sich selbst dauernd zum Oberhaupte der Kirche zu machen; obgleich sie es ja waren, welche dem Bischofe am Tiber seine weltliche Macht ursprünglich verliehen. Ehe nämlich Pipin sich die fränkische Krone aufgesetzt hatte, war der Stuhl Petri Jahrhunderte lang in schlimmer Bedrängniß gewesen. In Oberitalien bestand das longobardische Reich und an der Ostküste behauptete Byzanz noch sein Exarchat. Unter solchen Umständen war dem Statthalter Christi auf Erden eben keine Gelegenheit zur Begründung einer weltlichen Herrschaft geboten. Wie sehr sich auch immer der kirchliche Grundbesitz in Gallien, Italien, auf den Inseln Korsika, Sardinien, Sicilien, in Illyrien, Dalmatien und an der Nordküste von Afrika durch die Gaben vergrößert hatte, mit denen reiche Leute sich ihr Seelenheil erkauften; zu einer politischen Souveränetät vermochte das Patrimonium Petri es noch nicht zu bringen. Im Gegentheile, Rom stand unter dem Schutze und der Regierung des byzantinischen, zu Ravenna residirenden Exarchen, der deßwegen auch den Titel Patricius Romanus führte. Und als dann gar diese von Jovius und Narses gegründete oströmische Provinz dem Andrängen der Longobarden unter König Aistulf erliegen wollte, drohte auch dem Bischofe von Rom die schwerste Gefahr. In solcher Noth sandte nun Papst Stephan die dringendsten Bitten um Hülfe an den neuen Herrscher der Franken, denen zu willfahren Pipin denn auch nicht säumte. Nachdem derselbe die Longobarden besiegt hatte und darauf seinerseits als Patricius Roms zum Schutzherrn der Kirche gesalbt war, übergab er dem Papste gewisse landesherrliche Rechte, wie die Steuererhebung und die niedrige peinliche und bürgerliche Gerichtsbarkeit, in dem ehemaligen Verwaltungskreise der Exarchen. Das Bisthum zu Rom erhält dadurch neben einer festen Nahrungsquelle zugleich eine freiere politische Stellung, in welcher fortan sein Metropolitan unter den Ackerbaufürsten des Nordens als ein ebenfalls mit Land und Leuten begüterter Herrscher auftreten kann. Wie Jahrhunderte später auf dem Concilium zu Basel ein Redner sagte: „Ehedem war ich der Meinung, es würde wohlgethan seyn, die weltliche Macht ganz von der geistlichen zu trennen; jetzt aber habe ich gelernt, daß Tugend ohne Macht lächerlich ist, daß der römische Papst ohne das Erbgut der Kirche nur einen Knecht der Könige und Fürsten vorstellt." Verband sich nun mit solcher äußerlichen Macht noch vollends die höchste geistliche Gerichtsbarkeit, so war die Tiara in Rom zu einer Stufe emporgestiegen, auf welcher sie bald sehr bedenkliche Fragen selbst an die neue Kaiserkrone zu richten im Stande war. Im oströmischen Reiche mochte es immerhin ohne Gefahr für die gesammte politische Verfassung seyn, daß, wie der Cod. Theod. LXVI tit. 12 de Episc. Ind. und Just. Nov. 83 c. 1 es verordnet, in kirchlichen und Disciplinarsachen der Clerus dem Bischofe unterthan war, und die Bischöfe wieder unter dem Metropolitan standen — der festgegliederte Staat hatte dort die Kirche jeden Augenblick in seiner sichern Hand. Wenn jedoch Karl, der Große, bei Roms thatsächlicher kulturlichen Ueberlegenheit obendrein festsetzte: „daß alle größeren Angelegenheiten nach den Bestimmungen der heiligen Synode und einer löblichen Gewohnheit gemäß an den apostolischen Stuhl zu bringen seyen;" und wenn Ludwig, der Fromme, gar befahl: „der ganze Stand der Geistlichen habe nach römischem Rechte zu leben," so bedurfte es in der Folge nur eines Hildebrand, um auf solcher Grundlage die päpstliche Monarchie aufzubauen.

Die beiden Schwerter Gottes auf Erden.

Der besonderen Geschichte von Deutschland und Frankreich ist es zuzuweisen, daß sie das erste Abscheiden dieser beiden Länder aus dem bisherigen gemeinschaftlichen feudal-politischen Verbande unter einem und demselben Herrscher darstellt. Nach dem Tode Ludwigs, des Frommen, mußte erst die mörderische Bruderschlacht bei Fontenay geschlagen werden, ehe die Söhne des genannten Kaisers im Vertrage zu Verdün das Reich friedlich unter sich theilten. Ludwig, der Deutsche, erhielt die Länder östlich vom Rheine nebst Worms, Speier, Mainz und einem Theile der Pfalz; Karl, der Kahle, Frankreich im Westen der Rhone, Saone, Maas und Schelde; Lothar, als der Aelteste, die Kaiserwürde, Italien und Lothringen zwischen Alpen und Nordsee; und endlich Pipin, der Enkel Ludwigs, des Frommen, Aquitanien. Ebenso liegt es uns hier fern, selbst nur übersichtlich die äußeren Umstände zu verfolgen, in denen diesseits des Rheines, nach dem Ende der Karolinger, die Herrschaft der sächsischen Kaiser wurzelt, durch welchartige Verhältnisse ferner jenseits der Maas, mit dem Verfalle der bisherigen Fürstenlinie die mächtigen Robertiner, Herzöge von Neustrien, Burgund und Francien in der Person Hugo Kapet's 987 auf den französischen Thron gelangten, und wie an der Nordküste seit 896 die Normannen unter Rolf sich festsetzten. Es ist nur hervorzuheben, daß bei dem naturgemäßen Auseinanderfallen von Karls, des Großen, ungeheurem Ackerbaureiche das Amt der Schutzherrlichkeit über Rom seit

Karl, dem Dicken, schließlich bei den deutschen Königen verblieb, und ihnen das Herüberziehen der römischen Vergangenheit in die Gegenwart mit dem Kaisertitel zugleich eine Art eingebildeter Ober= lehnsherrlichkeit über Frankreich und die östlichen Außenländer zu= legte. Bernhardi (Geschichte des Wappenwesens, in der Tübinger Vierteljahrschrift) bemerkt: „Als weltliches Oberhaupt der Christen= heit wurde der römische König gedacht. Diese Anschauung, sollte man denken, mußte zu allererst auf den Begriff eines Oberhauptes ver= einter Völker zurückführen. Aber schon die römischen Juristen der Kaiserzeit hatten im Gegentheil eine gewissermaßen entgegengesetzte Vorstellung zur Grundlage der bestehenden Ordnung gemacht, und der Kaiser, der schon seit Diocletian ein numen, eine Gottheit, war, und seltsamerweise auch als Christ ohne alle Veränderung fortfuhr, das zu seyn, auch in der wissenschaftlichen Behand= lung des Rechtes und in allen gesellschaftlichen Verhältnissen als Herrn des Reiches und von Rechtswegen der gesammten Christen= heit betrachtet. Es ist bekannt, wie gerade die Vorstellungen und Lehren, die in gar seltsamer Verbindung mit dem Christenthume von der Römerwelt auf die sogenannten Barbaren übergingen, nicht wenig dazu beitrugen, Verhältnisse auszubilden, die den Deutschen der Urzeit vollkommen fremd waren. So wurde denn auch der Adler des Römerreiches, als deutsche Fürsten die Kaiserwürde erlangten, persönliches Wappen des Kaisers. Dessen Hauptwappen ruhte auf der Brust des Adlers, und dieser, der Weltherrschaft bedeuten sollte, wurde ein Anhang dazu." Zwar forderte der griechische Kaiser Basilius I. im Jahre 871, daß Ludwig den Titel Imperator Au= gustus aufgeben sollte, weil derselbe nur dem Herrscher von Byzanz zukomme; allein er drang damit nicht durch. Die europäischen Könige waren die Oberlehnsherren ihrer großen Vasallen; und dem deutschen Kaiser stand wiederum, wenigstens der allgemeinen Vor= stellung nach, eine Oberherrlichkeit über die Könige zu. Im Uebrigen konnten die französischen Herrscher in ihren Gebieten kaum anders die Zügel führen, als die Kaiser in Deutschland. Auch sie sind, wenigstens hinsichtlich der äußern Form, noch Wahlkönige, primus inter pares. Soweit ist der alte Kriegsursprung des Thrones noch in dem Gedächtnisse des Volkes bewahrt, wenn schon die Krone selbst mit der vererbten Stammmacht thatsächlich in Frankreich stets vom Vater auf den Sohn oder den nächsten Verwandten übergeht. Hugo Kapet war noch genöthigt, den vierzig weltlichen Großen, die mit ihm den Boden des Landes besaßen, Gerechtsame zuzugestehen, welche sich wenig von seinen eigenen unterschieden. Bloß dadurch hob sich die Stellung des Königthums in Frankreich mehr empor, daß einige Könige sehr lange regierten, und die Geistlichkeit bei ihnen Schutz gegen die Uebergriffe der Herzöge und Grafen suchten. Erst mit dem Abschlusse des dreizehnten Jahrhunderts übrigens verschwindet die bis dahin, zum mindesten noch äußerlich, festgehaltene Wahl des französischen Königthums, und die ihrer selbst bewußte Krone sucht ihre Rechtsbasis fortan einzig in der „Gnade Gottes." Auch die französischen Könige sind zu dieser Zeit, eben so wenig wie die deutschen, noch nicht zu einem festen Herrschersitze gelangt. Sie zogen noch vielfach umher; die starren Ackerbauverhältnisse machten es unmöglich, das Reich von einem Mittelpunkte aus zu verwalten. Und auch in Frankreich setzte sich der alte Heerbann sammt dem königlichen Beamtensysteme nach und nach wieder in die feudale Gliederung um. Die Herzöge und Grafen wurden entweder selber auf's neue mehr oder weniger unabhängige Ackerbaufürsten, oder traten als Dienstmannen bei den Letzteren ein. Die ursprünglich fünffache Abstufung der Kriegsverfassung:

1) Edle Wehren, nobiles domini, in allodio suo tranquille viventes, seniores, Dynasten, die ihre einmal erlangten Heerbannshauptschaften vererbt haben mögen, und als Officiere auszogen;

2) Gemeine Wehren, ingenui, milites agrarii, ächte Eigenthümer eines Wehrguts, die als Gemeine dienten;

3) Lehnsmänner der Könige;

4) Lehnsleute der großen Grundholden, und

5) Gemeine Reisige, die aus der Reihe der Knechte von den Grundbesitzern mit der Kriegshufe belehnt waren,

ist dadurch inzwischen diesseits wie jenseits des Rheins siebenfach geworden; die ehemaligen Abtheilungen haben andere Bezeichnungen

bekommen, und die Rangunterscheidung der verschiedenen Grundbesitzer zeigt sich völlig verändert. Stengel (Geschichte Deutschlands
unter den fränkischen Kaisern) faßt die nunmehrige Gliederung in
folgender Weise zusammen: „Den ersten Heerschild hebt der König,
den zweiten die geistlichen Fürsten, weil sie nur des Königs Dienstmannen sind; den dritten die weltlichen Fürsten, weil sie der Bischöfe Lehnsleute sind oder seyn können; den vierten die Grafen
und die freien Herren als Dienstleute der Fürsten, denen sie ihrem
Geburtsstande nach gleich sind. Diese vier Heerschilde machen den
hohen Adel aus; den fünften halten die Mittelfreien, welche ihrer
Geburt nach nicht zum hohen Adel gehören, aber Freie zu Mannen
haben können; den sechsten die Vasallen der Mittelfreien oder die
gemeine Ritterschaft, welche keine Mannen haben und den siebenten
jeder Freie, das heißt, wer nicht eigen und ein eheliches Kind ist."
Schon Konrad II. hatte die kleineren Soldatenlehen erblich gemacht
und angeordnet, daß von zehn Höfen Reichslehngut ein Ritter und
zwei Knechte, von fünf Höfen ein Ritter und ein Knecht gestellt
werden mußten. Unter dem siebenten Heerschilde zählte dann auch
wohl das beginnende Bürgerthum mit. Dem Namen nach gipfelte
allerdings der gesammte Reichsverband in dem Könige. Er verlieh
in Deutschland wie in Frankreich alle Reichsämter und bildete als
Spitze des Fürstengerichts den obersten Richter. Allein eine byzantinische Gestaltung, obgleich einzelne Könige ihr bereits damals
zustrebten, konnte schon deßwegen aus dem ganzen Organismus
nicht gemacht werden, weil die Schwerfälligkeit der reinen Ackerbauzeiten dem Oberherrn gar nicht die Mittel darbot, seinen Willen
überall durchzusetzen. Außerdem aber fehlte ihm die höchste Reli-
gionsgewalt, welche den oströmischen Herrschern zur Verfügung stand.
Denn abgesehen davon, daß die oberen Geistlichen in beiden Ländern sich auf ihren Lehnsgütern zu mehr oder weniger unabhängigen Sonderfürsten zu erheben strebten, mithin denselben Zug der
Herzöge und Grafen innehielten, liefen die hierarchischen Linien ja in
Rom zusammen. Daher dachte denn auch Otto III. daran, den Sitz
der kaiserlichen Herrschaft wieder an den Tiber zu verlegen; d. h. das
Centrum des weltlichen und des geistlichen Regiments zu vereinen.

Man hat sich jedoch bis zu den Tagen Hildebrand's den Bau
der römischen Kirche nicht etwa fester gefügt vorzustellen, als es
der Reichsbau in dem gleichen Zeitraume seyn konnte. Mochte
immerhin der Papst vom Könige Pipin das Exarchat zu Lehn erhalten, und Leo III. sich unter Karl, dem Großen, im Jahre 800
ganz von der byzantinischen Kaisermacht losgesagt haben; mochte
ferner die römische Priestergewandtheit auf jede mögliche Art Besitz
und Gewalt der Kirche auszudehnen suchen, so war doch der Stuhl
Petri bei der nach dem Verfall des Handels auch in Italien sich
überall einrichtenden feudalen Baronenaristokratie stellenweise nicht
einmal im Stande, die Herrschaft im eigenen Hause zu behaupten.
Ob das bekannte Testament Karl's, des Großen, welches zwei Drittheile der königlichen Habe, in 21 Parzellen getheilt, den 21 Erz-
bisthümern des Reiches zum Geschenk macht, von der Geistlichkeit
wirklich untergeschoben ist, lassen wir dahin gestellt seyn. Am
späten Abend seines Lebens war der Kaiser der kräftige Mann
nicht mehr, welcher im Jahre 800, als ihn zu Rom am Weihnachts-
tage der Papst mit der Krönung überraschte, nach Eginhard's Zeugniß äußerte, „hätte er die Absicht des Bischofs gekannt, er wäre
trotz des hohen Festes nicht in die Kirche gegangen." Denn thatsächlich war dessenungeachtet die päpstliche Macht der königlichen
noch zu ungleich. Die deutschen Kaiser sahen sich mehreremale
genöthigt, den wankend gewordenen Kirchenthron jenseits der Berge
wieder zu befestigen. Und wenn die Synode von Mainz im Jahre
813 den Kaiser als das Haupt der Kirche mit dem Bestätigungs-
rechte in allen Beschlüssen und Angelegenheiten derselben hinstellte,
wenn demgemäß Otto I., bei seiner Krönung, mit dem geistlichen
Ornate als Zeichen seiner höchsten kirchlichen Gewalt geziert war,
so sicherte unter solchen Umständen dem Oberhaupte des deutschen
Reiches seine kriegerische Ueberlegenheit vollends ein unmittelbar
sich ergebendes Souveränetätsverhältniß zu den römischen Bischöfen;
obschon dieselben in glücklicheren Zeiten die Hülfeleistungen der
Kaiser in Italien gern vergaßen. Bis zu dem Grade war ja
zuweilen der höchste christliche Würdenträger im westlichen Europa
aller weltlichen Mittel entblößt, daß, als der Bischof Bruno von

Toul durch den Kaiser Heinrich III. unter dem Namen Leo IX.
zum Papste eingesetzt ward, sich gar keine Einkünfte für ihn vor=
fanden, und der in Rom Neuangekommene seine mitgebrachten
Kleider verpfänden mußte, um sich wenigstens Nahrung zu kaufen.
Er wollte gerade als Bettler in sein Vaterland zurückkehren, als
ihm die Beneventer Geschenke sandten. Erst nachdem Papst Niko=
laus II. die Normannen aus Sicilien und Süditalien gegen seine
aufrührerischen Barone zu Hülfe gerufen und 1061 ihren Anführer
Robert Guiscard mit Anerkennung seiner Eroberungen als Herzog
von Apulien und Calabrien belehnt hatte, gewann er in der kriegs=
gerüsteten Schaar jener Fremdlinge, welche ihrerseits das eroberte
Besitzthum bereitwillig durch das päpstliche Ansehn deckten, eine
Gefolgschaft, wie sie zur Befestigung seiner Sonderherrschaft noth=
wendig war. Als die Normannen im Anfange des eilften Jahr=
hunderts zuerst mit Süditalien bekannt wurden, gab es daselbst
noch mehrere Provinzen unter byzantinischer Herrschaft, regiert von
einem Generalstatthalter (Katapan). Selbst die Freistaaten Neapel,
Gaëta und Amalfi erkannten, zum mindesten dem Namen nach,
die Oberherrschaft des griechischen Kaisers an; und Sicilien lag in
den Händen der Sarazenen. Zuerst halfen nun die nordischen
Schaaren dem ihnen als Warägern wohlbekannten byzantinischen
Hofe zur Beseitigung der arabischen Herrschaft in Unteritalien mit
und griffen dann die Mohamedaner auf Sicilien an. Bereits 1019
erhielten sie daher vom Herzoge Sergius von Neapel wegen ihrer
Dienste gegen Pandulph von Capua ein Stück Land zwischen Neapel
und Capua, über das ihr Anführer Rainulf als Graf eingesetzt
ward. Bald darauf jedoch, von den Griechen betrogen, eroberten
sie ganz Apulien und vertheilten es unter sich, wie später ihre
Stammesgenossen England. Leo IX. rief Kaiser Heinrich gegen
sie zu Hülfe; die Normannen schlugen indessen die Truppen des
Papstes, bis sie zuletzt unter Nikolaus II. päpstliche Lehnsträger
wurden. Nun erst konnte der Stuhl Petri abermals daran denken,
die alte Oberherrlichkeit über die europäischen Bischöfe, einst nur
durch die Uebersendung des priesterlichen Palliums ausgedrückt,
thatkräftiger zu handhaben, und, unbekümmert um die bestehenden

Reiche, den Krummstab über die einheitliche Christenheit auszu=
strecken. „Die Kirche,“ sagt Proudhon (sociale Revolution), „hat
vier Perioden durchgemacht: die unorganische Brüderlichkeit oder die
reine Demokratie, die Regierung der Priester oder der Alten, den
episkopalen Bund und die päpstliche Monarchie.“ In der Mitte
des eilsten Jahrhunderts steht sie bei der endgültigen Begründung
der letzteren. Das war aber eine keineswegs leichte Aufgabe. Denn
schon Konrad II. hatte sehr klug im Kampfe mit den weltlichen
Großen des Reiches das Interesse der Geistlichkeit an seinen Thron
zu fesseln gesucht. Durch die Ueberantwortung der Grundgüter,
die er wegen Felonie der Vasallen an sich gezogen, in die Hände
der Bischöfe und Aebte, durch die Errichtung von Kirchenimmuni=
täten, welche die Gerichtsbarkeit der übermüthigen Grafen beschränk=
ten, wie durch den Verkauf, den er mit den einzelnen Kirchenstellen
trieb — verhandelten doch die Priester ihrerseits einander für
Geld die Weihen — war er bei den zu Rom herrschenden Wirren
wieder zu der thatsächlichen Macht Karls, des Großen, in allen
hierarchischen Angelegenheiten gelangt. Und König Heinrich III.
konnte, als er 1046 nach Italien zog, um die Kaiserkrone zu
holen, die Ansicht hegen, daß es ihm gelingen würde, den letzten
Rest der päpstlichen Unabhängigkeit zu vernichten. Je mehr aber
unterdessen das Ansehen des römischen Stuhles im westlichen Europa
verfiel, um so mehr hob sich in der Mitte von Deutschland die
Bedeutung des Erzbisthums von Mainz, des ältesten diesseits der
Alpen.

Die Mittel nun, welche damals die beiden Schwerter Gottes
auf Erden gegen einander anwandten, waren trotz der verschiedenen
Gegenden, in denen sie in Bewegung gesetzt wurden, naturgemäß
ganz dieselben. Wie der Papst stets die einzelnen mächtigen Va=
sallen in Frankreich und Deutschland bei ihren Unabhängigkeits=
bestrebungen, offen oder im Geheimen, begünstigte, sobald sie sich
nur nicht vom Zehnten loszumachen suchten, so diente eine längere
Zeit hindurch andererseits den Kaisern das süditalienische Baronen=
thum dazu, um den hülfsbedürftigen Bischof von Rom in steter
Abhängigkeit zu erhalten. Die zähe Widerstandskraft des Kirchen=

fürsten aber in diesem anscheinend so ungleichen Kampfe hat ein=
mal ihren Halt an der aus den Trümmern der Siebenhügelstadt
immer aufs Neue hervorwachsenden überlegenen, alten römischen
Staatskunst und wurzelt ferner in dem Umstande, daß mit der in
der Mitte des eilften Jahrhunderts durch den Handel mit Byzanz
und dem beginnenden einheimischen Gewerbfleiß in Italien aber=
mals erwachenden wirthschaftlichen Blüthe in dem jungen Bürger=
thume alsbald der Beginn eines Gegensatzes gegen die Oberherr=
schaft der Germanen sich kundgibt. Schon bei der Wahl Konrad's II.
(1024) wollten die Italiener die Verbindung mit Deutschland auf=
heben und ihren eigenen König haben. Einigermaßen mochte zu
diesem Bestreben auch wohl der schwere Tribut mitwirken, den das
Reich den einzelnen Gegenden von Italien auferlegt hatte. „So
gingen während der Minderjährigkeit Otto's III., da Erzbischof
Willigis von Mainz Reichsverweser war, jährlich 1200 Pfund
feinen Goldes als Abgabe von der Lombardei ein." Weiter er=
wähnten wir oben die freiwillige Unterstützung des Papstes Leo's IX.
von Seiten der Beneventer. Und ein dritter Beweis für diese An=
sicht wird von dem Mailänder Parteigänger Lanzo geliefert, welcher
in einem Aufstande der Bürger gegen den städtischen Adel (1040)
es vorzieht, sich mit den vertriebenen Patriziern zu versöhnen, als
sich gegen sein Vaterland mit dem deutschen Kaiser, trotz dessen
Entgegenkommens, zu verbinden. In ganz Italien hatten damals,
wie Raumer (Hohenstaufen) bemerkt, die niederen Lehnsmannen,
die kleineren Landeigenthümer und die Bürger in den Städten durch
Geschick und vielfache Thätigkeit an innerer Kraft gewonnen; sie
wollten die Herrschaft und Willkür der oberen Lehnsherren und
Barone nicht länger dulden, und es kam zum offenen Kriege zwischen
dem hohen Adel und den niederen von dem ganzen Volke unter=
stützten Mannen." — Die Angehörigen des beweglichen Eigenthums
rühren sich, das um sich greifende Princip der italienischen Natio=
nalität kommt dem Papste zu Hülfe.

Ohne solche Rücksichtnahme bleibt es uns wenigstens unver=
ständlich, zu welchem Zwecke, nachdem Heinrich III. die drei sich
streitenden Gegenpäpste auf der Kirchenversammlung zu Sutri

beseitigt und den deutschen Bischof von Bamberg, Suidger, im Jahre
1046 als Clemens II. auf den Stuhl Petri gesetzt hatte, derselbe
schon nach neun Monaten, wie in der Geschichte das Gerücht geht,
gerade so durch Gift bei Seite geschafft wird, als sein Nachfolger,
der Bischof von Brixen, nach dreiundzwanzig Tagen. Das römisch=
italienische Leben, wiedererweckt durch den allmählig in Amalfi,
Pisa, Genua und Venedig einsetzenden Seeverkehr, fängt an, sich
gegen das germanische Wesen aufzulehnen. Dieser Umstand bildet
auch einen Grundstein in dem Boden, auf welchem Hildebrand steht.
„Il ne suffit pas d'être grand homme, il faut venir à propos."

Und dieses Kommen zur rechten Zeit tritt noch mehr in An=
betracht der deutschen Verhältnisse hervor. Man soll es nicht ver=
gessen, daß die beginnende Umbildung der römischen Kirchenverfas=
sung zu einer völligen Einherrschaft in die Zeit fällt, wo das Reich,
bei der Minderjährigkeit Heinrichs IV., unter der vormundschaft=
lichen Regierung der Kaiserin Agnes alle straffere Gliederung ver=
loren hatte. Auf die kräftige Regierung Heinrichs III., dessen
Streben es war, die großen Kronlehen: Kärnthen, Bayern, Schwa=
ben, Sachsen, Franken und Lothringen einzuziehen, folgte bei der
Unzufriedenheit der nach Unabhängigkeit strebenden Großen der
nothwendig sich ergebende Rückschlag. Aber freilich schon unter
Heinrich III. war das große Werk von dem Mönche von Clugny
begonnen. Durch ihn ward bereits der Bischof Bruno von Toul,
welcher doch allein der Ernennung des Kaisers die Tiara verdankte,
veranlaßt worden, „den päpstlichen Schmuck abzulegen und in Pil=
grimskleidern nach Rom zu gehen, um selbst damit anzudeuten,
daß die Wahl des Kaisers ihm noch kein Recht zum Stuhl Petri
gäbe." Er sollte vielmehr nach alter Sitte vom römischen Volk
und Klerus erkoren werden. Und auf Hildebrand's Geheiß war
schon damals der Eifer dieses Papstes gegen den Verkauf der
kirchlichen Stellen gerichtet, durch welchen die fränkischen Kaiser
die Abhängigkeit der Geistlichen von Rom so sehr geschwächt hatten.
Auf dem im Jahre 1059 von hundert und dreizehn Bischöfen im
Lateran gehaltenen Concile wurde dann, um die Papstwahl gänzlich
dem Einflusse des Kaisers zu entziehen, festgesetzt: „Bei dem Ableben

des Kirchenoberhauptes sollen vorerst die Kardinalbischöfe" — d. h.
die sieben Bischöfe des römischen Sprengels, die Presbyter der
römischen Stadtkirchen und die zur Armenpflege eingesetzten Diako-
nen — „mit Bedacht und Sorgfalt die Wahl verhandeln; dann die
Kardinäle des Klerus zuziehen, und sofort der übrige Klerus sammt
dem Volke der neuen Wahl ihre Zustimmung verleihen, damit ver-
hütet werde, daß die Seuche der Amtsverkäuflichkeit sich einschleiche.
Also sollen die frommsten Männer Führer in der Wahl, die Uebrigen
Nachfolgende seyn. Gewählt aber werde aus dem Schooße der
Kirche Roms selbst, wer tauglich erfunden wird. Sollte hier Keiner
zur Wahl geeignet erfunden seyn, so könne der Papst auch aus
einer andern Kirche, der Tochter der Mutter von Allen, genommen
werden. Hinzugefügt wird dann zwar noch, daß die Wahl unbe-
schadet der Ehre und Hochachtung für den jungen König Heinrich
geschähe. Allein diese Redewendung vermochte nicht, die stattgehabte
Grundlegung der neuen römischen Selbstherrlichkeit fürder zu ver-
bergen; obendrein wurde sie nach kurzer Zeit aus den Abschriften
des Beschlusses weggelassen. Trat nun zu dieser neuen Stellung
der Kurie, wie bereits oben erwähnt worden ist, unter Nikolaus II.
als weltliche Hülfe die kräftige Schaar der Normannen hinzu, so
stand der Ausgang des Kampfes zwischen Papst und Kaiser fest.

Wir müssen jedoch hier, wo wir bloß die social-politische Durchbildung der europäischen Völkerverhältnisse verfolgen, die einzelnen
Phasen des die Welt erschütternden Streites der allgemeinen Geschichte überlassen. Nur sein innerstes Wesen und die Waffen können
wir in Betracht ziehen, mit denen auf beiden Seiten gefochten
wurde — reichen doch die untersten Wurzeln des späteren romanisch-
germanischen Krieges während der Reformation bis in diese Zeiten
hinauf.

Der Plan des gewaltigen Mannes, dessen Persönlichkeit für
den Bau der römischen Hierarchie dieselbe Bedeutung hat, welche
Karl, dem Großen, für die gesammte staatliche Gestaltung des
mittleren Europas unstreitig zusteht, lief nun darauf hinaus, die
geistliche Obergewalt über die westliche Christenheit mit der weltlichen in der Hand des Papstes zu verbinden, und auf solche

Weise für Rom abermals die Herrschaft über den „Erdkreis" zu erwerben. Wie die deutschen Kaiser und in gleicher Weise die französischen Könige, mehr oder weniger selbstbewußt, darauf hin= arbeiteten, die kirchlichen Angelegenheiten ihrer Länder ihrerseits unter der Krone zusammenzufassen, und wie sie auf dem Wege zu diesem Ziele in der Abhängigkeit der bischöflichen und Klostergüter von ihrer Oberlehnsherrlichkeit seit Alters her bereits geeignete Hebel fanden, so trachtete umgekehrt der Papst einmal zunächst darnach, dieses zwischen der Geistlichkeit und den weltlichen Mächten bestehende Feudalverhältniß zu lösen, in Folge dessen dann sich zum Oberlehnsherrn aller Kirchengrundstücke aufzuwerfen und dadurch zuletzt die weltlichen Herren in die nämliche Vasallenstellung zu sich zu bringen, in welcher bis dahin die Bischöfe und Aebte zu den Königen gestanden hatten. Drang er mit diesem seinem Streben dem deutschen Kaiser, als dem europäischen Oberherrn, gegenüber durch, so gehorchten voraussichtlich die übrigen Länder von selbst. Daher richteten sich die päpstlichen Geschosse zunächst gegen den Kaiser.

In den einzelnen Sprengeln war es hie und da einem Bisthume bei der weiter um sich greifenden Immunität der Kirchen gelungen, den kaiserlichen Grafen, oft mit Zustimmung des Kaisers, der die Macht der erblich gewordenen Beamten brechen wollte, zum advoca- tus ecclesiae hinabzudrücken. Jetzt ging der heilige Vater, als ober= ster Bischof, mit dem Gedanken um, den Kaiser selbst zu seinen Kirchen= vogte zu erniedrigen. „Die geistliche Gewalt muß denselben Einfluß auf alles Weltliche ausüben, den die Seele auf den Körper äußert," sind Gregor's VII. eigene Worte; und das sogenannte Diktat Gre= gor's, einerlei ob ächt oder später untergeschoben, enthält vollends das im Sinne Hildebrand's liegende unbeschränkte kirchliche und weltliche Machtstreben Roms. Der von der Kurie angeregte Inve= stiturstreit, die Frage nämlich, ob der Kaiser einen neuen Bischof zuerst zu belehnen das Recht habe, und darauf der Papst den so Belehnten zu weihen, d. h. ihm den alten römischen Ring und den mosaischen Hirtenstab zu übersenden, gezwungen sey — oder: ob die priesterliche Weihe zuvor nöthig wäre, und der Kaiser nur einen vorher Geweihten belehnen könnte, gab daher für Rom bloß das

Mittel ab, durch welches der eigentliche Zweck erreicht werden sollte. Der Beschluß der erwähnten Lateranischen Kirchenversammlung, daß kein Geistlicher mehr eine Kirchenstelle aus Laienhand annehmen dürfe, bildete zunächst, wenn man so will, einen Eigenthums= anspruch und mußte diesen Charakter annehmen, weil ja das ge= sammte politische Leben der damaligen Zeit, aus den privatrecht= lichen Verhältnissen des Eigenthums herausgebildet, auf dem Eigen= thume beruhte. Als die Kirche sich allmählig in die Ackerbaugegen= den des mittlern Europas hineinschob, vermochten die besitzlosen Geistlichen nur dadurch der Hörigkeit zu entgehen, daß man ihnen Land gab, von dem sie fortan lebten. Ob sie vor oder nach einer derartigen Einsetzung auf einen Acker geweiht waren, kam dabei gar nicht in Betracht. Erst der Besitz von Aeckern gewährte ihnen die Möglichkeit der Existenz, wie denn ja auch der Papst erst durch die Schenkung des Exarchates eine feste Lebensstellung erhalten hatte. Berücksichtigt man dieses ursprüngliche Verhältniß des feudalen Reiches zur feudalen Geistlichkeit, so wird man einsehen, daß, wie ge= sagt, die Kirche durch die Frage thatsächlich nunmehr das Eigenthum an ihren bisherigen Lehnsbesitzungen ansprach. Wenn Heinrich III. es hatte geschehen lassen, daß die Bischöfe Holinardus von Lyon und Wazo von Lüttich den Lehnseid verweigerten, und Heinrich IV. 1055 nothgedrungen die Kleriker von der Leistung des Lehnseides freisprach), so galt es jetzt, daraus die richtigen Folgerungen zu ziehen. An die Stelle des weltlichen sollte der geistliche Feudal= staat treten; dann verstand es sich von selbst, daß der Papst in Zukunft die Krönung der Kaiser und der übrigen Könige Europas von seinem Willen abhängig machte.

Die Kirchenversammlung vom Jahre 1059 hatte schon, wie oben hervorgehoben worden ist, die Wahl des heiligen Vaters der Selbstbestimmung der Stadt Rom anheimgegeben. Der Mittelpunkt des entworfenen Gebäudes stand somit bereits auf eigenen Füßen; es kam also jetzt nur darauf an, auch die Radien in straff angespannten Linien zu demselben hinzuziehen, d. h. die gesammte Geistlichkeit von dem Sonderleben ihrer Sitze zu trennen und fortan einzig an den Papst zu ketten. Das ist das eigentliche Ziel des Cölibates, auf dessen unbedingte Innehaltung vorerst bei der höheren Geistlichkeit Gregor VII. so hartnäckig drang. Mit der Androhung des Bannes gegen jeden Geistlichen, der ein Kirchenamt aus den Händen eines Laien annähme, verband sich für die Priesterfürsten das ausnahmslose Verbot der Ehe. Unter dem angeblichen Bemühen, die verfallene Kirchenzucht wieder herzustellen, suchte er der centrifugalen, auf die Erblichkeit der Güter und Würden stets hinarbeitenden Bewegung des Ackerbauthums durch die Kinderlosigkeit der Geistlichen ein centralisirendes Gleichgewicht klug entgegenzustellen, indem dieselbe dem römischen Stuhle von Generation zu Generation Gelegenheit gab, die klerikalen Aemter der verschiedenen Grade auf's neue mit seinen Getreuen zu besetzen. Denn mit der Verheirathung der Bischöfe lief der Papst geradezu Gefahr, daß die Kirchen sammt dem dazu gehörigen Gelände, wie es z. B. in der, immer noch etwas scandinavisch-heidnischen, Normandie geschah, „förmlich auf Söhne und selbst auf Töchter als Mitgabe übergingen." Gegen diese Eventualität war der so großartig angelegte Plan sicher zu stellen. Hätte Hildebrand wirklich allein der Unsittlichkeit des damaligen gesammten Pfaffenthums, dem furor clericus gegen das weibliche Geschlecht, steuern wollen, so war wohl die Gestattung der naturgemäßen Ehe dazu das einzige Mittel. Aber das Band der Familie durfte die Menge der über die Welt vertheilten kirchlichen Beamten nicht mit dem einen oder dem anderen Volke verbinden und so an einen heimischen Heerd fesseln. Was heutzutage in der Bureaukratie die Abhängigkeit von dem Staatssolde bewirkt, sollte in jenen Jahrhunderten der reinen Naturwirthschaft mittelst des Priestercölibats erreicht werden. Mit dem erneuten Verbot der Ehe für die Geistlichen stand dann ferner eine durchgreifende Umgestaltung des Mönchswesens im nächsten Zusammenhange. Einst waren die Klöster, wie wir gesehen haben, die von Rom aus nach dem Norden vorgeschobenen Verwaltungsstationen für die kirchlichen Angelegenheiten gewesen. Von ihnen breitete sich das Christenthum, die Kultur überhaupt und die Anerkennung von Roms päpstlicher Macht in weiteren Kreisen aus. Inzwischen hatten sich jedoch die Klöster vielfach auf ihren Besitzthümern zu kleinen, fast unabhängigen

Sonderherrschaften gemacht, die Mönche waren theilweise als Rent=
beamten bei den Grundherren beschäftigt und somit verweltlicht;
Rom fand in seinen nordischen Priesterburgen keinen unbedingten
Gehorsam mehr. Gregor glaubte anfangs noch, die Aebte dadurch
in sein Interesse ziehen und gegen die ungefügigen Bischöfe gebrau=
chen zu können, daß er die Klöster von den Zehnten lossprach), die
sie bis dahin ihren Episcopalkirchen bezahlten. Dann griff er in=.
dessen zu kräftigeren Handhaben. Es wurden nämlich neue Mönchs=
orden gestiftet, die Karthäuser 1084 zu Grenoble, die Cistercienser
und unter seinem Nachfolger die Prämonstratenser, deren Aufgabe
es war, gleich den Sendboten Karls, des Großen, als stets beweg=
liche Schaar unmittelbar Roms Willen wieder in allen Theilen der
Welt geltend zu machen. So oft die Kirchengewalt sich im Laufe
der Geschichte regenerirt, so oft kehren auch diese Reisemönche unter
neuen Namen wieder, bis endlich in den Zeiten der Geldwirthschaft
Loyola die Fäden seines Netzes ausspannte.

Einen weiteren Rückhalt im Verlaufe des Kampfes gegen den
Kaiser erhielt der Papst durch die Territorialmacht des reichen Tos=
cana. Der Markgraf Bonifacius hatte seiner Zeit treu zu seinem
Oberlehnsherrn, dem Kaiser Heinrich III., gehalten, weil dieser
ihm Schutz gegen das Umsichgreifen Roms darbot — der deutsche
König konnte sich 1046 bei einem Besuche in Oberitalien nicht
genug über die „unermeßlichen Schätze" seines Vasallen verwun=
dern. Die Tochter von Bonifacius, Mathilde, dagegen war eine
nahe Freundin Hildebrand's und vererbte deßhalb nach ihrem Tode
1102 das reiche Gebiet, dessen Eigenschaft als Allod keineswegs
feststand, dem römischen Stuhle; zu dem Exarchat und der Ober=
lehnsherrlichkeit über die normannischen Eroberungen tritt für den
Papst das ehemalige Etrurien hinzu. Der Kirchenstaat beginnt sich
abzurunden; wenn schon die Ackerbauzustände des zwölften Jahr=
hunderts, auch in Italien, eine von einem Mittelpunkte ausgehende
Kammerbewirthschaftung der Besitzungen, in unserm heutigen Sinne
des Wortes, noch nicht zuließen, sondern stets die Einsetzung von
Lehnsleuten erheischten, die dann nach Erblichkeit strebten.

Sehen wir von den rein geistlichen Waffen des Papstes, dem

kleinen und großen Banne, der Untersagung des Gottesdienstes in den
widerspenstigen Ländern und der Entbindung der Unterthanen vom
Gehorsam gegen antipäpstlich gesinnte Obrigkeiten hier ab, so bestand
endlich der dritte Hebel, dessen sich Gregor VII. zur Niederdrückung
des Kaisers bediente, in dem mehr oder weniger hervortretenden
Unabhängigkeitsstreben der einzelnen großen Reichsvasallen. Durch
seine Unterstützung derselben vermochte er die einzig in der Machtfülle
des Königs liegende Einheit des Reiches auseinander zu brechen und
so in die Trümmer des politischen Verbandes die fester gefügten Radien
der römischen Organisation hineinzuschieben. Denn hätte etwa in dem
Aufstande der Sachsen gegen Heinrich IV. der Gegenkönig Rudolph ge-
siegt und dann die Kaiserkrone an sich gebracht, Rom würde ihn nicht
minder durch einen Unterthanen haben in Schach halten müssen.

Fragt man nun aber nach den Mitteln, welche dem Kaiser
zur Abwehr der päpstlichen Angriffe zur Verfügung waren, dann
braucht man nur einfach die Kehrseite der römischen social = politischen Werkzeuge zu betrachten. Sie treten, wie die Muster einer
aus zwei Farbenfäden gewebten Damastdecke, durch den Gegensatz
nach den beiden Richtungen hervor. Der Papst suchte in der neu
zu gründenden römisch = italischen Weltherrschaft die staatliche Gewalt
mit der kirchlichen zu vereinigen. Der von Kaiser Heinrich, oder
in seiner nächsten Umgebung von dem berühmten Erzbischofe Adalbert von Bremen gehegte Plan lief darauf hinaus, den Mittelpunkt
der Kirche nach Deutschland zu verlegen und sie in den Bau des
Reiches einzufügen, so daß Rom nur der Posten eines Markbischofs
im Süden geworden wäre. Wie der Salier stets bemüht war, die
„Gaukönige“ zu unterdrücken, die sich auf den Schultern der kleinen
Freien zu Erbherren emporgearbeitet hatten, wie er durch eine für
die Agrarverhältnisse weit vorgeschrittene Beamtenhierarchie, durch
Finanzbedienstete und Verwalter der Kammergüter eine einheitlichere
Administration anbahnen wollte und sogar auf die Einrichtung einer
allgemeinen Reichssteuer sann; in der nämlichen Weise strebte er
und sein Erzbischof, nach byzantinischem Vorbilde, die Staatsmacht
durch die Handhabung der kirchlichen Obergewalt zu verstärken,
und dafür fand er in einem Theile der Geistlichkeit selber eine

lebhafte Unterstützung; denn die unter dem Vorwande der zu erneuernden Kirchenzucht bezweckte Unterwerfung der Geistlichen unter den römischen Willen, welche Gregor ins Werk führte, stieß in Deutschland und in Frankreich in dem Kreise der Kleriker auf einen kräftigen Widerstand. Trotzdem daß der Papst alle von Heinrich eingesetzten Geistlichen ihres Amtes für verlustig erklärt hatte, hielten die Bischöfe von Bamberg, von Trier und Speier, Benno von Osnabrück und Dietrich von Verdun treu zum Kaiser. Sie wollten sich eben der anwachsenden Herrschaft des römischen Bischofs ganz gerade so entziehen, als die mit dem Papste verbündeten weltlichen Vasallen die Befugnisse des Königs einzuschränken Willens waren. Dem Gegenkaiser Rudolph und dem päpstlichen Bannfluch gegen Heinrich entsprach die vorangegangene Absetzung Gregor's VII. durch die Wormser Synode und der von den Synoden von Mainz und Brixen 1080 aufgestellte Gegenpapst, Wibert, Erzbischof zu Ravenna; und die aufrührerischen italienischen Barone machten dem heiligen Vater nicht weniger zu schaffen, als die Sachsen dem Kaiser. Diese Gegenseitigkeit in den Waffen erklärt es denn auch allein, wie jeder der beiden Streiter, wenn er selber im eigenen Lande von den Schachzügen des Andern noch so bedrängt war, jenseits der Alpen, vielleicht durch die nämlichen Rösselsprünge, seinem Feinde eine nicht minder gefährliche Lage bereitete. Es kämpften die in ihren Gliederungen durch einander hin greifenden zwei einzigen social-politischen Systeme der damaligen Welt mit einander. Die auf Centralisation des Reiches hinarbeitende Kaiserkrone beabsichtigte, durch Erhebung niederer Leute in den Adel das hohe Lehnsthum hinabzubringen und trieb damit die Großen dem Papste zu, während, umgekehrt, der Papst die widerspenstigen Angehörigen der Kirche im Gegenlager erblickte. Staat und Kirche, beide im Begriff, sich mehr auszubilden, ringen mit einander, noch nicht eigentlich Deutschland mit Italien; obwohl allerdings, wie gesagt, einzelne aus einem embryonischen Nationalgefühle entspringenden Gegensätze der beiden Länder sich schon einzumischen beginnen — die persönliche Moral oder Immoral des Kaisers oder Papstes kommt dabei für den Socialpolitiker gar nicht in Betracht.

Als 1076 die von den unzufriedenen Großen Deutschlands zu Oppenheim abgehaltene Reichsversammlung erklärt hatte, „daß über alle Beschwerden gegen den König der Papst entscheiden solle, zu welchem Ende dieser zu einem Reichstage nach Augsburg einzuladen sey; daß ferner der König in seiner Reichsgewalt suspendirt sey, ja die Krone verlöre, falls er die Lösung des päpstlichen Bannes nicht innerhalb eines Jahres erwirke;" da blieb dem von Allen verlassenen Heinrich nichts weiter übrig, als zu sterben, oder sich jeder Bedingung des Papstes zu unterwerfen. Aber seine Demüthigung zu Canossa im folgenden Jahre ist deßhalb auch nur ein augenblickliches persönliches Unterliegen des Königs, nicht etwa „eine Schmach der deutschen Nation," wie man die kaiserliche Buße so oft genannt hat. Eine politisch wie kulturlich durchgebaute deutsche Nationalität auf fest abgegrenztem Landesgebiete gab es zu der Zeit in dem weiten deutschen Reiche noch gar nicht. Der dritte Stand beginnt damals erst, sich ein wenig weiter auszubreiten; seine staatliche Bedeutung liegt noch in den Windeln. Nur in einzelnen Zügen gibt sich das schon in den niederen Schichten der Reichsbevölkerung pulsende Leben kund. Nach Ausbruch des Bürgerkrieges schlugen sich, was Gfrörer (Gregor VII.) hervorhebt, viele Tausende schwäbischer Bauern wie Rasende für den König gegen ihre Grundherren, die Welfen und Zähringer. Schwaben lieferte damals vorzugsweise Fußvolk, ein trefflicher Stoff für das Soldheer, auf dessen Einrichtung Heinrich IV. hinarbeitete. Später gingen schwäbische Edelleute vom besten Blute zahlreich ins Kloster. „Sie wollten nicht gegen die Kirche fechten, aber auch der öffentlichen Meinung nicht trotzen, welche des Königs Sache für etwas Gesundes hielt." Ebenso zeigt die ausdauernde Anhänglichkeit, welche die Städte Magdeburg, Worms und Speier dem Kaiser in seinen Unglücksfällen beweisen, die Bereitwilligkeit, mit der am Neckar und in andern Gegenden die Bürger sich unter seine Fahnen sammeln, den Anfang einer nationalen Bewegung mit ihrer Feindschaft sowohl gegen die innere Feudalität als gegen das ausländische Wesen; was wir früher in Bezug auf Italien in dem Benehmen Benevents und Mailands bemerkt haben. Frei von allem, die nationalen Unterschiede charakterisirenden Beisatze, wie die ursprüngliche christliche Lehre war, mußte auch das auf den Trümmern des alten Roms zur Erringung einer neuen Weltherrschaft benützte Christenthum über jedwede geographischen, stammlichen und gesellschaftlichen Unterschiede der von ihm überzogenen Völker hinweggehen. Der Statthalter Gottes auf Erden erkennt folgerichtig sich gegenüber nur gehorchende Menschen, nicht etwa Unterthanen von nationalen Staatsbildungen. Alles was daher innerhalb des katholisch-christlichen Gebietes den Ansatz zu einer sich absondernden, selbstständigen, staatlichen Organisation in sich trug, wurde dadurch naturgemäß zum Gegner des römischen Kirchenfürsten. So lange nun in Europa „von der Newa bis zum Tajo" die gesellschaftlichen Elemente, bei dem fast ausschließlichen Ackerbauthume, nur aus Bauern und Adeligen bestanden, faßte sich die Gesammtheit der beginnenden politischen Gestaltungen in der persönlichen Machtfülle der einzelnen Könige und ihrer Beamtenschaar zusammen. Deßwegen richteten sich die päpstlichen Bannstrahlen gegen sie, nicht etwa gegen das wüste ungeschiedene Conglomerat der von ihnen beherrschten Leute. War die entstandene königliche Macht zerbrochen, dann ließ sich dem in sich ungesonderten Bauernhaufen in Europa der Papst mit seinen klerikalen Bediensteten und der einen lateinischen Sprache leicht als einzige, politische neu ordnende, allein gebietende Autorität aufzwingen. Der Investiturstreit ist daher, bei Lichte besehen, nichts als die an die Geschichte Europas gerichtete Frage, ob die kosmopolitisch gefügte Gestaltung der christlichen Hierarchie, wie sie in Rom gipfelte, unsern Erdtheil unter eine theokratische social-politische Gliederung zusammenfassen sollte, oder ob die Durchbildung nationaler Staaten den Sieg davon tragen würde. Eine entscheidende Antwort konnte jedoch darauf erst erfolgen, nachdem neue ökonomisch-gesellschaftliche Elemente den starren Ackerbauzustand zersetzt hatten. Zuerst muß der Orient durch die Kreuzzüge auch für das mittelländische Meer wieder eröffnet seyn; ein großes Handelsleben Jahrhunderte lang seine Adern durch die harten Schollen des Ackerbauthums getrieben haben, ehe in Europa neben dem Königthume und der Kirche, in ihren agrarischen Formen, als drittes entscheidendes Moment das bewegliche Eigenthum, der Bürgerstand, selbstständig aufzutreten vermag. Dann entbrennt der Kampf des Papstes mit den Nationalitäten gewaltiger auf's neue. In der Reformation ist an die Stelle des Königthums als Gegner der kosmopolitischen Priesterherrschaft das nationale Bürgerthum getreten. Am Schlusse des eilften Jahrhunderts, als Heinrich IV. und Gregor VII. sich mit einander gemessen hatten, wird der Kampf während der Heerfahrten ins gelobte Land geradezu vertagt. Nachdem der Papst 1085 und der Kaiser 1106 gestorben war, schließen Heinrich V. und Papst Paschalis II. im Jahre 1122 zu Worms einen Vertrag dahin ab: „daß der Geistliche nach vorangegangener freien Wahl von dem Könige nicht durch Ring und Stab, sondern durch das Scepter mit dem Weltlichen zu belehnen sey,".... wodurch der Kaiser wenigstens das Lehnsverhältniß zwischen sich und den kirchlichen Reichsfürsten rettete, wenn schon der Papst fortan als Souverän dem weltlichen Oberherrn Europas gegenüberstand. Und bei diesem unentschiedenen Verhältniß beider Gewalten zu einander beruhigte sich auch vor der Hand die entstehende Staatswissenschaft, wie es im Eingange des Sachsenspiegels heißt: „Zwei swert liz got in ertriche zu beschirmene die cristenheyt. Deme babste ist gesaczt daz geistliche, deme keisere daz werltliche. Deme babste ist ouch gesaczt zu ritene zu bescheidener zeit uf eime blanken pferde, und der keyser sal im den stegereif halden, durch daz der satel nicht enwinde; daz ist die bezcechennunge: waz deme babste wider ste, des her nicht mit geystlichem gerichte getwingen mag, daz ez der keyser mit werltlichem gerichte twinge, deme babste gehorsam zu wesene; so sal ouch sie geystliche gewalt helfen deme werltlichem Gerichte, ab ez sie bedarf."

Wir haben somit gegenwärtig dem Ursprunge und dem Wesen des Bürgerthums unsere Aufmerksamkeit zuzuwenden.

Die Grundlage des städtischen Lebens im Mittelalter.

Wenn wir uns ein weites Ackerbaubereich vorstellen, auf welchem die Menschen, in feudaler Abstufung der gesellschaftlichen Gliederung, unmittelbar von ihren Feldern leben — ein Jeder auf seinem Gehöfde — so wirft sich alsbald die Frage auf: wie bildet sich nun daselbst in der weiterschreitenden Theilung der Arbeit der sogenannte dritte Stand, das Bürgerthum, mit seinen städtischen Ansiedelungen aus; und welches sind die Grundgesetze seines Daseyns und seiner Entwicklung?

Die Geschichte kennt auf dieselbe, soweit es sich dabei zunächst nur um den Ursprung des Bürgerthums in diesem oder jenem Gebiete handelt, eine einfache Antwort. Fremde, weiter entwickelte Völker strecken im Land- oder Seeverkehre ihre Fäden in die verschiedenen Ackerbaugegenden ein und schaffen, indem sie einen Austausch seiner Bodenerzeugnisse oder sonstigen Naturschätze hervorrufen, einzelnen Bewohnern derselben die Möglichkeit, eben durch die Vermittlung des neuentstandenen Austausches sich zu ernähren. Diese so von Außen nach Innen gerichtete Bewegung zieht dann im Laufe der Zeit immer größere Kreise in's Binnenland hinein. Der Kaufmann regt nämlich zuerst den Fleiß des Ackerbauers an, indem er in demselben durch das Darbieten der ausländischen Waaren und Gewerbserzeugnisse neue Bedürfnisse erweckt, zu deren Befriedigung eine höhere Ernte, d. h. eine bessere Bewirthschaftung der Felder, erforderlich ist. Der wechselseitige Tausch wird dadurch

nach) und nach) so lebhaft, daß er sich nicht mehr innerhalb der
Grenzen: Waare gegen Waare, zu halten vermag, sondern zu dem
gleichfalls von außen kommenden Geldzeichen greift, welches dann
vollends dem Verarbeiter der Rohwaaren, dem Handwerker, ein
eigenes unabhängiges Daseyn verschafft. Und damit wäre in dem
bisher ausschließlichen Ackerbaureiche der Grund zu einem Bürgerthume gelegt, welches nach dem Muster der Fremden und in rich-
tigem Erkennen der größeren Zweckmäßigkeit sich in geschlossenen
Ansiedlungen, Städten, zusammenfindet. Allein es bedarf wohl
keiner besonderen Ausführung, daß in diesem, mit wenigen Worten
umrissenen, handelsgeschichtlichen Vorgange, den wir noch immer
jenseits der Meere in den neuen Erdtheilen sich wiederholen sehen,
das eigentliche innere Wesen des Bürgerthums nicht berührt wird.
Wir können darin bloß die Ausbreitung des dritten Standes von
einem Lande in das andere verfolgen, ohne jedoch dabei seinem
ersten Keime irgendwie nahe zu treten. Die Frage: wie löst sich
überhaupt nur im Allgemeinen ein Bürgerstand von dem Adel und
Bauernthume los, wird uns ja dadurch nicht beantwortet; denn
nicht bloß von außen nach innen, von der in den Welthandel
gezogenen Küste nach dem Hinterlande zu, sondern auch von innen
nach außen, von der Tiefe des Landes nach dem Gestade hin läßt
sich die Ausbreitung der Arbeitstheilung in Betreff des beweglichen
Eigenthums denken und geschichtlich nachweisen. Zumal im mittleren Europa wuchs nach dem Untergange der alten Welt das neue
Bürgerthum gleichzeitig mit innerer Triebkraft auf eigenem Boden
und aus den übriggebliebenen Trümmern des vom mittelländischen
Meere belebten römischen Städtewesens empor. Seine Wurzeln
zeigen von vorneherein die Doppelseitigkeit, welche den eigentlichen
social=politischen Charakter des beweglichen Eigenthums und seiner
Angehörigen ausmacht. Ueberall nämlich ruht die Bevölkerung der
Städte, im Gegensatze zu den Bauern, nur theilweise auf dem
Boden, auf welchem sie lebt. Sie gehört, sogar in ihrem Beginne
schon, mit der andern Hälfte ihrer wirthschaftlichen Thätigkeit dem
über den ganzen Erdball verzweigten, durch den Handel in sich
gegliederten, allgemeinen Güterleben an. Und in dem Kampfe der

in ihren frühesten Anfängen in ihr bereits vorhandenen national=
politischen und kosmopolitischen Elemente mit einander besteht ein
Hauptzug ihrer Geschichte! Es müssen hier natürlicherweise die Bildungen der Staaten
und Riesenstädte auf dem großen asiatischen Festlande völlig außer=
halb unserer Betrachtungen liegen bleiben. Klima und Boden bringen
dort, von dem archäologischen Dunkel abgesehen, andere ökonomischen
und gesellschaftlichen Bedingungen hervor, als sich nach dem Maß=
stabe unseres Erdtheils und seinen Einwirkungen auf das sociale
Leben übersichtlich abschätzen lassen. Nur so viel möge an dieser
Stelle bemerkt werden, daß das räumliche Mißverhältniß des Meeres
zum Lande, der Küste zu dem ungeheuern Flächenbereiche im Innern,
welches im Oriente vorherrscht, wohl das Seinige zur Erhaltung
des dortigen, Jahrtausende alten Mischzustandes von Nomaden=
und Ackerbauthum beigetragen hat. In dasselbe schiebt dann der
Welthandel auf den Straßen zwischen Indien und Europa bloß
stellenweise seine einzelnen ungeheueren Emporien ein, die zugleich
die Mittelpunkte asiatischer Königs= und Priesterherrschaften bilden.
Ein solcher Boden ist allerdings für das Emporwachsen eines selbst=
ständigen Bürgerthums wenig geeignet. Einzig an den der Mitte=
landsee zugewandten Außengrenzen Asiens gewahren wir daher das
bewegliche Eigenthum auch seine eigenen politischen Fäden spinnen
und weit über die Marken seines vaterländischen Bodens hinaus
verzweigen. Aber — und darin liegt der große Unterschied zwischen
den Flächenreichen Asiens und Europas — der Handels= und Ge=
werbestand Phöniciens und Joniens fügt sich nicht mit den Bewoh=
nern des Hinterlandes allmählig zu einer gemeinschaftlichen Staats=
form zusammen. Die syrischen Städte konnten wohl zeitweilig von
den hinter ihnen wohnenden Königen, z. B. Nebucadnezar II., er=
obert werden, jedoch mit den weiten Binnenstrecken deßwegen nicht
in ein organisch gefügtes Reich zusammenschmelzen, weil diesen —
das geschlossene Nilthal und Mesopotamien ausgenommen — jede
einheitliche geographische Ausbildung fehlt. Alexander's, des Großen,
Plan, das gesammte Kulturland Vorderasiens und der Balkanhalb=
insel von Babylon aus zu beherrschen, darf zwar mit Recht der

gewaltigste politische Gedanken der ganzen alten Welt genannt wer=
den. An die Stelle der vielen vereinzelten Städtestaaten des Alter=
thums sollte ein gemeinsames Flächenreich treten. Doch hat man
nicht zu glauben, daß die Ausführung des Entwurfes allein durch
den frühen Tod des jungen Helden vereitelt worden ist. Die mace=
donische Herrschaft im Oriente mußte, bei dem Mangel einer einig
gegliederten Grundlage, auf die Dauer ebenso zerbröckeln, als
Karl's V. Weltmonarchie, noch bei Lebzeiten des Kaisers, sich in
ihre einzelnen, natürlichen räumlichen Bestandtheile auflöste.

Das griechische und römische Leben wird dagegen bei dem
Fortschreiten unserer Betrachtung aus dem Grunde unsere Aufmerk=
samkeit mehrfach auf sich ziehen, weil das hellenische wie italische
Städtewesen eine Menge von Vergleichungspunkten für die schritt=
weise Ausbildung des mittelalterlichen Bürgerthums darbietet. Ob=
schon, worauf wir nicht genug hinweisen können, im Alterthume
an den Küstenrändern des mittelländischen Meeres der Staat ganz
in der Stadt aufgeht, während diese im binneneuropäischen Reiche
bloß einen Theil des nach und nach zusammenwachsenden social-
politischen Organismus ausmacht — ein Satz, dessen Bedeutung
für die Auffassung der gesellschaftlichen Entwicklung wir sogleich
unmittelbar an den Anschauungen eines Plato ermessen können.
Derselbe baut nämlich in dem berühmten zweiten Buche seiner
„Gespräche über den Staat" die Stadt nach folgendem Grundrisse
auf: „Es entsteht aber," spricht Sokrates zum Adeimantos, „eine
Stadt, wie ich glaube, weil jeder Einzelne von uns sich selbst nicht
genügt, sondern vieles bedarf. Auf diese Weise also, wenn Einer
den Andern, den zu diesem und den wieder zu jenem Bedürfniß
hinzunimmt, und sie so, Vieler bedürftig, auch viele Genossen und
Gehülfen an einem Wohnorte versammeln, nennen wir ein solches
Zusammenwohnen eine Stadt. Einer aber theilt dem Andern mit,
wenn er ihm etwas mittheilt, und empfängt von ihm in der Meinung,
daß dieß für ihn selbst besser sey. Es gründet also unser Bedürfniß
die Stadt. Das erste und größte aller Bedürfnisse ist indessen die
Herbeischaffung der Nahrung des Bestehens und Lebens wegen; das
zweite die Wohnung, das dritte die Bekleidung und dergleichen.

Wie wird nun eine Stadt uns für alle diese Erfordernisse genügen? Nicht wahr, Einer ist Ackersmann, Einer der Baumeister, ein Anderer Weber, oder wollen wir gleich auch den Schuhmacher hinzufügen, oder sonst einen von denen, die für den Leib arbeiten? So bestünde also die nothdürftigste Stadt aus vier oder fünf Männern. Wie nun soll Jeder von diesen sein eigenes Werk Allen gemeinsam darbieten, z. B. der Ackersmann, als Einer, Nahrung für Viere herbeischaffen und vierfache Zeit und Mühe verwenden auf die Hervorbringung des Getreides und es dann den Andern mittheilen? oder soll er, um diese sich nicht kümmernd, nur für sich allein den vierten Theil des Getreides ziehen in dem vierten Theile der Zeit; von den übrigen dreien aber einen auf den Bau des Hauses verwenden, einen andern, um sich Kleidung, noch einen, um sich Schuhe zu machen, und nicht durch Verkehr mit Anderen sich Weitläufigkeiten zu bereiten, sondern allein für sich selbst das Seinige Alles verrichten?" — Und Adeimantos sagte: „Vielleicht, o Sokrates, ist wohl das Erstere leichter, als das Andere." — „Das ist auch fürwahr nichts Wunderbares, denn ich bemerke schon selbst, während du das sagst, daß zuerst jeder Einzelne dem Andern nicht gar ähnlich geartet ist, sondern, von Natur verschieden, auch Jeder sich zu einem andern Geschäft geneigt zeigt. Und wie wird Einer wohl etwas besser verrichten, wenn Einer vielerlei Künste ausübt, oder wenn Jeder nur eine?" — „Wenn Jeder nur eine." — „Aber ich denke, auch das ist deutlich, daß wenn Einer die rechte Zeit für eine Sache verstreichen läßt, sie ihm zu Grunde geht. Denn, was zu verrichten ist, pflegt nicht auf die Muße dessen, der es thun soll, zu warten, vielmehr muß dieser dem, was gethan werden soll, ordentlich nachgehen und nicht nur beiläufig. Hienach wird also Alles reichlicher zu Stande kommen und schöner und leichter, wenn Einer Eines seiner Natur gemäß und zur rechten Zeit, mit allem Andern unbefaßt, verrichtet. Wir bedürfen mithin viel mehr Bürger als vier zu den Erfordernissen die wir anführten. Denn der Ackersmann wird sich nicht selbst den Pflug machen können, wenn er recht gut seyn soll, noch auch die Hacke und die andern zum Ackerbau gehörigen Werkzeuge. Ebenso wenig der Baumeister, weil auch dieser vielerlei bedarf. Deßgleichen der Weber und der Schuhmacher. Werden nun demnach auch Holz= arbeiter und Schmiede und viele dergleichen Handwerker zu Genossen unseres Städtchens, so können sie es schon bedeutend machen. Allein es wird immer noch nicht sehr groß seyn; wir müssen auch den Rinderhirten, Schäfer und die Andern, die mit dem Vieh zu thun haben, hinzufügen, damit doch die Ackerleute zum Pflügen Ochsen haben, und die Baumeister zum Anfahren sich mit den Ackersleuten zusammen des Zugviehs bedienen können, und die Weber und Schuhmacher Wolle und Häute haben. Ferner möchte es fast un= möglich scheinen, die Stadt an einem solchen Orte anzulegen, wo sie gar keiner Zufuhren von außen bedürfte. Sie wird deßhalb Kaufleute nöthig haben und im Kauf und Verkauf wird ein Markt und eine Münze als bestimmtes Zeichen zum Behufe des Tausches entstehen . . ." u. s. w.

Zweitausend Jahre vor dem Erscheinen des Werkes von Adam Smith legt der griechische Idealist in obigen Sätzen allerdings das Wesen der Arbeitstheilung mit der ganzen Schärfe des philosophischen Denkens' auseinander. Auch der Schotte stützt den wirthschaftlichen Werth der Arbeitstheilung auf die verschiedenen Fähigkeiten der Arbeiter, auf die bei der nämlichen Arbeit sich immer mehr aus= bildende Geschicklichkeit des Einzelnen in der Verrichtung derselben und auf das sich daran knüpfende Erfindungstalent des Menschen zur Erleichterung seines Geschäftes, wobei der Gelehrte von Kir= kaldy noch hinzufügt, daß bei dem Uebergange von einer Werk= thätigkeit zur andern die menschliche Trägheit stets einen kleinen Zeitverlust hervorrufe. Allein obschon Plato den Haupthebel des gesellschaftlichen Getriebes richtig berechnet, so wolle man doch in der mitgetheilten Entwicklung ein über die Verbindung der schaffen= den Kräfte hinausreichendes Verständniß des Städtelebens, ein Herauswachsenlassen desselben aus einer Zeit, in welcher die Acker= bauwirthschaft auf der Fläche noch nicht vom Handel und Gelde berührt ist, eben nicht weiter suchen. Weil der Philosoph gar nicht zu dem Bewußtseyn des großen Gegensatzes von Stadtstaat und Flächenstaat gelangt, entgeht ihm auch der wirthschaftliche Ursprung

des Kampfes, welcher bei noch nicht völlig durchgedrungener Geld=
wirthschaft innerhalb aller Ringmauern zwischen Patriciat und Ple=
bejerthum durchgefochten werden muß. Der Hellene nimmt näm=
lich keine Rücksicht auf das Kapital an Aeckern, das mit Ausnahme
der Lagunenstädte jeden Ort trägt und bei mangelndem Verkehre
zuerst ernährt. Er übersieht das Eigenthum sammt den daraus
für die gesellschaftliche Gliederung entspringenden machtlichen und
rechtlichen Folgen. Und wie er bei dem Bau seiner Stadt das
Sklaventhum gar nicht erwähnt, das er doch sonst befürwortet, so
weiß er gleichfalls wohl nicht, den tiefen social=politischen Sinn
jener Sage zu würdigen, welche Poseidon und des „Zeus blau=
äugige Tochter“ bei der Gründung Athens um den Besitz der neuen
Ansiedelung streiten läßt. Plato kümmert sich eben um die Er=
scheinungen der wirklichen Welt gar nicht, sonst hätte er darauf
hingeführt werden müssen, daß, wie Niebuhr bemerkt, „die Tren=
nung des nachmaligen Demus von der Bürgerschaft durch frühere
Leibeigenschaft der Ersteren sich unter den Griechen in vielfältigen
Spuren angezeigt findet.“

Aber auch durch Roms ganzes Leben ringt die hinzutretende
Kunstfertigkeit, die Gewerbsarbeit, ebenso mit dem zuerst aufge=
pflanzten Oelbaume, als die mittelalterlichen Zünfte Jahrhunderte
lang nicht gegen die Macht aufkommen können, welche das ursprüng=
lich in die Stadt zusammengezogene Landjunkerthum ihrer Gleich=
berechtigung im Rathe entgegensetzt. Wir haben daher an der Hand
der Geschichte zu der Arbeitstheilung das Eigenthum hinzufügen;
dann erst werden wir es verfolgen können, wie, zur Zeit der reinen
Ackerwirthschaft, e i n e S t a d t e n t s t e h t.

Wenn Tacitus in seiner kleinen Schrift über die Sitten der
alten Deutschen von ihnen sagt: „Nullas Germanorum populis
urbes habitari, satis notum est, ne pati quidem inter se
junctas sedes,“ so können wir dieses Wort wohl nicht anders
übersetzen, als: „Es ist hinreichend bekannt, daß die germanischen
Völker nicht in Städten wohnen, ja sie dulden unter sich nicht
einmal geschlossene Ansiedlungen.“ Wie denn auch drei Jahrhunderte
später Ammianus Marcellinus von ihrer Scheu vor ummauerten

Orten, „als Gräbern mit Fallstricken umstellt," spricht. Dessenungeachtet scheint uns eine völlig unrichtige geschichtliche Auffassung
der deutschen Gesellschaftsanfänge darin zu liegen, daß man, eben
gestützt auf jene Sätze römischer Schriftsteller, den Germanen, welche
doch später das Städtewesen zu der reichsten Blüthe gebracht haben,
eine etwa in ihrer Gemüthsbeschaffenheit liegende, ursprüngliche
Abneigung gegen dasselbe zuschreibt, die dann hernach plötzlich verschwindet. Wir hegen vielmehr die Ansicht, wie zuerst die Ver-
schiedenheiten von Boden und Klima den körperlichen Unterschied
sowohl zwischen den verschiedenen Menschen= als Thierracen auf
Gottes Erde bedingen, so ist auch die Lebensrichtung eines noch
rohen Volkes nicht minder das Ergebniß seiner Lebensweise, als
die vollentwickelten Nationen ihren sogenannten Nationalcharakter
durch die mannigfachen Einwirkungen ihres Landes, ihrer Wirthschaft und dem anderweitigen Verlauf ihrer Schicksale empfangen.
Die alten Deutschen konnten, so lange ein Jeder in der Mitte
seiner Felder hauste, zu gar keinem eigenen Städtewesen durch-
dringen; und sie liebten die römischen Festungen darum nicht, weil
ihnen dieselben in den meisten Fällen allerdings wohl zu „Gräbern
mit Fallstricken" geworden waren. Es mußten vielmehr zuvor
anderweitige gesellschaftlichen Elemente diesen starren Zustand berühren, ehe der Einzelne Veranlassung fand, sein einsames Gehöfde
dauernd mit einer geschlossenen Ansiedlung Mehrerer zu vertauschen.
Folgten wir freilich bloß der platonischen Auffassung, so würde
jeder einzelne Hof schon eine kleine Stadt in sich tragen — mag
daselbst auch nur ein Bauer allein, ohne Knecht, das Feld bestellen,
und seine Frau den gewonnenen Flachs verweben. Aber die Werk=
verrichtungen für Nahrung und Kleidung geschehen ja dort innerhalb eines und desselben Besitzthums; nicht etwa, wie Plato, wenigstens stillschweigend, voraussetzt, auf neutralem Boden, von lauter
ungefähr gleich reichen, also mit gleicher socialen Macht versehenen
Menschen. Und dieses, in seinem geringsten Umfange dargestellte,
Verhältniß bleibt seinen Grundzügen nach auch auf dem Gebiete eines
von vielen Mönchen und ihren Vasallen und Hörigen bewohnten
Klosters oder auf einer kaiserlichen Villa ganz das nämliche: dem

in einer Hand sich befindenden Grundbesitze stehen alle übrigen
Jnsassen, soweit sie nicht für den Ackerbau mit Gütern belehnt
sind, als kapitallose Arbeiter gegenüber — der Handwerkerstand ist
einem Herrn leibeigen. Die Geschichte zeigt uns zwar genug
Beispiele, daß selbst mit einem derartigen Anfange durch den von
außen hinzutretenden Verkehr eine Stadt sich allmählig herauszu=
bilden vermag. Sobald die in dem Bezirke einer befestigten Kirche
oder Abtei an einem vielbesuchten Wallfahrtsorte errichteten Kauf=
buden sich in feste Sitze umwandeln, oder auf den Malstätten, neben
den von dem richtenden Grafen gegen die Unwetter nach königlicher
Vorschrift aufgeführten Gebäuden, im Laufe der Jahrhunderte,
bleibende Wohnungen sich ansetzen, kann wohl eine solche, gleichsam
als superficies bestehende, Niederlassung sich nach und nach das
Eigenthumsrecht an dem von ihr besessenen Grund und Boden
erwerben. Auf diese Weise hoben sich z. B. die Orte Zurzach und
Nürnberg, der Verena und dem Sebaldus heilig, zu Handelsplätzen
empor. In der Uebergangszeit zur völligen wirthschaftlichen Un=
abhängigkeit entrichten dann solche Städte allemal bestimmte grund=
herrliche Abgaben, wie ein einzelner Lehnsmann. So zahlte früher
Speier, eine reichsunmittelbare Stadt, diese Leistung dem Könige,
ihrem besonderen Grundherrn, Worms, gleichfalls unmittelbar, an
den Bischof, der die Gefälle von dem Stifte an sich gebracht hatte,
Heidelberg an den Pfalzgrafen bei Rhein. Nicht minder wachsen
stellenweise die ursprünglich am Fuße eines Ritterschlosses Schutz
suchenden Ansiedler später dem auf dem Berge wohnenden Herrn
an Macht und Reichthum über den Kopf. Allein erst von dem
Augenblick an, wo dergleichen auf fremder Gemarkung liegenden
Plätze ihre eigene Verwaltung übernehmen, treten sie in den Rang
der wirklichen Städte nach griechisch=italischem Vorbilde ein. Im
Rechtsleben bedeutet daher auch das Wort: „urbem liberare vel
libertare" so viel als: eine Ortschaft durch Verleihung der kaiser=
lichen Privilegien zur Stadt erheben. Denn die eigentliche, regel=
mäßige Basis einer Stadt bildet das dorfartige, zum Zwecke gegen=
seitiger Vertheidigung bewerkstelligte Zusammenziehen benachbarter
freien Grundherren auf einem ihnen selbst zugehörigen Gebiete.

An dieser einfachsten und reinsten Form läßt sich wenigstens am leichtesten das Grundwesen einer geschlossenen Ansiedlung entwickeln. Das Verständniß der geschichtlich auftretenden Mischzustände wird sich uns dann hoffentlich von selbst ergeben. Trotz der von Tacitus erwähnten Abneigung der alten Deutschen gegen die geschlossenen Sitze errichteten sie doch zum Zwecke der Landesvertheidigung Festungen, wenn schon sie dieselben anfangs nicht dauernd bewohnten. Ein solcher mit Gräben und Verschanzungen umgebener Ort hieß: Burg. Barthold (Geschichte des deutschen Städtewesens) will „Burg" nicht von dem griechischen Worte „pyrgos," lateinisch burgus Thurm, Feste, sondern von „bergen" ableiten; während wir gerade „bergen" als: etwas in einen burgus stecken" und so schützen, auffassen möchten. Burgund soll gleichfalls seinen Namen von der Menge seiner uralten Burgen herzuleiten haben. Das Wort „Statt," Stette, zuerst in den Chroniken von St. Gallen aus dem zehnten Jahrhunderte gebraucht, bedeutet einfach Ort. Das altsächsische town kommt von Zaun, Umzäunung. Denn die Mauer bildet eben das äußere Zeichen der Stadt. Auch im Alterthume umgibt sich Samos, als es eine eigene Gemeinde wird, mit einer Ringmauer, Mantinea dagegen muß bei dem Verlust seiner Unabhängigkeit die seinigen niederreißen. Gfrörer (Gregor VII.) bemerkt: „Das älteste vorhandene flandrische Stadtrecht gehört dem Jahre 1068 an, Balduin ummauerte das Dorf Gerhardsberg und verlieh ihm städtische Gerechtsame." Die Ernährung einer derartigen, von freien Gutsherren angelegten und bezogenen, Festung geht aber im Anfange ganz in der nämlichen Weise vor sich, in welcher man auf dem einzelnen Gehöfde für die Bedürfnisse des Lebens sorgt. Ein jeder der unabhängig von einander auf dem geschützten Raume hausenden Burgmannen bezieht, ohne daß er dazu eines dazwischen tretenden Geldes bedarf, unmittelbar an den Rohstoffen selbst seinen Unterhalt von seinen draußen liegenden Feldern; wenn er vielleicht auch seine Kleidung und das benöthigte Geräthe von den in die Stadt mitgenommenen hörigen Leuten in der Stadtwohnung anfertigen läßt. Auf dieser Stufe der wirthschaftlichen Entwicklung im städtischen Daseyn enthält mithin auch das für die spätere Zeit durchaus unrichtige Wort: „Bürger und Bauer scheidet nichts als die Mauer," eine volle Bedeutung. Denn wie auf dem Lande, so kann auch während solcher Bedingnisse in der Stadt eine wirth= schaftliche Gegenseitigkeit der Bürger noch gar nicht Platz greifen. Bei den einfachen Lebensverhältnissen bedarf der Eine des Andern nicht; zu einer gemeinsamen Verwaltung ist gar keine Veranlassung vorhanden, es gibt noch nichts Gemeinsames. Der einzelne, in die Stadt übergesiedelte Grundherr lebt für sich; man kann mit Recht von ihm sagen: „Er ist bei weitem mehr noch selbstständiger Mensch als Bürger." Und diese Zustände zeigen sich im Alter= thume ganz gerade so wie im Beginne des Mittelalters. So lange Rom in seiner aus Viehzucht und Ackerbau bestehenden Natural= wirthschaft verblieb, als noch, statt der späteren Adler, Stangen mit einem Bündel Heu daran, wie die Sage berichtet, die ersten Feldzeichen der Quiriten waren, bildete ein jedes Patricierhaus mit seiner Klientenschaar eine in sich geschlossene gesellschaftliche Gruppe, welche mit der andern gleichartigen neben ihr so wenig in ökono= mische Berührung kam, daß der stattfindende geringe Verkehr noch ohne Beschwerlichkeit durch gegenseitige Abrechnungen (transscrip= tiones) der in die Hausbücher eingetragenen Posten (nomina), auf der Basis von Erzbarren, vermittelt werden konnte — die Stadt brauchte und kannte auch noch keine Münzen. Ja, sogar äußerlich wird zu solcher Zeit die Ringmauer der Gesammtburg lauter abgetrennte Einzelburgen umschließen, und innerhalb ihres Raumes von den einzelnen Familien noch tief ins Mittelalter hin= ein — Montecchi und Capuletti — manche Fehde ausgefochten werden müssen. Denn bloß ein Angriff von außen vermag durch die social=politische Einwirkung des Krieges, welche wir als Grund= schöpferin der Reiche kennen gelernt haben, die freien Stadtherren mit ihren Reisigen zu einer vorübergehenden gemeinschaftlichen Ver= theidigung zusammenzuführen und zu ordnen. Im Uebrigen lebt, wie gesagt, ein Jeder von ihnen für sich. Und unter solchen Ge= sichtspunkten hellt sich dann auch die für unsere heutigen Begriffe sonst völlig unverständliche Thatsache auf, daß nämlich, bei der auf

der Fläche fortdauernden Agrarverfassung, „die Germanen, obgleich
sie in den Städten wohnten, dennoch nicht zu denselben, sondern
zu ihren Gaugemeinden gehörten." Der Graf, in dessen Bezirk
die Felder des einzelnen Burgmannen lagen, blieb mit seinen
Schöffen und seinem Heerbanne das einzig für denselben zuständige
Gericht; der in die Burg gezogene Freigelassene zahlte seine persön=
lichen Abgaben an seinen früheren Herrn draußen auf der Fläche
weiter — die Stadt ist noch zu keinem selbstständigen ökonomisch=
socialen Organismus geworden.

Sehen wir für den Augenblick bei dem Verfolgen unserer
Construktion von allen geschichtlichen Möglichkeiten ab — der Graf
selbst konnte ja in der Stadt wohnen — und nehmen wir auch
noch keine Rücksicht auf das Hereinragen des ausgebildeten römischen
Städtewesens in die neu beginnende binneneuropäische Welt, so
mußte ein derartiger Zustand, zumal bei dem Mangel an Münze,
so lange unverändert bleiben, er konnte aus sich selbst heraus seine
wenigen gesellschaftlichen Fäden nicht zu einem Gewebe verschlingen;
so lange nicht etwa von außen fremde Elemente in ihn hineintraten.
Der leibeigene Handwerker war ja in der Stadt, ebenso wie draußen
auf dem Gehöfde, in keiner Weise im Stande, sich eine wirthschaft=
liche und somit rechtliche Unabhängigkeit seinem bisherigen Herrn
gegenüber zu erwerben. Mit dem ersten ausländischen Kaufmanne
jedoch, der seine Spezereien oder Gewerbswaaren aus der Fremde
in eine solche Festung bringt, beginnt alsbald ihre ganze gesell=
schaftliche Gliederung sich zu ändern. Das bewegliche Eigenthum
mischt sich wie ein Sauerteig unter den schwerfälligen Mehlsack des
alten städtischen Ackerbauthums ein. Es wandelt nicht nur den
darin vorhandenen einfachen Stoff in unaufhaltsamem, chemisch=
socialen Vorschreiten allmählig völlig um; sondern es sprengt auch
schließlich, im Laufe der Jahrhunderte, den Sack selbst, die Ring=
mauer, auseinander, so daß das städtische Leben sich über die wirth=
schaftlich ganz anders geartete Ackerfläche zu verbreiten droht. Und
zu dieser kaufmännischen Thätigkeit verwandte die Weltgeschichte,
wie wir hervorgehoben haben, am Anfange des Mittelalters die
Juden. Denn in dem syrischen Händler kommt nun zu den grund=

besitzenden Bürgern und ihren kapitallosen Leibeigenen ein Mensch, der nicht etwa, wie die letzteren, seine Handarbeit gegen Nahrung, Kleidung und Wohnung umtauscht und so in die tagelöhnernde Knechtschaft des Gutsherrn geräth, bei dem er lebt; sondern welcher, unabhängig als sein eigener Herr, Waare gegen Waare umsetzt. Bis dahin besteht das einzig vorhandene bewegliche Eigenthum in Vieh und Geräthen und ist ein Zubehör der Hufe, zu dessen Bewirthschaftung es dient. Fortan treten daneben die eigentlichen „Fahrnisse" auf, die in gar keiner direkten Beziehung mehr zu dem einzelnen Acker stehen, und mit der im Rechte freien fahrenden Habe wird die Person, die von derselben lebt, frei dem Grundeigenthümer gegenübergestellt. Siedelt sich der Kaufmann nämlich vielleicht gar innerhalb der Ringmauern an, um seinen Handelsgeschäften einen stetigen Mittelpunkt zu geben, so taucht in ihm, zwischen den bisher allein dort wohnenden grundherrlichen Patriziern und ihren agrarischen Klienten, der wirthschaftlich freie Plebejer empor, der nach und nach eine Reihe von Genossen hinter sich drein zieht. Ist es doch klar, wie der fremde Händler gegen seine von auswärts gebrachten Kostbarkeiten sich selber von den städtischen Grundherren Korn und Kleidungsstoffe zum Lebensunterhalte geben läßt; in gleicher Weise kann er auch den bei diesem Austausche gewonnenen Ueberschuß, den er für sich nicht verzehrt, dritten, neu auftretenden Gewerbsleuten gegen etwelche, für ihn vortheilhafte Dienstleistungen überlassen. Dieselben sehen demnach durch diese seine Vermittlung sich bei ihrer Arbeit nicht mehr geradezu von den die Rohstoffe liefernden Burgmannen abhängig. Sie beziehen vielmehr fortan ihren Bedarf von ihm, obschon sie noch immer, wenigstens mittelbar, auf die Erträgnisse der städtischen Felder hingewiesen bleiben. Aber der Kaufmann vermag, einen Schritt weiter gehend, für die von jenen Gewerbsleuten verfertigten Machwaaren das benöthigte Korn sogar außerhalb des Stadtweichbildes herkommen zu lassen. Dadurch werden nun die bis dahin leibeigenen Handwerker in wirthschaftlicher Hinsicht völlig auf ihre eigenen Füße gestellt. Denn, wenngleich sie fortan des Handels nicht mehr entbehren können, und jede dauernde Stockung des Absatzes sie in

die alte Knechtschaft zurückzuwerfen droht, so besitzt doch der Kauf=
mann seinerseits auf die Länge nicht genug Handhaben, um die
von ihm beschäftigten Arbeiter in eine neue Leibeigenschaft hinab=
zudrücken. In dem lebhafter sich gestaltenden Verkehre wird nämlich
der Austausch von Arbeit und Eigenthum bald so mannigfaltig,
daß er eines allgemeinen Tauschträgers, des Geldes, bedarf. So=
bald indessen der Handwerker erst einmal für seine Arbeit Münze
erhält, mittelst welcher er nunmehr die Bedürfnisse seines Unter=
haltes kaufen kann, wo er will, bildet er ein wirthschaftlich selbst=
ständiges Mitglied der Gesellschaft, das sich seine politische Aner=
kennung unausbleiblich erringen wird. Es ist in dem Entwicklungs=
gange der Stadt Rom fürwahr kein zufälliges Zusammentreffen,
daß, als Servius Tullius in seiner Verfassung den Plebejern staat=
liche Rechte verlieh, er geprägtes, leicht umlaufendes Geld einführte.
Unter den Königen hatte Rom, wie gesagt, Erzbarren, die man
jeden Augenblick zu Geräthen gebrauchen konnte, als gangbarste
Waare, als Geld, nachdem bei den abnehmenden Weiden die Zah=
lungen nicht mehr in Vieh geleistet wurden. Diese Erzstäbe, aes
rude, waren mit Einschnitten zu je 100 As versehen; später wurde
das aes grave nur der Grundmesser der von den Doriern in
Sicilien und Italien herübergenommenen Silbermünze, welcher dann
leichte kupferne Scheidemünze untergeordnet ward.

Zwar müssen, wenn eine derartige Festung sich bei ihrem
weitergeführten gesellschaftlichen Ausbau, aus eigenem Antriebe oder
nach fremdem Muster, gleichfalls zu einem geordneten Ganzen zu=
sammenschließt, die Patrizier, nämlich die ursprünglichen Grund=
herren, etwa in Gemeinschaft mit den angesiedelten reichen Kauf=
leuten, natürlich zuerst die Herrschaft über die Stadt in die Hand
nehmen. Bald aber wird bei anschwellendem Verkehre der Gewerbe=
stand seinen Antheil am Rathe fordern. Wenn daher Macchiavelli
den Gonfalonier Luigi Guicciardini im Namen der Signori zu
dem Anführer der aufständischen Zünfte von Florenz sagen läßt:
„Was werdet ihr von den Gütern, die ihr geraubt habt und noch
raubt, anderes haben als Armuth. Es sind dieselben Güter, welche
durch unsern Fleiß die Stadt ernähren. Sind wir derselben

beraubt, dann werden wir die Stadt nicht mehr ernähren können;" so hatten die Handwerker allen Grund, ihm darauf zu antworten: „Wir kaufen alsbann das benöthigte Korn, gegen unsere Gewerbs= erzeugnisse, aus der Ferne" — obgleich der florentinische Sekretär zu diesem einfachen Schlusse nicht gelangt. Zuerst wird, wie dar= gethan ist, der dritte Stand, durch den Handel, in wirthschaft= licher Beziehung von dem Ackerbauweichbilde seiner Stadt unab= hängig: das ganze Land, sein Absatzgebiet, ernährt ihn. Später, bei Ausbreitung des Weltverkehrs, greift seine ökonomische Basis auch über die Grenzen seines vaterländischen Reiches hinaus: die gesammte Erde liefert ihm die zu seinem Leben erforderlichen Stoffe für seine Machwaaren. In diesem Umstande wurzelt der kosmo= politische Charakter des Bürgerthums, welcher heutzutage den inter= nationalen Staatsverhältnissen eine hohe Bedeutung verleiht. So interessant daher in social=historischer Hinsicht die bekannte Fabel des Menenius Agrippa von der Aufgabe des Magens im Körper immerhin ist, weil sie für die Zeit ihrer Entstehung den Beweis liefert, daß die Stadt Rom sich als wirthschaftlichen Organismus erfaßt hatte; so wohnt derselben für die späteren Jahrhunderte mit ihrer reichen Verzweigung des Handels keine Wahrheit mehr bei.

Wir haben jedoch, ehe wir weiter gehen, gestützt auf die obige Dar= legung der städtischen Verhältnisse, einen Irrthum zu berichtigen, der noch allgemein im Betreff der geschichtlichen Einwirkungen des Christen= thums vorherrschend ist. Es heißt nämlich, daß das Christenthum durch den sittlichen Inhalt seiner Lehren die Sklaverei beseitigt habe. Weil dieses Glaubensbekenntniß zuerst in der Geschichte den Satz auf= gestellt hat, daß alle Menschen, einerlei in welchem Staatsverbande sie leben, Gottes Kinder sind; so wird daraus der Schluß gezogen, die unmittelbare Herrschaft des Menschen über einen andern Men= schen sey nun einzig und allein mit der Ausbreitung der christlichen Religion durch die Forderung der allgemeinen Bruderliebe beseitigt worden. Indessen waren einerseits schon vor Christi Geburt inner= halb des römischen Staates die Freilassungen der Sklaven immer häufiger geworden, trotzdem daß im Alterthume die ersten Phi= losophen die Sklaverei als eine natürliche, zu Recht bestehende

Einrichtung anerkannt hatten. Und ferner tritt Jesus selber, der, selbstbewußt, „kein Reich von dieser Welt" stiften will, nirgends gegen die gesellschaftlichen Zustände seiner Zeit auf. Er läßt „dem Kaiser, was des Kaisers ist;" er kümmert sich um die bestehende Ordnung der Verhältnisse gar nicht. So schreibt denn auch Paulus den Sklaven von Ephesus ausdrücklich, „daß das Evange= lium ihre Pflichten in nichts verändere." Im alten Testamente steht allerdings das Gesetz (2. Moses 21, 16 und 5. Moses 29, 7): „Wer einen Menschen stiehlt und verkauft, daß man denselben bei ihm findet, der soll des Todes sterben." Die Bestimmung ist aber augenscheinlich nicht gegen den Bestand der Sklaverei gerichtet, welche (3. Moses 25, 24 ff.) geradezu gestattet wird, sondern sie wendet sich gegen das Verbrechen, einen freien Menschen zu rauben. Deß= wegen tritt denn auch die Kirche, selbst im sechsten Jahrhundert, wo sie doch schon eine volle sociale Bedeutung erlangt hatte, keines= wegs unmittelbar gegen den Bestand der Sklaverei auf. Von den fränkischen Concilien wird den Juden nur eingeschärft, ihren christ= lichen Sklaven nichts zu gebieten, was den Satzungen des Christen= thums zuwiderläuft. Und selbst wenn auch die Geistlichkeit in ihrem Kampfe gegen das Heidenthum der alten Welt damals beschließt, das Lösegeld für diejenigen zu sammeln, welche die Hülfe der Kirche gegen ihre Herren anrufen würden; wenn sie da, wo sie die poli= tische Macht besitzt, erklärt, daß die christlichen Sklaven den Juden um 12 Solidi weggekauft werden dürften, und alle die Sklaven ohne weiteres frei seyen, welche nicht um diesen Preis von ihren Herren hergegeben würden — so verordnen die Concilien selber, daß die Loslassung aller zum Heidenthume wieder abgefallenen Sklaven nichtig seyn solle. Deßhalb besteht denn auch im Mittel= alter die Sklaverei unangefochten viele Jahrhunderte lang. Christ= liche Kaufleute an der Donau wie zu Venedig, an der Themse wie an der Seine treiben bis zu den Kreuzzügen hin einen ein= träglichen Handel mit Sklaven, ohne daß sich die Kirche in das Geschäft mischt. „Das gemeine Volk in England," sagt Wilhelm von Malmsbury, „ist bei den Angelsachsen immer eine Beute der Großen gewesen; sie verkaufen die Bauern als Sklaven, die Mägde als Huren." Sogar noch 1332 wurde, nach Roth (Geschichte des Nürnberger Handels) ein siebenzigjähriger Türke nach Nürnberg gebracht und dort für drei Gulden verkauft. Und wie die Kirche sogar in der neuen Welt die Einführung der Sklaverei nicht verhindert hat, ebenso wenig hat sie im Mittelalter die Bande der Hörigkeit zu lösen gestrebt. Im Gegentheile, es suchte der siebente Canon der Synode von Agde im Jahre 506 die Losgebung der Leibeigenen geradezu zu erschweren, von deren Arbeit die Kirche auf ihrem Grundbesitze Nutzen zog; und später verwandelte die Geistlichkeit namentlich in Deutschland viele gemeine Freien in Leibeigene. Wohl unterscheidet sich die Leibeigenschaft der europäischen Ackerbauvölker wesentlich von der Sklaverei in den Städten des Alterthums. Der an die Scholle gebundene Hörige ist der Thatsache nach ein Zubehör des Bodens, auf welchem er arbeitet, der ihn aber auch, wenn er arbeitsunfähig geworden ist, ernähren muß. Dazu ist er an Leib und Leben geschützt; während die Sklaven in Griechenland und Rom, meistens Kriegsgefangene, bloß das Arbeitsthier ihres Herrn abgaben. Trotzdem hätte das Christenthum, wenn es die gesellschaftliche Welt nach der Lehre der Gleichheit der Menschen vor Gott und der allgemeinen Bruderliebe, unmittelbar organisirend, hätte einrichten wollen, die Hörigkeit ebenso wie die Sklaverei verdammen müssen. Wie aber die feudale Hörigkeit ein naturgemäßes Produkt der feudal-agrarischen Gesellschaftsverhältnisse ist, so konnte sie auch nur mit einer Aenderung der Zustände selber, aus denen sie erwachsen, aufhören. Es ist eben die steigende Macht des beweglichen Eigenthums, die in Betreff der Sklaverei sowohl als der Hörigkeit unabläßlich zu der Befreiung der Menschen hingewirkt hat. Je mehr in Rom Handel und Gewerbe sich hoben, nahm auch die Masse der Freilassungen zu. Nachdem einmal bei der fortschreitenden Theilung der Arbeit die Ausübung vieler nützlichen Künste in die Hände der Sklaven übergegangen war, lag bei derselben bereits eine so große wirthschaftliche Macht, waren überhaupt die ehemaligen ökonomischen Zustände Roms so völlig anders geworden, daß demzufolge die ehemaligen Rechte sich ebenfalls ändern mußten. Und mitten in dieser Zeit greift die Aus-

breitung des Christenthums in die römische Geschichte ein. Die
Lehre von der Gleichheit der Menschen vor Gott, die Forderung
der allgemeinen Bruderliebe geht Hand in Hand mit den Einwir=
kungen der wirthschaftlichen Hebel auf das Rechtsgebiet. Weil die
Möglichkeiten der Nahrungswelt sich vervielfacht hatten, fanden sich
die Gemüther der Menschen allerdings wohl geneigter, ihre Sklaven
frei zu lassen; und so sehen wir in allen mit dem ehemaligen römi=
schen Güterleben überzogenen Gebieten der christlichen Religion im
Laufe von vierzehn Jahrhunderten die Sklaverei im Sinne des
Alterthums verschwinden. Dagegen bleibt die auf eigenem Boden
entstandene Leibeigenschaft des Ackerbauthums trotz des Christenthums
überall fortbestehen, bis das bewegliche Eigenthum endlich auch ihre
Ablösung von der Scholle durchsetzte. Darum leitet sich denn mit
dem Beginn des Städtewesens im mittleren Europa auch nach dieser
Seite ein so großartiger socialer Umwandlungsproceß ein.

Es gehört bekanntlich zu den vielberegten Fragen der mittel=
alterlichen Rechtsgeschichte, ob die Städteverfassungen in den neu=
gebildeten Binnenreichen unmittelbar aus den erhaltenen Resten
der römischen Formen hervorgegangen sind, oder nur, nach der
Ueberlieferung, die römischen Einrichtungen und Namen sich an=
geeignet haben. Halten wir nun den oben dargelegten Aufbau
einer Stadt fest, so wird sich für den Streitpunkt vielleicht eine
vermittelnde Entscheidung ergeben; worin wir zugleich eine ge=
nügende Erklärung für die an sich seltsame geschichtliche Erscheinung
bekommen, daß, wie Blanqui es ausdrückt, „fast gleichzeitig die
Gemeinden in Italien, Spanien, Deutschland, Frankreich, Eng=
land entstehen, und es den Anschein hat, als ob Genua, Florenz,
Venedig, Barcelona, Bremen, Lübeck, Hamburg, Brügge, Paris,
London, Lyon, Marseille eine Zeitlang durch die nämlichen Ge=
setze geleitet würden." — Dieselben wirthschaftlichen Grundverhält=
nisse werfen dieselben politischen Einrichtungen auf!

Die Verfassung der Stadt Rom war allerdings mit der weite=
ren Ausbreitung des römischen Reiches das Muster für alle unter=
worfenen Plätze des „Erdkreises" geworden. Ihren Grundzügen
gemäß hatten zunächst die italischen Städte, welche nach Beendigung

des italischen Krieges für ihre Einwohner das römische Staats=
bürgerrecht erwarben, die ihnen selbstständig überlassene innere
Verwaltung eingerichtet; mochten sie nun als Municipia oder Co=
lonien bestehen. Und nachdem seit dem britten Jahrhundert alle
Provinzialen gleichfalls das römische Bürgerrecht erlangt hatten,
waren die Provinzen diesem Beispiele mehr oder weniger frei=
willig gefolgt, sobald es sich nicht etwa um die ganz kleinen Ge=
meinden der Fora, Conciliabula und Castella handelte. Denn
wenn auch die römische Herrschaft bei der ersten Eroberung der
binneneuropäischen Länderstrecken manche alten Verhältnisse der
dort noch ungebrochenen Ackerwirthschaft fortbauern lassen mußte,
weil die den mehr ausgebildeten Zuständen Italiens entlehnten
Formen sich für den Norden nicht eigneten; so war doch in der
spätern Kaiserzeit das bewegliche Eigenthum in dem innern Spanien
und in Gallien so weit entwickelt, um leichter römische Einrich=
tungen zuzulassen. Namentlich tritt Gallien, das unter der römi=
schen Regierung zwölfhundert Städte gezählt haben soll, sehr früh
in eine lebhafte wirthschaftliche Bewegung ein. Schon als Cäsar
sich in Gallien befand, blühte Vesontio (Besançon) als Handels=
platz. Die Gallier waren, wie Pfaff (deutsche Geschichte) bemerkt,
„in jeder Art des Bergbaus erfahren; ihre Minir= und Belage=
rungskünste wetteiferten mit denen der Römer. Sie hatten einen
regen Verkehr und bedienten sich des gemünzten Geldes sowie grie=
chischer Schriftzeichen. In den Küstenstädten blühete die Schifffahrt,
und ihre Marine war der römischen anfangs überlegen. Die Rö=
mer rühmten die angenehme Einrichtung ihrer Wohnungen und den
guten Tisch, den sie führten. Das Volk trank Bier aus Weizen
und Honig, die Reichen Wein, der aus Italien oder Massilia kam.
Bald verbreitete sich der Weinbau auch im südlichen und mittleren
Gallien, und nächst Massilia lieferte Vienna das beste Gewächs.
Nach den Zeugnissen der Alten und nach den Geräthen und
Schmucksachen zu schließen, die sich in den alten celtischen Grab=
hügeln finden, und die viel Geschmack und Kunstfertigkeit verrathen,
war den Galliern keine Art von Luxusarbeiten in Edelsteinen und
Metallen, in Bernstein, Horn, Leder, Holz, Glas u. dgl. fremd.“

Der uralte Durchfuhrhandel, der sich von Massilia aus nach der Insel Wight, dem Stapelplatz des Bernsteins für den Westen, quer durch das Land zog, hatte in Gallien früh ein regeres wirthschaftliches Leben hervorgerufen. Daher konnte denn der Codex Theodosianus seine Bestimmungen über die Decurionen auch auf Gallien ausdehnen, in dessen verschiedenen Provinzen sogar die Namen Senat und Senator, statt Curie und Decurio, häufiger gebraucht wurden. Allein so sehr man es immerhin betonen will, daß unter der Römerherrschaft die binneneuropäischen Städte sich nach römischer Schablone einrichteten; man soll es doch fortwährend im Auge behalten, wie die Stadtverfassung Roms überhaupt aus einer gesunden, regelmäßigen ökonomisch-socialen Entwicklung hervorgegangen ist und somit in ihren Grundlinien für jede selbstständige Stadtgemeinde damals, wegen der überall so ziemlich gleichen Verhältnisse, leicht passen konnte. Niebuhr sagt: „Auch der übrigen italischen Städte frühe Verfassung war aristokratisch, und ihre Form läßt sich errathen: die Geschlechter, welche von den Conquistadores stammten, etwa in drei Phylen, allein zur Obrigkeit wählbar; die übrigen als Bürger angenommenen Griechen, in andern Stämmen mit jenen wählend, selbst jedoch nicht wählbar; in der Stadt sehr viele Isotelen und Isopoliten; die Landleute Leibeigene." Der Geschichtsforscher zeichnet aber mit diesen flüchtigen Strichen zugleich die städtischen Bestandtheile, wie sie sich uns bei Beginn des Mittelalters im inneren Europa ebenfalls darbieten .... ursprünglich natürlich aus den Bedingnissen des Stadtlebens während der Zeit des weit überwiegenden Ackerbaus emporgewachsen. Und man wird es daher bei diesen Gesichtspunkten leicht verstehen, daß nach dem vernichtenden Wogenschwalle der Völkerwanderung das Bürgerthum, als es sich auf den Trümmern der römischen Städte in der Lombardei, Frankreich und am Rheine neu einrichtete, seine den früheren römischen Verhältnissen ungefähr gleichen gesellschaftlichen Zustände auch unter die überlieferten römischen Formennamen zusammenfaßte. Savigny mag wohl darin Recht haben, „daß in mehreren Städten Frankreichs eine Tradition von ununterbrochener Fortdauer der römischen Verfassung bis auf unsere Tage gekommen sei." In Rheims wurden, wie er angiebt, schon im zwölften Jahrhunderte Ansprüche auf diese Tradition gegründet; „und als im sechzehnten Jahrhundert das Edict von Moulins die städtischen Gerichte aufhob, erhielt Rheims wegen dieses hohen Alters seiner Rechte eine Ausnahme von dem Edikt, obschon eigentlich Toulouse, Lyon, Boulogne, Angouleme und andere mehr in derselben Lage waren." Wir wollen es ferner nicht in Abrede stellen, daß Montesquieu in dem bekannten Streite mit Dubois noch bis in seine Tage hinein den Unterschied des römischen und fränkischen Rechtes in den einzelnen französischen Stadtverfassungen erkennen konnte. Im Allgemeinen gilt in Frankreich die Ansicht, die Vereinigung der Bürger zum Zweck gegenseitigen Schutzes sei deutschen, d. h. unmittelbaren Ursprungs; die Municipalität, d. h. die Gliederung der städtischen Verwaltungsbehörden, sei dagegen weniger deutsch als römisch. Die alten Formen erfuhren jedoch lediglich deßwegen ihre Wiederbelebung, weil die lombardischen freien Städte, „den römischen Municipien so ähnlich," zu jener Zeit aufs neue dieselbe Stufe der wirthschaftlichen Entwicklung erreicht hatten, auf welcher sie während der Blüthe des römischen Staates gestanden waren. Auf der agricolen Grundlage der longobardischen, fränkischen, italischen und deutschen Geschlechter, die Kaiser Otto auf der Poebene wieder in die Städte zusammentreten ließ, nahm das bewegliche Eigenthum an der Hand des allmählig frisch sich belebenden italischen Handels den nämlichen Gang der politischen Ausbildung, wie einst in Rom oder gleichzeitig im südlichen und mittleren Frankreich und im rheinischen Deutschland. Denn auch in den letzteren Gegenden machten grundherrliche Familien, „die von dem Ertrage ihrer in der Umgegend liegenden Feldern lebten," in Verbindung mit den Kaufherren den Stamm der städtischen Bevölkerung aus.

Nach den zerstörenden Einwirkungen der Barbarenzüge, welche allerdings nach Giambattista Vico's richtiger Auffassung die gesammte europäische Entwicklung so ziemlich auf ihren Urzustand zurückzwingen, luden aber die Trümmer der römischen Niederlassungen im mittleren Europa um so eher zu neuen Ansiedlungen von der Fläche aus ein, als dieselben, abgesehen von den vielleicht noch halbwegs brauchbaren Ruinen, strategisch wie commerciell sehr günstig gelegen waren. Sind doch an den Ufern des Rheins wie der Donau die römischen Städte fast sämmtlich an der Mündung der aus dem Innern kommenden Flüsse oder sonst an Plätzen gegründet, von denen aus ein größeres Verkehrsgebiet sich leicht beherrschen läßt. Man denke an die Lage von Köln, Trier, Bonn, Koblenz, Mainz, Worms, Speier, Straßburg, Basel, Constanz, welche Plätze insgesammt römischen Ursprungs sind; dann an Augsburg, Regensburg, Passau, Salzburg u. a. Außerdem mochte wohl die römische Kirche nach hergestellter Ruhe gern wieder an die in alter Heiligkeit verehrten Mittelpunkte ihrer früheren Sprengel anknüpfen. Und so sehen wir denn in dem vom Rheine westlich gelegenen Theile des christlichen Europas wie in dem südlichen Deutschland bei dem Anfange der Städtebildungen von vornherein die oben berührten Mischzustände eintreten: auf dem Sitze eines Bischofs oder auf königlichem Grund und Boden finden sich unter den Feudal= oder Schutzangehörigen zugleich adelige Geschlechter, hervorgegangen aus Ministerialen oder auch als Nachkommen von Landedelleuten, ein; Kaufleute und Handwerker, Ueberreste der römischen Welt oder vielleicht schon einzelne Freigelassene, treten hinzu — die Basis der Stadt ist fertig. Eichhorn meint: „Unstreitig sind die bischöflichen Städte die ältesten in Deutschland. Am nächsten mögen ihnen die königlichen stehen. Erst später sind Orte, wo Höfe des weltlichen Adels lagen, zu Städten geworden." Bei allen drei Entstehungsarten behalten indessen die verschiedenen Bestandtheile noch Jahrhunderte lang ihre abgesonderten Gerichtsstände bei .... der Kirchenvogt waltet für die Angehörigen der geistlichen Güter in der Stadt wie auf dem Lande neben dem Grafen, Vogten oder Schulzen und ihren Heerbanns= mannen oder Vasallen fort; bis endlich, wie wir später sehen werden, der dritte Stand die Stadt zu einem eigenen Organismus von lauter Bürgern zusammenzieht.

Nur im östlichen Deutschland, da wir hier der im zweiten Jahrhunderte v. Chr. zu Alexandria verfaßten deutschen Städtetafel

von Claudius Ptolemäus mit ihren 94 Städtenamen keine weitere
Aufmerksamkeit schenken, an den Grenzen der slavischen Gebiete,
nehmen die Städtebildungen einen einfacheren Ausgang. Statt
der verschiedenen Stände, die im Westen innerhalb der Mauern
zusammentreffen, sind es nämlich ursprünglich meistens nur Kauf=
leute und Gewerbtreibende, welche in Sachsen und Thüringen auf
Betrieb von König Heinrich, dem Finkler, sich in den Burgen
niederlassen. Denn zum Schutze jener den Magyaren offen stehen=
den Gegenden suchte dieser niederdeutsche Fürst dort eben solche
feste Plätze zu errichten, als er am Rheine bereits antreffen
mochte. Er gebot deßhalb zunächst, daß fortan die drei großen
Landdinge sammt dem „Kopen und Verkopen" nur in befestigten
Orten stattfinden solle. Die Gerichtsbeamten und die Handelsleute
geben demnach den Grundstock der Bevölkerung ab. Damit es aber
den also angelegten Burgen durchaus nicht an Nahrung fehle,
mußte noch außerdem der neunte Heerbannsmann von der Fläche
in die Stadt ziehen, dem dann die übrigen draußen wohnenden
Genossen jährlich den dritten Theil von dem Ertrage ihrer Felder
abzuliefern hatten. So seltsam uns diese Einrichtung gegenwärtig
auch erscheinen mag, so würde man doch zu der damaligen Zeit
wohl schwerlich auf irgend eine andere Weise im Osten von Deutsch=
land Grenzfestungen errichten und die nothwendige Besatzung darin
haben unterhalten können. Eigentliche a l t grundherrliche Geschlechter,
wie am Rheine, vermögen daher die östlichen Städte im Mittelalter
auch nicht aufzuweisen. Der neunte Heerbannsmann lebte ja nicht
von seinen eigenen Grundgütern, sondern nur von der Natural=
steuer der Höfebesitzer auf dem Lande, ein wirthschaftlicher Boden,
der keinen sicheren Familienbestand vom Vater auf den Sohn zu
übertragen vermochte. Nur in Danzig und Königsberg werden zur
Zeit der Hanse „Junkerhöfe" im Gegensatz zu den „Gemeindegütern"
erwähnt. In den übrigen östlichen Plätzen liegt das städtische Pa=
triciat vielmehr von vornherein im Handelsstande, den freilich sein
königlicher Beschützer alsbald auf dieselbe Stufe mit dem Herren=
stande gehoben hat. D i t m a r (in chron. L. l.) sagt von dem
Könige: „Er hielt die Städter in höheren Ehren als es bisher

geschehen war und verlieh ihnen dazu entsprechende Freiheiten." Noch aber war das Verkehrsleben im mittleren Europa zu schwach, um das Bürgerthum schon zu einer politischen Bedeutung emporzuheben. Denn bis zu welchem Grade die socialen Rückwirkungen des damaligen Handels auf die schwerfälligen Zustände des Ackerbauthums im großen Ganzen noch verschwinden mußten, erhellt alsbald, wenn man dem Wesen der Güterbewegung vor der Eröffnung der Kreuzzüge seine Aufmerksamkeit zuwendet.

Als unzweifelhaften Ausgang läßt sich dabei wohl der Satz hinstellen, daß in diesem Zeitraume der Verkehr ohne Ausnahme als Eigenhandel auftrat. Bei der Unsicherheit der Reisen, bei dem völligen Mangel an einer geregelten brieflichen Verbindung, da die Scaremannen, welche die Botendienste thaten, nur von den reichen Adeligen gehalten werden konnten, ja bei der durchgehenden Unbekanntschaft des Gewerbestandes mit der Schreibkunst selbst, war in jenen Jahrhunderten an die Möglichkeit eines Commissions- oder Expeditionshandels im heutigen Sinne des Wortes nicht zu denken. Der Kaufmann sah sich genöthigt, wie in den früheren Perioden des Alterthums, in eigener Person mit seinen Waaren auf den Markt zu ziehen und selber die für seine Abnehmer bestimmten Sachgüter eben da abzuholen. Damit ist jedoch keineswegs gemeint, daß er nun auch seine Ballen jedesmal unmittelbar dem Verbraucher zuführte. Es fand vielmehr, wie bei dem asiatischen Karawanenhandel, an einzelnen Orten hauptsächlich nur Zwischenverkehr unter den aus den verschiedenen Gegenden zusammengekommenen Handelsleuten statt. Allein sie tauschten stets Eigenthum gegen Eigenthum; sie setzten nicht etwa Güter ab, die ihnen von Andern zum Verkauf anvertraut waren. Und wenn in den alten Urkunden reisende avarische, wendische, Regensburger, Kölner oder friesische Kaufleute aufgeführt werden; so versteht es sich von selbst, daß diese immer als Begleiter ihrer eigenen heimathlichen Erzeugnisse oder der dafür in ihr Eigenthum gebrachten fremden Produkte aufzufassen sind. Ob sich unter ihnen auf ihren Handelsfahrten bereits vor dem Schlusse des eilften Jahrhunderts gewisse körperschaftlichen Verbindungen eingerichtet haben, ob die Kaufmannsgilden, deren Ursprung man sonst gewöhnlich in die Zeit Heinrichs IV. verlegt, wo ihrer in den Quellen zuerst gedacht wird, nicht schon viel früher, zum mindesten embryonisch vorhanden waren, darf keinenfalls ohne weiteres verneint werden. Sagt doch schon das an einem andern Orte bereits angeführte westgothische Gesetz, „daß die überseeischen Kaufleute" bei ihrem „Zöllner" nach ihren eigenen Gesetzen gerichtet werden sollen, wobei wir uns dann wohl unter diesem Zöllner den Kassenmeister der Händler zu denken haben, welcher die ihnen auferlegten commerciellen Abgaben dem Könige abliefert. Im zehnten Jahrhunderte nimmt der „Hansgraf" in Nürnberg für die Kaufleute vom Rhein und aus Niedersachsen eine ähnliche Stellung ein. Und da bereits unter den Karolingern die weltliche wie kirchliche Gesetzgebung gegen das zu kriegerischen Zwecken oder Trinkgelagen bestehende Brüderschaftswesen gerichtet ist; so liegt auch das gleichzeitige Vorhandensein von Schutzverbrüderungen im Handelsstande nicht allzu fern. Wir können es uns nämlich nicht denken, daß Menschen, welche in denselben Angelegenheiten zusammen oft in den nämlichen Gegenden zu reisen gewohnt sind, nicht bald irgend eine geordnete Arbeitstheilung — etwa unter einem „Aeltesten" (sub seniore) — gliedern sollten, zumal in jenen Tagen, wo die Mannigfaltigkeit der unterwegs zu bestehenden Gefahren und die geringe Ausbildung des Handels selbst es den Einzelnen vollkommen vergessen machen mußte, daß sein Reisegefährte sein Geschäftsnebenbuhler sei. Die Heimathgenossen handelten gewiß von vornherein schon aus dem Grunde auf gemeinschaftliche Rechnung, weil eine genaue gegenseitige Abrechnung der auf dem Wege oder Marktplatze einander geleisteten Dienste bei dem rohen Zustande der damaligen Geldwirthschaft so gut wie unmöglich war. Das Wort „Gilde" rührt ja von dem Geldeinschuß (collectam, quam vulgo „geldam" vocant) her, welchen die einzelnen Kaufleute in die gemeinschaftliche Reisekasse zu zahlen hatten, und die so entstandenen „Gyninge" (Innungen) wurden auch „Verschwörungen" (conjurationes) genannt, weil ein Jeder sich bei seinem Eintritte in die Verbrüderung mit einem Eide verpflichtete, die Interessen derselben zu wahren.

Zusammen aber mußten die Kaufleute einer und derselben Stadt oder eines weiteren Bezirkes, abgesehen von den Gefährdungen auf ihrer Straße, schon deßwegen reisen, weil sie ja meistens zu einer bestimmten Zeit auf dem nämlichen Markte einzutreffen hatten. Dieselben wirthschaftlichen Ursachen, welche in Asien die Karawanen hervorriefen, bildeten in Europa die Kaufmannsgilden. Denn ohne die, unter den Handeltreibenden eines größeren oder kleineren Umkreises sich von selbst ergebende Uebereinkunft, zu einem festgesetzten Tage an einem passend gelegenen Ort für den „Umschlag" sich einzustellen, ohne die Messen wäre ja für die Binnenreiche unseres Erdtheils ein nur einigermaßen geregelter Waarenaustausch im Mittelalter gar nicht zu bewerkstelligen gewesen. Es mag zwar immerhin gern zugestanden werden, daß die Messen aus den großen, jährlich wiederkehrenden kirchlichen Feierlichkeiten zu Ehren eines Heiligen hervorgegangen sind; wie denn auch heute noch so ziemlich alle Jahrmärkte in Deutschland Kalendernamen tragen. Die Hausirer benützten in Asien wie in Europa sehr früh den Zusammenfluß von Menschen bei religiösen Festen zum Absatze ihrer Waaren. Ein arabisches Sprüchwort bezeichnet den Handel geradezu als „unzertrennlich vom Glauben." Allein das ökonomische Grundwesen der Messen, die Ursache ihres langen Bestandes ist doch darin zu suchen, daß in allen Ländern, wo die Verfrachtung und der Geldumlauf noch wenig ausgebildet sind, wo also der Kaufmann seine Güter in eigener Person begleiten und die fremden selber einkaufen muß, er nicht etwa monatlich hin und herpilgern kann, sondern zu einer allgemein bekannten Zeit sich auf das Emporium begiebt, um dort seine Geschäfte für eine längere Frist zu bereinigen. Selbst gegenwärtig erfordert nicht nur das agrarische Leben überall, in Frankreich, England und Deutschland, vielfach z. B. für seine Wollschur und den Viehabsatz derartige wiederkehrende Verkaufstage in einer benachbarten Stadt, auch der Handel vermag in Ländern von vorwiegendem Ackerbau noch der Messen keineswegs zu entbehren. So findet, von den großen Messen im Innern Rußlands abgesehen, der agricole Osten Europas in Leipzig, welchem Platze Markgraf Diedrich von Landsberg

1268 das Privileg gab, „daß die Kaufleute aller Nationen dort die Freiheit des Meßbesuchs, selbst in Kriegszeiten, haben sollten," auch heute noch seinen Hauptberührungspunkt mit dem westeuropäischen Welthandel. Ohne dieses ungeheure Ackerbau=gebiet zwischen dem weißen und dem schwarzen Meere als Hinterland wäre bei den in Deutschland nach allen Richtungen hin jetzt ange=knüpften unmittelbaren Handelsverbindungen die Leipziger Messe ebenfalls schon längst nichts weiter als eine volksfestliche Kirchweih für den Kleinverkehr. Die Stellung der Messen, in Süddeutsch=land früher auch „Hochzeiten" oder „Dulten" genannt — wahr=scheinlich von indulgere abzuleiten, d. h. den fremden Kaufleuten innerhalb der Meßzeit den Verkehr in der Stadt erlauben — ist daher in dem gesammten mittelalterlichen Güterleben durchweg die=selbe. Findet während des hier behandelten Zeitraumes der große, ganz Europa angehörende binnenländische Weltverkehr zu Lorch, Frankfurt, Bardewik, zu Genf, St. Denys und Troyes, seine Knotenpunkte; so bilden wiederum die aus dem großen Strome abgeleiteten kleinen Rinnsale in den einzelnen Landstädten Sam=melgefäße minderen Umfangs, von denen aus die Waaren zu Handen der eigentlichen Verzehrer, zunächst wohl der umwohnenden Gutsherren, gegen Bezahlung mit landwirthschaftlichen Erzeugnissen gelangten. Nicht dem zu Grunde liegenden ökonomischen Gesetze nach, sondern bloß in Rücksicht auf die Menge und die Art der zu Verkauf gebrachten Sachgüter unterscheiden sich daher in Deutsch=land die später sogenannten „Reichsmessen" von den Jahrmärkten der Nebenörter. Ja, das schon unter den Karolingern vorkom=mende mercatum hebdomadale, der Wochenmarkt, ist von dem mercatum annale, dem Jahrmarkte, gleichfalls bloß in Hinsicht auf die Masse und den örtlichen Ursprung der Verkaufsgegenstände verschieden. Der Bauer, welcher seine gezogenen Gemüse zu Markte bringt, der hörige Handwerker, der dort die von ihm verfertigten Geräthe zu verkaufen sucht, ist für die Zeit auch Kaufmann.

Der eine Punkt darf jedoch dabei nicht übersehen werden, nämlich, welche Bedeutung ein Markt für eine städtische Nieder=lassung im Alterthume, wie im Mittelalter und selbst noch in der

Gegenwart in sich schließt. Die Rechtshistoriker, welche meistens die in einer Zeit vorhandenen wirthschaftlichen Verhältnisse nicht beachten, glauben für das Mittelalter die Basis einer Stadt, zum Unterschiede von dem Dorfe oder von anderweitigen Ansiedlungen, bereits in dem ihr vom Könige zuertheilten Grafenbanne erkennen zu dürfen. Die Stadt bildete dann in der Rechtsverwaltung einen eigenen Gau (vicus), an dessen Außengrenzen sie zum Zeichen ihrer richterlichen Machtausdehnung das sogenannte Vicusbild (Weichbild) errichtete, nachdem sich das alte Wort Weich b o l d, d. h. Vicusbezirk, in das klangähnliche b i l d umgewandelt hatte. Allein die innerhalb des Weichbildes von der Stadt ausgeübte Gerichts= barkeit konnte doch nur erst dann einen vollen Werth für den Platz haben, wenn sie mit dem Marktrechte und dem Bisang, d. h. dem Verbote, daß keiner in der Umgegend außerhalb der Mauern städtische Nahrung treiben durfte, verbunden war, d. h. nachdem sie ein agricoles Weichbildbereich zugewiesen erhalten hatte; in= dem erst so der Stadt eine eigene wirthschaftliche Existenz ge= sichert wurde. Aeußerlich mag immerhin die Verleihung des Markt= rechtes, nach Art so mancher städtischen Einrichtung im Mittelalter, an römische Ueberlieferungen angeknüpft haben; wie das für die Ertheilung desselben gebräuchliche Wort: civitatem libertate ro= mana donare — eine Stadt mit dem römischen Privileg beschenken — hinreichend beweist. Dieselbe thatsächliche Nothwendigkeit indessen, vermöge deren die römischen Ansiedlungen erst dann zu eigentlichen Städten wurden, wenn sie das Marktrecht erlangt hatten, machte sich auch bei der neu beginnenden Städtewelt in den europäischen Binnenreichen geltend. Denn nur in den östlichen Grenzgebieten Deutschlands läßt Heinrich, der Finkler, kriegerischer Zwecke halber, wie erwähnt worden ist, den neunten Heerbannsmann in den Fe= stungen durch die acht übrigen auf dem Lande mittelst Zufuhren an Lebensmitteln unterhalten. An allen übrigen Orten geht der Ernäh= rungsproceß einer Burg im Mittelalter auf dem gewöhnlichen Wege wie heut zu Tage vor sich: abgesehen von den Bezügen, welche die städtischen Grundherrn von ihren Gütern haben, verkauft die Umgegend ihre Produkte gegen die Handelswaaren und Fabrikate der Stadt.

Erinnert man sich nun daran, daß die feudalpolitische Gliede=
rung der mittelalterlichen Reiche an der persönlichen Machtfülle des
Königs emporwächst, und der ihr zu Grunde gelegte Begriff des
königlichen Obereigenthums über das gesammte Landesgebiet dem
Herrscher ein Vorrecht auf Alles gewährt, was nicht bereits in den
Sonderbesitz der Einzelnen übergegangen ist; dann ergiebt sich
daraus die natürliche Folge, daß der aus der agricolen Abstufung
der Heerbannsmannen losgelöste Kaufmann mit seinem ganzen
Geschäftswesen die Begrenzung seiner Stellung von vornherein
gleichfalls vom Könige erwarten mußte. Und diese einfach natur=
gemäße, nicht etwa selbstbewußt aus der Anlage des Reichsbaus
entspringende, Nothwendigkeit, welche auch später die Niemandem
zugehörigen Juden zu „Reichskammerknechten" machte, erhielt durch
Karl's, des Großen, durchgreifende staatliche Organisation alsbald
die Grundformen ihrer Gestaltung. Wie der Sohn Pipin's durch
das von ihm ausgespannte Netz der Kriegs = und Verwaltungs=
beamten zur Neubildung des Adels Veranlassung gegeben hat, in=
dem die Herzoge und Grafen sammt ihren Subalternen später als
erbliche Vasallen mit der feudalen Gliederung zusammenwachsen;
so fließen gleichfalls alle Bestimmungen des Reiches in Bezug auf
das bewegliche Eigenthum: Zölle, Markt= und Münzrechte, Maß=
und Gewichtsverordnungen von ihm aus. In Betreff des mittel=
alterlichen Zollwesens dürfen jedoch keineswegs die den heutigen
Verhältnissen entlehnten Vorstellungen auf die Vergangenheit über=
tragen werden. Denn, obschon es in der Geschichte heißt, daß
Karl's, des Großen, Reich sich von der Oder bis zum Ebro, von
der Ostsee bis zum Arno ausgedehnt habe, waren dessenunge=
achtet die Grenzen desselben ebensowenig genau abgesteckt, als gegen=
wärtig etwa die binnenländischen Marken von Brasilien oder Ve=
nezuela. Und außerdem umgaben das Reich ja keine anderen, in
sich abgeschlossenen Staaten, denen eine einheitliche Außenzolllinie
möglicher Weise hätte entgegengesetzt werden müssen. Die Ver=
schmelzung der Verzehrungssteuer mit dem Landzolle in der Ein=
gangsabgabe, wie die Gegenwart sie kennt, ist vollends, wenigstens
in Deutschland, eine Einrichtung der neuesten Zeit. Noch in den

Anfangstarifen des Zollvereins war an dem alten Grundsatze festgehalten, daß, außer der Verbrauchsabgabe, jede Waare für die bloße Ueberschreitung der Grenze 15 Silbergroschen per Centner zahlte.

Unzweifelhaft dauerten die römischen Zolleinrichtungen, zunächst wohl in Gallien, in das beginnende Mittelalter hinein und verbreiteten sich von dort aus mit der merovingischen Herrschaft auch über die germanischen Lande. Die Römer aber kannten unsere heutigen Grenzzölle bei freiem Verkehr im Innern nicht. Nachdem Julius Cäsar die Zollfreiheit, welche der Prätor J. Cäcilius Metellus ganz Italien zugestanden, wieder aufgehoben hatte, unterwarf Rom nicht nur an den verschiedenen, in seinem Reiche zerstreuten Zollstätten die gangbarsten Waaren einer Auflage von einem Achtel ihres Werthes — siehe den römischen Zolltarif L. 16 §. 7. Dig. de Publicanis et vect. et commissis — sondern es ließ sich auch die zu Gunsten des Verkehrs aufgewandten Einrichtungen überreichlich vergüten. So gab es unter den Kaisern ein rotaticum, „Judergeld, welche Abgabe von verkauftem Wein erhoben wird;" temonaticum, Deichselgeld; pontaticum, Brückengeld; portaticum, Hafengeld; mutaticum (muta = Mauth); navaticum, Abgabe von Schiffskörper; ripaticum, Quaigeld, Schleusengeld; (exclusa); rivaticum, für die Erlaubniß, einen Fluß zu passiren; cespitaticum, Wegdammgeld; pulveraticum, für den Kies auf der Straße; pedagium, Fußgängerabgabe; saumaticum, Lastthierzoll; rotaticum, Räderzoll; lautaticum, für die Erlaubniß ein Geschäft zu betreiben; foraticum, Marktgeld; mestaticum, Meßgeld; salutaticum, Willkomm, mit einer Münze (salutes) zu entrichten; barganaticum, Barkenzoll; tranaticum, Schleifenzoll; plateaticum, Hochstraßenzoll; falangaticum, Packträgerzoll. Und da sie das Zollwesen als ein Recht des Staates, jus regni, ansahen, haben Chlodewig und seine Nachkommen, die ja „nach römischem Recht" regierten, gewiß nicht verfehlt, zu Gunsten ihres Säckels, so weit nur immer thunlich, die vorgefundenen Zölle beizubehalten. Wenigstens ist zur Zeit jener Frankenkönige von den „von Alters her bestehenden Zöllen" die Rede, welche aufgezeichnet werden sollen.

Neben den verschiedenen, von den Römern herstammenden Verkehrs=
abgaben wächst aber das thelonium (altenglisch tol, deutsch Zoll)
recht eigentlich mit dem feudalen Ackerbauthume zusammen, wenn
es auch vielleicht gleichfalls italischen Ursprungs sein mag. Das=
selbe war nämlich im Mittelalter „nichts als die Befugniß des
Eigenthümers eines frei eigenen Gutes, auf seinem Territorium,
wo es ihm beliebte, Abgaben (Transturen) von reisenden oder
handelnden Personen zu erheben, so weit er Macht dazu hatte."
Zu einer Zeit, als das Königthum in Mitteleuropa noch nicht
völlig durchgebildet war, und in den verschiedenen Gegenden stets
auf's neue ziemlich unabhängige Ackerbaufürsten auftauchten, erhoben
dieselben bei der lockerer werdenden Reichseinheit von den durch=
ziehenden Kaufleuten zur Befriedigung ihrer Raubgelüste ein Ge=
schenk, das der König, sobald ihm wieder die Kraft zu Gebote
stand, dann in seinem Reiche abermals an sich zu ziehen trachtete.
Schon die Merovinger waren in dieser Richtung politisch thätig
gewesen, in so weit es eben der träge Stoff der agricolen Zustände
während ihrer Regierung, namentlich in Deutschland, gestattete.
Das Wort custuma (custom) als Handelsabgabe findet sich be=
reits in einer Karte Childeberts vom Jahr 705, und die gewaltigeren
Karolinger suchen vollends mit der Regelung des Zollwesens in
ihrem Reiche zum Ziele zu gelangen. So verordnet z. B. Pipin
757: „daß Niemand von Fleisch oder anderen Lebensmitteln, so=
bald kein Handel damit getrieben wird, Zoll erheben soll;" ferner
berufen sich sowohl sein Sohn, als auch Ludwig der Fromme, auf
„die alten und rechtmäßigen Zölle aus der Zeit ihres Ahnen, des
Königs Pipin." Kaiser Karl läßt in seinen Grafschaften die Zölle
geradezu durch aufgestellte Zöllner unter Aufsicht der Grafen ein=
nehmen, und setzt auf seinen Fiscalgütern eigene Zollbeamten dazu
nieder. Auch dürfen wir wohl schließen, daß die Straße, welche
er dem östlichen Verkehr zwischen Bardewik und Lorch vorschreibt,
nicht bloß wegen der Sicherheit für die Kaufleute, sondern auch der
Zollstätten halber von ihm so genau bestimmt wurde, wobei noch
zu bemerken bleibt, daß bei mangelndem Geldumlauf der Zoll
meistens in einer Quote der verfrachteten Waare entrichtet ward.

In gleicher Weise lag es naturgemäß in dem Gedanken des staatlichen Einigungsversuchs von Karl, dem Großen, wie in den auf ihn gekommenen römischen Ueberlieferungen, daß er die Münz- und Maßangelegenheiten des Reiches ebenfalls in seine Hand zog. Bereits Pipin hatte 756 befohlen, „daß statt 24 Schilling fortan nur 22 aus der Libra geschlagen werden, davon die Münzmeister eine für sich behalten sollten." Wir sehen daraus einmal, daß schon damals der Schlagschatz in den königlichen Münzen Platz griff, und ferner, wie das Publikum selbst in diesen frühen Tagen sein Gold und Silber auf den öffentlichen Münzstätten ausprägen ließ. Karl, der Große, führte dann — warum diese Geldverbesserung stattfand, haben wir früher angedeutet — den Zwanzigschillingfuß ein. Das ka- rolingische Pfund wog, wie Einige meinen 6902, nach Andern 7680 Gran; der zwanzigste Theil davon, der Sou, war also damals an Silbergehalt 3 Fr. 42 C. oder 4 Fr. 35 C. werth. Außerdem bestimmte der Kaiser, wie wir schon einmal hervorgehoben haben: „der Denar solle auf der einen Seite in einem Kreise den kaiser- lichen Namen tragen und in der Mitte des Kreises seinen Namens- zug, auf der andern Seite den Namen des Prägeortes und in der Mitte ein Kreuz," ganz nach römischem Vorbilde. Die Münzwar- deine standen daher zunächst auch in des Kaisers Diensten. Ihm hatten sie den Eid zu leisten, „daß sie ihr Amt treu versehen, und weder selber einen an Schrot und Korn falschen Denar ausmünzen noch auch zugeben wollten, daß er von Anderen ausgemünzt werde." Aber sie waren zugleich im ganzen Reiche zerstreut und mußten deßhalb den Namen ihres Wohnortes (nomen civitatis) auf die Rückseite des Geldstückes prägen. Und nicht minder war die Sorge des gewaltigen Reichsordners darauf gerichtet, daß das ebenfalls noch aus den Römerzeiten herrührende Maß und Gewicht durch- weg eingehalten werde. Seinen Pfalzgrafen schärfte er es Cap. ad an. 789 ausdrücklich ein, „sie möchten insgesammt gleiche und richtige Maße und Gewichte nehmen."

Mit der Anordnung des beweglichen Eigenthums und seiner Verhältnisse fanden dann auch die nächsten Angehörigen derselben, die Kauleute, den Ausgangspunkt ihrer social-politischen Stellung in der Gesetzgebung des Kaisers. Sie standen unmittelbar in seinem Schutze. Er gab ihnen, nach der religiösen Sitte der Zeit, den heiligen Peter als Schutzpatron, wobei sie gewissermaßen schon als eine einzige große Körperschaft gedacht sind; er erwirkte ihnen beim Papste den „Gottesfrieden" und gestattete ihnen für ihre Reisen „das Schwert an den Sattelknopf zu hängen." Dagegen stand auch auf Betrug und Umgehung der Zölle für die Kaufleute der Kirchenbann. Und ebenso ertheilte der Kaiser den einzelnen Städten die Marktgerechtigkeit, als deren Symbol die Rolandssäule, vor welcher die Handelsverträge abgeschlossen werden mußten, innerhalb der Mauern aufgestellt wurde. Denn Roland ist in diesem Falle nicht etwa der Name des sagenhaften Helden von Ronceval, sondern bedeutet Richter (role, rule = regeln). Die Säule ist vielleicht aus dem römischen Städteleben mit herübergenommen, in welchem die Figur des stehenden Silen's das eigenthümliche Zeichen städtischer Freiheit bildete.

Aber derselbe Zug der vom Mittelpunkte nach der Peripherie auseinander strebenden Bewegung im Reiche, welcher unter den nachfolgenden schwächeren Herrschern die Verwaltungs- und Kriegsbeamten, die Grafen und Herzoge allmählig zu Sonderfürsten in ihren Bezirken und Heerbannsgauen macht, läßt sie auch nach und nach die ursprünglichen kaiserlichen Berechtigungen in Bezug auf das bewegliche Eigenthum an sich reißen. Ja, die erstarkenden Städte selber faßten allmählig, dem Geiste der Zeit gemäß, nur ihr individuelles Leben ins Auge. Was kümmerte sie in jenen Jahrhunderten, wo der politische Verband vorherrschend lauter einzelne Privatrechte in sich schloß, das Gefüge des Reichs. Die kleinen „Gaukönige" erhoben bald die Zölle auf eigene Rechnung. Schon Karl, der Kahle, muß 854 Verfügungen erlassen, „daß den Capitularien gemäß die Brücken von denen, welchen es obliege und welche die Einkünfte davon zögen (honores tenent), wiederhergestellt werden sollten." Und je mehr es den einzelnen Städten, in Deutschland durch kaiserliche Bewilligung, in Frankreich meistens im Aufstande gegen den hohen Adel und die Geistlichkeit, gelingt, ihr Marktrecht mit dem eigenen Zoll und der Münze zu vereinigen,

um so freier stellen sie sich als selbstständige wirthschaftliche Organismen hin und drücken, falls sie nicht in den Händen eines
mächtigen Bischofs, Grafen oder Herzogs sind, das Ansehen des
richtenden kaiserlichen Vogtes hinab. Die Vorrechte, welche Ludwig IV. der Abtei Corvey gegeben hatte, „daß sie nämlich einen
öffentlichen Markt und eine Münze haben, und ihr zugleich das
Privileg eines eigenen Zolles zustehen solle, welche der Abteivogt
im Namen des kaiserlichen Bannes zu erheben habe," wurden das
allgemeine Ziel des städtischen Ehrgeizes. Die Marktverordnungen
von Mainz, Köln, Dortmund, Goslar und Regensburg gelten, wie
Stenzel (Geschichte der fränkischen Kaiser) bemerkt, schon im eilften
Jahrhunderte als Muster für andere Märkte. So verwandeln sich
denn die ursprünglich kaiserlichen Münzbeamten allmählig in städtische
Münzgenossen, die erste selbstständige Körperschaft von Handwerkern,
die vielfach als Ausgangspunkt der späteren Zünfte angesehen wird.
Und dazu erwuchs aus den freien Insassen der Städte nachgerade
der Stadtrath, der anfänglich zwar keine eigene Gerichtsbarkeit besaß, sondern nur die wirthschaftlichen Angelegenheiten und das
Eigenthum der Stadt verwaltete, aus welchem sich jedoch während
der Kreuzzüge der selbstständige Magistrat entwickelte. Die italienischen Städte gehen in diesem Processe voran, weil auf der apen-
ninischen Halbinsel, wie gezeigt worden ist, der Handel und Gewerbfleiß sich früher entfaltete. Meistens ward die Erhebung der
lombardischen Plätze zur eigenen Regierung dadurch bezeichnet, daß
Consuln an ihrer Spitze die städtischen Geschäfte besorgten. Im
Jahre 1093 setzt Castrum Blandrate zuerst Consuln ein; Mailand,
Pisa, Asti folgen dem gegebenen Beispiele nach, und in Genua
kommen sie seit 1098 ebenfalls vor. Für die hier behandelte Zeit
zeigen sich in Binneneuropa diese Bildungen nur erst in schwachen
Ansätzen; denn dort wohnt dem Verkehre noch keine nachhaltige gestal-
tende Macht inne. Das Bürgerthum mit seinen geschlossenen Ansiedlungen ist noch gar spärlich vertreten. Allerdings taucht bereits im
achten Jahrhunderte bei der Ausbreitung des Christenthums in Deutschland eine Menge Namen von Ortschaften empor; aber Eginhard
zählt doch im Reiche Karls, des Großen, zwischen dem Rheine und

dem mittelländischen Meere, nur 21 bedeutendere Städte auf, und Scherer (Geschichte des Welthandels) hat gewiß ganz Recht, wenn er sagt: „Bis ins eilfte Jahrhundert konnten weite Gegenden des inneren Deutschlands mit einem Hausirkasten befriedigt werden."

Das große Ganze starrte noch in den unbeweglichen Zuständen des Ackerbauthums. Vor den Ritterfahrten nach dem Oriente vermochten die hörigen Handwerker in den Städten nicht, sich frei hinzustellen. Die Gewerksleute, welche zu dieser Zeit auf den kaiserlichen Pfalzen, den Gehöfden und in den Burgen vorkommen, die Wagner, Fischer, Schuster, Drechsler, Zimmerleute, die Brauer, Schildmacher, Seifensieder, Schmiede in Eisen, Gold und Silber sind noch Knechte; der Welthandel hatte sie von ihren Grundherrn noch nicht wirthschaftlich, geschweige rechtlich, unabhängig gemacht. Wir finden nur für einzelne von ihnen, z. B. für die Eisen= und Goldschmiede, aus welchen letzteren die erwähnten Münzmeister hervorgingen, ein dreimal höheres Wärgeld als für die gewöhnlichen Leibeigenen angesetzt, weil ihre Arbeiten in hohem Ansehen standen. Mischler (deutsches Eisenhüttengewerbe) sagt: „Daß die Stahl= schmiede bis in die Anfänge der deutschen Geschichte hinaufreichen, beweisen die in den Hünengräbern des Breisgau bei Ebringen in der Nähe Freiburgs aufgefundenen Waffen, Schwerter von Stahl und Messer bis über die Mitte vom härtesten Gußstahl, gleich den besten englischen, die nothwendig in den Schmieden der Südthäler des Schwarzwaldes hergestellt seyn mußten; da es nicht erklärlich ist, wie diese Waffen von Stahl, diese Hals=, Arm= und Fußringe von Eisen durch Handelsverbindungen bezogen seyn sollten." So hoch aber auch die Sage den Zauberschmied Weland stellt, er ist noch Knecht. Noch drückt die schwere Wucht des Ackerbauthums jede individuell freie Lebensstellung und Bewegung in den binnen= ländischen Reichen Europas nieder. Die Landwirthschaft selber ist bis zu den Kreuzzügen in der Mitte unseres Erdtheils so ziemlich dieselbe geblieben; obschon sie in den östlichen Gegenden Deutsch= lands durch die erwähnte Ausfuhr nach Constantinopel allerdings einige Anregung erhielt. Aus den ursprünglichen landwirthschaft= lichen Zuständen, welche uns Cäsar, Tacitus und Plinius schildern, waren allerdings die binnenländischen Gebiete des mittleren Europas seit der Völkerwanderung allmählig herausgetreten. Die unmittelbare Berührung ihrer Bewohner mit den südlichen Ländern und den östlichen Nachbarn hatte sie in Bezug auf Getreidebau und Obstzucht manches Neue kennen gelehrt. Zu dem Hafer, der Gerste und dem hie und da angebauten Spelt war inzwischen der Roggen gekommen, den im siebenten Jahrhunderte die Serben und Wenden ebenso von Osten nach Deutschland brachten, wie ihn zur Zeit der römischen Weltmacht massilische Kaufleute aus Taurien zuerst in Oberitalien eingeführt hatten. Auch der Anbau des Weizens drang von Frankreich aus nach und nach über den Rhein; die Baumfrucht ward veredelt; schon das bayrische Gesetz kennt eine Menge von Bestimmungen zum Schutze von Gärten und Anpflanzungen. Namentlich waren es die Klöster, welche auf ihren wohlgewählten Besitzungen das Beispiel zu einer besseren Ausbeutung des Bodens gaben und auf die Anfertigung zweckmäßiger Geräthschaften hinwirkten. Einige Aebte hatten bereits eine Art von landwirthschaftlichen Schulen eingerichtet. Allein man darf sich dessenungeachtet von dem Ackerbau der damaligen Zeit, von den Höfen und Häusern der Bauern oder den Burgen der Adeligen, selbst von den kaiserlichen Palatien keine zu hohen Vorstellungen machen. Karl's, des Großen, unausgesetzte Bemühungen, die Landwirthschaft zu heben, erfreuten sich schließlich doch nur eines geringen Erfolgs. Wohl pflanzte er zu Ingelheim am Rheine die Burgunderrebe, wohl gab er in seinen Reichsgesetzen die allergenauesten Bestimmungen über die wirthschaftlichen Betriebszweige seiner Pfalzen; im Jahre 805 konnten die weiten Flächen des Reiches nicht einmal ihre verhältnißmäßig dünn gesäete Bevölkerung ernähren, und bei losbrechender Hungersnoth mußte eine Fruchtsperre in allen einzelnen Provinzen die Ausfuhr des Getreides verhindern. Wie wenig überhaupt in ganz Europa während des Mittelalters der Zustand der Landwirthschaft mit der heutigen Blüthe des Ackerbauthums und der gegenwärtigen Leichtigkeit der Nahrungszufuhren verglichen werden kann, sieht man am besten aus den englischen Fruchttabellen, die Jacob vorzugsweise nach dem Chronicon pretiosum des Bischofs Fletwood zusammengestellt hat. Hildebrand (National-Oek. der Gegenw. u. Zukunft) sagt darüber gelegentlich: „Während in dem Nothjahre 1847 der ganze Fruchtpreis nirgends über das Vierfache des bisherigen niedrigsten Preises und in England sogar nicht über das Doppelte gestiegen ist, betrug der höchste Preis für den Quarter (= 4 Centner) im 16. Jahrhundert bis 1550 das $10^3/_5$fache, im 15. Jahrh. das 16fache, im 14. Jahrh. das 25fache und im 13. Jahrh. sogar das hundertzweiundneunzigfache! des niedrigsten Preises. Und so unvollkommen diese Preistabellen auch sind, so ersieht man aus ihnen doch deutlich, wie häufig die Nothjahre wiederkehrten. Im 13. Jahrhundert sind z. B. aus 22 verschiedenen Jahren die Preise angegeben. Davon waren 12 wohlfeile und 10 theure Jahre. Der Durchschnittspreis der ersteren beträgt 9 Schill. $3^1/_2$ D. nach jetzigem Gelde, der Durchschnittspreis der letzteren dagegen 5 Pfd. Sterl. 13 Schill.; so daß in den angegebenen theuern Jahren die Preise durchschnittlich noch über 12 mal so hoch standen, als in den angegebenen wohlfeilen Jahren." Darf man sich unter solchen Verhältnissen dann darüber verwundern, daß im Mittelalter bei eintretenden Mißjahren die Menschen in Folge von Hunger und Hungerskrankheiten zu Tausenden dahinstarben? Wenn gegenwärtig ein Land vorübergehend von Mangel an Nahrungsmitteln heimgesucht wird, so greift seine Bevölkerung auf ihre früher angesammelten Kapitale zurück, um gegen Verwerthung derselben sich vom Auslande Brodstoffe zu kaufen; wie jeder Einzelne, falls seine Einnahmen unter seinen Ausgaben bleiben, auf frühere Ersparnisse, oder mittelst Schulden, auf künftige Erwerbungen hin seine Existenz baut. Allein im Mittelalter gab es außer dem Grundbesitz selbst kaum irgend welche größeren Kapitalien bei dem Einzelnen wie bei dem ganzen Volke. Und wie schwer waren diese wenigen noch obendrein flüssig zu machen! Die Hungersnoth, welche während der Regierung des Königs Olaf sich zwölf Jahre auf Dänemark hinlagerte, obschon daselbst die mit der Einführung des Christenthums sich verbreitende höhere Bildung den Landbau bereits ein wenig gehoben hatte, zwang nicht allein viele Bauern und Adelige, die Freiheit zu verkaufen, um überhaupt nur ernährt zu werden, sondern nöthigte sogar den König, sich mehrerer Domänen gegen den unmittelbaren Lebensunterhalt zu entäußern. Was hatten auch die Grundherrn sonst den Besitzern von Korn anzubieten? Aecker und persönliche Freiheit zu Dienstleistungen, wie die Aegypter dem jüdischen Finanzminister Pharao's für die Oeffnung seiner gefüllten Kornkammern!

Es wäre allerdings ein vergebliches Bemühen, wenn man untersuchen wollte, wie sich wohl die gesellschaftlich=staatlichen Verhältnisse in Europa gestaltet haben würden, falls unser Erdtheil nicht etwa, in Folge der Kreuzzüge, völlig in den Kreis des allgemeinen Handels hineingezogen wäre. Die Geschichte kennt keine Eventualitäten; ihre Gebilde sind, im großen Ganzen betrachtet, die unter den gegebenen Umständen einzig möglichen, das Endresultat aller dabei mitwirkenden Kräfte. Indessen zeigen uns doch die heutigen ökonomisch=socialen Zustände Scandinaviens wenigstens einigermaßen, wie gering die politische Entwicklung eines Landes bleibt, welches vom Weltverkehr nur gestreift wird. Noch gegenwärtig bildet daselbst das Ackerbauthum fast die ausschließliche Grundlage des Gesellschaftsverbandes. Die Menschen leben neben einander auf ihren Gehöfden hin, obschon sie sich an den von außen gekommenen Geldumlauf gewöhnt haben. Eine weiter greifende Arbeitstheilung, eine sociale Schichtung der Bevölkerung hat in Schweden und Norwegen kaum Platz gegriffen. Städte giebt es im Innern wenig; sie liegen meistens an den Küsten. Dazu weist dort der Staatsbau, namentlich in Norwegen, ein so loses Gefüge auf, daß er vielfach an die politische Architektonik des früheren Mittelalters erinnert. Die Stellung des Königs in Norwegen unterscheidet sich wenig von dem ehemaligen feudalen primus inter pares in Frankreich oder Spanien, und das nordische Bauernthum ist nicht im Stande gewesen, eine selbstständige Kultur aus sich heraus zu entwickeln. Außerdem zeigt uns die Erfahrung an anderen Völkern, daß die Zeit allein, die vorüberrauschenden Jahrhunderte eine Menschengruppe nicht vorwärts bringen, falls nicht neue wirthschaftliche Kräfte in ihr lebendig werden. Wie noch gegenwärtig im Innern Asiens oder Afrikas hie und da Stämme eine Lebensweise führen, welche bereits vor Jahrtausenden unter ihren Vorfahren üblich war, so wäre auch

Europa, sich selbst überlassen, nach dem Untergang der alten Welt bis in die Gegenwart hinein schwerlich über die ökonomisch-socialen Zustände hinausgekommen, die wir jetzt rechts und links vom Kiö=lengebirge antreffen. Der Bürgerstand in den Städten wäre nicht der Träger der Bildung, überhaupt nicht der Schwerpunkt des Staates geworden; das Christenthum für sich hätte die Leibeigen=schaft nicht beseitigen können. Die großen Nationalstaaten auf den Boden der einheitlichen Raumbildungen unseres Erdtheils würden noch in ihren Windeln liegen. Noch gebote wahrscheinlich von Rom aus der Geist einer untergegangenen Periode über Europa; die gering entwickelte Menschenkraft hätte schwerlich schon ausgereicht, Amerika zu entdecken — die Erde läge mithin noch im Mittelpunkte des Alls.

Täuschen wir uns nicht über die Gottähnlichkeit unseres Ge=schlechts. Der Mensch ist nur ein entwicklungsfähiges Wesen; es hängt von den Umständen ab, unter denen er lebt, daß seine Gaben sich ausbilden. Warum hat denn das mittlere Europa erst eine Geschichte von kaum zweitausend Jahren Spannweite? Sollten etwa vor Beginn unserer Zeitrechnung die Ufer der Donau, die Abhänge des hercynischen Waldes unbewohnt gewesen seyn? Schwer=lich! Allein das Daseyn ihrer Bewohner unterschied sich kaum von der thierischen Existenz. Es fristete sich von der Jagd und wilden Früchten; es kannte noch keine Arbeitstheilung zum Behufe einer gesteigerten Produktion, die Grundlage der geistigen Entfaltung fehlte. Erst die ökonomischen und kulturlichen Ausströmungen Asiens weckten in jenen Wilden die Menschlichkeit auf. Es war der Handel, der von Osten kommend den Samen der Vergesellschaf=tung bei ihnen legte; und je weiter dieser Verkehr sie in seine Kreise zog, um so freier gestaltete sich das Leben unseres Erdtheils. Zuerst führte die Berührung von außen zum Ackerbau, und dann zu Gesetzen; darauf entstanden Kriegsreiche, Städte erwuchsen in ihnen, der nationale Staat nimmt seinen Anfang und die selbst=ständig werdende Kultur der Nationen fühlt ihren Gegensatz zu Rom. Das ist, mit wenigen Worten angedeutet, der Proceß, den die Flächenreiche Europas in den ersten fünfzehnhundert Jahren unserer Zeitrechnung durchmachen.

Das europäische Handelsleben seit der Wiedereröffnung der Levante.

Ehe die Kreuzzüge den großen Umschwung in dem ökonomisch-politischen Leben Europas einleiteten, hatte ein lebhafterer Handels-verkehr eigentlich nur die Außengrenzen unseres Erdtheils berührt; auf der Mitte desselben starrte noch Wirthschaft und Gesellschaft in den schwerfälligen Formen des fast ungebrochenen, reinen Acker-bauthums. Im Osten war es das griechische Reich mit seiner Hauptstadt Constantinopel, das seine commerciellen Fäden in das tiefere Binnenland erstreckte; im Süden auf Sicilien und im Westen auf der pyrenäischen Halbinsel blühte die Kultur der Araber, und an den nordischen Küsten begann der Austausch mit den dort vor-handenen Naturerzeugnissen den Grund zu der später weit ver-zweigten Städteverbindung der Hansa zu legen. Leider ist jedoch bisher die Aufmerksamkeit der Geschichtschreiber zu wenig darauf gerichtet gewesen die Rückwirkungen zu verfolgen, die sich daraus für den Entwicklungsgang der europäischen Völker ergeben mußten. Namentlich hat die Rolle, welche Constantinopel fast ein Jahrtau-send lang in der abendländischen Welt spielte, wohl kaum noch ihre volle Würdigung erfahren. Denn wenn auch von Rom aus mit der christlichen Lehre zugleich manche andere kulturlichen Keime den nordischen Reichen zugeführt wurden, so blieb doch Byzanz aus den früher dargelegten Ursachen der mercantile Knotenpunkt Europas. In der oströmischen Residenz kamen ja nicht nur alle Produkte

Asiens zu Markte, sondern auch die gesammte technische Geschick-
lichkeit des Alterthums dauerte dort in das Mittelalter hinein —
Constantinopel war die Lehrmeisterin der Fabrikation für den Westen.
Wir haben es bei der Zeichnung der europäischen Handelsbeziehungen vor den Kreuzzügen anzudeuten gesucht, wie durch den
Handel mit Byzanz das Donauthal und die östlichen Gegenden von
Deutschland frühzeitig zu einem von den Zeitgenossen bewunderten
Wohlstande gediehen. Ebenso richtete Oberitalien seine Seiden-
und Sammtwebereien nach griechischem Vorbilde ein; und obgleich
das römische und nicht das griechische Glaubensbekenntniß die abend-
ländische Welt überzog, holte dessenungeachtet die europäische Archi-
tektur für die Kirchen und Klöster ihre Muster vom Bosporus. Der
sogenannte romanische Styl mit seinen Rundbögen und Säulen,
der sich vor den Kreuzzügen in dem ganzen christlichen Europa von
den Kathedralen der Städte an bis zu den Dorfkirchen Frieslands
hinunter wiederfindet, ist dem Wesen nach byzantinischen Ursprunges. Die Normannen nahmen ihn auf ihren alten Handels-
wegen quer durch Rußland für den scandinavischen Norden und
England zu sich herüber, und das mittlere Festland lernte denselben durch den Donauverkehr kennen. Bis zum Schlusse des eilften
Jahrhunderts wird durchweg auf unserem Erdtheile romanisch gebaut.
Erblicken wir indessen noch gegenwärtig so viele große Gotteshäuser in
Deutschland, z. B. den Dom von Basel, den Münster von Freiburg,
die Sebalduskirche in Nürnberg, manche Kirchen Norddeutschlands in
romanischem Style begonnen und ohne Uebergangsmerkmale in gothi-
schem Style vollendet, so läßt sich aus dieser Thatsache wohl schließen,
daß rasch und plötzlich, im Zusammenhange mit einem durchgreifenden
Wandel des gesammten europäischen Lebens, die Veränderung der
Bauart eingetreten ist. Selbst die Steine reden von dem ungeheuren
Umschwunge, welchen die Kreuzzüge der Entwicklung unseres Erdtheils
gegeben haben; ebenso wie andererseits Jahrhunderte später die
Entdeckung Amerikas und des Seewegs nach Indien durch die
daraus hervorgehende Verödung der alten Handelswege die Ursache
ist, daß so viele stolze Dome in Deutschland und Frankreich nicht
vollendet wurden. Gfrörer (Gregor VII.) sagt: „Woher haben die

christlichen Baumeister, welche zuerst gothische Münster aufführen,
das Vorbild des Spitzbogens und der Zierrathen gewonnen? Der Be-
nedictiner von Malmsbury bezeugt, daß die Normannen in den
Zeiten Wilhelms, des Eroberers, oder Gregors VII. eine neue
Art des Bauens erfunden, und es kann kein Zweifel seyn,
daß der Chronist die Anfänge des gothischen Styls damit meint.
Nun glaube ich, diese nämlichen Normannen empfingen das Muster
des Spitzbogens und der Zierrathe von den Sarazenen des Ostens
oder Westens, deren Länder viele Tausende der Söhne des Nordens, sey es als Piraten oder Soldaten, sey es als Kaufleute oder
der Neugierde wegen zu besuchen pflegten." Auch Goethe nennt ja
die Gothik „eine sarazenische Blume im Westen aufgegangen." Erwägt man aber, wie die Araber in Sicilien und Spanien einerseits und dann durch die Kreuzzüge in der Levante andererseits
den europäischen Völkern bekannt wurden, dann erklärt es sich, daß
jedes europäische Land selbstständig von ihnen die gothischen Bau-
motive entlehnen und selbstständig ausbilden konnte. Die englische
Gothik ist eine andere als die spanische, die französische unterscheidet
sich wesentlich von der deutschen. Die geschichtliche Ungewißheit,
welche über diesem Vorgang ruht, kommt eben davon her, daß bis
jetzt, gerade so wenig als die griechisch-europäischen Wechselbeziehungen, auch die Rückwirkungen des arabischen Lebens auf die abend-
ländische Kultur gehörig aufgehellt sind.

In Betreff der Verkehrsverhältnisse, welche sich zwischen Sicilien und Süditalien in der ersten Hälfte des Mittelalters ent-
spannen, haben wir bereits einige dahin einschlagende Andeutungen
gegeben. Auf jener fruchtbaren Insel bauten die Araber bald nach
der Eroberung derselben Baumwolle und Zuckerrohr, welche Han-
delspflanze dann nach Candia — (Candiszucker) — und Malta —
saccharum melitense (Melis) — übergesiedelt wurde. Auch trieben
sie daselbst viele Seidenzucht in Verbindung mit Webereien; aus
den arabischen Fabriken auf Sicilien ist der deutsche Kaisermantel
hervorgegangen, in das Feiergewand des ersten Herrschers der Christenheit waren Sprüche aus dem Koran eingewirkt. Und läßt man
den Blick über die Zustände des Kalifats auf der pyrenäischen Halb-

insel gleiten, so drängt sich der Gedanke nahe, daß auch sie nicht ohne Einfluß auf die Weiterbildung des agricolen Europas bleiben mochten. In dem siebenhundertjährigen Kampfe, welchen die ara= bische Herrschaft in Spanien mit den umwohnenden christlichen Völkern zu führen hatte, mußten manche kulturlichen Wechselwir= kungen zwischen den Gegnern entstehen. Nur soll man sich in seinen geschichtlichen Anschauungen hüten, die arabische Bildung überhaupt und so auch die Kultur des Kalifates in Spanien als eine unbedingt selbstständige anzusehen. Als die Nomadenstämme des inneren Arabiens die Lehre Mohameds, die ja an sich schon vielfach auf christliche Ueberlieferungen zurückgriff, mit dem Schwerte in der Hand auszubreiten begannen, eroberten sie zu gleicher Zeit persische und oströmische Ländergebiete. Von den ausgebildeten Zu= ständen beider weit entwickelten Reiche wurden also die Sieger von Anfang an unmittelbar berührt. So ist es denn gekommen, daß die ökonomischen wie politischen Verhältnisse ihrer jungen Herr= schaften vielfach neupersische oder byzantinische Einrichtungen in sich aufnahmen. Innerhalb des gesammten Bereiches des Muhameda= nismus war längst die Geldwirthschaft zur vollen Entwicklung ge= diehen. Also darf es uns nicht wundern, daß die rohen Nomaden, wie die Franken in Gallien, das vorgefundene Steuerwesen Ostroms in den von ihnen besetzten Gebieten bis auf die Namen der Münzen beibehielten. Der arabische Golddinar ist der denarius aureus von Byzanz; die Drachme wird bei ihnen zum Dirhem; in dem Worte alcabala haben wir, wie erwähnt worden ist, das west= gothische „Gefälle“ vor uns. Im Vergleich zu der agricolen Welt Europas mußte freilich das Staatsgebäude der Araber eine ganz andere Gliederung aufweisen. Das Heerwesen, die Erhebung der Abgaben, das Beamtenthum ruhte auf dem Umlaufe von baarem Gelde; das auf die Erblichkeit der Aemter gerichtete Bestreben des Ackerbauthums fiel in ihrem Reiche weg. Das politische Gefüge konnte demnach viel straffer einheitlich werden; alle Verwaltungs= linien ließen sich leichter in einen Mittelpunkt vereinigen. „Schon vor tausend Jahren legten,“ wie Gfrörer bemerkt, „die Saracenen des Ostens und Westens den ersten Grund zur Statistik. Drei

ausgezeichnete Schriftsteller, Marverdi, Jbn Djemaat und Jbn Bhal-
dun haben sich planmäßig mit dem Staatswesen beschäftigt. Erzählt wird, daß Abubekr, der Nachfolger des Propheten Mahomet,
zuerst einen Aufseher des öffentlichen Schatzes bestellte, und ferner,
daß Omar, der zweite Kalife des Ostens, die Bevölkerung nach
Stämmen und Geschlechtern zum Behufe der Steuererhebung ver-
zeichnen ließ, und die Einkünfte zu bestimmten Zwecken vertheilte.
Der arabische Name für die von Omar gegründete Staatsverwal-
tung war Divan." Entsprechend dem wohlgeordneten Zustande der
arabischen Staatsverhältnisse war dann auch, namentlich in Spanien,
der Betrieb ihrer Wirthschaft. Auf der pyrenäischen Halbinsel gedieh der Ackerbau unter den Sarazenen zu hoher Blüthe. Sie
kannten genau die Vortheile der Bodenbewässerung; außer den gewöhnlichen Getreidearten bauten sie Reis, Hanf, Flachs, Gemüse
und edle Früchte in Menge; ihre Pferdezucht war schon in früheren
Zeiten ausgezeichnet. Dazu nahmen sie den einst von den Phöniciern in Jberien getriebenen Bergbau wieder auf; Gold, Eisen,
Silber, Quecksilber und andere Metalle, um deren Gewinnung die
Westgothen sich nicht weiter gekümmert hatten, wurden von ihnen
zur Zeit der Omajaden in Masse zu Tage gefördert. Naturgemäß
schloß sich dann an den Bergbau die Verarbeitung der Erze. Die
sarazenischen Waffen sind im Mittelalter hochberühmt. Daneben
standen ihre Webereien und Lederfabriken in Cordova und Ma-
rokko — Corduan und Maroquin — in Flor; sie machten zuerst
in Europa nach chinesischer Weise gebrannte Wasser; in Wissenschaft, Kunst und Poesie könnte das binnenländische Europa vor
den Kreuzzügen weder mit den Griechen im Osten noch mit den
Mauren im Süden und Westen in die Schranken treten.

Die erste Folge jedoch, welche die christlichen Heerfahrten nach
dem Oriente für das ökonomische Leben der inneren Gegenden unseres Erdtheils nach sich zogen, bestand in dem Wechsel, den sie
in dem Eigenthum an Grund und Boden hervorriefen. Bis dahin war thatsächlich wenig Land im binnenländischen Europa zum
Kaufe feil gewesen. Die Grundbesitzer gaben vielmehr ihre Güter
gegen persönliche Dienste und Naturalabgaben in Pacht; mit einem

dafür erlösten Kaufschilling, falls sie ihn nicht geradezu verzehren wollten, hätten sie ja wirthschaftlich wenig anfangen können, da sich zinstragende Kapitalanlagen wohl äußerst wenig darboten; und wer Felder zu Lehn nahm, mußte als Vasall in ein persönliches Abhängigkeitsverhältniß zu dem Lehnsherrn treten. Bei dem Ausrüsten der Kreuzheere brauchten jedoch die einzelnen Herren Geld, und außerdem hofften sie auch, neue Besitzungen in der Fremde zu erwerben; also veräußerten sie ihre heimathlichen Güter. So verkauft z. B. Gottfried von Bouillon das Schloß Bouillon für 1500 Mark Silber an den Bischof Albert von Lüttich; Robert Graf von der Normandie, der Sohn Wilhelms des Eroberers, versetzt die Normandie für 10,000 Mark auf fünf Jahre an seinen Bruder Wilhelm, der diese Summe von seinen Unterthanen eintrieb; und Raimund von Toulouse verkaufte ebenfalls den größten Theil seiner Ländereien; Beispiele, welche dann die kleineren zum Kriege in Kleinasien ausziehenden Feudalherrn nachahmten. Damit begann denn das flüssige Kapital, welches seither bloß in den wenigen Gewerben und dem gering ausgebildeten Verkehr thätig gewesen war, auch für den Ackerbau eine größere Bedeutung zu gewinnen. Die Güter gingen nunmehr gegen Geld vielfach in andere Hände über; ihre Erträgnisse wurden also auch fortan mehr nach der Verzinsung jenes Geldwerthes gemessen, während sie bis dahin nur die Vergütung für die Leistung staatlicher oder wirthschaftlicher Dienste gebildet hatten. Die neuen Grundbesitzer führten aus diesem Grunde naturgemäß eine bessere Landwirthschaft ein; oder die Städte, welche so lange meistens als superficies auf fremdem Boden lagen, waren nicht selten dadurch in den Stand gesetzt, von ihren Feudalherrn das Eigenthum an ihrem Territorium zu erwerben, und in Folge davon dasselbe vortheilhafter auszunützen. Mit den Kreuzzügen bricht also die allmählig heranwachsende Geldwirthschaft die erste Bresche in die Mauern des starren Ackerbauthums. Nicht bloß die sich neu darbietenden europäisch-asiatischen Handelsbeziehungen, sondern auch die jetzt stellenweise verkäuflich gewordenen Aecker tragen fortan das Bürgerthum zu seiner nun beginnenden, auf der wirthschaftlichen Arbeit beruhenden Bedeutung empor.

Einen weiteren Anstoß erhielt die freiere Bewegung des ökonomisch-socialen Getriebes im inneren Europa durch die Menge
neuer Eindrücke und Bedürfnisse, welche die Kreuzfahrer aus der
Fremde nach Hause zurückbrachten. In Griechenland, namentlich
in Constantinopel, lernten sie die noch aus dem Alterthum herrührende Gewerbsgeschicklichkeit kennen; im Oriente kamen sie unmittelbar mit den indischen Naturprodukten und der arabischen Fabrikation in Berührung; in die Heimath wurden die erbeuteten Schätze
geführt, die dort den Handwerker zur Nachahmung der orientalischen Arbeit antrieben. Die Bauernschaaren Europas, denn mehr
waren jene Kriegerhaufen kaum, hatten die große Welt gesehen;
da fingen sie nun an, ihre bisherigen groben Kleidungsstücke und
Geräthschaften, ihre schmucklosen Behausungen mit andern Augen
zu betrachten als früher. Bis in die untersten Schichten der Bevölkerung mußten die aus der Levante geholten Anschauungen, Erfahrungen, Angewohnheiten und Sagen ihre schwingenden Kreise
fortsetzen.

Den nächsten und meisten Vortheil aber zogen die Hafenplätze
an der Südküste Europas von dem heiligen Kriege. Denn nicht
nur wurden Barcelona, Marseille, Genua, Florenz, Pisa, Livorno,
Venedig durch die von ihren Häfen ausfahrenden Heere mit den
inneren Gegenden des Binnenlandes in nähere Verbindung gebracht;
nicht nur verdienten sie bei der Ausrüstung derselben und bei den
zu Schiffe vollzogenen Transporten namhafte Summen, sondern sie
wußten auch unter dem Schutze der Kreuzritter überall an den Gestaden Kleinasiens ihre neuen Verkehrsbeziehungen anzuknüpfen und
durch Faktoreien sicher zu stellen. Constantinopel war fortan nicht
mehr der ausschließliche Markt der indischen Produkte; dieselben gelangten auch auf gradem Wege über Syrien und aus den Stapel-
plätzen des schwarzen Meeres in die Hände der südeuropäischen
Kaufleute. So schließt z. B. im Jahre 1383 der venetianische Gesandte André Venerio mit Ramodan, einem Tartarenchane im
schwarzen Meere, einen Handelsvertrag ab, an dessen Schlusse der
asiatische Fürst sagt: „Ich lasse aber dem hohen Rathe von Venedig bemerken, daß, wenn ein Kaufmann die Tamoga (Zoll)

betrügt, seine Waare verfällt; denn ich habe mich nur deßhalb be=
wogen gefunden, die Mauth auf drei Procente vom Werthe zu er=
mäßigen, damit sie nicht betrügen." Und ebenso zeigen die alten
venetianischen Glaspasten, die sich noch jetzt in dem Innern von
Afrika vorfinden, und wogegen im Mittelalter nubisches Gold ein=
getauscht wurde, die damalige weite Ausdehnung des italienischen
Verkehrs. Wir können jedoch in die Einzelnheiten des Handels auf
dem mittelländischen Meere hier nicht näher eingehen; uns kommt
es nur darauf an, die Rückwirkungen desselben auf die socialen
Verhältnisse des innern Europa näher zu verfolgen.

Zuerst waren es allerdings die Städte Wien und Regensburg,
welche durch die Heerzüge nach Jerusalem ihren Verkehr mit By=
zanz noch beträchtlich gesteigert sahen. Bis in die Mitte des drei=
zehnten Jahrhunderts, namentlich nachdem die Franken das latei=
nische Reich am Bosporus gestiftet hatten, stand der Donauhandel
in hoher Blüthe. Dann erhält er jedoch in Venedig und seinen
ins Binnenland gerichteten mercantilen Ausläufern einen siegreichen
Rivalen. Denn je mehr sich die Italiener in der Levante selber
festsetzten, je größer ihr Bezug an indischen Waaren wurde, um
so mehr mußten sie suchen, ihren Absatz unmittelbar landeinwärts
auszudehnen. Zwar sind in der Folge die Regensburger ebenfalls
bemüht, die Güter von dem adriatischen Meere zu holen, welche
Byzanz ihnen nicht mehr so billig zu liefern vermochte. So er=
richtet ihre Stadt am Schlusse des vierzehnten Jahrhunderts mit
den Herzogen von Oesterreich und Bayern, welche um den Besitz
von der Grafschaft Tyrol Kriege führten, einen Vertrag, „daß die
Güter ihrer Kaufleute, während der Fehde, die Straße von Venedig
mit aller trockenen Kaufmannschaft, mit Bastmus(?), mit Malva=
vasier und mit Griechel (griechischem Weine) durch Ober= und Nie=
derbayern sicher und bequem fahren, und ihre Weine, die sie von
dem vergangenen Laube in den Gebirgen von Passau und sonst
her hatten, oder gewinnen mochten, ungehindert holen und durch=
führen konnten." Einzelne Kaufleute in Regensburg wußten sich
auch des italienischen Geschäftes mit Vortheil zu bemächtigen. Ma=
thias Rantinger hatte eine Zeitlang zu Venedig den Regensburgern

den Vorrang vor den Nürnbergern erworben; und Friedrich Maller, ein zweiter berühmter Kaufmann von Regensburg, dessen Familienname sich noch in dem Namen der dortigen Mallerstraße erhalten hat, besaß in Bologna ein eigenes Haus. Andere Bürger hatten in Venedig und in andern Städten Italiens ihre Comptoire. Allein auf die Dauer waren jene Donauplätze doch nicht im Stande, der günstigeren Lage von Innsbruck, Augsburg und Nürnberg für den nach Deutschland bestimmten venetianischen Waarenzuge das Gleichgewicht zu halten. Die Wege, welche im Alterthum und im beginnenden Mittelalter von der Poebene durch die Alpen nach Süddeutschland führten, werden auf's neue vom Handel aufgesucht. Bereits im zwölften Jahrhundert regt sich in Tyrol eine den Durchfuhrhandel begünstigende Gesetzgebung. 1192 setzt der Bischof Conrad von Trient den Bürgern von Riva eine Ordnung über die Schifffahrt und den Handel auf dem Gardasee, über Schifferlohn, Maß und Gewicht im Verkehr fest; 1234 wird ein Gesetz über die Erhaltung der für den Transit so wichtigen Eisackbrücke zu Botzen erlassen, deren Vogt der Graf von Tyrol selbst war. Bald darauf ertheilt Herzog Otto II. von Meran der Stadt Innsbruck das Recht, daß in seiner ganzen Grafschaft keine andere Niederlage als die ihre seyn solle, kein fremder Kaufmann darf daselbst gepfändet werden, und die Innsbrucker hatten nirgends einen Zoll zu zahlen als an der Haslacher Klause. Im Jahre 1274 wird das Maß und Gewicht für den großen Markt zu Botzen bestimmt, so des Jahres zweimal gehalten wird, um St. Georgien und um Mitfasten; niemand darf den Markt aufheben acht Tage vor oder nach der gewöhnlichen Zeit ohne Beistimmung der Kaufleute von Riva. Dann bestätigt 1305 König Albrecht zu Wien seinen Schwägern Otto, Ludwig und Heinrich, Herzogen zu Kärnthen und Grafen zu Tyrol, die Zölle zu Botzen, auf der Thöll und im Lueg wegen der großen Kosten der Straßenerhaltung und wegen der von ihnen musterhaft gehandhabten Sicherheit der Kaufleute, Fuhrleute, Träger und ihrer Waaren. Zugleich wurde ein förmlicher Zolltarif festgesetzt „bei dem starken Waarenzuge von Venedig her," und die Herzoge mußten alle Güter und Handelsleute bei dem Durchzuge durch ihr Gebiet geradezu versichern. Auf solche Weise hebt sich der Tyroler Verkehr ungemein. In der Mitte des vierzehnten Jahrhunderts stehen die Märkte von Botzen, Hall und Meran auf ihrem Gipfelpunkte, bis durch Verlegung des Weges über den Brenner Botzen allein den Handel an sich zieht, und im gleichen Verhältnisse steigen die Zolleinnahmen. Die meisten Niederlagen befinden sich dabei in den Händen der Augsburger Kaufleute. Denn von Tyrol, von Botzen, Innsbruck, Füßen ging der Weg weiter über Kempten, Augsburg, Ulm, Reutlingen, Speier an den Rhein, oder vom Lech über Nürnberg, Magdeburg nach Braunschweig. Noch heute bezeichnen die gothischen Dome dieser Städte die Straße, welche die kostbaren venetianischen Waaren durch Deutschland nach dem Norden und den Niederlanden hin einschlugen. Man soll indessen dabei nicht glauben, daß die Deutschen die Güter etwa nur von den Venetianern im passiven Austausche empfingen; sie brachten vielmehr selber ihre Waaren nach Venedig und hatten daselbst seit 1268 eben so ihr „deutsches Haus," wie während der Kreuzzüge in Constantinopel.

Ein zweites binnenländisches Handelsgebiet, das von Venedig aus sich nordwestwärts erstreckte, umfaßte die Städte Mailand, Genf, Basel, Straßburg, Worms, und zog sich von dort in das mittlere Frankreich hinein. Der französisch-lombardische Verkehr läßt sich jedoch mit den deutsch-venetianischen Beziehungen nicht vergleichen. War überhaupt in Gallien das bewegliche Eigenthum nach den Zeiten der Römerherrschaft lange nicht so frühe wieder lebendig als im deutschen Reiche, traten z. B. die nordischen Seeplätze Dieppe, Cherbourg, Honfleur, Barfleur weit hinter die Städte des Hansabundes zurück, wenn sie auch von den normannischen Seefahrern besucht wurden; so griff namentlich auch der Süden keineswegs mit so frischer Selbstständigkeit in das mercantile Getriebe des Mittelmeeres ein. Der bedeutendste Markt Frankreichs war unstreitig die Stadt Troyes mit der von Alters her berühmten Messe. Ihr Münz- und Gewichtssystem beherrschte ein weites Gebiet: das „Troyespfund" spielte im Westen dieselbe Rolle, die am Rheine der „feinen Mark Kölnisch" zufiel. Allein die Jahrhunderte

lang dauernden Kriege um den französischen Thron ließen im All=
gemeinen kein reges Wirthschaftsleben in Frankreich aufblühen.
Dazu kam seit 1315 eine schwere Steuerbedrückung im Lande; und
außerdem ward 1336 von den französischen Königen verfügt, daß
alle durch Frankreich gehenden fremden Waaren auf einen der
siebenzehn Märkte gebracht werden müßten, die dazu besonders be=
stimmt waren. Seit der Seeschlacht gegen die Pisaner im Jahre
1165 gebot übrigens Genua in commercieller Hinsicht ungefähr ge=
rade so über das Rhonethal, als Venedig über die Poebene, indem
Marseille der ligurischen Republik nur wenig Concurrenz machte.
Von Genua aus ging der Waarenzug nach Osten zu ins Waadt=
land und in nordöstlicher Richtung auf der Saone und dem Doubs
nach den Juragegenden. Als eigenthümlicher Handelsplatz wird
dann in Frankreich während des Mittelalters noch Cahors am Lot,
einem Nebenflusse der Garonne, genannt. Ihre Bürger trieben näm=
lich, wie wir später hervorzuheben haben, durch einen großen Theil
von Europa frühzeitig belangreiche Finanzgeschäfte, ohne daß man
recht einsieht, wie gerade dieser Platz vorzugsweise darauf ver=
fallen konnte. Am meisten blühete wohl der auswärtige Handel
Frankreichs, als der berühmte Kaufmann von Bourges, Jacques
Cuer (Coeur) unter Karl VII. Finanzminister war. Mathieu
de Coucy, ein gleichzeitiger Geschichtsschreiber, sagt über ihn:
„Der König hatte in seinem Reiche einen Mann von schlechter Ab=
kunft, welcher durch seine Vernunft, Wachsamkeit und Klugheit sich
in solchen Stand setzte, daß er eine Handlung von allerhand kost=
baren Waaren anlegte. Daneben ward er zum königlichen Schatz=
bewahrer bestellt. Er hatte viele Buchhalter und Faktoren unter
sich, welche mit besagten Waaren in allen Ländern und Reichen
der Christenheit zu thun hatten. Auf der See unterhielt er ver=
schiedene große Schiffe auf seine Kosten, welche mit Erlaubniß des
Sultans und der Türken gegen Erlegung des Schiffszolls nach der
Levante, Egypten und der Berberei gingen, die schönsten und
reichsten Waaren einzuladen. Von daher ließ er Gold= und Silber=
stoffe, seidene Tücher aller Arten und Farben bringen, ingleichen
Pelzwerk von Mardern= und Iltisfellen für Männer und Frauen,

nebst andern fremden Sachen, die man von dort verlangen konnte, welche Waaren er durch seine Commissäre und Faktoren sowohl in der königlichen Residenz und den vornehmsten Städten des Reiches als an allen fremden Höfen verkaufen ließ. Er hatte zum wenigsten drei= bis vierhundert Commissarien oder Faktoren im eigenen Solde, und er allein gewann jährlich mehr als alle übrigen Kauf= und Handelsleute im Reiche zusammen. Bei Eroberung der Normandie 1449 lieh er dem Könige mehrere Millionen." Unter der Ver= waltung von Jacques Cuer, der zuletzt, seiner Reichthümer wegen verfolgt, als armer Flüchtling in Famagusta starb, war so viel Recht und Sicherheit in Frankreich, daß die Kaufleute ohne Waffen mit ihren Gütern durch das ganze Land reisen konnten.

Für den christlichen Theil der pyrenäischen Halbinsel endlich bildete, als letztes Handelsthor des europäischen Südens, Barcelona die Niederlage der levantinischen Waaren. Denn während die kauf= männischen Beziehungen der spanischen Araber sich zunächst nach Afrika richteten, und zu Lande längs der Küste sich nach Egypten und Kleinasien zogen, trieben die Bürger von Barcelona in Ver= bindung mit den Schiffern von Majorca einen lebhaften Verkehr mit Constantinopel, Syrien, dem Nildelta, den griechischen Inseln und der Berberei, und weckten zugleich in ihrem Hinterlande, na= mentlich in den Plätzen Sevilla, Toledo, Xativa, in Granada, Malaga und Almeria den städtischen Gewerbfleiß auf.

Neben den Landwegen indessen, welche die italienischen Waaren= züge quer durch den Körper von Europa nach dem atlantischen Gestade einschlugen, verband auch die Schifffahrt die Haupthandels= plätze auf beiden Küsten unseres Erdtheils. Mag immerhin die Behauptung von Redslob richtig seyn, daß die Phönicier in den seltensten Fällen auf ihren Reisen nach England Iberien umsegelt haben, sondern meistens den Ebro hinauf an den biscayischen Golf gegangen sind; so hatten doch die Römer den offenen Wasserweg nach dem Norden vielfach benützt, und schon in der ersten Hälfte des Mittelalters zeigten sich die Normannen im mittelländischen Meere. Beim Beginn der Kreuzzüge waren dann auch in den englischen und friesischen Häfen Schiffe für den heiligen Krieg ausgerüstet worden. Demnach konnte der Handel nach dem Aufhören der Seeräubereien ebenfalls die längst bekannte Meerstraße in Beschlag nehmen. Obgleich nämlich Augsburg und Nürnberg bereits seit dem zwölften Jahrhunderte mit den Niederlanden in unmittelbarer Verbindung standen, indem sie die italienischen Waaren über Mainz, Köln und Aachen nach Brabant weiter sandten, und von Brügge dagegen die flandrischen und englischen Fabrikate und die hansischen Rohstoffe kommen ließen, war doch für Venedig selber, auch abgesehen von den binnenländischen Fehden, die Wasserfracht nach Flandern unstreitig viel billiger. Nur zeitweilig, unter außergewöhnlichen Umständen zieht sich ein lebhafterer Verkehr der Hanse mit Italien durch Deutschland hin. So finden wir im Jahre 1313, während einer großen Korntheuerung, einen überaus starken Transitohandel mit sicilianischem Getreide durch Kärnthen und Tyrol nach dem Norden, und in Folge dessen auch hansische Geschäftsanknüpfungen mit den venetianischen Spezereiniederlagen in Trient, Botzen und Augsburg. Allein die Hauptlinien des italienisch-niederländischen Austausches laufen durch die Meerenge von Gibraltar. Venetianer, Pisaner, Lombarden, Florentiner gehen ebenso wie die Provençalen und Catalonier seit dem Aufhören der Kreuzzüge zu Schiffe nach Brügge, Antwerpen und England, um daselbst die morgenländischen Kostbarkeiten gegen flandrische Tuche, die in Italien gefärbt wurden, gegen brittische Wolle und rohe Gewebe umzusetzen. Brügge, und später das an der Schelde günstiger gelegene Antwerpen, bildeten mit dem Beginne des vierzehnten Jahrhunderts den Knotenpunkt des gesammten nordischen Verkehrs. Schon früher ist es von uns dargethan worden, wie in Flandern sich das hansische Handelsgebiet von Nordosteuropa mit dem südlichen Verkehre berührte, und auch die englischen Inseln fanden an der ihnen gegenüberliegenden flandrischen Küste den Zugang zu dem allgemeinen Güterleben Europas; denn bis zu der Entdeckung der neuen Welt hat eigentlich England eine sehr untergeordnete Rolle in der europäischen Handelsgeschichte gespielt. Die Phönicier waren allerdings in ihrem Suchen nach Metallen, wofür allein sie die indischen Waaren zu kaufen vermochten, von Tartessus am Ebro aus zu den Zinn liefernden Eilanden hinübergegangen; und wenn auch die alte phönicische Sage, daß der von Syrien ausgewanderte Gott Kronos auf einer Insel im britannischen Meere schlafe, dar= auf hinzudeuten scheint, wie sie die glückliche Lage Britanniens für spätere Zeiten zu erkennen wußten, so blieb doch das ganze Mittelalter hindurch England ein Nebengebiet des Weltverkehrs. Während der Römerherrschaft mag Londinium immerhin „belebt von der Fülle der Kaufleute und mannigfacher Einfuhr" gewesen seyn; allein wenn es heißt, daß am Schlusse des zehnten Jahr= hunderts n. Chr. deutsche Kaufleute sich am Strande der Themse ansiedeln, so darf doch die Handelsgeschichte kein zu großes Gewicht auf diese Thatsache legen. Zinn, Leder, Schafwolle und Getreide wa= ren die einzigen Ausfuhrgegenstände des Inselreiches. Dasselbe hatte unter den Römern 92 Oerter gezählt, worunter 23 bedeutendere Plätze waren, dagegen gab es in der Sachsenzeit nur 28 Städte, von denen, wie das Domesdaybook zeigt, außer London und Winchester keine über 10,000 Einwohner besaß. In York waren von 1418 Häusern 540 unbewohnt; in Warwick zahlten von 721 Herdstellen bloß 243 die Steuer. Dreihundert Jahre nach der normännischen Eroberung umfaßte London mit sammt dem Weichbilde erst 35,000 Einwohner; 1377 kamen im brittischen Reiche nur 380 Menschen auf die Quadratmeile; und in welcher Weise dieselben lebten, mag daraus hervorgehen, daß von 1069 bis 1358 nicht weniger als 121 Hungersnöthe, d. h. eine auf $2\frac{1}{3}$ Jahr Platz griffen. Auch die Entwicklung der Schifffahrt blieb in England unter den ewigen Verheerungen, mit welchen das Reich vom Festlande heimgesucht wurde, hinter den umwohnenden Völkern zurück; denn die Erzäh= lung des Procop von Cäsarea, daß eine beleidigte Königsjungfrau mit vierhundert englischen Fahrzeugen den Rhein hinauf gefahren sey, um sich an dem Könige Warner zu rächen, ist sicher nichts als ein byzantinischer Roman. Nur Alfred, der Große, versucht es, im Kampfe gegen die Dänen, den Sinn der Engländer für den Seekrieg zu wecken, und Edgar nannte sich gar: „oberster Lord und Gebieter des Oceans rund um Britannien." Als indessen Wilhelm, der Eroberer, den scharf durchgeprägten Lehnsstaat über

England ausgebreitet hat, verfällt dort wieder Alles in den Zustand des starren Ackerbauthums. Die Fremden sind es, welche allein den Verkehr betreiben; die von Thomas Becket im Jahre 1296 gestiftete englische Gesellschaft „der wagenden Kaufleute" tritt erst unter Heinrich VII. mehr hervor. „Bis zum Schlusse des fünfzehnten Jahrhunderts," sagt daher ein jetzt vergessenes Buch (Gedanken über Beförderung der Handlung, Göttingen 1772) mit Recht, „befand sich England gegen Deutschland und dessen Hansestädte im Betracht der Handlung in gleichem Verhältnisse als jetzt Deutschland gegen England. Die Engländer glaubten ehemals, daß sie die deutschen Waaren nicht entbehren könnten. „„Maket neye Orlige und neye Peide unserem Kopmanne, de dat Land nich unbahren mag,"" rief der Cardinal Heinrich, als die Engländer die Waaren der Hansestädte mit Imposten belegen wollten." Selbst im Anfange des sechzehnten Jahrhunderts hatte England noch keine drei Schiffe von 300 Tonnen. Wie arm das Land überhaupt noch war, während in Flandern und Italien schon die größte Ueppigkeit herrschte, dafür gibt Macauley (Essays) schlagende Belege: „Die Diener in edlen und reichen Familien und die Studenten der Hochschulen müssen sich vor dreihundert Jahren natürlich besser befunden haben, als damalige Tagelöhner, und standen doch, wir sind es fest überzeugt, den Armen unserer Arbeitshäuser nach. Aus den Haushaltungsbüchern der Familie Northumberland ersehen wir, daß die Diener eines der größten Häuser des Reiches genau so lebten, wie jetzt gewöhnliche Matrosen. Unter der Regierung Eduard's III. wird uns der Zustand der Studenten von Cambridge von der besten Autorität als höchst erbärmlich beschrieben. Viele von ihnen aßen zu Mittag für einen Farthing Ochsenfleisch mit ein wenig Salz und Hafermehl und buchstäblich weiter nichts. Diesen Bericht erhalten wir von einem gleichzeitigen Lehrer am Johanniscollegium. Unsere Gemeindearmen essen gegenwärtig Weizenbrod. Im sechzehnten Jahrhunderte war der Arbeiter froh, wenn er Gerste hatte, und mußte sich oft mit geringerer Nahrung begnügen." England, wie gesagt, verkaufte in dem von uns behandelten Zeitraume seine Wolle, sein Korn und seine Häute an die Flamänder; es machte schlechtes braunes Papier und grobe Gewebe. Im Jahre 1355 belief sich die Gesammtausfuhr Englands auf 294,185 Pf. Sterl. Werth, bei einer Einfuhr von 38,970 Pf. Sterl. Vor der Fahrt des Columbus braucht sich eine allgemeine europäische Handels=geschichte mit dem brittischen Inselreiche kaum zu beschäftigen. Wie große Veränderungen indessen auch die Kreuzzüge in dem gesammten wirthschaftlichen Leben Europas nach sich zogen, das Wesen des asiatisch=europäischen Verkehrs selber wurde davon nicht weiter berührt. Nach wie vor bestand die asiatische Ausfuhr in den Spezereien des Ganges= und Indusgebietes und den Fabrikaten von den arabischen Städten der Levante; und nach wie vor hatte unser Erdtheil kaum etwas anderes dafür entgegenzugeben als edle Metalle. Deßwegen beginnt denn auch mit der Ausbreitung des italienisch=syrischen Handels am Schlusse des zwölften und Anfange des dreizehnten Jahrhunderts alsbald wieder überall in Europa der Bergbau. Schon der Krieg hatte große Summen baaren Geldes nach dem Osten fortgeführt; jetzt verlangte der neu belebte Welt=verkehr in immer steigendem Maße die Beschaffung von Gold und Silber. In welcher Weise nämlich damals der Bezug der indischen Produkte von dem unmittelbaren Export an edlen Metallen abhängig war, sieht man am besten aus der Thatsache, daß Goslar Jahr=hunderte lang einen Hauptmarkt für die morgenländischen Speze=reien abgab. An und für sich lag ja die genannte Harzstadt in örtlicher Beziehung keineswegs besonders günstig für den Verkehr mit den orientalischen Gütern. Allein, da nach der Aufschließung der Erzgruben durch den Ostfranken Gundelkarl unter Heinrich, dem Vogler, der Platz zum Stapel für das Gold und Silber des Ge=birges geworden war, so zog sich in Folge der allgemeinen Con=junktur auch der Gewürzhandel dorthin. Und zwar gewann dieser Umsatz von Metall gegen Spezereien daselbst eine solche Ausdeh=nung, daß, als Kaiser Otto IV. die Stadt erobert hatte, er unter Hülfeleistung der Fuhrleute aus der ganzen Nachbarschaft acht Tage gebrauchte, um den gefundenen Vorrath an Silber, Blei und Gewürzen wegzuschaffen. Weil aber dem vermehrten Bedarf an Edelmetallen durch den Bergbau nicht in dem erforderten Maße

entsprochen werden konnte, so stieg jetzt der Werth des baaren Gel=
des, oder die Fürsten griffen bei dem Baarumlaufe ihrer Länder
zu Münzverschlechterungen. In Frankreich, England, Deutschland,
den Niederlanden und Spanien wurde um diese Zeit das Geld
durchweg geringer ausgeprägt. Am Anfange des fünfzehnten Jahr=
hunderts gingen in Spanien noch 6 Maravedi auf den Silberreal,
am Ende desselben 34. Um das Jahr 1400 hatte in England das
Pfund Sterling ein dreifaches Volumen gegen das jetzige, und 1430
nur das zweifache, seit 1464 nur das 1½fache, bis Elisabeth den
heutigen Münzfuß in England feststellte; und ebenso verschlechterte
sich in dem gleichen Zeitraume der französische Livre auf den achten
Theil seines ehemaligen Werthes. Nur die südeuropäischen Hafen=
plätze selber, Venedig, Pisa, Genua, Livorno behielten ihren alten
Münzfuß bei, weil sie mit leichterem Gelde im Oriente selbstver=
ständlich ihre Ankäufe in der bisherigen Weise nicht hätten bewerk=
stelligen können. Peschel hat es in einem vortrefflichen Aufsatze
über die Werthschwankungen der Edelmetalle (Vierteljahrsschrift
Nr. 64) nachgewiesen, daß bis zur Entdeckung Amerikas der Vor=
rath von Gold und Silber in Europa in fortwährender Abnahme
begriffen war. Am Ende des vierzehnten Jahrhunderts betrug der
europäische Metallschatz wahrscheinlich noch doppelt so viel als am
Ende des folgenden. „Gleichzeitig," sagt der genannte Schrift=
steller, „beobachten wir ein beinahe krankhaftes Suchen nach neuen
Goldländern oder nach der chemischen Formel zur Darstellung der
edlen Metalle, während die größten Männer jenes Jahrhunderts
von Golddurst zu Thaten gedrängt werden. Ohne Kritik hat man
ihre Motive der gemeinsten Habsucht gleichgestellt, während doch
gleichsam nur der Instinkt es war, welcher die europäischen Völker
trieb, sich der unbehaglichen Lage des erschöpften Baarschatzes zu
entreißen." Um das Jahr 1492 soll Europa nicht mehr als eine
Milliarde Franken Baargeld gehabt haben. Dabei schwankte das
Verhältniß zwischen Gold und Silber zu Gunsten des letzteren sehr
bedeutend. Denn da Indien von jeher lieber Silber als Gold in
Zahlung annahm, so mußte mit der Ausdehnung des europäisch=indi=
schen Verkehrs nach den Kreuzzügen das Silber in allen denjenigen

Gegenden wieder theurer werden, die in den südlichen Verkehr ein-
griffen. Z. B. war unter Philipp, dem Schönen, das Verhältniß
der beiden Metalle in Frankreich wie 1 : 10, in Flandern 1336
wie 1 : 10½, während es in dem abgelegenen Ostpreußen 1399 wie
1 : 12,3 und 1488 gar zu 13,2 stand.

Außer dem asiatisch-europäischen Handel, der sich durch die
verschiedenen Gegenden unseres Erdtheils hinzog, richtete sich jedoch
in den einzelnen Gebieten desselben auch ein lebhafter Austausch
zwischen Rohprodukten und Fabrikaten ein, wie Länder und Städte
sie hervorbrachten. Schon die Phönicier hatten ihrer Zeit sehr frühe
den Gewerbfleiß mit der Verkehrsthätigkeit verbunden, ein Beispiel,
welches später die Kulturvölker des Westens eifrig befolgten. Innerhalb des Umkreises der alten Welt liefen einmal die großen commerziellen Verbindungslinien zwischen Indien und dem Westen hin
und her, und außerdem bestand ein mannigfaches Maschengeflecht
zwischen dem Ackerbau und der Industrie der asiatischen und europäischen Reiche. Unter der Römerherrschaft war es vollends ringsum
am Gestade des mittelländischen Meeres die Arbeitstheilung von
Stofferzeugung und Stoffverarbeitung einigermaßen räumlich geschieden. Es gab besondere Bereiche, z. B. Nordafrika, Sicilien,
Aegypten und Taurien, welche recht eigentlich die „Kornkammern“
der damaligen Welt bildeten, während in Griechenland, Italien
und Kleinasien die Fabrikation vorzugsweise blühte. Kennt nun
auch das Mittelalter noch keineswegs den Verkehr mit Massenwaaren, hatte sich vor dem europäischen Colonialsysteme noch nicht
eine wirkliche gegenseitige Ergänzung der Länder in den untersten
Lebensbedürfnissen herausgestellt, indem der Haupternährungsproceß
einer Bevölkerung noch aus ihrem eigenen Grund und Boden be-
stritten wurde; so traten dessenungeachtet bereits bestimmte Fabrik-
distrikte auf dem Gesammtbereiche des Abendlandes hervor, deren
Erzeugnisse nicht minder weit versendet wurden, als die indischen
Spezereien. Bis zu der Eröffnung der Kreuzzüge war es Constantinopel gewesen, wo sich der Westen mit den feineren Fabrikaten,
die über die Hausindustrie hinausgingen, versorgte. Von Griechenland verpflanzte sich das höhere Gewerbe nach der Lombardei; die

italienischen Sammt = und Wollwebereien waren hochberühmt. Gleich=
zeitig hatte sich, wie bereits erwähnt worden ist, in Flandern die
Tuchmacherei selbstständig entwickelt; Deutschland, Frankreich, die
Schweiz, Sicilien und Spanien lernten es dann bald, ebenfalls
ihre Wolle selber zu verweben. Die französische Sitte, Wappen
auf den Kleidern zu tragen, hob besonders die Weberei in Frank=
reich, weil derartige Stoffe nicht aus dem Auslande bezogen werden
konnten. Ungefähr gleiche Bedeutung mit der Tuchfabrikation hatte
im Mittelalter die Linnenindustrie. Es gibt damals fast keine größere
Stadt im westlichen Europa, welche nicht selber Leinenwebereien
besitzt, oder doch das Fabrikat ihrer Umgegend auf ihrem Markte
ausbietet. Der Chronist Navanjo berichtet, daß Toledo allein im
Jahre 1480 an 200,000 Seideweber beschäftigt habe. Sevilla
besaß 16,000 Webstühle mit 130,000 Arbeitern. Die Baumwollen=
industrie kam im zehnten Jahrhunderte durch die Mauren nach der
iberischen Halbinsel. Abberahman I. brachte die Staude aus dem
Oriente nach Valencia. Die feineren Stoffe, die zu Cordova, Gra=
nada, Sevilla verfertigt wurden, waren durch ganz Europa sehr
gesucht. Dazu treten in den Gebirgsbezirken, in der Nähe der
Bergwerke, überall die Eisenschmiedereien. Die kriegslustige Zeit
zeigte selbstverständlich einen verhältnißmäßig bedeutenden Bedarf
an Waffen; die Schwertfeger und die Lohgerber vertraten in dem
städtischen Leben sehr gewichtige Gewerbe.

Allein auf dem Standpunkte einer allgemeinen Handelsgeschichte,
welche vorwiegend nur die Rückwirkungen des wirthschaftlichen Ge=
triebes auf die Gliederung der Gesellschaft und des Staates ver=
folgen will, läßt sich nicht jede einzelne Stadt beim Namen auf=
zählen, wie sie sich dem einen oder dem andern Gewerke mehr zu=
gewendet hat. Noch heute sind die alten Sprüchwörter nicht ganz
vergessen: "Ulmer Geld geht durch alle Welt" und "Nürnberger
Hand geht durch alle Land." Dagegen müssen wir dem inzwischen
veränderten Wesen des Handels selber noch unsere Aufmerksamkeit
widmen, ehe wir zu den neuen social=politischen Gestaltungen, die
er nunmehr hervorruft, hinüberblicken.

Wir haben gesehen, daß als der Verkehr in Europa aus den

Händen der syrischen Kaufleute, d. h. der Juden, mehr in den Betrieb der eingebornen städtischen Bevölkerungen überging, zunächst sich kaufmännische Gilden zur gemeinschaftlichen Besorgung der merkantilen Geschäfte zusammenschlossen. Von einzelnen Handels= firmen ist im früheren Mittelalter gar keine Spur zu finden; nur die commerzielle Körperschaft als solche schließt ihre Käufe und Ver= käufe ab; der einzelne Handelsmann bildet einen Bestandtheil einer größeren Gliederung. Je mehr indessen der Verkehr an Beweglich= keit gewinnt, vermag auch der einzelne Kaufherr, sich selbstständiger hinzustellen. In Italien, wo am frühesten die Geldwirthschaft die gesellschaftliche Gebundenheit des Ackerbauthums durchbrach, treten daher schon beim Schlusse der Kreuzzüge einzelne für sich bestehende Handelshäuser unter eigenem Namen auf. Zunächst mochte wohl das Finanzwesen der römischen Kirche darauf hingewirkt haben, daß sich in Oberitalien der Geldumlauf mehr entwickelte. Rom bezog nämlich aus der ganzen christlichen Welt mehr oder weniger regelmäßige Abgaben. Da dieselben jedoch nicht in Naturalgegen= ständen vom Norden der Alpen her an den Tiber gebracht werden konnten — nur die Isländer sandten Wallroßzähne nach St. Peter — so mußten sie in Edelmetall, in Münzen geleistet werden. An der Einsammlung und Uebermachung des Peterspfennigs nach Rom wächst daher im Mittelalter zunächst das Banquierwesen empor. Namentlich sind es die lombardischen Städte, welche, durch ihre örtliche Lage begünstigt, auf solcher Grundlage den Geldhandel weiter ausbilden. „Lombarden“ und Banquiers oder, wie es im Mittelalter hieß, Wucherer, sind eine Zeit lang gleichbedeutend; und in der noch heute gebräuchlichen Bezeichnung für Leihhaus, Lombard, hat sich eine Erinnerung an diese handelsgeschichtliche That= sache erhalten. Wie die im Jahre 1250 in Florenz zuerst geschla= genen Goldgulden, die Florenen, und die venetianischen Ducaten eine im Abendlande überall gangbare Münze abgeben, so ziehen sich gleichfalls die Geldgeschäfte der Italiener durch die Hauptländer von Europa hin. Aber auch im Süden von Frankreich in der bereits erwähnten Stadt Caorsa setzt sich, vielleicht ebenfalls aus finanziellen Geschäftsverbindungen mit der Curie, sehr früh der eigentliche

Geldhandel fest. In Deutschland ist der Name Caorsinen, verdreht
in Cowertschen oder Chaberzein, nicht minder die allgemein gültige
Bezeichnung für Financiers. Dieselben treten meistens in Verbin=
dung mit den „Welschen" auf, und die vermischte Sprache beider
soll unserm Ausdruck „Kauderwelsch" den Ursprung gegeben haben.
Als Banquiers erscheinen sie schon um das Jahr 1156 im großen
österreichischen Friedericianum. Hormayr (Hohenschwangau) be=
merkt gelegentlich: „In der Mitte des vierzehnten Jahrhunderts
haben die Caorsinen und einige Florentiner und Mailänder Han=
delsleute die Münzstätten zu Trient und Meran inne, bald auch
die Bergwerke, Zölle, die Steuern und die anderweitigen landes=
herrlichen Gefälle. Sie erwerben durch Pfandschaft wichtige Be=
sitzungen. Binnen 70 Jahren schwingt sich ein Florentiner Han=
delshaus, die Rubeis, unter dem Namen Botsch von Auer,
unter den ältesten Landadel, und schon 1363 am 22. Jänner unter=
zeichnete der Aelteste aus ihnen, Ulrich Botsch, den Uebergabs=
brief an Oesterreich." Daher findet denn auch im Verlaufe der
Kreuzzüge der von den Arabern zuerst eingeführte Gebrauch von
Geldanweisungen auf andere Plätze zunächst in Italien Nachahmung.
So hinterlegt z. B. schon im Jahre 1246 Papst Innocenz IV. zu
Venedig 25,000 Mark Silber, damit diese Summe durch die Kauf=
mannschaft zu Frankfurt am Main dem Gegenkönige Raspe aus=
bezahlt werde. Damit war denn die Basis zu unserm Wechsel=
geschäfte vollständig gegeben. Der älteste, von Baldo von Ubaldis
in seinem „rechtlichen Bedenken" aufbewahrte Zahlbefehl vom Jahre
1325 lautet in dem italienischen Original: „Pagate per questa
prima lettera a Lucca de Goro libre quaranta cinque. Sono
per la valuta qui di Massio et ponete al mio conto." Der
deutsche Orden schickte seinem Gesandten in Rom den jährlichen
Gehalt in Wechseln auf Brügge, die in den italienischen Handels=
städten gern genommen wurden. Und an die Ausbildung des
Wechselgeschäftes mußte sich die Entwicklung der kaufmännischen
Buchführung, worin ja die Italiener die Lehrmeister der ganzen
Welt geworden sind, von selbst knüpfen. Lucas von Burgo ließ
1494 die erste Anleitung zum kaufmännischen Rechnungswesen

drucken. Unter solchen Verhältnissen ist daher die so berühmt ge=
wordene Bank des heiligen Georg zu Genua, welche 1407
entstand, auch keineswegs als eine über ihre Zeit hinausgreifende
Einrichtung zu betrachten. Da die Stadt verzweifelte, mit eigener
Kraft wieder Ordnung in ihren Haushalt schaffen zu können, übergab
sie denselben geradezu ihren Gläubigern. Alle bisherigen einzelnen
Anlehen derselben wurden in eine Gesammtschuld vereinigt und dafür
Aktien (luoghi, Stellen) à 100 Pfund ausgegeben. Ein Ausschuß
der Besitzer von hundert Mitgliedern unter acht Vorstehern erhob und
verwaltete sämmtliche Einnahmen der Stadt, so daß die Bank einen
Staat im Staate bildete. Als Columbus damit umging, einen
Schatz für die Eroberung des heiligen Grabes zu sammeln, befahl
er seinem Sohn Diego Aktien von dieser Bank zu kaufen, „die sicher
wären und jetzt (1498) 6 Procent trügen." Ja, allmählig treten
jenseits der Alpen die vorhandenen großen Geldmächte schon gerade
so auf, wie heutzutage. „Weil sich die Venetianer mit Neapel
gegen Florenz verbanden," erzählt Macchiavelli (Istorie op. II. 151),
„leerte Cosimo von Medici beide Staaten durch eine Kreditoperation
dergestalt von Geld, daß sie zum Frieden gezwungen wurden" —
obschon der florentinische Sekretär uns leider nicht erzählt, worin
dieselbe bestanden habe. Allerdings konnte Deutschland sich in der
Durchbildung des beweglichen Eigenthums Italien nicht vollständig
an die Seite stellen. Dessenungeachtet wies auch es gleichzeitig be=
deutende Handels= und Banquierhäuser in Augsburg, Nürnberg
und Flandern auf. Wie Italien einst von den Arabern, so lernte
nunmehr das heilige römische Reich deutscher Nation von den Ita=
lienern die Kunst des Handels und Wandels. Seit Jahrhunderten
hatten unsere Kaiser unausgesetzt ihre Augen wie ihre Kräfte auf
die lange südliche Halbinsel gerichtet, in deren Mitte aus den
Steinen des alten Roms der Papst sein großartig stolzes kirchliches
Gebäude aufführte, und an deren Küsten der Welthandel seine Sta=
pelplätze besaß; demnach strömten die kulturlichen Einflüsse Italiens
auch in den wirthschaftlichen Verhältnissen leicht über die Alpen
herüber. Ja, man stößt stellenweise auf ökonomische Institute, von
denen man zweifeln kann, an welcher Seite des Gebirges sie zuerst

aufgetreten find; z. B. zeigen sich Assekuranzgesellschaften für die Schiffsladungen, deren ursprüngliche Gründung 1350 in Portugal ausdrücklich angemerkt wird, wovon sie dann nach Barcelona und Genua kamen, schon früher in Flandern. Seit 1310 bestand in Brügge bereits eine Versicherungskammer, gab es Geldmäkler, die in den Hauptzweigen des Wechselgeschäftes Bescheid wußten. Und Brügge war der Ursprungsort der „Börse." Noch heute wird in jener alten flandrischen Hauptstadt der Fremde auf den kleinen Platz vor dem Hause der ehemaligen Familie La Bourse geführt, auf welchem einst die Kaufleute wegen ihrer Geschäfte täglich zu= sammenzukommen pflegten.

Wir wiederholen es, wir schreiben hier keine in's Einzelne gehende Handelsgeschichte; es kommt uns bloß darauf an, nachzu= weisen, in welcher Art sich das Bürgerthum in Europa entwickelte, und wie es auf das gesammte gesellschaftliche und politische Leben unseres Erdtheils zurückwirkte. Deßhalb beschränken wir uns darauf, nur noch einige thatsächliche Angaben mitzutheilen, aus denen her= vorgeht, bis zu welcher Ausdehnung das bewegliche Eigenthum nach der Wiederbelebung des Handels in Europa gedieh. Macaulay (Essays) erwähnt einen Bericht von Johann Villani aus der ersten Hälfte des vierzehnten Jahrhunderts, nach welchem sich das Ein= kommen von Florenz auf 300,000 Goldgulden erhob, „mehr als das Gesammteinkommen, welches die Königin Elisabeth von Irland und England bezog. Die Wollweberei allein beschäftigte 200 Werkstätten und 30,000 Arbeiter. Das jährlich erzeugte Tuch wurde durch= schnittlich um 1,200,000 Goldgulden verkauft; 400,000 Goldgulden wurden jährlich gemünzt; 80 Banken leiteten die Handelsunter= nehmungen nicht bloß von Florenz, sondern von ganz Europa. Zwei Häuser liehen Edward III. von England mehr als 300,000 Mark Silber, die Stadt hatte 170,000 Einwohner." Noch schla= gender für die Blüthe des damaligen Verkehrs ist der Nachweis, welchen der Doge von Venedig, Thomas Mocenigo, im Jahre 1421 von der merkantilen Thätigkeit seiner Stadt zusammenstellte: „Jede Woche erhalten wir aus Mailand 17 bis 18,000 Dukaten, aus Monza 1000 Dukaten, aus Como 3000, aus Alessandria 1000, aus Tortona und Novara 2000, aus Pavia ebensoviel, aus Cremona und Parma gleichfalls, aus Bergamo 1500 Dukaten. Die Banquiers stimmen alle darin überein, daß das mailändische Gebiet jährlich 1,600,000 Dukaten uns baar herauszuzahlen hat. Tortona und Novara kaufen jährlich 6000 Stück Tuch, Pavia 3000, Mailand 4000, Cremona 40,000, Como 12,000, Monza 6000, Brescia 5000, Bergamo 10,000, Parma 4000, zusammen 90,000 Stück. Die genannten Städte senden uns außerdem 1,558,000 Zechinen an feinem Golde. Wir treiben mit der Lombardei einen Handel im Werthe von 28,000,000 Dukaten. Die Lombarden kaufen von uns jährlich 50,000 Centner Baumwolle, 20,000 Centner Garn, 40,000 Centner catalonische Wolle, ein gleiches Quantum französischer Wolle, Gold = und Seidengewebe für 250,000 Dukaten, 3000 Ladungen Pfeffer, 400 Bunde Zimmt, 2000 Centner Ingwer, für 95,000 Dukaten Zucker, für 30,000 Dukaten Näh = und Strickwaaren, 40,000 Centner Farbholz, für 50,000 Dukaten andere Farbewaaren, für 250,000 Dukaten Seife und für 30,000 Dukaten Sklaven. Dabei ist die Salzausfuhr noch gar nicht in der Rechnung aufgemacht. Nun erwäge man, wie viele Schiffe der Transport dieser Waaren beschäftigt, sowohl um sie nach der Lombardei zu bringen, als um sie aus Syrien, Romanien, Catalonien, Flandern, Cypern, Sicilien, kurz von allen Gegenden der Welt zu holen. Venedig verdient an Fracht dabei 2½—3 Procent, und von diesem Gewinnste leben Mäkler, Handwerker, Seeleute, Tausende von Familien und zuletzt unsere Kaufleute; derselbe beträgt nicht weniger als 600,000 Dukaten. Verona kauft alle Jahre 200 Stück Gold =, Silber = und Seidengewebe; Vicenza 120, Padua 200, Treviso 120, Friaul 50, Feltre und Belluno 12; und außerdem holen sie 400 Last Pfeffer, 120 Bunde Zimmt, 1000 Centner Ingwer, 1000 Centner Zucker und 200 Scheiben Wachs jährlich. Florenz schickt uns Güter im Werthe von 16,000 Zechinen und in Geld 350,000 Zechinen, wofür es spanische und französische Wolle, Getreide, Seidenwaaren, Gold = und Silberdraht, Wachs, Zucker und Schmucksachen nimmt. Alles in Allem setzt Venedig jährlich zehn Millionen Zechinen um." Natürlicherweise dürfen die

damaligen binneneuropäischen Handelsplätze nicht nach gleichem Maß=
stabe gemessen werden; Venedig und Genua waren die beiden mercan=
tilen Haupthore des ganzen Erdtheils. Mit Recht konnte daher Mon=
cenigo auch seinen Landsleuten sagen, daß sie der Kanal seyen,
durch den alle Reichthümer flößen, und das Gold der Welt in
Venedig zusammenströme. Allein, wenn auch die inneren Verkehrs=
märkte weit geringere Waarenmengen in Umlauf setzten, so hatte
doch das Bürgerthum in den Städten Deutschlands, Frankreichs
und theilweise auch Spaniens ebenfalls im Handel mit den Italie=
nern des Südens und den Hansen des Nordens nach den Kreuz=
zügen eine zu große wirthschaftliche Selbstständigkeit und Macht
erlangt, als daß es nicht auch hätte streben sollen, zur politischen
Geltung zu gelangen. Alle ökonomischen Verhältnisse waren seit
den Zeiten des reinen Ackerbauthums so durchaus anders geworden;
da mußte denn wohl die gesellschaftliche Gliederung der Menschen
und das Gefüge des Reichsbaues eine entsprechende Wandelung
erfahren!

Die social-politischen Rückwirkungen der fahrenden Habe.

Gehen wir nun nach der allgemeinen Zeichnung des europäischen Handelslebens seit dem dreizehnten Jahrhundert zu den Einwirkungen über, welche das so gestärkte bewegliche Eigenthum auf die gesellschaftlichen und politischen Gestaltungen unseres Erdtheils ausüben mußte, so knüpfen wir bei der allmählig sich herausstellenden Unabhängigkeit der sogenannten abeligen, d. h. auf fremdem Boden gelegenen, Städte am Schlusse des eilften Jahrhunderts wieder an. Damals brachen nämlich eine Reihe von Aufständen in den verschiedenen reicher gewordenen „Burgen" gegen die bischöflichen oder gräflichen Grundherrn derselben aus; eine durchgreifende Thatsache, die den Beweis liefert, daß die veränderte Mischung der wirthschaftlichen Kräfte über die bisherige feudal-politische Form des Städtelebens hinauszuschreiten anfängt. Die erste derartige Empörung zeigt sich in Köln am Osterfeste des Jahres 1074. Der dortige Bischof Hanno nahm nämlich das Schiff eines der reichsten Kölner Kaufleute in Beschlag, um seinen Gast, den Bischof Friedrich von Münster, heimzufahren. Die Bürger aber, die sich zu einem solchen Geleite nicht verpflichtet glaubten, leisteten Widerstand. Es kam in den nächsten Tagen zu einem offenen Kampfe, in welchem der Bischof in die Flucht geschlagen ward. Bald kehrte er jedoch mit einem starken Haufen der benachbarten Ritter zurück. Vergebens suchten nun die Kaufleute die Sache bis zu einem Rechtsspruch des Königs Heinrich hinauszuschieben. An dreihundert

Mitglieder der Gilde wurden von dem bischöflichen Gefolge theils niedergemacht, theils geblendet oder sonst verstümmelt und aus der Stadt gewiesen. Selbst Heinrich IV., der eigens deßwegen nach Köln kam, suchte umsonst den gegen die Kölner geschleuderten Bann rückgängig zu machen. Der Bischof löste ihn erst nach einigen Jahren, als seine Stadt immer mehr zu verarmen und zu veröden drohte. Aehnlicher Natur war der Aufstand der Bürger von Brügge und die Ermordung Karls, des Gütigen, Grafen von Flandern. Der Schultheiß des Kapitels von Brügge, einer der wohlhabendsten Einwohner der Stadt, der zugleich mit dem Amte des Oberrichters in dem ganzen Gerichtsbezirke bekleidet war, wurde von dem Grafen als Höriger in Anspruch genommen. Er besaß allerdings keinen Freibrief; und ein Ritter, welcher eine seiner Nichten geheirathet hatte, wurde nach Jahr und Tag, dem Gewohnheitsrechte der Grafschaft gemäß, ebenfalls zum Leibeigenen. Allein da sich die thatsächlichen Zustände bereits so weit von den früheren Verhältnissen persönlicher Abhängigkeit entfernt hatten, um einen Hörigen zum städtischen Oberrichter werden zu lassen, so konnte es nicht ausbleiben, daß die neue Wirklichkeit die alten Rechtsüberlieferungen zu zersprengen suchte. Ebenso liefert, wie Granier berichtet, die große Empörung von Vefelay gegen den Abt und das Kapitel von Sankt Maria Magdalena ein anderes Beispiel einer gewaltthätigen Verbindung von Hörigen und Knechten, um das Gemeinderecht zu erlangen; aus der aufständischen Municipalität, die sich einstweilen bildete, wurde der Schultheiß Simon gleichfalls von dem Kapitel als Leibeigener zurückgefordert.

Aber auch in den von vorneherein mehr unabhängigen Städten konnten die alten ritterbürtigen Ackerbaufamilien, welche, wie wir gesehen haben, den Grundstock der Bevölkerung abgaben, sich nicht mehr in ihrer früheren Ausschließlichkeit und Bevorrechtigung erhalten; die Bildung neuer städtischer Patriziergeschlechter leitet sich ein. Gegen den Reichthum des aufblühenden Kaufmannsstandes sank allmählig die ökonomisch-sociale Macht der im städtischen Weichbild begüterten Grundherrn mehr zurück. Hormayr bemerkt: „Wiens und Regensburgs Bevölkerung bestand ursprünglich aus

Adelsgeschlechtern, die von ihren einförmigen Burgen lieber in die freudige Stadt hinuntersteigen, mit ihr verburgrecht, ihrer Vorzüge, ihres Reichthums theilhaftig wurden, aus Münzherren oder sogenannten Hausgenossen, aus Kaufleuten und Krämern, Schiff- und Floßmeistern zu Regensburg, aus wohlgenährten fröhlichen Weinherrn und Weinzielern zu Wien." Allmählig begannen jetzt die städtischen Adeligen ihre Töchter mit den reich gewordenen Handelsleuten, die bisher nur Beisaßen gewesen waren, zu verheirathen, und gingen dann endlich selber zur Handthierung des beweglichen Eigenthums, zur sogenannten bürgerlichen Nahrung, über. Dadurch schieden sie jedoch aus ihrem bisherigen adeligen Stande aus; und wir sehen deßhalb auch schon am Schlusse des zwölften Jahrhunderts, wie der Landadel die Nürnberger Patricier, im Jahre 1198, nicht mehr als ebenbürtig zu den Turnieren zulassen will. Die alte social-politische Gliederung des Ackerbauthums beansprucht für ihre selbstständigen Genossen einen höheren Rang; die wirthschaftliche Arbeit am beweglichen Eigenthum, als die jüngere im Laufe der Wirthschaftsentwicklung, wird für geringer geachtet. Sogar im Jahre 1806 schreibt noch Roth (Geschichte des Nürnberger Handels): „Anno 1300 hat Kaiser Albertus I. einen Hof nach Nürnberg gelegt, dazu der König aus Böhmen, die Herzoge, Markgrafen, Fürsten und Herrn kamen. Als nun die Versammlung bei einander war, fangen etliche Geschlechter, deren Namen Ehrenhalber hier verschwiegen bleiben, sammt andern ehrsamen Personen, worunter die Förnberger, Färbiger und Glockengießer, zu Nürnberg an, Kaufmannschaften in fremden Ländern zu treiben." Es ist noch, wie im Alterthum, ein Makel, Geschäfte zu machen. Stellenweise zeigt man sich deßwegen auch bestrebt, die städtischen Patriciergeschlechter künstlich zu erhalten. Z. B. verordnete der Hochmeister des deutschen Ordens, Siegfried von Feuchtwangen, der 1309 die Ordensregierung auf einen festen Fuß gebracht hatte, „daß die alten Einwohner weder zu Diensten noch zu irgend einem bürgerlichen Gewerbe als zu Handwerkern, zur Kaufmannschaft und Gastwirthschaft zugelassen werden, sondern sich lediglich mit dem Ackerbau und mit der Viehzucht beschäftigen sollten." Thatsächlich läßt sich indessen die Umwandlung der agrarischen Gesellschaft in der Stadt durch das Erstarken des Bürgerthums mit keiner Gesetzgebung mehr aufhalten. Im Gegentheil geht mit den sich geltend machenden wirthschaftlichen Verhältnissen die weiter fortschreitende Entwicklung der Städte zu selbstständigen ökonomisch-politischen Organismen Hand in Hand. Wir haben schon früher darauf hingewiesen, daß es naturgemäß in Folge der Lage des Welthandels die italienischen Städte waren, in denen die Stadtverfassung, wie im Alterthum, zu festen Formen gelangte. Sie erwirkten von den deutschen Kaisern mit der Erlaubniß, Ringmauern erbauen zu dürfen, zugleich das Recht, durch die Glocken ihre waffenfähigen Bürger auf dem Markte zu versammeln, und diese Versammlung bildete dann den Ausgang des städtischen Selbstregiments. Dieselbe wählte alle Jahre zwei Consuln, welche in der Stadt den Vorsitz beim Gerichte hatten, und nach außen die städtischen Heere befehligten. Dazu erhielten die Consuln als Beistand für die richterlichen und Verwaltungsgeschäfte einen geheimen Rath, credenza, der aus einer kleineren Anzahl von Mitgliedern in jedem Stadtquartiere erwählt wurde, und ein großer Volksrath mußte die Beschlüsse dem Rathe vorbereiten, welcher letztere außerdem die Geldangelegenheiten der Stadt besorgte. Dem Wesen, wenn auch nicht dem Namen nach, sind das die Grundzüge aller städtischen Verfassungen, wie sie sich beim Beginne des dreizehnten Jahrhunderts über Europa verbreiteten; sie ergeben sich unmittelbar aus den Verhältnissen selbst. Die eine Stadt kann unbedenklich das zufällig niedergeschriebene Recht der andern zu sich hinüber nehmen, weil alle so ziemlich dieselben gesellschaftlichen Zustände aufweisen. Bei der Neubelebung der italienischen Städte sonderte sich außerdem, wie Savigny bemerkt, später das Collegium der Scabinen (Schöffen) „als unlebendig gewordenes Stück der Verfassung überall ab, und dauerte für sich bestehend bis auf die neuesten Zeiten unter dem Namen Richtercollegium, ganz wie in Deutschland manche Schöppenstühle, fort. Der Ordo dagegen oder der eigentliche Stadtsenat wurde von dem neuen Leben der städtischen Verfassungen unmittelbar ergriffen." Schon im Anfange des zwölften Jahrhunderts zeigen sich ähnliche politische Bildungen des städtischen Lebens auch in Deutschland. Im Jahr 1120 treten Rathmannen zuerst in Freiburg im Breisgau auf, wo sie nach dem Vorgange Kölns eingesetzt werden; vor 1162 entstehen bereits in Lübeck, Straßburg und Soest selbstständige städtische Gemeinden. Die in der Stadt angesessene Ritterschaft schließt sich dabei meistens freiwillig dem Heere der Bürger an. Andere angesehene Einwohner, die keiner Gewerkschaft angehörten, stritten ebenfalls als Constabler zu Pferde. Die Zünfte, nach ihren Bannern abgetheilt, lieferten das Fußvolk; der Oberanführer war ein Bürgermeister, dem ein Rathsherr die Stadtfahne trug. In einigen Orten wurden die alten grundbegüterten Geschlechter, welche die Verwaltung der Stadt nicht mit den Bürgern theilen wollten, zur Auswanderung gezwungen, wie z. B. das Hamburger Stadtrecht von 1120 jedem Adeligen verbietet, in Hamburg zu wohnen; in andern dagegen nach billigem Vertrage unter die Zünfte gereiht. Anfangs stellte der Kaufmannsstand sich in den Städten den Ackerbaupatriziern an die Seite, mögen seine Mitglieder nun aus den Ministerialen oder den Sendboten, den Scaremanni, ursprünglich hervorgegangen seyn oder sich noch in ursprünglicher Freiheit von den Römerzeiten her erhalten haben, und auf solche Weise entstanden neue aristokratische Stadtfamilien. Als z. B. Freiburg im Breisgau zur Stadt erhoben ward, traten die vier und zwanzig angesehensten Kaufleute als Rathmannen zusammen, deren Geschlechter daselbst noch lange blüheten. Dann strebten bald auch die Gewerbsinnungen der Städte nach politischer Berechtigung. Wir haben früher gesehen, wie sich nach den Kreuzzügen zu dem Betrieb des indisch-europäischen Handels der Verkehr mit den eigenen Fabrikaten der europäischen Städte gesellte. Durch den Absatz ihrer Erzeugnisse wurden die nach den Arbeitszweigen in Körperschaften gegliederten Handwerker wohlhabend. Hiezu kam, daß in den städtischen Fehden sie recht eigentlich den Kern der Truppen bildeten. So wuchs denn in den Städten die arbeitende Bevölkerung, deren Väter vielleicht als Hörige vom Lande hereingekommen waren, und innerhalb der Ringmauern durch einen Aufenthalt „von Jahr und Tag" persönliche

Freiheit erlangt hatten, zu einer bedeutenden gesellschaftlichen Macht empor; also ergaben sich ihre politischen Ansprüche von selbst. Dem Beispiele der Kaufmannsgilden folgend, drangen die Zünfte gleichfalls unter gütlichem Vertrage oder mit Gewalt in den städtischen Rath. Wie auf eine durchgehende Verabredung der Betheiligten zeigt sich diese Aenderung der Stadtverfassungen gleichzeitig in ganz Deutschland; im Jahre 1330 in Speier, 1332 in Straßburg, 1335 in Zürich, 1341 in Constanz, 1343 in Kempten, 1346 in Lindau, 1349 in Nürnberg, 1363 in Frankfurt am Main, 1366 in Augsburg, 1368 in Köln; die gleichen Zustände führten zu den gleichen politischen Ergebnissen. Die Zeiten haben nunmehr in den Städten aufgehört, wo der Bürgerstand gezwungen war, bei Verheirathung seiner Töchter die Einwilligung der Grundherrn, die oft an besondere Leistungen der Bräute geknüpft war, einzuholen. Bei dem Tode der Bürger erbten ihre Kinder unmittelbar, und nicht mehr die Grundherrn. Ehe freilich von den Städtern solche Rechte erworben wurden, waren sie in allen diesen Verhältnissen den Hörigen auf den Landgehöfden fast völlig gleichgestellt. Ja, in der behandelten Periode werden sogar schon die starren gesellschaftlichen Zustände des Ackerbauthums auf der Fläche hier und da von der allmählig eindringenden Geldwirthschaft durchbrochen. Nachdem der Heerbann Karls, des Großen, sich wieder in die alte Lehnsmiliz umgesetzt hatte, waren die kleinen Leute, die ehedem noch als freie Mannen dienten, fast durchweg hörig geworden. Ohne Recht lebten sie lange unter dem harten Drucke ihrer Grundherrn dahin, bis die Kreuzzüge auch in diese Schichten der Bevölkerung Bewegung und Ansprüche auf politische Berechtigung brachten. Im eilften Jahrhundert hatten höchstens wiederholte Hungersnöthe es bewirkt, daß die Edelleute in Frankreich, welche ihre Bauern ernähren mußten, dieselben zum Theil freiließen. Im Jahre 1250 gestattete dann zuerst die Abtei St. Germain bei Paris ihren Unterthanen, die grundherrlichen Lasten abzulösen. Dieselben erkauften für zweihundert Pariser Pfund die Befreiung von allen Diensten, Abgaben und den Zwangsheirathen. In gleicher Weise entließ Bonifacius, Burgherr von Castellane in der Provence, seine Unterthanen gegen eine Geldsumme aus der Hörigkeit. Und nicht minder gibt Bo= logna im Jahre 1256 die Leibeigenen innerhalb des städtischen Weichbildes frei und entschädigt die Leibherrn für jeden Kopf über vierzehn Jahren mit zehn, für jeden jüngeren mit acht bononischen Liren; die Freigelassenen haben nur ein gewisses Maß von Ge= treide, auf die verschiedenen Heerdstellen vertheilt, jährlich an die Stadt abzuliefern. In dem darüber von dem Magistrate aufge= nommenen Aktenstücke stehen die merkwürdigen Eingangsworte: „Der allmächtige Gott und Herr hat in der Urzeit das Paradies angelegt und in dasselbe den Menschen mit vollkommener und be= ständiger Freiheit gesetzt. Im Laufe der Zeit aber ist dieser durch eigene Schuld und durch die Schuld des Völkerrechts in Knecht= schaft gesunken." Das Wiederaufleben der griechischen Bildung in Italien, von wo aus sie in die Gegenden des mittleren Europas überströmte, gab dem Gedanken der persönlichen Freiheit des Men= schen um so mehr Nachdruck, als die fahrende Habe die Möglich= keit darbot, für den Einzelnen das Gebundenseyn an die Scholle mehr und mehr zu lockern. Auch in Deutschland stellte Rudolph von Habsburg, als das Reich nach Auflösung der Herzogthümer eine neue Ordnung erhielt, neben den Fürsten, dem Adel und den Städten die „Bauersame," d. h. freie Bauernschaften auf, welche reichsunmittelbar, den lehnsherrlichen Lasten entzogen, bei persön= licher Freiheit und Freiheit ihrer Grundstücke unter der Rechtsver= waltung des Reichsvogts standen. Außerdem gingen, wie schon oben bemerkt worden ist, manche Hörige von dem Lande in die Städte, wo sie nach einem Jahre als „Pfahlbürger" zu freiem Rechte aufgenommen wurden. Stellenweise griffen indessen die unterdrückten Bauern auch unmittelbar zu den Waffen, um sich ihrer Grundherrn zu entledigen. In dem großen holländischen Bauern= aufstande vom Jahre 1268 ward der Satz ausgesprochen: „alle durch Christus erlösten Menschen müßten frei leben und einander dienen." Und in England zeigt der berühmte Bauernaufstand unter Wat Tyler und John Ball im Jahre 1381, daß sich auf dem Inselreiche ebenso wie auf dem Festlande die nämlichen ökonomisch= socialen Mächte regten. Noch war indessen das Ackerbauthum nirgends schon genug von der Geldwirthschaft durchdrungen, daß es bereits den Bauern gleichfalls ein Staatsbürgerrecht, wie es die Städte in ihrem Stadtbürgerrecht besaßen, hätte gewähren sollen; der Adel warf jene Befreiungsversuche der Leibeigenen verhältnißmäßig leicht zurück.

Gleichzeitig mit der Umwandlung der politischen Rechte, welche die fahrende Habe hervorrief, veränderte sich dann auch durchweg in den europäischen Städten das Civilrecht. So lange das Ackerbauthum in der Mitte von Europa ausschließlich herrschte, und alles bewegliche Eigenthum nur ein Zubehör der Felder wirklich war und als solches betrachtet wurde, vermochten die Normen des römischen Rechtes, das ja im Städteleben wurzelt, und von städtischen Verhältnissen ausgeht, nirgends Geltung zu gewinnen. Mit der Ausbreitung des beweglichen Eigenthums drangen jedoch nun aus den Rechtsschulen Oberitaliens die Sätze des Corpus juris über die Alpen. In Frankreich hatte dasselbe einst schon unter den fränkischen Herrschern stellenweise Gültigkeit gehabt, als noch der römische Verkehr in Gallien lebendig war. Roth (Geschichte des Beneficienwesens) bemerkt z. B. für die Zeiten der Merovinger über die Einwirkungen des justinianischen Rechtes auf die Zustände in Gallien: „Während in den äußeren Formen die römische Gewohnheit unterlag, überwand sie bei den Deutschen in vielen Stücken das materielle Recht. Die Anerkennung der Versicherung und des Repräsentationsrechtes, die testamentarische Erbfolge, die freie Verfügung über liegende Gründe sind offenbar römischen Ursprunges. Zu Markulf's Zeiten galt der Ausschluß der Töchter von irgend einem Theile der Erbschaft schon als impia consuetudo." Mit dem Verfall des Handels trug jedoch das Ackerbaurecht in Gallien wieder den Sieg davon; selbst die römische Geistlichkeit, obgleich ihr von Karl, dem Großen, gestattet war, nach römischem Rechte zu leben, griff naturgemäß in den agrarischen Gebieten ihrer Ansiedelungen zu den feudalen Einrichtungen. Als aber das städtische Leben neu erblühete, konnten die römischen Rechtsanschauungen abermals mehr Anwendung finden. Fischer (Geschichte des deutschen Handels) stellt gewiß diesen Vorgang in die richtige Beleuchtung:

„Der allgemeine Handelsgeist und die Aufnahme der Gewerbe, die jetzt unter den städtischen Einwohnern herrschte, brachte aber auch in ihrem Privatrechte verschiedene Veränderungen hervor. Sie gaben der vollständigen, ehelichen Gütergemeinschaft den Ursprung, welche ein ganz verändertes Erbfolgesystem bewirkte. Man hob den alten Grundsatz von der Unveräußerlichkeit der Erbgüter auf, schaffte die weiblichen Vorrechte des Witthums, der Morgengabe und des Brautschatzes ab, und erlaubte beiden Ehegatten aus ihrem gesammten Vermögen nur eine Masse zu machen, worüber beiden gleiche Rechte zustanden, und der Mann eine vorzüglichere Gebahrung genoß. Diese machte ihn zu großen Unternehmungen fähig und stärkte seinen Credit. Wenn wir die Statuten des Mittelalters chronologisch untersuchen, so können wir daraus genau die allmählige Ausbreitung des Handels in Deutschland bestimmen."

Sogar die Bedürfnisse des Handels selbst richten um diese Zeit bereits ihre Ansprüche an die Gesetzgebung. In Deutschland erließen Heinrich VI. und Friedrich II. Verbote gegen das alte Strandrecht und das Grundruhrrecht auf den Flüssen, und in England war 1275 unter Eduard I. dieser Raubgebrauch dahin beschränkt, „daß wenn noch ein lebendes Wesen, selbst ein Hund oder eine Katze an Bord wären, das Schiff nicht verfallen seyn sollte."

Noch steht indessen die Stadt, ohne politische Verbindung mit ihres gleichen, für sich auf der Ackerbaufläche da; das Bürgerthum innerhalb ihrer Ringmauern ist vereinzelt, es hat noch keinen Zusammenhang im Reiche gewonnen. In unsern Tagen ist freilich das städtische Gemeinwesen in dem menschlichen Bewußtseyn so ausgeprägt, daß es schwer fällt, eine richtige Vorstellung von dem allmählig erfolgenden Zusammenschluß vieler Einzelnen zu diesem ökonomisch-politischen Organismus zu gewinnen. Trotzdem muß man daran festhalten, so naturgemäß die Einrichtung einer Stadt heute immerhin erscheint: dieselbe schafft nicht ihrerseits die von ihr eingerahmten Verhältnisse, sondern sie geht vielmehr aus diesen hervor. Die nach außen zu begründende Sicherheit ihrer Behausung läßt zuerst die Stadtbewohner sich militärisch verbinden; wer innerhalb von Wall und Graben lebt, trägt mit Blut und Gut

zum Schutze der Gesammtburg bei. An diese nach außen gerichtete
Gliederung lehnt sich dann von selbst eine Ordnung der Zustände
nach innen an. Mögen im Mittelalter die in die Stadt überge=
siedelten Grundherrn anfänglich nach ihren ländlichen Gerichten im
Bezirk ihrer Güter unterworfen bleiben; je mehr sich der städtische
Organismus ausbildet, desto unbedingter wirft er auch für alle seine
Angehörigen eine eigene Gerichtsbarkeit auf; und wie nach dieser
Seite hin die Stadt zu einer körperschaftlichen Persönlichkeit wird,
ebenso nimmt sie auch auf dem wirthschaftlichen Gebiete einen fest
umgrenzten Körper an. Denn nicht allein verlangt das zu den
gemeinschaftlichen kriegerischen Zwecken von den einzelnen Bürgern
zusammengeschossene Gesammtgut eine besondere Verwaltung, son=
dern es stellt sich auch bald heraus, daß die Kräfte und die Macht
der Stadt wesentlich von dem Wohlstand ihrer Mitglieder abhängt.
Die Administration wird demnach mit dem städtischen Eigenthum
zugleich die ganze Nährweise der Stadt ins Auge fassen. Die Be=
dürfnisse des Handels und der Gewerbe fordern von ihr in Maß=,
Münz= und Marktgerechtigkeit ihre Befriedigung, die städtischen
Schauämter achten darauf, daß die Gewerke gute Waaren ver=
fertigen. Der agrarische Feudalstaat hat im Frieden außer der
Civil= und Criminaljustiz gar keine weiteren Berührungen zwischen
seinen Ackerbauern aufzuweisen; die politische Organisation des be=
weglichen Eigenthums innerhalb der Stadt, in ihrer untersten
Grundlage allerdings ebenfalls durch den Krieg bestimmt, erhält
aber schon sehr früh anderweitige gemeinsame Interessen, die dem
Auseinanderfallen ihrer Bestandtheile entgegenwirken, wenn viel=
leicht eine ungestörte Sicherheit nach außen die Bande ihrer mili=
tärischen Gliederung einigermaßen erschlaffen läßt. Die Stadt, die
einmal zu einer ökonomischen Körperlichkeit gelangt ist, bedarf für
sich selbst der social=politischen Macht des Krieges nicht mehr; sie
wird fortan von wirthschaftlichen Fäden zusammengehalten. Allein
das in ihr vorhandene Bürgerthum, das sich über die Einzel=
stadt hinaus, seinen weiter greifenden Beziehungen gemäß glie=
dern will, hat dafür abermals eine Kriegsorganisation und zwar
zunächst in der Form des Städtebundes unterzulegen.

Wie die lombardischen Städte sich gegen den übermüthigen norditalischen Adel zusammenthaten, im Jahre 1164 fünf und schon drei Jahre später siebenzehn Plätze, welche sogar der Macht des Kaisers den kräftigsten Widerstand leisteten, so treten in dem folgenden Jahrhundert dieselben politischen Gebilde auch in Deutschland auf. Der Ursprung des rheinischen Städtebundes ist bekannt. Als nämlich Graf Diedrich von Katzenellenbogen von seinem im Jahre 1246 erbauten Schlosse Rheinfels am Rhein aus die vorüberziehenden Kaufleute zur Entrichtung eines Zolles zwang, vereinigten sich auf den Betrieb des Mainzer Bürgers Waldbott die zunächst davon betroffenen Städte Basel, Straßburg, Speier, Worms und Mainz zu einer Verbindung, um sich mit der Gewalt der Waffen solcher Unbill zu erwehren. Die geistlichen Herrn der genannten Orte hielten dabei treu zu ihren Städten. An den einmal so entstandenen Kern setzten sich dann bald andere Plätze, welche, von dem nämlichen Handelszuge berührt, die nämlichen Interessen zu vertheidigen hatten, in einem Schutz= und Trutzbündnisse an. Schon im Jahre 1255 werden weiter in den Bund aufgenommen: Zürich, Breisach, Freiburg, Kolmar und Schlettstadt, Hagenau, Weißenburg, Neustadt, Wimpfen, Heidelberg, Lauterburg, Oppenheim, Frankfurt, Friedberg, Wetzlar, Gelnhausen, Marburg, Rheinfelden, Grünberg, Hirschfeld, Baltda, Mühlhausen, Aschaffenburg, Selstatt, Bingen, Erbach, Bacharach, Wesel, Boppard, Andernach, Bonn, Neuß, Aachen, Münster, Köln, Bremen und an sechzig westphälischer Städte. Die unterhalb der Mainmündung gelegenen Orte wählten dabei Mainz zum Vororte, die oberrheinischen standen in der Leitung ihrer gemeinsamen Angelegenheiten unter Worms. Der Zweck der Verbindung war im Allgemeinen hauptsächlich gegenseitige Verbürgung der städtischen Sicherheit gegen die Uebergriffe des Adels, und im Besonderen wandten sich die Städte gegen die vielen Rheinzölle, mit welchen die Feudalherren den Verkehr drückten. Die niederrheinischen Städte hatten zur gewaltsamen Beseitigung derselben 500 Kriegsschiffe ausgerüstet und die oberländischen in dem Bereiche von Basel bis zur Mosel sich gleichfalls zur Beschaffung von 100 Kriegsschiffen mit der entsprechenden Mannschaft verpflichtet. Den adeligen Herrn war natürlicher Weise dieser städtische Bund nichts weniger als genehm. Wir finden in den Aufzeichnungen von Albertus Stadensis bei dem Jahre 1255 hinsichtlich der Städteverbindung die inhaltsvolle Stelle: „Non placuit res principibus, nec militibus, sed neque praedonibus et maxime his, qui habent assidue manus ad rapinam paratas, dicentes, esse sordidum, mercatores habere super homines honoratos et nobiles dominatum!" Deßhalb sehen wir denn auch in der nämlichen Zeit sich eine Menge von Ritterverbindungen zusammenschließen, welche gar keinen anderen Zweck haben, als der zunehmenden wirthschaftlichen und politischen Macht der Städte mit offener Gewalt entgegenzutreten. Dieselben bildeten sich namentlich in denjenigen Gegenden, wo gerade kein mächtiger Feudalherr die öffentliche Ordnung aufrecht erhielt, wie in Mecklenburg, Brandenburg, Sachsen, Westphalen, in Thüringen, am Rheine und namentlich in Schwaben. Am bekanntesten sind darunter der hessische Sternenbund, die brandenburgischen Stellmeisen, die Schlägler in Schwaben und Westphalen, die Ritter vom Löwen in der Wetterau, vom St. Wilhelms- und Georgsschild in Süddeutschland geworden. Die ökonomisch-socialen Kräfte des Ackerbauthums und der beweglichen Habe fahren im Reiche noch wild durch einander. Der Kampf des dritten Standes für seine Selbstständigkeit entsteht anfänglich ganz unmittelbar um das Mein und Dein; erst als die Staaten zu festeren Gliederungen übergegangen waren, streitet Bürgerthum und Adel um Rechte parlamentarischer Art, welche das Mein und Dein berühren.

Und wie die rheinischen Städte, so schloßen sich auch die schwäbischen Handelsplätze zur Wahrung ihrer Angelegenheiten den Angriffen des Raubritterthums gegenüber, zusammen. Auf Veranlassung des Königs Wenzel ward dann im Jahre 1380 der allgemeine süddeutsche Städtebund gestiftet, worin 1385 noch die helvetischen Orte Zürich, Luzern, Solothurn aufgenommen wurden. Die im Jahre 1380 aufgestellte Bundesakte beginnt mit den Worten: „Wir, Bürgermeister, Räthe und Bürger der Städte Mainz, Straßburg und Frankfurt für uns und alle anderen Städte an dem

Rheine, im Elſaß und in der Wetterau, die den Bund mit uns
halten, und auch wir, Bürgermeiſter, Räthe und alle Bürger ge=
meinſchaftlich der Städte Augsburg, Nürnberg und Ulm für uns
und alle anderen Städte in Ober = und Niederſchwaben, an dem
Rheine, in Franken und zu Bayern, die den Bund mit uns halten"
u. ſ. w. Der Hanſa im Norden entſprach nunmehr eine ähnliche
Städteverbindung im Süden des deutſchen Reiches. So naturgemäß
indeſſen auch beide ſtädtiſchen Gliederungen aus den ökonomiſch=
politiſchen Verhältniſſen ihrer Zeit emporgewachſen waren, man
darf ſich deſſenungeachtet nicht verleiten laſſen, die ihnen gebotenen
Möglichkeiten, auf die Staatsausbildung in bedeutſamer Weiſe ein=
zuwirken, zu hoch anſchlagen zu wollen. Es iſt eine Thatſache,
daß ſie noch keineswegs das Bürgerthum zur vollen ſtaatlichen An=
erkennung gebracht haben, und dieſe Thatſache wird ſich wohl hiſto=
riſch erklären laſſen. Feßmaier bemerkt zwar in ſeiner Geſchichte
des oberrheiniſchen Bundes: „Bei dem Daſeyn zweier ſo mächtigen
Bundesvereine in Ober = und Niederdeutſchland, wie leicht hätte
irgend ein kluger Bürgermeiſter den Gedanken faſſen können, den
oberdeutſchen Städtebund mit dem hanſeatiſchen zu vereinen; war
doch ein Verein mit der ſchweizeriſchen Eidgenoſſenſchaft verſucht wor=
den. Wie viel natürlicher war der Bund zwiſchen Städten und
Städten, als der mit den Alpenhirten; denn jene vereinte Ge=
werbe und Handel. Ja, ſie ſtanden ſchon in naher Berührung.
Wir leſen in den Geſchichten, daß die Stadt Köln, eine der Han=
ſeaten, mit Nürnberg gegenſeitige Zollfreiheit übte, und ſelbſt auf
der Donau ihre Schiffe hatte, und Nürnberg erlangte 1363 einen
großen Freibrief für ſeinen Handel in Flandern. Der Bund,
wenn er die ſiebenzig oberdeutſchen Städte und die ſiebenundſiebzig
Hanſeaten umſchlungen hätte, würde mehr baares Vermögen ge=
habt haben, als alle europäiſchen Fürſten zuſammen, beſonders
wenn ſie ſich mit Venedig, das damals auf dem Gipfel ſeiner
Größe ſtand, weiter verbunden hätten. Ein ſolcher Städtebund,
wenn er nur etliche Jahre einig blieb, konnte die ganze verarmte
Ritterſchaft und die auf's tiefſte geſunkene Fürſtenmacht in Deutſch=
land durch die Menge ſeiner Bürger und die Heere gedungener

Söldner so vernichten, wie zu unserer Zeit die Britten eine Macht der Hindus nach der andern verschwinden machen . . . Aus einer Handelskammer von Lübeck wäre Deutschland nach mercantilischen Ansichten regiert worden." Oder, wie Möser mit mehr Aner=kennung des Bürgerthums hervorhebt, ein hamburgischer Kaufherr geböte jetzt statt der Engländer am Ganges. Und Friedrich List sagt gleichfalls gelegentlich: „Im Verein mit dem Bunde der oberdeutschen Städte und im Einverständniß mit dem Kaiser hätte es den Hansen wohl nicht schwer fallen können, ein deutsches Unter=haus zu bilden, vermittelst des dadurch erlangten Einflusses auf die Gesetzgebung und die executive Gewalt der deutschen Aristokratie das Gleichgewicht zu halten, und so jenen glücklichen Verein der drei Staatselemente herbei zu führen, welcher später die Größe Englands geworden ist. Wenn man bedenkt, daß Holland eben so wohl als Belgien diesem Handelsreiche angehört haben würden, so wird man versucht zu glauben, daß die Deutschen mehrere Jahr=hunderte vor den Engländern das Schauspiel einer im auswärtigen wie im inneren Handel, in der Landwirthschaft, wie in den Ge=werben, in der Colonisation, Fischerei und Schifffahrt, wie in der Seemacht ausgebildeten, kurz einer mit allen Attributen der Größe bekleideten Nation der Welt hätten vor Augen stellen können." Allein die genannten Schriftsteller vergessen bei diesen ihren histo=rischen Phantasien einmal, daß die wirthschaftlichen Bereiche der Hansen und der süddeutschen Städte sich sehr wenig berührten; die nordische Hansa war der natürliche politische Ausdruck der nordi=schen Handelsgestaltung, und das süddeutsche Städteleben hatte den Schwerpunkt seines Verkehrs an dem adriatischen Meere. Nur ein gewaltiger gemeinsamer äußerer Feind, und nicht die vereinzelten Raubritterhorden im Innern, hätte daher die Plätze im Norden und Süden zu einer dauernden kriegerischen Vereinigung zusammen führen können; ihr ökonomisches Interesse verband sie nicht mit einander. Und zweitens war ja damals das Reich keineswegs ein abgegrenzter Gebietsstaat im heutigen Sinne des Wortes, welcher etwa auf eine nationale Gestaltung des Bürgerthums hätte hin=wirken können. Eine Staatswissenschaft gab es ja noch nicht,

Karten von Deutschland kannte man nicht. Man lebte, wie es einem die unmittelbar aufgefaßten nächsten Vortheile geboten. In der Mitte von Europa lag ein untergeordneter Wust agricoler Feudalität; dazwischen suchten die einzelnen Städte, so gut es gehen wollte, sich in ihrer Thätigkeit zu erhalten. Daß aus allen diesen durch einander waltenden Kräften später einmal ein geordnetes Ganze sich in's Gleichgewicht setzen sollte, in welchem jede einzelne Kraft nach ihrem Verhältnißwerthe zur Berechtigung kommt, davon ahnte man vor vierhundert Jahren noch nichts. Die Hansa, wie der rheinische und der schwäbische Städtebund, ist die naturgemäße social-politische Gliederung, zu welcher kriegerische Aktionen das bewegliche Eigenthum, das bereits ein weiteres Raumgebiet im Zusammenhange überspannt, nothgedrungen hinleiten, so lange die gesellschaftlichen Ablagerungen der fahrenden Habe im Städtewesen und des Grundeigenthums an Aeckern noch unverwachsen neben einander lagern. Der Handel hat nämlich in den Städten seine Sitze; allein es liegen dort nur die Mittelpunkte seiner Kreise; die Radien, die Peripherie desselben erstrecken sich weit über die städtischen Weichbilder hinaus. Diese auswärtigen Nähradern gilt es also dauernd zu schützen in jenen Zeiten, in denen sich noch nicht einmal ein allgemeiner Landfrieden, geschweige ein internationales Recht festgesetzt hat. Fühlt nun eine einzelne Stadt nicht Kraft genug, um für sich allein durch eigene Heere ihre nach außen gestreckten wirthschaftlichen Wurzeln zu schirmen, so verbindet sie sich mit einzelnen oder mit mehreren andern Städten, welche in dem nämlichen Handelsbereiche das nämliche Interesse aufzuweisen haben. Weiter aber, als gerade die Erreichung dieses Interesses sie dazu nöthigt, hat sie durchaus keine Veranlassung, aus sich heraus freiwillig ihre Individualität einem höheren politischen Organismus unterzuordnen, und demnach an der Durchbildung einer mehr entwickelten Gestaltung mitzuarbeiten. Die Hansa führte, wie wir gesehen haben, eine gemeinschaftliche Kriegskasse, deren Daseyn dem Bunde den Namen gegeben hat; ihre Truppen kämpften unter einem Oberanführer, und was ihr sonstiges politisches Auftreten nach außen anlangt, so haben sich ihre Städte zu diesem Zwecke in eine gewisse Ordnung gestellt, sich anlehnend an die örtliche Uebermacht des einen oder andern Handelsplatzes. Wie aber einerseits die Organisation der Hansa räumlich so weit reicht, als ihr Verkehr sich ausdehnt, so geht sie dafür andererseits social=politisch auch nicht über das Verkehrswesen hinaus. Die verbundenen Städte werden durch ihre Verbindung in ihrer sonstigen Stellung nicht weiter berührt; eine jede lebt für sich nach eigenen Gesetzen fort. Wir haben nur einen Hansabund, kein Hansareich vor uns; mit dem unbeweglichen Eigenthum und seinen staatlichen Gebilden hat derselbe nichts zu schaffen. Zeigt uns daher das Feudalreich, welche politische Gestaltung aus der reinen Naturalwirthschaft auf der Grundlage des Krieges sich ansetzt, dann bieten die Städtebündnisse im Alterthum in Griechenland und Italien und im Mittelalter in der Lombardei und Deutschland ein Beispiel dafür dar, zu welcher größeren politischen Gliederung das bewegliche Eigenthum an und für sich es zu bringen vermag. Allerdings ist der Städtebund schon eine höhere politische Bildung als das Feudalreich. Positive wirth=schaftliche Interessen verknüpfen bereits die Städte mit einander, wie die wirthschaftliche Arbeit innerhalb einer und derselben Stadt die einzelnen Individuen auch über den gemeinsamen Schutzbedarf hinaus an einander schließt. Das aus dem Kriege gegen den gemeinschaftlichen Feind hervorgegangene Gerippe der Hansa erhält somit aus social=politischen Stoffen Fleisch und Blut. Immer bleibt indessen die Nothwendigkeit, sich gegen Angriffe von außen zu decken, der eigentliche Kitt ihres Zusammenhanges. Auch bei der Hansa wirkt der Frieden allemal lockernd auf das Gefüge ihrer Bestandtheile ein. Darin liegt dann der Grund ihres schließlichen Verfalls, indem sie endlich staatlichen Organismen gegenüber steht, welche schon die politische Verbindung von den Angehörigen des unbeweglichen und des beweglichen Eigenthums bei sich eingeleitet haben. Es ist so oft ausgesprochen worden, die Hansa ging unter, weil sie nicht auf einem nationalen Fundamente beruhte; sie küm=merte sich nicht um den Kaiser und der Kaiser sich nicht um sie. Die Thatsache bleibt richtig; allein die Thatsache trägt auch zugleich ihre eigene Erklärung in sich. Denn wie in jenen Jahrhunderten die verschiedenen wirthschaftlichen Mächte sich in Deutschland noch nicht gegenseitig durchdrungen hatten, in gleicher Weise einigten sie sich auch noch nicht in ihren politischen Gestaltungen. Die allgemeine deutsche Reichsidee, so weit sie sich unter den Hohenstaufen ausgebildet hatte, war doch noch zu schwach, um den Mangel wirklich umschlingender Bänder für Adel und Bürgerthum zu ersetzen; und gewaltige Bedrängungen von außen, welche den Kaiser und die Städte etwa zusammengeschmiedet hätten, gab es damals weder bei dem Zustande der andern Länder noch bei der Kleinheit der Heere. Alle reine Stadtstaaten unseres Erdtheils sind am Schlusse des fünfzehnten Jahrhunderts an das Ende ihrer Blüthe gekommen; und ebenso verlieren alle noch als reine Feudalgewalten bestehenden Königreiche seit jener Zeit immer mehr an Bedeutung in der europäischen Völkerfamilie. Aus der Verbindung von Stadt und Land wächst der nationale Staat auf. Allein darin liegt eben ein so eigenthümliches Zusammentreffen in dem Entwicklungsgange des europäischen Staatswesens, daß während in den Flächenreichen von Spanien, Frankreich und England, welche das Städtewesen bei der Lage des Welthandels noch weniger entwickelt haben, das Königthum erblich wird, Deutschland bei seinem blühenden Bürgerthum ein Wahlreich bleibt. Findet in jenen Ländern die Krone längere Zeit hindurch keinen in ökonomisch-socialer Hinsicht mächtigen dritten Stand zur Durchführung des Nationalstaates, so wird die deutsche Krone durch die fortdauernde Wahl wie durch ihre Verbindung mit dem Kaiserthum und ihren Besitz in Italien anderweitig so viel beschäftigt, daß sie die staatlichen Möglichkeiten unbeachtet läßt, welche der dritte Stand ihr bietet.

In gewisser Beziehung kann man zwar die Behauptung wagen, daß die verschiedenen Kaiserfamilien, wie sie in Deutschland aufeinander folgen, einigermaßen ihre Hausmacht bereits auf die Entwicklung des beweglichen Eigenthums stützen. Als die sächsischen Kaiser auf den Thron gelangen, befindet sich der Schwerpunkt des wirthschaftlichen Lebens von Deutschland, in Folge des pontisch-baltischen Verkehrs, im Norden, und später unter den Hohenstaufen beginnt gleichzeitig Süddeutschland seine Handelsbeziehungen zu

Venedig auszudehnen. Mit dieser Auffassung der Verhältnisse soll jedoch den einzelnen mächtigen Persönlichkeiten der sächsischen und schwäbischen Kaiser gewiß nicht zu nahe gethan werden; wir möchten nur andeuten, woher die äußeren Mittel kamen, deren sie bei ihrer Regierung bedurften. Und eben der durch die Veränderungen des Welthandels hervorgerufene Wechsel in der wirthschaftlichen Ent=wicklung der verschiedenen deutschen Gebiete, welcher bald diesem, bald jenem größeren Feudalherrn das thatsächliche Uebergewicht ver=lieh, mag mit eine Ursache davon seyn, daß die deutsche Krone im Mittelalter nicht erblich wurde. Zunächst allerdings war Deutsch=land im Vergleich zu Frankreich von dem einstigen römischen Leben nicht hinreichend getränkt gewesen, um beim Anfange seines Reiches politische, dem Alterthume entlehnte, Einrichtungen für seine Na=turalwirthschaft zulassen zu können. In seiner vollständigen Durch=prägung der Ackerbaugesellschaft mit ihrer unaufhörlichen centrifu=galen Bewegung konnte bei der persönlichen Schwäche der späteren Karolinger sich kein stetiger Reichsmittelpunkt aufwerfen. Dann entwand nachher der Investiturstreit dem deutschen Könige die Hand=haben, um die unabhängigen Gaufürsten sich dauernd zu unter=werfen. Weil in dem Kaiser und dem Papste die politische und die kirchliche Ordnung Europas mit einander um den Vorrang kämpften, so hatte der Papst seine naturgemäßen Bundesgenossen gegen den Kaiser in den nach Selbstständigkeit strebenden deutschen Großvasallen. Der Fluch, der sonst auf der Felonie lastete, wurde durch das Interesse des heiligen Vaters kirchlich gesühnt. In Frankreich sahen die Großen des Landes sich nur ihrem französi=schen König gegenüber; in Deutschland dagegen vermischte sich der deutsche König mit dem allgemeinen Weltkaiser, dessen ideelle Be=fugnisse weit über die Grenzen des deutschen Landeskörpers hinaus=gingen. So oft nun die deutschen Könige eine Befestigung ihrer Herrschaft versuchten, verband sich die römische Kurie gegen den Kaiser mit denjenigen deutschen Lehnsinhabern, welche sich den auf die Reichscentralisation gerichteten Bestrebungen der deutschen Krone nicht fügen wollten. Durch drei Jahrhunderte zieht sich in Deutsch=land der Kampf der Ghibellinen und Welfen fort, nachdem Gregor VII.

die Priesterhierarchie Roms unabhängig hingestellt hatte. Nicht allein seine inneren Gegensätze hatte das deutsche Reich in sich auszutragen, innerhalb seines Gebietes stießen auch die social-politischen Fragen des gesammten europäischen Mittelalters auf einander. Die Hohenstaufen haben selbstbewußt das Ziel im Auge, nach Maßgabe der römischen Staatsüberlieferungen auch ihre Reichsherrschaft einzurichten. Wie nämlich im zwölften Jahrhundert für die privatrechtlichen Verhältnisse in Deutschland die römischen Rechtsanschauungen über die Alpen zu ziehen begannen, suchten auch die Kaiser in dem corpus juris nach juristischen Stützen für die Ausdehnung ihrer Befugnisse. Schon 1158 hatte sich Friedrich I. nach der Eroberung Mailands unter Zuziehung der Bologneser Rechtsgelehrten das Recht zusprechen lassen, daß ihm die Herzogthümer, Markgrafschaften, Grafschaften, Gerichtsbarkeiten, Münzen, Zölle und Steuererhebungen gehören sollten. Der Jurist Martinus ging sogar so weit, ihm, als dem Nachfolger der römischen Imperatoren, die ideelle kaiserliche Weltherrschaft in ein wirkliches Eigenthumsrecht auf die ganze Welt (dominium mundi quoad proprietatem) theoretisch zu verwandeln. Und Kaiser Heinrich VI. betrieb dann offenkundig den Plan, eine feste erbliche Dynastie zu begründen, und in Folge dessen das politische Gefüge des Reiches bis auf den Grund zu verändern. Wie die Reichslehen dem Rechte nach erblich werden sollten, so sollte es auch die Krone seyn. Allein thatsächlich waren die Reichslehen längst erblich geworden, und wenn nun die deutschen Fürsten auf Heinrichs Vorschlag erklärten, „nur einem erwählten Herrscher könne man Bedingungen vorlegen und ihn zu deren Erfüllung anhalten, aus dem Erbrechte folge die Unumschränktheit unvermeidlich;" so äußerte vollends der Papst (Raumer, Hohenstaufen): „Eine solche Grundveränderung in allen wichtigen Verhältnissen ist stets gefährlich, denn bestehende Rechte werden offenbar gekränkt; ob und was aber jeder zuletzt gewinnt, kann niemand vorher sagen. Die innige Wechselwirkung, wonach die Fürsten ihre Lehen von dem Könige, der König seine Krone von den Fürsten erhält, ist mehr werth als die Selbstständigkeit, welche jedem um so reizender erscheint, je eigennütziger er nur an sich denkt, und auf Kosten der

Uebrigen und des Ganzen zu erwerben hofft. Eine Macht muß die andere unterstützen und wiederum in Schranken halten, und der Papst wird von seinem höheren Standpunkte aus zu regeln und zu entscheiden haben, wenn sich das bloß Weltliche etwa ver= wirrt. Ihm steht die Bestätigung oder Verwerfung des Königs, ihm steht die Weihe des Kaisers zu, und er wird diese Rechte zu behaupten wissen, welche man ihm mittelbar auf schlaue Weise ent= ziehen möchte." Unter so gearteten Umständen hätte demnach eine durchgreifende Zusammenfassung des Reiches, selbst bei der nach= haltigsten Thatkraft der schwäbischen Kaiser, die größten Hindernisse zu überwinden gehabt.

Es kommt natürlicherweise der Handelsgeschichte, wenn sie den ökonomisch=politischen Entwicklungsgang Europas verfolgt, nicht in den Sinn, bei der Darlegung der Gesetze des staatlichen Lebens die Einwirkung hervorragender Persönlichkeiten auf ihr Zeitalter in Abrede stellen zu wollen. Aus der menschlichen Willkür und den in den Verhältnissen liegenden Nothwendigkeiten baut sich die Geschichte der Staaten auf. Deßwegen wird denn auch bei der politischen Ausbildung des deutschen Reiches auf die Individualität Friedrich's II. von Schwaben und später Karl's V. ebenso sehr Rücksicht zu nehmen seyn, als auf die gleichzeitige Lagerung der wirthschaftlich=gesellschaftlichen Kräfte. Beide Fürsten haben eine bedeutende politische Macht geerbt; da indessen das Geburtsland beider außerhalb der deutschen Grenzen liegt, und ihr Herz und ihr Sinn ihrer Jugendheimath zugewandt bleibt, so dient ihnen die überkommene Gewalt nur dazu, den naturgemäßen Gang der deutschen Staatsentwicklung zu stören. Der Schwerpunkt ihres eigenen Lebens fällt nicht in die Mitte des deutschen Reiches, dem= nach sind sie außer Stande, sich selbst zum politischen Mittelpunkte von Deutschland zu machen. Obgleich Heinrich IV. in seinem Kampfe gegen Gregor VII. begonnen hatte, sich auf das gerade beginnende Bürgerthum in Deutschland zu stützen, findet sein Bei= spiel unter seinen Nachfolgern keine entschiedene Nachahmung. Fried= rich Barbarossa ist von Deutschland aus der gefährlichste Gegner. der italienischen Städte, und sein Enkel, Friedrich II., der zunächst nur seine Stellung in Italien im Auge hat, sucht umgekehrt das erblühende Bürgerthum in Deutschland politisch zu unterdrücken. Mit dem berühmten Edikte vom Jahre 1232 (edictum contra communia civitatum) erklärt er als nicht zu Recht bestehend in den Städten und Oertern Deutschlands alle Gemeindefreiheiten, Stadträthe, Magistrate, Bürgermeister und sonstige städtischen Beamten, welche ohne Genehmigung der Bischöfe und Erzbischöfe eingesetzt sind; und in gleicher Art hebt er alle Verbrüderungen und Vergesellschaftungen auf, sie mögen heißen, wie sie wollen. Statt also mit dem dritten Stande gemeinschaftliche Sache gegen die agrarischen Gaufürsten in der Kirche und dem Reiche zu Gunsten einer größeren politischen Einheit zu machen, tritt der Kaiser damit auf die Seite der kleinen feudalen Mächte. Er, der auf Sicilien bereits eine Hofkammer zur Verwaltung seiner königlichen Einkünfte einrichtet und damit über das feudale Steuerwesen hinausstrebt, zeigt nicht das leiseste Verständniß für die politischen Möglichkeiten, welche ihm das Städtethum in Deutschland zur Durchführung ähnlicher Organisationen im Reiche darbietet. Ein italienischer Herrscher, oder der Papst selber, welcher im vollen Bewußtseyn des nationalen Gegensatzes zu Deutschland die staatliche Entfaltung desselben hindern wollte, hätte nicht feindseliger dagegen verfahren können. Zwar mangelt dem Kaiser die Zeit und die Macht, den Inhalt jenes Ediktes zu verwirklichen. Allein er hetzt dadurch einerseits alle kleinen Feudalherren bis zu den Raubrittern hin gegen die Städte auf, indem er noch außerdem bestimmt, daß jeder von den Fürsten auf seinem Gebiete nach altem Herkommen herrschen solle; und ruft andererseits zwischen Krone und Bürgerthum, diesen naturgemäßen Bundesgenossen im agrarischen Reiche, einen fortgehenden Zwiespalt hervor. Während, wie gesagt, die Kronen von Frankreich und England im dreizehnten Jahrhunderte noch keinen mächtigeren dritten Stand vor sich sehen, mit dessen Hülfe sie eine politische Einigung ihrer Gelände einleiten können, fehlt in Deutschland dem reichwerdenden Bürgerthume das centralisationsbegierige Königthum. Deßwegen müssen die Städte bei sich selber Schutz und Sicherheit im deutschen Reiche suchen. An die Stelle des schirmenden Königs-

thums tritt für sie die republikanische Form der städtischen Bünd=
nisse. Das deutsche Königthum hat aber in Folge dieser freiwilligen
Abscheidung vom dritten Stande wieder keine andere Basis unter
sich, als den jedesmaligen unmittelbaren Grundbesitz der herrschen=
den Familie. Nachdem derselbe abermals, wie im beginnenden
Mittelalter, an die Vasallen in Lehn gegeben war, erlischt deßhalb
alsbald der Glanz der Hohenstaufen. „Die kaiserlose, die schreck=
liche Zeit" bricht über Deutschland herein, weil damals keine Terri=
torialmacht groß genug ist, das deutsche Königthum nach Art der
fränkischen Majordomen an sich zu reißen. Das Reich ist zu einer
herrenlosen Republik von Ackerbaufürsten und Städten geworden,
in welcher jeder Bestandtheil, auf sich selbst gestellt, seine eigenen
social=politischen Kräfte geltend zu machen sucht. Nur die Erin=
nerung an die Vergangenheit und die Beziehungen Deutschlands
zu Rom hielten das Kaiserthum wenigstens als Würde aufrecht.
Gelang es nun der Schaar der deutschen Fürsten, sich über die Wahl
eines neuen Trägers dieser Würde zu verständigen, so blieb dem
Erwählten vorerst gar keine andere Politik über, als das Streben,
sich eine Hausmacht zu gründen. Die Großen des Reiches setzten
den Grafen von Habsburg auf den deutschen Kaiserthron, weil von
ihm, bei seinem geringen Besitzthume, keine Beeinträchtigung ihrer
Unabhängigkeit zu befürchten stand. Kaiser Rudolph konnte mithin
sein Augenmerk hauptsächlich nur darauf richten, daß er sich eine
gehörige königliche Macht verschaffte; und dieses Ziel vermochte er
bloß zu erreichen, wenn er sein Sondereigen vergrößerte. Nicht
die Angelegenheiten des Reiches, sondern die Ansammlung von
Land und Leuten nach Art der alten Gefolgschaft mußte deßhalb
dem Hause Oesterreich zunächst am Herzen liegen; erst mit deren
Hülfe war es möglich, das zum Phantom gewordene deutsche Kaiser=
thum abermals mit einer wirklichen Gewalt anzufüllen. Man hat
der habsburgischen Dynastie die Vernachlässigung des Reiches bei
der vorwiegenden Besorgung ihrer territorialen Interessen in den
damaligen Zeiten später oft lebhaft zum Vorwurf gemacht; allein
sie war durch die Zeitverhältnisse geboten. Auch Karl IV. und
Wenzel beschränkten sich thatsächlich auf ihre Erblande. Gerade die

„goldene Bulle" Karls von Böhmen aus dem Jahre 1356, das
erste Reichsgrundgesetz in Deutschland, beweist am besten, wie wenig
Raum für eine einheitliche königliche Macht, den festgewurzelten
Territorialhoheiten gegenüber, nach dem Untergange der Hohenstaufen
gegeben war. Genau genommen, enthält das ganze Aktenstück wenig
mehr als eine Zusammenstellung der Reichsceremonien bei der
Kaiserwahl und Krönung. Es ist ein politischer Ausdruck für die
im Reiche vorhandenen feudalen Würden. Grundlagen für eine
aktiv eingreifende, ordnende Gewalt sind darin für die Krone nirgends zu finden, und ebenso wenig ist von gemeinschaftlichen Reichs-
organisationen die Rede. Als Spitze der erblich gewordenen „gothischen Gliederung" des Lehnswesens steht der Kaiser, umgeben
von den Kurfürsten, da; in keinem Gebiete seiner Vasallen kann
er unmittelbar Verfügungen treffen; sein allgemeines Obereigenthum über das Reich ist völlig wesenlos geworden. Die „goldene
Bulle" Karl's IV. von 1356 bietet somit die gerade Kehrseite des
„Edikts" und der „goldenen Bulle" von Friedrich II. im Jahre
1232 dar. Wie diese den Städten alle Selbstständigkeit absprach,
und das Bürgerthum der agrarischen Feudalität wieder unterwerfen
wollte, von welcher es sich thatsächlich schon vielfach losgemacht
hatte, so zeigt jenes Reichsgrundgesetz, daß das deutsche Kaiserthum
als politische Gewalt, hundertzwanzig Jahre später, dem centrifugalen Zuge des Ackerbauthums gänzlich erlegen ist. In rechtzei-
tiger Verbindung mit dem dritten Stande wäre die Krone sicher
nicht zu einem solchen Schatten geworden, daß die Habsburger auf's
neue anfangen mußten, im eigentlichsten Sinne des Wortes ihr
erst wieder Boden unter den Füßen zu gewinnen. Aber auch die
Städte hätten unter der kaiserlichen Führerschaft die späteren Kriege
gegen die Territorialfürsten in Deutschland gewiß siegreich bestanden — Krone und Bürgerthum fehlten während der zweiten Hälfte
des Mittelalters im deutschen Reiche einander; die staatliche Entwicklung des Reichsverbandes ging deßhalb ein Jahrhundert hindurch rückwärts statt vorwärts — das ist die Schuld Kaiser Friedrich's II.; er selber hatte dem Welfenthume zu einer lange dauernden Uebermacht verholfen!

Wir schreiben hier nicht eine besondere Wirthschaftsgeschichte von Deutschland; die einzelnen historisch auftretenden Thatsachen lenken nur insoweit unsere Aufmerksamkeit auf sich, als sich in ihnen ein allgemeines ökonomisch-politisches Gesetz beurkundet. Deßwegen können wir den weiteren Verlauf der deutschen Städtebünde, in welchen vorwiegend vor allen andern europäischen Ländern der dritte Stand im Mittelalter seinen charakteristischen Ausdruck und Halt fand, hier nur in einer kurzen Uebersicht verfolgen. Der Blick der Hansa war vorwiegend auf ihre auswärtigen Angelegenheiten gerichtet. Ihre commerziellen Beziehungen zu Rußland, Scandinavien, Dänemark, England und Flandern bilden den Angelpunkt ihrer Politik und ihrer Kämpfe. Nachdem mit dem Sturze Heinrichs, des Löwen, in Norddeutschland jede bedeutendere Fürstenmacht beseitigt worden war, hatte die Hansa gleich bei ihrem Entstehen von den kleineren Feudalherren rund um sie her weniger zu leiden. Um so freier konnte sie daher dem eigentlichen Zweck ihrer Gliederung, der Sicherung ihres überseeischen Verkehrs, nachgehen. Auf dem rechten Flügel ihres weiten Handelsgebietes verband sie sich in der Ausbreitung ihrer Niederlassungen mit dem deutschen Orden, der im Jahre 1228 aus dem Oriente nach Kulm übergesiedelt war. Die hansischen Colonien an dem Süd- und Ostgestade des baltischen Meeres gingen aus dieser Kräftevereinigung von Ritterthum und Bürgerthum hervor. Nach dem Norden zu wußte sie sich gleichfalls in mancherlei Fehden gegen die Schweden, Norweger und Dänen zu behaupten, bis ihr ein im Jahre 1368 über den Dänenkönig Waldemar erfochtener entscheidender Sieg auf lange Zeit hin Ruhe verschaffte, und gar 1448 nach dem Tode des Königs Christoph die nordischen Kronen unter zwei Fürsten getheilt wurden. Und in England und Flandern bildeten die Hansen die unentbehrlichen Vermittler des Austausches von Rohprodukten und Fabrikaten. Dagegen waren die Städtebünde von Süddeutschland von vorneherein, außer dem Raubritterthume, auch den Angriffen der größeren oder kleineren Feudalherren ausgesetzt, in deren Unterthanenschaft sie zufolge des Edikts von Friedrich II., dem Rechte nach, noch standen. Nur der schweizerischen Eidgenossenschaft gelang es, in der Schlacht von Sempach 1386 die Herrschaft der österreichischen Herzoge für immer abzuschütteln. Die schwäbischen Städte fochten gleichzeitig mit wechselndem Glücke gegen den Grafen Eberhard von Württemberg. Je mehr indessen auf der einen Seite der Handel das Bürgerthum bereicherte, um so mehr verstärkte sich auch bei der Schwäche der kaiserlichen Gewalt die Macht der Territorial= herren. Im fünfzehnten Jahrhunderte stehen die Städte bedeuten= deren Fürsten gegenüber, die außerdem in der Politik des dem dritten Stande feindlichen Papstes und auch schon des Auslandes weitere Unterstützungen erhielten. In den Streit, den Friedrich III. 1442 mit der Reichsstadt Zürich führte, mischte sich Karl VII. mit den Schaaren seiner Armagnacs ein, um sich darauf für die dem Kaiser geleistete Hülfe am Rheine zu entschädigen; und als dann die Schweizer bei St. Jakob an der Birs ihre Unabhängigkeit zu behaupten wußten, entlud sich der Zorn der deutschen Fürsten gegen die Städte im Innern. An der Spitze der dem Bürgerthume feind= lichen Territorialherren stand der Markgraf Albrecht, der zweite Sohn des Kurfürsten Friedrichs I. von Brandenburg. Derselbe hatte schon 1443 mit dem Erzbischofe von Mainz und dem Bischofe von Würzburg einen Bund abgeschlossen „wegen der mannigfachen Klagen der Grafen, Ritter und Knechte in ihren Gebieten über die freien und Reichsstädte, von denen Niederdrückung alles Adels, auch der Fürsten und ihrer Landen Verderben zu fürchten sey." Gleichzeitig verbanden sich in Westphalen Albrecht von Brandenburg und Herzog Wilhelm von Sachsen mit dem Erzbischofe von Köln gegen die Stadt Soest, wobei die Fürsten ein namhaftes Heer böhmischer Söldner auf die Beine brachten. Im Südwesten traten der Pfalzgraf Otto von Bayern, Ludwig von Bayern=Ingolstadt, Markgraf Jakob von Baden, der Erzherzog von Oesterreich und die württembergischen Grafen 1445 dem Mergentheimer Fürstenbunde bei, während die fränkischen und schwäbischen Städte ihrerseits 1446 ihre alte Verbindung erneuerten. Auf einander geriethen dann beide ökonomisch=politischen Mächte in der Fehde, welche Albrecht von Brandenburg wegen Besitzstreitigkeiten mit Nürnberg im Jahre 1449 begann — zweiundzwanzig verbündeten Fürsten standen dreißig

Städte gegenüber. Der Kampf, der das Signal zu dem Ausbruch einer Menge von Absagebriefen zwischen Fürsten und Städten gab, wurde von beiden Seiten mit der größten Erbitterung geführt. Der Kaiser Friedrich III. sah indessen den inneren Zerwürfnissen des Reiches theilnahmlos zu. Noch war die Hausmacht der deutschen Krone nicht wieder fest genug begründet, daß sie entscheidend in die staatliche Gestaltung der Verhältnisse hätte eingreifen sollen. Da die Friedensermahnungen des Kaisers nichts fruchteten, tröstete er sich mit dem Gedanken: „Laßt sie sich einander angreifen und aufreiben; jetzt verschmähen sie den angebotenen Frieden; wenn ihre Felder verwüstet, ihre Dörfer verbrannt sind, werden sie schon kommen und ihn suchen." Allerdings führte denn auch wirklich der Kampf nach keiner Seite hin zur Entscheidung; mit der Erschöpfung beider Theile stellte sich die innere Ruhe her. Den Städten wurde sogar im Jahre 1487 das Recht förmlich anerkannt, auf den Reichstagen eine eigene Stimme zu führen. Indessen hatte sich doch die Lage der ökonomisch-politischen Verhältnisse im Verlaufe des fünfzehnten Jahrhunderts zu wesentlich verändert, um auf die Dauer den Bestand der Städtebündnisse noch lange zulassen zu können. War, wie wir oben bemerkt haben, die Macht der deutschen Krone seit Friedrich II. verfallen, weil sie sich nicht auf das Bürgerthum stützte, bis ihr erst die Begründung der österreichischen Hausmacht einen neuen Anhalt gab, so vermochte andererseits auch das auf sich zurückgezogene Städtewesen es nicht, mit der ihm zustehenden Kraft die Umwandlung des Reiches in den Nationalstaat zu vollziehen. Am Schlusse des fünfzehnten Jahrhunderts beginnt das gesammte ökonomisch-politische Leben Europas sich auf neuen Grundlagen einzurichten.

Der Beginn der Nationalstaaten.

Gleichen Schrittes mit der Ausbildung des ökonomischen Lebens bei den europäischen Völkern des Mittelalters geht die stetige, oft unmerkliche Entwicklung des nationalen Staates aus den mehr oder weniger unbestimmten Formen des feudalen Reiches. Wir haben früher ausführlicher zu zeigen versucht, wie das Reich an der persönlichen Machtfülle des Königs emporwächst. Zur Zeit der reinen Ackerbauwirthschaft, so lange noch die fahrende Habe und der Geldumlauf unbedeutend sind, wird die gesellschaftliche Gliederung, wie sie auf dem Einzelgehöfde besteht, das Verfassungsmuster für das größere politische Zusammenleben der Menschen. Der Grundherr gebietet als ein kleiner Fürst über sein Landgut, und das königliche Obereigenthum faßt gleichfalls ein ganzes Reich zu einem Landgutsstaate zusammen. Aber wie der einzelne Gutsbesitzer die Aecker, welche er selber nicht bewirthschaftet, an Hintersassen in Pacht gibt, die dann im Mittelalter stets darauf hinarbeiten, den ursprünglich freien Pachtvertrag für sich in ein erbliches Recht umzuwandeln, so kann auch der König in den Jahrhunderten der ungebrochenen Naturalwirthschaft sein Land in weiteren Kreisen nicht anders verwalten, als indem er in den verschiedenen Theilen desselben Herzoge, Grafen u. s. w. anstellt, und sie mittelst Lehen für ihre Dienste ernährt — diese Beamten werden jedoch in Lehn und Würde ebenso erbberechtigt, als jene Pächter auf ihren Pachtbesitzungen. Das reine Ackerbauthum strebt unablässig auf die

Bildung von kleinen, mehr oder weniger unabhängigen Grundherren hin. Deßwegen läuft, so lange die Geldwirthschaft noch nicht festeren Fuß gefaßt hat, die Geschichte des politischen Lebens in Europa, ihrem innersten Wesen nach, darauf hinaus, daß zeitweilig gewaltige Persönlichkeiten auf den Thronen die Regierung ihres Reiches straffer anziehen, daß aber nach ihrem Tode alsbald wiederum die alte Zersetzung der Verwaltung beginnt. Denn das Heerwesen selber, welches, stellenweise neu durchgebildet, solchen kraftvollen Herrschern die nothwendige äußerliche Uebermacht verleiht, kann sich ja gleichfalls den in der Zeit waltenden wirthschaftlichen Gesetzen nicht entziehen. Auch die Truppenkörper müssen durch Austheilung von Kriegslehn ernährt werden, und, dergestalt mit dem Acker in Verbindung gebracht, unterliegen sie gleichfalls dem allgemeinen Zuge des Ackerbauthums.

Erst als die eindringende Geldwirthschaft dem Könige die Möglichkeit darbietet, Steuer in Münze statt in Naturalabgaben zu erheben, ändert sich der Bau der Reiche in Europa. Es ist aber ein Irrthum, wenn man annimmt, daß der durchgreifende Anfang dieser Aenderung nicht früher als mit der Entdeckung von Amerika, oder einzig in Folge derselben eingetreten sey. In den Wechselbeziehungen zu der neuen Welt bildet allerdings unser Erdtheil das bewegliche Eigenthum recht aus. Die 5,307,194,000 Piaster, welche nach Humboldt's Berechnungen Amerika bis zum Jahre 1803 aus seinen Bergwerken in die europäische Cirkulation geliefert hat, mögen immerhin, wie sie den Werth der edlen Metalle im Verhältniß zu den entscheidenden Nahrungsstoffen auf ein Viertel verringerten, als Tauschträger viel zur Erweckung und Flüssigmachung der Kapitalien beigetragen haben. Allein die Geldwirthschaft hatte nach dem Untergange der alten Welt mit der Blüthe des italienischen Handelslebens bereits wieder frisch begonnen und sich mit demselben über die Hauptländer Europas ausgebreitet. Das sicherste Zeichen dafür liegt in der seit dem vierzehnten Jahrhunderte vor sich gehenden stetigen Verringerung des Zinsfußes. Obgleich Europa, wie wir gesehen haben, seine Baarmittel nach Indien abfließen sah, vermehrten sich dennoch die beweglichen Realkapitale in beträchtlicher

Weise. Um die Mitte des vierzehnten Jahrhunderts zahlte man bei dem Kaufe von Renten für eine Mark jährlicher Einkünfte zehn Mark; der Zinsfuß stand also zu 10 Procent; um 1408 ungefähr zu 8⅓ Procent; 1480 sogar nur zu 5 Procent, bis derselbe um 1500 sich wieder auf 6 Procent stellte. Denn nicht gerade in der Menge des umlaufenden Geldes besteht das Wesen der Geldwirth=schaft im Gegensatze zur Naturalwirthschaft, noch auch überwindet sie das Ackerbauthum mit seinen feudalen Formen einzig durch die große Masse der cirkulirenden Münze; sonst würde wohl Spanien unter den Ausströmungen der mexicanischen Minen am frühesten den modernen Staatsorganismus durchgebildet haben. Es ist viel=mehr die durch den Geldumlauf vermittelte weitere Durchführung der Arbeitstheilung und Kapitalansammlung, welche, indem sie eine Reihe von Existenzen von den sie umgebenden Aeckern wirthschaft=lich unabhängig macht, auch dem Staatsleben weiter ausgreifende Hülfsmittel darbietet. Im Verlaufe des fünfzehnten Jahrhunderts waren schon die europäischen Könige überall im Stande, Waffen, Kleider und Nahrung für ihre Truppen mit den Geldern zu kaufen, die sie von ihren Unterthanen als Steuern einnahmen. Sie sahen sich dadurch in die Lage gesetzt, stehende Heere zu halten; an die Stelle der auf ihren Fahnenlehn hausenden Vasallen traten die mit Geld abgelöhnten Kriegsknechte, die Soldaten, welche durch ihre fortgesetzte Uebung im Zusammenmanövriren, verbunden mit dem Gebrauch der neuen Feuerwaffen bald den vereinzelten Ritter=fähnlein überlegen wurden. Gestützt auf diese veränderte Art von Gefolgschaft, zu welcher in der Verwaltung noch als beginnende Bureaukratie die Doktoren des römischen Rechtes, die besoldeten Beamten, kamen, vermochten nunmehr die europäischen Kronen, einen abermaligen Versuch zu einer politischen Einigung ihrer weiten Besitzungen einzuleiten. Im fünfzehnten Jahrhunderte stehen die Hauptländer Europas insgesammt mehr oder weniger im Begriff, aus dem bisherigen losen Reichsleben in ein festgeschlossenes Staats=leben mit einer durchgeprägten Nationalität ihrer Bevölkerungen überzugehen.

Wir haben indessen bei diesem Entwicklungsgange noch einen

Hebel herbeizuziehen, welcher in demselben auf die Dauer die be=
deutendste Rolle spielt. Ist nämlich den Königen die angedeutete
neue politische Möglichkeit aus dem beweglichen Eigenthume ent=
sprungen, so tritt damit die Wichtigkeit des Bürgerthums, welches
ja an der fahrenden Habe aufwächst, für das gesammte Staats=
leben von selbst in den Vordergrund. Neben dem Königthume,
neben der Kirche und dem Adel ist nun auch der dritte Stand eine
vollgewichtige politische Macht geworden; und erst aus der Verbin=
dung des Bürgerthums mit der Krone geht der in sich gegliederte,
nach außen scharf abgegrenzte Staat hervor. „So lange das König=
thum," sagt Blanqui (a. a. O.) „ganz einsam stand, vermochte
es nichts gegen die Schaaren von Lehnsherren, die hinter ihren
Vesten verschanzt waren, und welche für ihren persönlichen Vortheil
die Hülfsquellen des Landes ausbeuteten. Und die Gemeinden
konnten ebenfalls nichts ohne die Hülfe des Königs ausführen. Es
richtete sich mithin zwischen beiden ein wahres Schutz= und Trutz=
bündniß ein, welches hauptsächlich dazu beigetragen hat, die Einheit
und Unabhängigkeit der Nationen zu gründen." Wo jedoch das
Bürgerthum einmal im Mittelpunkte des Staatslebens daliegt, hat
das Letztere vor allen Dingen die geographischen Bedingungen seines
Landesbereiches in Betracht zu ziehen; denn die wirthschaftliche
Thätigkeit des dritten Standes wird zunächst von der örtlichen
Lage und den klimatischen Verhältnissen des Bodens bestimmt,
den er bewohnt. In demselben Zeitraume daher, in welchem
die Länder aus dem bisherigen Reichsleben in das Staatsleben
übergehen, wird auch Europas Gesammtlage auf dem Erdballe,
seine Stellung zu den übrigen Festlanden wie seine innere räum=
liche Gliederung ein bedeutendes Moment für die Gestaltung des
politischen Zusammenlebens. Während des reinen Ackerbauthums
kommen diese Gesichtspunkte gar nicht, und bei dem beginnenden
Handel nur insoweit in Betracht, als die Wege wichtig werden,
welche der Verkehr von Asien nach Europa einschlägt. Jetzt haben wir,
wie gesagt, auch die auf unserm Erdtheile von der Natur dargebote=
nen weiten einheitlichen Raumbildungen zu berücksichtigen, auf denen,
als Grundlagen, die einheitlichen Staatscomplexe sich einrichten.

Von den fünf großen Ländermassen unserer Erde ist aber Europa am mannigfaltigsten in sich räumlich gestaltet, und die hohe Kultur, welche seine Bewohner erreicht haben, erscheint keineswegs als un= abhängig von den glücklichen Bedingungen dieser Bodenverhältnisse. Setzen es ja die vielen, tief in das Land einspringenden Meeres= buchten, die dem Norden wie dem Süden so reichlich zugetheilten schiffbaren Flüsse, bei dem gemäßigten Klima und der Fruchtbarkeit seiner Gefilde in den Stand, dem Verkehre und damit dem Inein= anderwirken der Völkerkräfte in angenfälliger Weise Vorschub zu leisten. Indessen bedarf es doch einer näheren Betrachtung, um nach Erkennung der besonderen Gliederungen seines Raumgebietes die ökonomischen und politischen Rückwirkungen derselben zu über= schauen. Im Allgemeinen löst sich „die große nordwestliche Vor= zunge Asiens," sobald man nur auf die Verbindung von Strom= thälern und Küsten sein Augenmerk gerichtet, in vier ungefähr gleiche Bestandtheile auf. Geht man nämlich dem Laufe seiner verschiedenen Flüsse nach, und sieht, wie sie auf der einen Seite alle in der, meistens sogar parallel gehaltenen, Richtung von Süd= osten nach Nordwesten, auf der anderen, entgegengesetzt von Nord= westen nach Südosten, ausfließen, während ihre Quellen immer so ziemlich in der Mitte der jedesmaligen Landesbreite liegen; so ergibt sich daraus eine Wasserscheide, welche von der Spitze von Gibraltar an mit einigen Krümmungen und Ausbuchten den ganzen Körper der Länge nach halbirt. Bei der aus der vielfachen Schwierigkeit des Landtransportes entspringenden Nothwendigkeit nun, daß das Bett eines Stromes den natürlichsten Güterweg für sein ganzes Gebiet ausmacht, und dieses zunächst durch seine und des ihn auf= nehmenden Meeres Hülfe mit andern Gegenden verkehrt,· erklärt es sich, daß auf der Kammhöhe jener Wasserscheide zugleich auch eine Handelsscheide hinzieht, d. h. daß die durch sie abgegrenzte eine Region Europas im Allgemeinen auf das nordische, die an= dere auf das mittelländische Meer hingewiesen ist. Ganz dieser natürlichen Anlage gemäß sehen wir denn auch den Handel, so lange er noch nicht zum vollen ökonomisch=politischen Schwerpunkt der Reiche geworden ist, d. h. so lange die im Königsthum liegende

Staatseinheit sich noch nicht mit dem dritten Stande verbunden hat, unsern Erdtheil in zwei Theile, den südlichen und den nörd= lichen, in das Gebiet des italienisch=asiatischen und des hansischen Verkehrs zerlegen. Eine weitere Theilung des binnenländischen Verkehrs geht dann daraus hervor, daß das innerhalb der Säulen des Hercules abgeschlossene mittelländische Meer durch Italien mit dem sich daran lehnenden Sicilien und Malta ebenso in zwei Fächer abgeschieden wird, als das atlantische Gestade durch Dänemark und Schweden; wodurch auf dem Lande eine zweite Handelsscheide ent= steht, welche von der Mündung der Elbe nach der Adria sich hin= ziehend, das schon einmal gespaltene Europa in zwei fernere Bestand= theile zerfallen macht. Das Hinterland von jeder der vier bezeich= neten Meerkammern führt sein eigenes Leben, wenn allerdings auch die Küsten durch die Schifffahrt vielfach mit einander verbunden seyn können, und tritt in dieser seiner wirthschaftlichen Besonder= heit noch mehr hervor, sobald man die Lage Europas zu den an= dern Festländern betrachtet. Dem Südosten steht nämlich das süd= liche, dem Nordosten das nördliche Asien gegenüber; für den Süd= westen ist Afrika das Gegengebiet; nur der Nordwesten war bis zur Entdeckung Amerika's auf sich selbst beschränkt.

In solcher Weise liegen, mit wenigen Strichen gezeichnet, die europäischen Verkehrslinien. Hätte sich nun unser Staatsleben einzig an der Hand des beweglichen Eigenthums aufgebaut, so würden dieselben sich unzweifelhaft bei der Absonderung der politischen Ge= bilde in hervortretender Art geltend gemacht haben. Ansätze zu entsprechenden Abscheidungen läßt die Geschichte in ihrem Verlaufe sogar durchschimmern. Das ost= und weströmische Reich füllen un= gefähr die beiden Südtheile Europas aus, und das nordöstliche Viertel ist im beginnenden Mittelalter der Tummelplatz der Geten, später der Waräger oder Normannen. Aber man soll es nie ver= gessen: die heutigen Staaten sind, im Gegensatze zu den Stadt= staaten der alten Welt, von dem Ackerbauthume auf der weiten Fläche ausgegangen, welches in der feudalen Gliederung unter der Krone seine erste politische Einigung findet. Die entscheidenden Bedingungen für die einheitlichen geographischen Grundlagen der

Staatskörper sind daher nicht allein in den Beziehungen von Fluß=
gebiet und Küste zu suchen.. Auch die übrigen geographischen Mo=
mente, so weit sie auf die Abrundung der Ackerbaureiche hin=
wirken, drängen sich bei der Staatenbildung in den Vordergrund.
Wo das politische Gefüge aus der Verbindung von Königthum und
Bürgerthum entspringt, müssen natürlicher Weise seine örtlichen
Außenmarken in den räumlichen Grenzen des Ackerbauthums und des
beweglichen Eigenthums zugleich abgesteckt werden. Nur hat man
sich für diesen Vorgang nicht etwa ein klares Selbstbewußtseyn bei
der früheren Völkerwelt vorzustellen. Heutzutage schwebt vor dem
inneren Auge eines jeden Gebildeten bei dem Gedanken an die
Ländergruppen unseres Erdtheils das Bild der europäischen Karte;
wir sehen die Nothwendigkeit der von der Natur schon angezeigten
Staatsgrenzen, und die Ausdehnung des spanischen, französischen,
englischen Gebietes ist für uns der Maaßstab eines Großstaates ge=
worden. Am Ausgange des Mittelalters jedoch kannte man der=
artige äußere Hülfsmittel für die Politik noch kaum; die geogra=
phischen Verhältnisse übten in unmittelbarer Weise ihren Einfluß
aus. Allerdings besaßen schon die Griechen Karten; Anaximander
soll 580 v. C. die ersten Zeichnungen von Ländern verfertigt haben;
und nach Herodot brachte Aristagoras, der Tyrann von Milet,
dem Kleomenes, König von Sparta 480 eine Kupferplatte in sein
Reich, „auf der die Erde mit allen Meeren und Flüssen abgebildet
war.“ Berühmt ist ferner die unter Theodosius am Ende des
vierten Jahrhunderts n. C. zusammengestellte Karte des römischen
Orbis, welche der Augsburger Patrizier Peutinger im sechzehnten
Jahrhundert wieder herausgab. Und im Mittelalter mögen gleich=
falls immerhin einzelne rohe Umrisse von den Küsten und Gebirgen
Europa's in den Klöstern und Archiven vorhanden gewesen seyn.
Aber sie bildeten noch nicht die Unterlage für politische Construk=
tionen. Abgesehen von einigen englischen Karten von 1490, dem
Globus von Martin Behaim, und Sebastian Münster's Geogra=
phia vetus et nova (1540), von dem Kartenwerke des Ortelius
unter Philipp II., sind die Landkarten erst mit dem Anfange des
achtzehnten Jahrhunderts in Europa allgemein geworden.

Laſſen wir nun aber mit Hinblick auf die agrariſchen Ver=
hältniſſe den Blick über die geographiſche Geſtaltung unſeres Erd=
theils hinſchweifen, ſo tritt uns zunächſt die pyrenäiſche Halbinſel
als ein in ſich durch drei Küſten und ein hohes Gebirge abge=
ſchloſſenes Gebiet entgegen. An und für ſich zwar hat die Natur
dem innern Verkehr Iberiens wenig Vorſchub geleiſtet; ſeine großen
Flüſſe ſind nur kurz vor ihrer Mündung ſchiffbar, und in gleicher
Richtung mit den Pyrenäen durchziehen vier hohe Gebirgsketten
das Land. Deſſenungeachtet iſt es ein nach Außen beſtimmt ab=
gemarktes Ganze; und ſo ſehen wir denn auch am Schluſſe des
fünfzehnten Jahrhunderts ſeine verſchiedenen Provinzen in dem Ver=
ſuche ſtaatlicher Einigung begriffen. Zur Zeit der arabiſchen Herr=
ſchaft war die Halbinſel in verſchiedene Fürſtenthümer getheilt.
Aber ſelbſt damals macht ſich der ſelbſtſtändige geographiſche
Organismus derſelben in ſo weit geltend, daß vier und vierzig
Jahre nach dem Einfalle der Mauren die ſpaniſchen Araber ſich
bereits vom Kalifat der Abaſſiden losſagen und ein eigenes unab=
hängiges Kalifat gründen. Während ihrer Herrſchaft im Süden
entſtehen im Norden aus den Trümmern von Karls, des Großen,
ſpaniſcher Reichsmark kleine feudale Beſitzungen, und zwar in Nord=
oſten Navarra und Aragonien, im Nordweſten Kaſtilien, welches
letztere Gebiet dann, 933 durch Heirath mit Navarra verbunden,
ſich zu einem Königreiche erhebt. Wie dieſe Länder ſich unter
einander weiter verhalten, geht uns hier nichts an. Im Jahr 1220
vereinigen ſich unter dem Drucke des Krieges alle chriſtlichen Mächte
des Landes und erfechten einen großen Sieg über die Araber bei
Toloſa. Aber erſt durch die Vermählung Iſabellen's, der Erbin
von Kaſtilien, mit Ferdinand, König von Aragonien, kommt 1474
der größte Theil des Landes unter eine Herrſchaft; die nothwendig
werdende Unterwerfung der Araber macht dieſe königliche Ehe
nothwendig, welche auch wirklich im Jahr 1492 zur Eroberung
des mauriſchen Königreiches Granada führt. So nimmt denn
unter dem Enkel des genannten königlichen Paares das neue
Geſammtreich den Geſammtnamen Spanien an, dem endlich
Philipp II. 1580 das bis dahin noch für ſich beſtehende Portugal

hinzugefügt. — Die einheitliche iberische Halbinsel ist nunmehr
eine Zeit lang, während ihrer wirthschaftlichen Blüthe, von einem
einheitlichen Staate überbaut.

Frankreich, bei dem Beginne seiner Geschichte 400 Jahre lang
von den Römern beherrscht, hat gleichfalls nach Norden, Westen
und Süden an Meeren und Gebirgen natürliche Grenzen, die sehr
früh auch seine politischen Marken ausmachen. Nur nach Osten
hin ist es offen; und wie früher seine östlichen Gebiete mehrfach
mit dem deutschen Reiche verschmelzen, so werden denn auch gerade
an seiner Ostseite zur Zeit seiner Staatsausbildung die blutigsten
Kriege um Grenzabrundungen geführt. Während der Feudalzeiten
des Mittelalters ist Frankreich freilich als Reich nicht weniger lose in
sich gefügt, wie alle übrigen politischen Verbände Europas; obschon
seine verschiedenen Herrschaften: Neustrien, Austrasien und Burgund,
wenn auch die Dynastien wechseln, doch auf die Dauer stets unter
einer Krone zusammengehalten werden. Die aus der ehemaligen
römischen Geldwirthschaft noch herrührenden, mehr entwickelten ökono=
mischen Zustände lösen sich bei der allgemeinen Handelsstockung fast
völlig im Ackerbauthume wieder auf. Allerdings sind in Frankreich
die Könige sehr frühe bemüht, den anwachsenden dritten Stand zu
einer festeren Gliederung ihres Reiches zu benützen; schon 1114
verleiht Ludwig VI. den Städten auf seine Domänen Corporations=
rechte. Zwei Jahrhunderte später erneuert Philipp, der Schöne,
die alten, längst vergessenen Nationalversammlungen Karl's, des
Großen, auf dem Märzfelde und ladt bei dieser Berufung der
Generalstände auch die Abgeordneten der Städte ein, um in ihnen
eine Hülfe gegen Papst, Adel und Geistlichkeit zu haben. Noch
festeren Fuß faßte das französische Bürgerthum in den Gerichts=
höfen der Krone, den sogenannten Parlamenten, zu dessen Insassen
hauptsächlich die bürgerlichen Rechtsgelehrten genommen wurden.
Der englisch=französische Thronfolgekrieg hemmte indessen, wie er
den Gewerbefleiß und Verkehr der Städte lähmte, auch die weitere
Ausbildung dieser staatlichen Ansätze in Frankreich; und erst Lud=
wig XI. konnte am Schlusse des fünfzehnten Jahrhunderts durch
Niederhaltung der unabhängigen Vasallen mehr auf die Zusammen=

fassung des Staates hinarbeiten, dessen Gebiet, wie gesagt, nach drei Seiten hin von der Natur so klar abgesteckt ist.

Eine dritte, geographisch einheitliche Ländergruppe in Europa bildet das großbritannische Inselreich. Allein, obgleich dasselbe in seiner Gesammtheit vom Meere umschlossen wird, so beginnt doch seine staatliche Zusammenfassung erst mit der Zeit, als das bewegliche Eigenthum auf der grünen Insel sich mehr ausbildete, und die Schifffahrt eine leichtere Verbindung zwischen den verschiedenen Theilen herstellte.

Mit diesen drei bezeichneten Raumgebieten hören aber in Europa die schon von der Natur abgegrenzten, geographisch einheitlichen Grundlagen zu einem geschlossenen, einheitlichen Staatsleben auf. Die scandinavische Halbinsel, im Norden dem Eismeer zugewandt, wird der Länge nach durch das hohe, steile Kiölengebirge durchschnitten, wodurch die westliche Hälfte mit ihren Flüssen auf die Nordsee, die östliche auf das baltische Binnenmeer hingewiesen ist. Erscheint nun schon ihre ganze maritime Lage als nicht von der Art, daß von dort aus die Handelslinien unmittelbar in den Weltverkehr einmünden können, und demnach das bewegliche Eigenthum glückliche örtliche Bedingungen für seine Entwicklung zu finden vermöchte; so fehlt vollends die Grundlage zu einer einheitlichen agrarischen Reichsgliederung ganz und gar, zumal da obendrein die zerrissenen Bergthäler, in Verbindung mit dem kalten Klima, den Ackerbau vielfach beschränken.

Aber auch die Mitte von Europa ist geographisch keineswegs so glücklich eingerichtet, wie Spanien, Frankreich oder Großbritannien. Denn während die Alpen Deutschland vom adriatischen Meere abschneiden, und Italien außerdem die südliche Küste in ihrem Zusammenhange trennt, ist weder nach dem Westen noch nach dem Osten hin seine Grenze durch Gebirge abgesteckt, und die Nordküste zerfällt durch die jütische Halbinsel ebenfalls in zwei Theile. Vielmehr erstreckt sich das in seiner Mitte beginnende Donauthal in einer dreihundert Meilen langen Ausdehnung bis zum schwarzen Meere; der Rhein greift mit seinen Nebenflüssen, der Mosel, der Maas und der Schelde über die westlichen Abhänge

der Vogesen und Ardennen hin aus; und während schon der Zu=
gang zum Weltmeere der Rhein=, Weser= und Elbemündung durch
den englischen Kanal beschränkt wird, ist die Oder durch Jütland
noch mehr vom Ocean abgeschlossen.

Bereits im Hinblick auf diese kurz angegebenen geographischen
Bedingungen wird man es daher begreifen, daß, sobald nicht eine
gewaltige Hand die Mitte von Europa unter einer politischen
Organisation zusammenfaßte, gerade hier sich kleinere staatliche Ab=
sonderungen, Holland, die Schweiz und Dänemark bilden konnten,
und der übrige Theil, allein aus sich heraus, nicht so leicht als
die westlichen Länder, zu einer staatlichen Einigung aus den losen
Formen des Reiches zu gelangen vermochte. Man ist gewohnt,
vieles dem deutschen Nationalcharakter zuzumessen, was in der
Topographie Deutschlands begründet liegt.

Noch mehr verschwimmen ferner die festen geographischen Ab=
markungen von größeren Raumgebieten in Europa östlich von
Deutschland. Nur das ungeheure russische Reich hat in dem Ural,
dem Eismeer, dem baltischen und schwarzen Meer seine natürlichen
Außenlinien; der Ländercomplex dagegen, welcher sich zwischen den
weiten russischen Flächen und der Mitte von Europa ausdehnt,
bietet nirgends einen organisch gegliederten Boden für ein einheit=
liches selbstständiges Staatsleben, im Gegensatze zum Reichsleben,
dar. Ihm fehlt dazu das Hauptbedürfniß, die Meeresküste. Bloß
im Anschluß an Deutschland vermögen deßwegen Ungarn, Gallizien,
Siebenbürgen und die Gegenden am rechten Ufer der Donau, an
der auf dem Bürgerthum beruhenden Wirthschaft und Kultur Theil
zu nehmen, welche sie aus sich selbst bis dahin nie entwickelt haben.
Die verschiedenen Bevölkerungen dieses Gesammtbereichs verharren
noch immer in einem aus dem Nomadenthume ursprünglich hervor=
gegangenen Racenzustande; sie sind noch nicht zu Nationen geworden.

Wir haben schließlich Italien noch zu betrachten, welches
Gebiet in Betreff seiner räumlichen Bildung dadurch noch um so
interessanter wird, daß am Ende des Mittelalters hier zuerst die
Politik es versuchte, durch künstliche Mittel, selbstbewußt, den
Mangel einer organischen örtlichen Gliederung zu ersetzen. —

Geographisch angeschaut, ist nämlich Italien ebensowenig ein von der Natur in sich einheitlich gefügtes Bereich, trotz der Meeresgrenzen von allen Seiten, als Scandinavien. Im Norden macht das Pothal ein Territorium für sich aus, das in seinem ökonomischen Daseyn von den Geschicken der übrigen Halbinsel kaum berührt wird. Nicht minder bildet Sicilien und das anstoßende Neapel, gerade wie Sardinien mit den Inseln, ein kleineres örtliches Ganzes; während der Apennin die Mitte der ausgereckten Landzunge der Länge nach spaltet, und nach rechts wie nach links zwischen sich und den beiden abgetrennten Meeren nur schmale Landstriche bestehen läßt. Deßwegen ist denn auch im Alterthum, was Niebuhr ausdrücklich hervorhebt, „Italien erst spät im Umfange seiner natürlichen Grenzen, der Alpen und der Meere unter diesem einzigen Namen zusammengefaßt worden: So lange es aus unabhängigen Staaten verschiedener Völkerstämme bestand, ward es von Einheimischen und Fremden nur theilweise nach diesen oder dem Andenken Untergegangener genannt." Unter dem mächtigen Einflusse der Stadt Rom lagerte sich dann eine gewisse einheitliche Kultur über die Halbinsel hin; allein mit dem Verfall der römischen Herrschaft löste Italien sich politisch alsbald in seine natürlichen Bestandtheile auf. Selbst die Macht des Papstes reichte nicht aus, die staatliche Einheit des Landes wieder herzustellen. Italien ist, wie im Alterthume, so auch im Mittelalter der Boden der Stadtstaaten; es konnte nur so lange eine selbstständige Blüthe entwickeln, als die Gestaltung des asiatisch = europäischen Handels das Emporkommen einiger glücklich gelegenen Plätze begünstigte. Sobald indessen der Welthandel andere Bahnen einschlug, und durch die Verbindung des Ackerbaureiches mit dem Bürgerthum die großen Nationalstaaten sich in Europa einrichteten, fehlten für Italien die natürlichen Bedingungen, um ebenfalls in diese neue politische Entwicklungsbahn einzubiegen. An die Stelle derselben will nun Macchiavelli die List und Gewalt seines Principe setzen; die künstliche Staatsconstruktion soll den organischen Vorgang der Staatsausbildung willkürlich verändern; weil Italien von einer Bevölkerung bewohnt wird, die so ziemlich die eine Sprache spricht, deßwegen glaubt der florentinische Secretär und seine ganze Schule, schon von einer italienischen Nation ausgehen zu können. ‑

Roscher (Kolonien) bemerkt sehr geistreich: „Es ist eine all= gemeine Erfahrung, daß die eigentliche Vaterlandsliebe bei den meisten Völkern erst am Ende ihres Mittelalters bedeutend wird. Wie schon Thucydides hervorhebt, so hatten die Griechen des homerischen Zeitalters noch gar keinen gemeinschaftlichen Namen ihres Volkes. Aehnlich bei allen Völkern auf derselben Entwick= lungsstufe. Der Staat ist da nicht so sehr ein großes Ganzes mit einem Gesammtzwecke, sondern vielmehr ein ziemlich loses Conglomerat von einer Menge kleiner Bündnisse, welche für sich die verschiedenartigsten Zwecke verfolgen.“ Gewiß bleibt es in der Politik eine durchaus falsche Auffassung, die Nationalitäten als von vornherein fertig darzustellen, d. h. sich das Volk als eine von Anfang an zusammengeschlossene größere Menschengruppe zu denken, welche sich in der Staatsverfassung, mehr oder weniger selbstbewußt, die Form ihres gesellschaftlichen Lebens schafft. Denn wie entsteht nur eigentlich ein Volk? Wenn etwa die Blutsver= wandtschaft das innerste nationale Band wäre, so könnte es ja, genau genommen, nicht mehr verschiedene Völker geben, als Menschenracen da sind! Häufig werden auch die Sprachgrenzen als die äußeren Umrisse einer Nationalität angesehen. Aber die Sprache ist ein Erzeugniß der Kultur; es lagern sich in derselben alle die Erfahrungen ab, welche ein engerer oder weiterer Gesell= schaftsverband im langen Laufe seiner Entwicklung macht. Ihre Abmarkungen sind mithin schon abhängig von den politischen Hebeln, welche jenen Gesellschaftsverband zu Stande gebracht haben. Wie sich nämlich noch heut zu Tage in jedem Privatvereine, dessen Mitglieder regelmäßig zusammenkommen, eine Reihe von besonderen Namen und Ausdrücken bildet, oder Geschichtchen umlaufen, die gewisse, dem Fremden unverständliche Anspielungen tragen, ebenso müssen wir uns auch den Gang im Großen vorstellen, welchen die Sprachen im Völkerdaseyn zu durchlaufen haben. Die Philologie leitet gegenwärtig so ziemlich alle europäischen Hauptsprachen auf den indogermanischen, den arischen Sprachstamm zurück. Da sich von Aram, dem Reiche in der Mitte Asiens zwischen dem persischen und armenischen Hochlande, von Bactrien aus der Handel nach dem Westen verzweigt, so haben sich in dieser Völkerbewegung auch auf derselben Sprache die kulturlich religiösen Anschauungen in dem nämlichen Gebiete verbreitet. Aber das ursprünglich ein= heitliche Grundidiom spaltet sich alsbald, nach den verschiedenen Gegenden Vorderasiens, anfänglich vielleicht in verschiedene Dialecte, bis die einzelnen Staatsverbände, die sich nach der örtlichen Lage von einander absondern, ihre Mundweisen wieder zu individuellen Sprachen ausbilden, in denen die nationale Durchprägung zuletzt den gemeinschaftlichen Ausgang kaum noch erkennen läßt. Und ebenso bringt die Philologie alle Völkerschaften rund um das mittel= ländische Meer herum, die Pelasger und Griechen, die Etrusker und Römer in einen uranfänglichen sprachlichen Zusammenhang mit den Bewohnern Kleinasiens, die in der vorgeschichtlichen Zeit an den Rändern des großen Wasserbeckens ihre Kolonien anlegen. Allein wenn auch das der griechischen und römischen Sprache unver= kennbar Gemeinsame kleinasiatischen Ursprungs seyn mag, so hat sich doch auf der Balkanhalbinsel mit der dortigen Entwicklung der politischen und kulturlichen Verhältnisse die griechische Sprache nach und nach nicht minder individualisirt, wie die lateinische in Italien.

Als die römische Weltherrschaft zusammenbrach, und in der Völkerwanderung die mittelasiatischen Nomadenstämme sich über Europa ergossen, damals fiel allerdings wohl die Grenze der Stammeseinheit und der Sprache mit der Grenze der jedesmaligen social=politischen Gliederung dieser Horden in Eins zusammen. Auf der Stufe des Hirtenlebens begründet ja, wie wir gesehen haben, die Bande des Blutes für die Einzelnen den Antheil an dem Ge= sammteigenthum der Heerde; und wie sie demnach eine volle social= politische Bedeutung hat, so wirkt sie auch naturgemäß auf die gemeinsame Mundart der von einem Patriarchen herrührenden Abkömmlinge zurück. Nomaden, und im weiteren Verlaufe noma= disirende Ackerbauvölker waren aber jene Schaaren; und wo sie schließlich zu festen Sitzen übergehen, zeigen sich noch lange in den sogenannten Markgenossenschaften die ursprünglichen Hirtenfamilien.

Während der reinen Ackerbauzeit treten jedoch die dem Nomaden= thume angehörenden blutseinheitlichen wie spracheinheitlichen Mo= mente, als politisch vollkommen bedeutungslos, in den Hintergrund. Als sich die größeren gesellschaftlichen Ganzen in Europa unter der persönlichen Machtfülle der Könige zusammenschließen, sind Volk und Heer, nicht etwa Volk und Stamm oder gar Stamm und Land, gleichbedeutend. Und wie sich aus der Kriegsverfassung, die mit der feudalen Gliederung zusammenwächst, Adel und Bauern= stand entwickeln, so bewirkt der Heerbann mit seinen verschiedenen Unterabtheilungen auch eine neue Stammesbildung im Ackerbau= thume. Denn, wir wiederholen einen früher ausgesprochenen Satz, die Hauptmannschaft begriff mit der Anzahl von Köpfen auch die Güter der Krieger unter sich; seine Grenzen waren zugleich örtlich durch die Lage der Hufen gegeben, von denen sich die einzelnen Mannen zum Dienste stellen mußten — die Amtsbezirke der Heer= führer wurden allmählig Landgruppen, Provinzen, welche die darauf wohnenden Menschen durch klimatische und sonstige geographischen Einflüsse zu einem kleinen agrarisch=militärischen Stamm mit einem eigenen Dialect durchprägen. Wenn uns die Geschichte erzählt, daß Karl, der Große, bei der Einrichtung des Reiches sich die unabhängi= gen Nationalherzöge unterworfen habe, z. B. den Tassilo von Bayern, so deutet, wie wir schon früher bemerkten, der Ausdruck „National= herzöge" darauf hin, daß der Proceß der Stammesbildung bereits vor der Erneuerung des Heerbanns unter dem Kaiser stattgefunden hatte. Es sind damit die großen Grundbesitzer gemeint, welche schon bei dem Verfall der Merovingischen Macht sich zu kleinen Stammesfürsten er= hoben hatten. Beim Beginn der Völkerwanderung treten in der deut= schen Geschichte die Namen der Nomadenstämme Jngävonen, Her= mionen und Jstävonen mit ihrem auf das Hirtenthum verweisenden Stammvater Tuisco auf; einige Jahrhunderte später zeigen sich dann an deren Stelle ganz andere Völkerbezeichnungen, Franken, Sachsen, Angeln, Thüringer, Sueven, Bayern, Longobarden, Burgunder, d. h. Menschengruppen, die, durch politische Grenzen zusammen= gefaßt, nun nach und nach auf dem bewohnten einheitlichen Terrain sich auch zu einem einheitlichen Schlage herausgebildet haben.

Durchgehend gab es nach dem Untergange Roms außer der byzan=
tinischen Staatssprache drei große Sprachgebiete in Europa, das
romanische, das germanische und das slavische; aber keines derselben
schafft aus sich heraus im Mittelalter eine einheitliche politische Form
mit scharfer Abgrenzung nach Außen. Nur im Allgemeinen, und
zwar zunächst im Gegensatze zu einander bilden sich die drei ge=
nannten Idiome weiter. Mit dem beginnenden Bürgerthum in
der Mitte von Europa fängt die deutsche Sprache an, sich gegen
den Gebrauch der lateinischen zu stemmen; ganz wie neuerdings
der Panslavismus sich erst im Kampfe mit dem Germanismus zum
vollen Selbstbewußtseyn durchgerungen hat. Allein innerhalb der
eigenen Landgebiete sind alle drei Idiome den herrschenden politi=
schen Momenten unterthan, sie bestimmen nicht, umgekehrt, jene.
Wie sich auf der räumlich einheitlichen pyrenäischen Halbinsel die
Bevölkerung im Laufe von fünfzehn Jahrhunderten aus Kelten,
Romanen, Westgothen und Arabern zu der spanischen Nationalität
zusammenschweißt, so geht in diesem Processe mit der politischen
Gliederung auch die Durchbildung der spanischen Sprache Hand in
Hand — die staatlich für sich bestehenden Portugiesen sprechen eine
andere Flexion des Grundrömischen. Auf französischem Boden,
gleichfalls geographisch scharf begrenzt, wächst in demselben Zeit=
raume aus einer ähnlichen Völkermischung nicht minder ein in
seinen Hauptzügen gleichartiger Volkscharakter mit einer einheit=
lichen Sprache hervor. In England bilden sich Britten, Angel=
sachsen und die französirten Normannen zu einer neuen Nation mit
einer neuen Nationalsprache aus. Und umgekehrt sondert sich das
ursprünglich gemeinsame germanische Idiom in Mitteleuropa mit
der Staatsabscheidung der Holländer, Dänen und Scandinavier in
eigene selbstständige Sprachen ab. Dahlmann hat ganz Recht,
wenn er (Politik) sagt: „Gleiche Volksart von Haus aus, das heißt,
ein körperlich und geistig gleichartiger Menschenschlag, gleiche Sprache,
als Zeugniß seit Jahrhunderten gleich verstandener Lebenserfah=
rungen sind eine glückliche Mitgabe für den Naturstaat auf seinem
dornichten Wege zur bewußten Durchbildung. Aber die Geschichte
hat von jeher die stille Urbildung der Natur unterbrochen, indem

sie verschiedenartige Stämme und Volksthümlichkeiten übereinander=
schichtete, und gerade aus der Vermischung manchmal eine zweite
Natur und gediegenere Staatsbildung gewann. Tritt so das Band
der ursprünglichen Volksverwandtschaft allmählig zurück, so verstärkt
sich dagegen das Band des örtlichen Zusammenseyns mit dem
Wachsthum der Bildung."

Aus dem Zusammenwirken der einheitlichen geographischen
Grundlage und der nachdrücklich gehandhabten königlichen Gewalt, in
Verbindung mit dem dritten Stande, gehen die scharf abgegrenzten
Betten hervor, in denen sich die Nationalität mit ihrer Sprache
und ihrer übrigen Kultur auszubilden vermag. Ehe jene verschie=
denen politischen Momente sich in der Geschichte des europäischen
Mittelalters geltend machen, gibt es thatsächlich, so zu sagen, nur
Stadtnationalitäten, z. B. Genuesen, Venetianer, Hansen. Erst
in derselben Zeit, wo sich die europäischen Flächenreiche in natio=
nale Staaten umzuwandeln anfangen, siegt bei allen von diesem Vor=
gange berührten Völkern irgend einer der vielen herrschenden Dialecte
über die andern als gemeinsame Schriftsprache — in Spanien das
Castilianische, in Frankreich die Mundart der allmählig als Haupt=
stadt sich festsetzenden königlichen Residenz Paris, in Deutschland das
Obersächsische als Sprache der lutherischen Bibelübersetzung.

Geht aber die Durchbildung der Völker zu geschlossenen Natio=
nalitäten am Schlusse des Mittelalters gleichen Schritt mit der
Einwirkung der geographischen Verhältnisse unseres Erdtheils auf das
entwickeltere Wirthschaftsleben seiner Bewohner, dann bedingt auch
wieder umgekehrt das beginnende nationale Bewußtseyn der Völker
durch besondere Gesetze und Einrichtungen, in denen es sich kund
gibt, eine nationale Gestaltung der auf den verschiedenen Länder=
gebieten emporgewachsenen ökonomischen Getriebe. So lange näm=
lich der Handel noch nicht eigentliche Nationen mit einander in
Verbindung setzte, blieb er, wie im Alterthume bei den Phöniciern,
Griechen und Karthagern, in den Händen für sich bestehender
Städte. Selbst die Plätze eines und des nämlichen Reiches, die
Mitglieder der Hansa und die Angehörigen des rheinisch=schwäbischen
Bundes, tauschten mit einander wie Fremde, nicht wie Theile eines

staatlichen Bezirkes. Man unterscheidet daher auch in jenen Zeiten den Verkehr bloß im Allgemeinen nach der Verfrachtungsweise als Land- und Seeverkehr. Denn die Orte, welche z. B. in Rußland, Frankreich oder Deutschland die von Außen empfangenen Waaren weitergaben oder zugleich mit den eigenen Fabrikaten in ihrem engeren Umkreise absetzten, waren in ihrer körperschaftlichen Absonderung gegen das sie umgebende Gebiet, wie in ihren Bündnissen unter sich, gleichsam nur Factoreien eines einzigen, großen zusammenhängenden Handels, der sich um die etwa vorhandenen Reichsgrenzen so gut wie gar nicht zu kümmern hatte. Darin liegt denn auch die Grundursache, warum die Handelsplätze rund um Europa herum im Mittelalter die Seegesetze von einander entlehnen können, ohne daß die Gesetzgebung der binnenländischen Reichsgewalten dabei auftritt. Die Tafeln von Amalfi, die Assisen von Jerusalem, das Consolato del Mare, die Rooles d'Oleron, die Seegesetze von Damme und Westcapelle, von Lübeck und Wisby stehen alle im nächsten Zusammenhange — der noch nicht nationalgegliederte Welthandel bedient sich eines und des nämlichen Rechts; wie gleichfalls alle damals blühenden Seevölker aus ihren verschiedenen Sprachen die Benennungen geliefert haben, die noch heute für die einzelnen Schiffstheile bei dem internationalen Seemannsidiome im Gebrauch sind. Als jedoch zugleich mit der sich befestigenden Königsgewalt, welche in den besoldeten Beamten und stehenden Heeren die rechten Handhaben für ihre Zwecke erhielt, die neuen Staaten anfangen, sich auch als wirthschaftliche Individualitäten zu betrachten, wird der Handel folgerichtig aus einer Sache einzelner Kaufleute, mercantiler Körperschaften, Städte und Städtebünde, zu einer Angelegenheit des gesammten nationalen Lebens. „Man kämpfte,“ bemerkt Blanqui, „demgemäß fortan mit Tarifen ebensosehr als mit Kanonen, die politische Oekonomie tritt in den Rath der Könige und in das europäische Recht.“

Den nächsten ökonomisch-politischen Ausdruck erhält dieser Vorgang in dem europäischen Staatenleben durch das am Schlusse des fünfzehnten Jahrhunderts in Deutschland wie in Frankreich sich regende Bestreben, die vielen inneren Zollschranken in eine einzige Außenzolllinie zu verwandeln. Darin besteht eben das charakteristische Wesen der Außenzolllinie, daß sie in dem Bildungsgange einer Nation immer dann, dann aber auch jedesmal, auftritt, sobald ein politischer Organismus im Begriff ist, sich aus dem bisherigen Reichszustande zum modernen Staate emporzuarbeiten. Sehen wir nun das deutsche Reich unter Kaiser Max, und Frankreich unter Ludwig XI. bei der bezeichneten Uebergangsstufe angekommen, so darf es uns nicht überraschen, daß, gleichzeitig und unabhängig von einander, in beiden Ländern die Idee einer Außenzolllinie auftaucht. Der bekannte französische Staatsmann Comynes unter Ludwig XI. erörtert es in seinen ökonomischen Betrachtungen ausführlich, wie zu der Münz- und Gewichtseinheit im Lande auch die Freiheit des Handels im Innern kommen müsse, indem die Zölle an die Außengrenzen zu verlegen seyen; und die Entwürfe des deutschen Reichskanzlers Barthold von Henneberg tragen sich mit demselben Gedanken. Ihnen zufolge sollte ein Reichsrath neben dem Kaiser fortan der Gesammtadministration die gehörige Festigkeit verleihen, ein Kammergericht den allgemeinen Landfrieden aufrecht erhalten, und eine neue Reichsconscription in der Art eingerichtet werden, daß je vierhundert Einwohner, nach ihren Pfarreien zusammentretend, e i n e n Mann zu stellen hätten. Schnitt man nun schon mit diesem Plane durch alle Territorialhoheiten zu Gunsten der zu stiftenden Staatseinheit hindurch, verknüpfte man auf solche Weise jeden einzelnen Deutschen unmittelbar mit dem Centrum des Staates, so entsprach auch das in Aussicht genommene allgemeine Besteuerungsgesetz, vermöge dessen die Staatskasse gefüllt werden sollte, durchaus dem auf politische Concentration gerichteten Zuge der Zeit. An die Stelle der lässig eingehenden, auf die verschiedenen Reichsstände vertheilten Matrikeln wollte man den sogenannten „gemeinen Pfennig" treten lassen, eine Mischung von Kopf- und Vermögenssteuer, welcher zufolge von 500 Gulden ein halber Gulden zu zahlen wäre, und bei den ärmeren Unterthanen vierundzwanzig Personen einen Gulden aufzubringen hätten. Da man jedoch mit dieser direkten Besteuerung nicht durchzudringen vermochte, so griff man, empirisch, wie überhaupt das mittelalterliche Staatsleben bei seinen Neuschöpfungen immer verfährt, zu einem anderen Auskunftsmittel. Die Erfahrung hatte gelehrt, daß die einzelnen Fürsten sehr bedeutende Einkünfte aus den ihnen vom Kaiser bewilligten Zöllen bezogen. Wäre es nun, da man anfing, das deutsche Reichsgebiet sich als eine große territoriale Einheit gegenüber vom Auslande zu denken, nicht möglich, den aus der Fremde kommenden Verkehr zu Gunsten des Reiches zu belasten und sonach eine einheitliche indirekte Besteuerung einzuführen? Damit aber war man bei der Idee eines allgemeinen Grenzzollsystems angelangt. Bekanntlich wurde dann später auf dem Reichstage vom Jahre 1522 eine Commission eingesetzt, um den Entwurf weiter auszuarbeiten; und es existirt noch ihr darüber abgestatteter Bericht: „Ordnung eines gemeinen Reichszolls zu Rathlag verfaßt." Dem Plane gemäß blieben die unentbehrlichsten Lebensbedürfnisse, Getreide, Wein, Bier, Zug- und Schlachtvieh sammt Leder unbelastet; alle andern Artikel hingegen wurden bei der Einfuhr wie bei der Ausfuhr mit einer Abgabe von vier Procent des Einkaufspreises belegt. Die Zolllinie aber sollte bei Nikolsburg in Mähren beginnen und von da, gegen Ungarn gewandt, über Wien und Grätz nach Villach oder Tarvis gehen, dann längs der Alpen hinziehen gegen Venedig und Mailand, und ihre Zollstätten in Trient, Brunegg, Innsbruck und Feldkirchen errichten. Die Schweiz dachte man aus dem Verbande, dem sie sich doch wohl schwerlich unterwerfen würde, auszuschließen, und somit die Grenzlinie über Straßburg, Metz, Luxemburg, Trier nach Aachen weiter zu spannen. Dagegen wurden die Niederlande unbedingt als Reichsgebiet betrachtet und als binnenländische Zollstationen Utrecht und Dortrecht, Köln und Wesel, und für den eigentlichen Seehandel mit England und Portugal die Städte Antwerpen, Brügge und Bergenopzom vorgeschlagen. Im Norden bildete die Küste die natürliche Grenze, und gegen Dänemark sollten die Hansestädte von Hamburg bis Danzig, gegen Polen Königsberg und Frankfurt an der Oder in Verbindung mit einigen schlesischen Orten als Reichszollplätze dienen.

Politisch und wirthschaftlich wächst jetzt der staatliche Organismus mit seinem Landgebiete in Eins zusammen; einer und derselbe Name gilt fortan ebensowohl für das Bodenbereich als für das darauf ruhende ökonomisch-politische Nationalgefüge. W. Grimm macht in seinem deutschen Lexikon zu dem Worte „Deutschland" die Bemerkung, daß im Althochdeutschen diese Bezeichnung sich nicht findet, indem sie nicht vor dem zwölften und dreizehnten Jahrhunderte vorkommt, häufiger aber erst seit dem sechzehnten Jahrhundert gebraucht wird. Ursprünglich ist auch der französische Herrscher nur „rex francorum," Fürst der Mannen. „Der capetingische König hatte," wie Ranke hervorhebt, „nichts dawider, daß der erste salische Kaiser den Grafen Odo von Blois und Champagne, einen seiner Vasallen, auf französischem Grund und Boden verfolgte." Ja, noch im Jahr 1216 gaben der deutsche Kaiser und der französische König zu gleicher Zeit Befehl, den abgesetzten Bischof von Toul, der seinen Nachfolger erschlagen hatte, zu verhaften; so wenig genau waren die Grenzen ihrer Reiche abgesteckt. Nach der Durchprägung des Lehnsreiches wird dann aus dem Kriegsherrn der „rex Franciae," die politische Gestaltung wurzelt bereits in dem einheitlichen Raumgebiete des Landes; und als gar die Ansätze des nationalen Flächenstaates heraustreten, erhebt sich eine Grenzverletzung alsbald zu einem Angriffe auf das gesammte Staatsgebäude. Ferner führt die Erfassung des Staates in seiner geographisch-ökonomischen Individualität unmittelbar zu der Idee der Handelsbilanz. Man hält den einen wirthschaftlich-staatlichen Organismus in Gedanken dem andern gegenüber und beginnt allmählig, mit Rechnungsaufstellungen über den „Status," d. h. mit statistischen Nachweisen zu erforschen, wie viel der „Staat" als ökonomisches Ganzes in seinem Handel mit den übrigen „Staaten" gewinnt, gleich als ob er ein einzelner Geschäftsmann wäre. Aus einer Sache vereinzelter Kaufleute, Körperschaften oder Städte, wie gesagt, ist der Verkehr zu einer Angelegenheit der ganzen Nation, und somit der Handel nach Außen zu einem Theile des nationalen Lebens geworden. Deßwegen fängt man an, ihn nach seiner „Einfuhr" und „Ausfuhr" zu unterscheiden, und „vom auswärtigen Handel," „Binnenhandel" und „Durchfuhr" zu sprechen. Die

Bewegung des Güterlebens erscheint nunmehr in ihrem bestimmten Verhältnisse zu den einheitlichen ökonomisch-politischen Staatskörpern. Und damit taucht dann in der staatlichen Entwicklung Europas zum erstenmale der Begriff und das Wort „Seemächte" auf. Auch die historische Erscheinung nämlich ist keine zufällige, daß gleichzeitig am Schlusse des fünfzehnten Jahrhunderts mit den anderweitigen politischen Kundgebungen des sich einrichtenden nationalen Staates derselbe, neben der Durchbildung seines Landheeres, ebenfalls die Aufstellung einer Flotte ins Auge faßt. Bis dahin hatten nur die einzelnen Seestädte oder Städtebünde Orlogschiffe unterhalten, um damit ihre Verkehrsbeziehungen im Auslande zu schützen und zu erweitern. Die wenigen Kriegsfahrzeuge, welche, nach Verfall der karolingischen Flotte, etwa hie und da ein Ackerbaukönig zusammen zu bringen vermochte, sollten und konnten keine andere Bestimmung haben, als Festungen gleich, die Landesgrenzen nach der Seeseite zu schützen, oder zeitweilig unternommenen räuberischen Einfällen in die Nachbarländer zu dienen. Nunmehr fängt die Staatsmacht an, sich ebenso sehr auf ihre Marine als auf ihre Armee zu stützen. Solcher vereinten Kraft können dann die politischen Bildungen des beweglichen Eigenthums, die Städte, weder auf dem festen Lande noch auf der See ferner Stand halten. Die Hansa, Venedig und Genua wären auch ohne den Umschwung, welchen der Welthandel in Folge der Fahrten von Columbus und Vasco de Gama erfuhr, auf die Dauer sicher den nationalen Staaten unterlegen. Und endlich verbinden sich nunmehr mit den stehenden Heeren und den stehenden Flotten auch die stehenden Gesandtschaften. Bis dahin hatten die Könige und Städte die sich aufwerfenden Geschäfte mit anderen politischen Mächten durch jedesmalige Absendung von Bevollmächtigten besorgen lassen, welche nach Vereinigung der ihnen zugewiesenen Angelegenheit alsbald wieder in ihre Heimath zurückkehrten. Fortan verlangen die vielfachen Berührungen mit dem Auslande dauernde Organe an den verschiedenen Höfen zur Aufrechthaltung der internationalen Beziehungen. Das Conglomerat der feudalen Reiche in Europa hat sich in lauter nationale Gruppen in sich geschieden;

das zwischenländische Leben, früher nur den Satzungen der Kirche und den Gebräuchen des allgemeinen europäischen Ritterthums unterworfen, bildet jetzt nach und nach sein internationales Recht aus, wie es aus dem Gleichgewichte der Staaten vertragsmäßig sich ansetzt. Dem Beispiele des deutschen Ordens, welcher zuerst einen Procurator in Rom neben der Curie unterhielt und demselben mittelst der in Italien sehr beliebten Wechsel auf Brügge seinen Gehalt auszahlte, folgten bald die übrigen Hauptmächte unseres Erdtheils nach.

Stellten dergestalt die einzelnen Reiche Europas am Schlusse des fünfzehnten Jahrhunderts sich nach und nach als nationalstaatliche Organismen hin, so mußte auch diese ihre selbstbewußte nationale Abgrenzung nach außen auf die Kultur der von ihnen umfaßten Bevölkerung bedingend zurückwirken, und ihrerseits durch kulturliche Momente wiederum noch schärfer durchgeführt werden. Wenn man jedoch erwägt, wie der von Gregor VII. klar erfaßte Gedanke des Papstthums darin bestand, daß Rom mit seiner kirchlichen Hierarchie sich die eine, in sich unterschiedslose Menschheit unterwarf, dann ergiebt es sich von selbst, daß der Beginn von eigenen Nationalkulturen innerhalb der Nationalstaaten zunächst zu einer unvermeidlichen Auflehnung gegen die Religionsautorität der alten Weltstadt am Tiber hinleitete. Aus dem Bürgerthum entwickelt sich der nationale Staat; darum nimmt denn auch das Bürgerthum die einst zwischen dem Papst und dem Kaiser zweifelhaft gelassene Frage, ob das Geistliche oder das Weltliche höher stehen sollte, jetzt zu Gunsten des Weltlichen wieder auf. Ursprünglich ist im Entwicklungsgange der Menschheit Politik und Religion auf das Innigste miteinander verwachsen. Sobald die vernunftbegabten Erdbewohner nach Ueberwindung ihres anfänglich gewiß thierischen Zustandes mit der anwachsenden Stufenfolge ihrer Erfahrungen zu denken begannen, konnten sie nicht umhin, sich wenigstens von den großen Naturgewalten abhängig zu fühlen. Dieses dunkle Abhängigkeitsgefühl im Menschen, das selbst die allerrohesten Horden der Erde noch zeigen, ist aber der Ursprung der Religion. An demselben rankt nicht allein in steter Verfeinerung das geistige Leben der Menschen empor, sondern sie bringen auch von vornherein ihre allmählig sich bildenden gesellschaftlichen Beziehungen damit in die innigste Berührung. Die als „Gott" aufgefaßte Naturgewalt, wie sein Wesen von den einzelnen Mitgliedern einer Menschenschaar begriffen wird, ist die erste angebliche Gesetzgeberin auf Erden, und damit die Theokratie die ursprünglichste, natürliche Regierungsart eines mehr geordneten Zusammenlebens bei seinem untersten Ansatze. Der Herrscher bedient sich jedoch nicht etwa gleich von Anfang an absichtlich der Religion als Mittel zur Begründung und Aufrechthaltung seiner weltlichen Gewalt; sondern er leitet nur aus seinem Verständniß „des göttlichen Willens" für sich und seine Umgebung die nothwendigen socialen Einrichtungen her. Wenn, wie wir gesehen haben, neben dem Jägerkönige die weibliche Priesterin steht, so fließt bei den Hirten überall das Hohepriesterthum mit dem Patriarchenthum zusammen; und noch bei dem Uebergange der Nomaden zum Ackerbauthum sind es den Volkssagen nach die Götter, welche die Vertheilung der Felder vornehmen — Jehovah gibt durch Moses den Israeliten bei der Besiedelung Kanaans das Gesetz. Allmählig werden jedoch die einfachen ökonomisch-politischen Beziehungen der Menschen zu einander mannichfaltiger; von dem Priesterthum löst sich das meistens aus dem Kriege hervorgegangene weltliche Königthum ab; die kirchliche und die politische Gliederung der Menschen treten in ihren Linien auseinander — es beginnt der Gegensatz der religiösen Gemeinschaft der Menschen zu ihrer social-politischen Organisation. Lange freilich können dann innerhalb einer Volksentwicklung die Centren beider Organismen noch friedlich neben einander liegen. Je mehr sich indessen auf der einen Seite die weltlichen Lebensbeziehungen einer Nation ausbilden, während auf der anderen Seite das bestehende Priesterthum an den alten Ueberlieferungen, der Grundlage seiner Macht, festhält, desto schärfer wird nothwendiger Weise der Zwiespalt zwischen Staat und Theokratie. Jedes Volk muß denselben in sich durchkämpfen; dieser Kampf ist ein unerläßlicher Durchgang in der Entwicklung des nationalen Staatsthums. Da wo der Staat darin durch das Zusammenwirken äußerer Umstände erliegt, tödtet fortan die

siegreiche Theofratie jeden politischen Lebenskeim in der von ihr be=
herrschten Menge ab. Wenn dagegen der Staat sich selbstständig
zu erhalten versteht, so verringert sich der Einfluß der Priester auf
die Weiterführung seiner Verhältnisse immer mehr. Das bürger=
liche Gesetz, entsprungen aus der sich einstellenden Einsicht der
Menschen in die Nothwendigkeiten und Bedingungen ihres Zusam=
menlebens, tritt an die Stelle der früher durch den Mund der
Priester verkündeten göttlichen Befehle. Und gleichzeitig im stufen=
weisen Fortschritte mit der Befreiung der weltlichen Gesellschaft von
der religiösen Bevormundung geht auch die Emancipation der Wissen=
schaft aus den priesterlichen Banden. Bei der naturgemäßen an=
fänglichen Theofratie der Völker liegt die Ansammlung der mensch=
lichen Erfahrungen in den Händen der Priesterschaft; sie ist das
vorzugsweise denkende Element in der socialen Gemeinschaft;
die Lehren, welche sie für die Masse aufstellt, entsprechen selbst=
verständlich den Interessen der Hierarchie. Der Esoterismus und
Exoterismus findet sich bei allen Völkern wieder, so lange die=
selben noch nicht der freien Wissenschaft ihr volles Bürgerrecht
errungen haben. In dem nämlichen Verhältnisse indessen, in
welchem die bürgerliche Ordnung eines Reiches sich festsetzt, und bei
der steigenden Wohlhabenheit einzelne Existenzen außerhalb der
Priesterkreise sich rein den geistigen Arbeiten widmen können, muß
auch die Wissenschaft sich von den bisherigen religiösen Anschauungen
der Hierarchie trennen. Zuerst sind es im Völkerleben gewöhnlich
die Philosophenschulen, durch welche sich die angedeutete Scheidung
vollzieht; an sie setzen sich später die anderen Disciplinen an.

Ist nun das gesammte Alterthum in Asien wie in den Stadt=
staaten Südeuropas zu dem eben hervorgehobenen socialen Vorgange
ein einziger großer Beleg, so kehren auch im Mittelalter die näm=
lichen Erscheinungen in dem politischen Leben unseres Erdtheils
wieder; und bloß dadurch entsteht zwischen beiden Entwicklungs=
perioden der Menschheit ein Unterschied, daß sich mit dem Christen=
thume die nationalen Einzelreligionen zu einer allgemeinen Menschen=
religion erweitert haben.

Europa fängt ja in Folge der Völkerwanderung und der

Auflösung des römischen Reiches im Anfange des Mittelalters zum großen Theile von den untersten Stufen der Entwicklung sein sociales Leben wieder an. Die religiösen Anschauungen üben daher auf die Gestaltung seiner gesellschaftlichen Verhältnisse abermals eine entscheidende Macht aus. Aber diese religiösen Anschauungen treten in die binnenländischen Flächen von außen ein; die römische Geistlichkeit, welche dem Norden das Christenthum und die südeuropäische Bildung zugleich zuträgt, das Papstthum, bleibt für den katholischen Völkerzusammenhang unseres Erdtheils die gemeinsame Priesterschaft, der gegenüber die nationalen Staaten sich ihre politische und auch ihre kulturliche Selbstständigkeit zu erkämpfen haben. Denn im Anfange des Mittelalters ist die Kirche im Umkreise der rohen binneneuropäischen Völker ebenso die Trägerin und Hüterin der Wissenschaft, wie früher das Priesterthum es in Asien und Südeuropa war. Sie bewahrt in ihrem Schooße die Ergebnisse der geistigen Völkerarbeit des Alterthums auf; sie stützt durch diese kulturliche Ueberlegenheit vielfach ihre Stellung; und nur durch die römischen Geistlichen vermögen die ungebildeten Bauern Frankreichs, Deutschlands und Englands die Ueberlieferungen der untergegangenen Cultur zu erhalten. Zehn Jahrhunderte lang sind die Klöster und Domschulen der Kirche die einzig möglichen Lehranstalten der agrarischen abendländischen Welt. Die päpstliche Hierarchie hat gerade in diesen Schulen die Mittel, ihren Plänen gemäß die Menschen sich zu erziehen. Die Wissenschaft geht noch ganz in der Kirche auf. Die geistigen Schätze des Alterthums liegen gebannt in den Ringmauern der Abteien. Allein das entstehende Bürgerthum lernt allmählig gleichfalls lesen und schreiben und durch die Schrift nicht nur seine eigenen Erfahrungen von Geschlecht zu Geschlecht zu übertragen, sondern auch die Werke des Alterthums sich zugänglich zu machen. Dazu tritt dann ferner das in der Gesetzgebung und Lehre mehr oder weniger selbstbewußt sich entwickelnde Recht. In den juristischen Schulen zeigen sich die ersten dem Laienstande angehörenden Gelehrten. Fortan baut die wissenschaftliche Bildung unter den Laien sich selbstständig weiter. Der sich ansammelnde Reichthum des dritten Standes macht auch die

Theilung der geistigen Arbeit möglich und verleiht ihr, unterstützt von der Buchdruckerkunst, die benöthigten äußeren Hülfsmittel; die Schule bedarf jetzt zu ihrem eigenen Daseyn ebensowenig mehr der Beihülfe der Kirche als der Staat.

Als zwischen Heinrich IV. und Gregor VII. der Investitur=streit ausbrach, lag das Bürgerthum in Deutschland noch in der Wiege. Es hatte innerhalb seiner beschränkten Kreise noch keine selbstständigen Träger der Bildung und Wissenschaft hingestellt, die gesammte geistige Macht befand sich noch in den Händen des Clerus. Sammelten sich nun auch die Bürger verschiedener süddeutschen Städte unter des Kaisers Banner, so war der dritte Stand doch damals nicht fähig, mittelst der Kritik schon die moralischen Hülfs= mittel anzugreifen, welche die römische Hierarchie zur Beherrschung der Menschheit so klug sich angeeignet hatte. Allerdings mischte sich bereits, wie wir gesehen haben, in den Kampf des Weltkaisers mit dem Weltpapste etwas von einem nationalen Gegensatze Deutsch= lands zu Italien ein; allein weder jenseits noch diesseits der Alpen hatte sich das nationale Bewußtseyn schon so weit politisch und kul= turlich durchgeprägt, um auch auf dem geistigen Gebiete mit einan= der abzurechnen. Das religiöse Dogma der römischen Kirche, welches den Stuhl Petri trägt, ward von den politischen Gegnern desselben noch keiner Durchsicht unterworfen. Nur erst auf dem Felde der beginnenden Jurisprudenz fanden in Deutschland während der zweiten Hälfte des dreizehnten Jahrhunderts Erörterungen über das Macht= verhältniß von Kaiser und Papst statt. Dem Sachsenspiegel, welcher in der früher angeführten Stelle beide Gewalten als in gleicher Höhe neben einander stehend anerkennt, tritt der Schwabenspiegel gegenüber, dem zufolge Gott an Sanct Peter beide Schwerter geliehen, von welchen dann der Papst das weltliche Schwert des Gerichtes weiter an den Kaiser geliehen habe. Und umgekehrt be= hauptet das kaum später niedergeschriebene „Kaiserrecht," daß der Kaiser an Gottes Statt sitze, womit also das Geistliche dem Welt= lichen untergeordnet wird.

Während der Kreuzzüge hatten indessen schon die vielfachen Berührungen Mitteleuropas mit Italien und Byzanz, verbunden mit

der durch den Handel steigenden Wohlhabenheit der Städte, nach
und nach den Gedankenumfang der Bewohner von Deutschland und
Frankreich erweitert. In dem von römischen Dogma abweichenden
Lehren der Waldenser und Albigenser am Schlusse des zwölften
Jahrhunderts zeigte sich seit dem Untergange des Arianismus der
erste aus dem Volke hervorspringende geistige Gegensatz zu den
Lehren der kirchlichen Hierarchie. Und je weiter dann im Laufe
der bürgerlichen Entwicklung von Europa nach dem Umschwunge,
den sie durch die Heerfahrten in dem Orient erhielt, Studium und
Wissenschaft in den Städten fortschritt, um so häufiger mußten
einzelne Stimmen in denselben laut werden, die sich gegen die
erneuerte Weltherrschaft Roms auflehnten. Seinerseits hatte auch
die tiefe Menschen- und Staatskenntniß der römischen Hierarchie
das im Bürgerthume vorhandene, ihr Gefahr drohende Element
von vornherein richtig erfaßt. Das ganze Mittelalter hindurch
begünstigt der Papst zu keiner Zeit das Erblühen des dritten
Standes. Wie die Kirche dem italienisch-levantinischen Handel
durch ihre Verbote alle nur möglichen Hindernisse zu bereiten sucht,
ebenso ist sie bestrebt, durch das Untersagen des Zinsennehmens,
als Wuchers, die Bewegung der Geldwirthschaft zu hemmen. Schon
1176 befahl Papst Alexander (Buckle, Geschichte der Civilisation
in England), daß Wucherer kein Begräbniß haben und auch nicht
zum Abendmahl zugelassen werden sollten. Nur den Juden wird
es von der römischen Curie erlaubt, Capitalien gegen Zinsen aus-
zuleihen; von diesem untergegangenen Volke stand keine nationalstaatliche Durchbrechung der allumfassenden kirchlichen Herrschaft zu
befürchten. Ferner wurde der in Europa beginnenden Ketzerei der
Geister durch Gregor IX. im Jahre 1229 die Inquisition entgegen-
geschoben, welche der Papst der Verwaltung der Dominicaner übergab, und neue Schaaren geistlicher Vorkämpfer für die Macht-
stellung Roms verbreiteten sich jetzt über die gefährdeten Gebiete der
Kirche. Denn an den Bischöfen und Klöstern, welche dem Zuge des
Ackerbauthums folgend, kleine selbstständige Sonderherrschaften auf
ihren Besitzungen begründet hatten, mußte der Papst mannigfachen
politischen Ungehorsam erleben.

Demnach wurden wieder, wie zu den Zeiten Hildebrand's, neue Mönchsorden eingerichtet, um den Gehorsam gegen die Kirche frisch zu befestigen. Die von Dominicus Guzman 1216 gestifteten Domi= nicaner, im Jahre 1223 organisirten Franciscaner des Franciscus von Assisi und die Augustinereremiten von 1256 sind Bettelmönche, welche in unabläsiger Bewegung, nirgends mit Land und Leuten verwachsend, die päpstlichen Legionen bilden.

Wir haben es hier nicht zu untersuchen, welchen Gang wohl die Entwicklung des europäischen Bürgerthums genommen haben würde, wenn die Päpste die hohe Stellung behauptet hätten, welche Innocenz III. inne hatte. Mit der Uebersiedlung des hei= ligen Vaters nach Avignon sieht sich Rom vielfach der Hebel beraubt, durch welche es dem Emporkommen des Städtewesens ent= gegenarbeitete; während dieses gleichzeitig in der Ausdehnung sei= ner Handelsbeziehungen eine weitere Kräftigung seiner politischen und kulturlichen Selbstständigkeit erfährt. Die große Kirchenspal= tung am Schlusse des vierzehnten und am Anfange des fünf= zehnten Jahrhunderts verschaffte dann vollends dem Bürgerthume für seine Bewegung eine freiere Bahn. In Wiliffe und Huß kehren die früheren Bestrebungen der Albigenser klarer und ener= gischer wieder; der Hussitenkrieg ist der Vorläufer des großen euro= päischen Reformationskampfes. Wie das Bürgerthum nach und nach in politischer Hinsicht den Nationalstaat ausbildet, so sucht es demselben auch seinen eigenen nationalkulturlichen Inhalt zu verleihen; auch kulturlich wird die einheitliche, katholische Mensch= heit national durchbrochen.

Die Flächenreiche Europas sind binnen fünfzehn Jahrhunderten am Ende ihres Mittelalters angelangt; die staatlichen Organismen haben sich in wirthschaftlicher, politischer und kulturlicher Beziehung zum Selbstbewußtseyn durchgearbeitet — da erhält unser Erdtheil in der Entdeckung Amerikas und der Auffindung des Seewegs nach Indien eine ungeahnte Fülle neuer gesellschaftlicher Momente ... die zweite Hälfte seines staatlichen Lebens beginnt!

Die Entdeckung Amerikas und des Seeweges nach Indien.

Einen noch weit größeren Umschwung in der europäischen Wirth=
schaftsgeschichte, als ihn die Kreuzzüge durch die Wiedereröffnung
der Levante hervorriefen, haben die Entdeckung Amerikas und die
Auffindung des Seeweges nach Indien in ihrem Gefolge. Denn
in demselben Zeitraume, in welchem das Vordringen der Türken
den linken Flügel unseres Erdtheils in ökonomischer Beziehung
lähmte, indem durch sie, wie einst durch die Araber, die südeuropäisch=
indischen Handelsbeziehungen fast völlig brach gelegt wurden, erhielt
die bis dahin von der Natur scheinbar so stiefmütterlich behandelte
atlantische Küste ein großes, reiches Gegenland jenseits des Meeres
und den ausschließlichen Besitz des Schlüssels zu Indiens Schätzen.
Wir wollen hier indessen noch nicht weiter fragen, ob die oceani=
schen Länder sich mit der von ihnen bewiesenen Thatkraft wohl
der Eroberung und dem Anbau der neu entdeckten überseeischen
Gebiete hingegeben hätten, wenn zugleich das Handelsgetriebe auf
der Thalatta seine bisherige Blüthe zu bewahren im Stande gewesen
wäre; oder welchen Flug etwa das auf beiden Schwingen gleich
belebte Europa genommen haben würde — an dieser Stelle kommt
es uns nur darauf an, die gemachten Entdeckungen aus der vor=
angegangenen Völkerarbeit herzuleiten.

Seit der Eröffnung der Kreuzzüge erhält die Handelsgeschichte
des mittelländischen Meeres ihre Wechselfälle durch die gegenseitige
Eifersucht von Venedig und Genua. Hätten die beiden Städte

treu zusammengehalten, die Levante wäre vielleicht unter Mithülfe der verschiedenen nach dem Osten vorgeschobenen Ritterorden in den Händen der Europäer geblieben; während gerade die blutigen Kämpfe dieser Republiken, in welche die Mohamedaner von beiden Seiten hineingezogen wurden, den gemeinsamen Feinden nach und nach die Uebermacht verliehen. Man stritt natürlicherweise nur um den Besitz der Stapelplätze Kleinasiens, auf denen die indischen Waaren zu Markte kamen. Dieselben gingen nämlich ganz wie im Alterthum auf dem rothen Meere und dem Nilfluß nach Alexandrien oder auf dem persischen Golfe den Euphrat aufwärts durch Karawanen nach Aleppo, um so in die Hände der Europäer zu gelangen, denen der unmittelbare Zugang zu Indien von den egyptischen Sultanen untersagt war. Gelang es daher einer von beiden Städten, sich in den ausschließlichen Besitz der Levante und des Pontus zu setzen, so war damit für sie die Handels- und Seeherrschaft auf dem mitteländischen Meere entschieden. In Konstantinopel und auch jenseits des Bosporus waren die Venetianer seit der Gründung des lateinischen Kaiserthums unbeschränkte Herrn des Verkehrs. Nur die kleinasiatische Küste konnte für beide Städte zunächst der Tummelplatz des Krieges seyn, da das gegen den Handel mit den Heiden gerichtete Verbot der dritten lateranischen Kirchenversammlung thatsächlich unbeachtet blieb. So entbrannte der erste offene Kampf der Venetianer und Genuesen im Jahre 1257 um die Stadt Ptolemais, in welchen die Venetianer den Ort behaupteten, und in Folge dessen zur Feier des Sieges den Marcusplatz mit den noch jetzt vorhandenen beiden Säulen schmückten. Dagegen setzten fünf Jahre darauf die Genuesen, trotz des päpstlichen Kirchenfluches, nach Beseitigung des Hauses Courtrai, Michael Paläologos wieder auf den griechischen Thron, um sich dadurch bedeutendere Verkehrsvortheile am goldenen Horne wie in der Krimm zu erwerben. Damals wurde Kaffa von den Genuesen angelegt, dessen mercantile Bedeutung für die Europäer um so höher stieg, je mehr die Türken ihre Eroberungen in Vorderasien ausdehnten. Kaffa ward sehr rasch der Stapel der russischen Produkte einerseits und der über Trebisonda kommenden indischen Güter andererseits;

die Venetianer liefen dadurch Gefahr, ganz aus dem schwarzen Meere verdrängt zu werden. Allein die Schaukelpolitik des byzantinischen Hofes, dessen Dankbarkeit nicht den Genuesen verpflichtet seyn wollte, gab der adriatischen Nebenbuhlerin die Gelegenheit, im Jahre 1265 gleichfalls einen Handelsvertrag mit Konstantinopel abzuschließen und sich wenigstens einige Vortheile am Bosporus auszubedingen. Doch blieben die Genuesen nun ihrerseits auf dem schwarzen Meere den übrigen italienischen Kaufleuten eine Zeit lang weit überlegen. Dagegen wußte Venedig, als 1291 mit St. Jean d'Acre der letzte feste Platz in Kleinasien für die Europäer verloren gegangen war, seine Verbindungen mit Egypten zu erweitern. Das kaufmännische Gewissen kehrte sich dabei, wie gesagt, wenig um die Handelsverbote der Kirche. In dem venetianisch-egyptischen Vertrage vom Jahre 1302 heißt es mit Bezug auf die erwähnte Bestimmung der lateranischen Kirchenversammlung vielmehr ausdrücklich, daß alle egyptischen Stapelwaaren, die gegen den Import von „Sklaven, Bauholz und Waffen" im Austausch ausgeführt würden, frei von allem Ausgangszoll seyn sollten. Der Verkehr mit dem Nilthale blieb eben zu einträglich. War Venedig auf solche Weise in Alexandrien sehr günstig gestellt, so kämpfte es dafür in der Levante 1336 bei Smyrna vergebens gegen die Türken und erlitt 1343 durch die Genuesen eine völlige Niederlage am Bosporus, welche freilich ein Jahr später die letzteren bei Sardinien um so theurer bezahlten. Statt daß, wie gesagt, beide Städte mit vereinten Kräften dem Vordringen der Osmanli einen nachdrücklichen Widerstand geleistet hätten, lähmten sie sich, blind gegen die gemeinschaftliche Gefahr, lieber einander. Nachdem schon die Türken 1350 festen Fuß auf dem europäischen Boden gefaßt hatten, und Amurath 1354 in den Besitz von Adrianopel gekommen, suchte dennoch Genua 1376 Venedig in einer Belagerung zu erdrücken, und glaubte Venedig durch die glückliche Vernichtung der genuesischen Flotte seine Macht erst recht begründet zu haben. Ja, als von dem ganzen griechischen Reiche nur noch die Hauptstadt als Rest bestand, und der italienische Handel auf dem schwarzen Meere bereits die empfindlichsten Einschränkungen durch die Türken erlitt, meinte dessenungeachtet Genua, recht klug darin zu handeln, daß es im Geheimen die Eroberung Konstantinopels durch die Türken 1454 unterstützte — weil es damit, während die am goldenen Horn angesiedelten Venetianer sammt ihrem Baylo geköpft wurden, Sicher= heit für seine Handelsleute und ihre Geschäfte vom Sultan erlangte. Venedig gerieth allerdings damals sehr in die Enge. Im Kriege begriffen mit dem Herzoge von Mailand, der den Verkehr in der Lombardei, dem unmittelbaren Hinterlande der Adria, beeinträchtigte, zugleich von dem Sultan von Egypten aller seiner Magazine in Alexandria und Syrien beraubt, sah es sich endlich wider Willen genöthigt, nach dem Nildelta wie nach dem Bosporus, so gut es ging, Frieden zu schließen. Der Doge erlangte für seine Stadt abermals das Recht, in Stambul eine Niederlassung unter einem Consul anzulegen; die Venetianer trieben wieder Handel im schwarzen Meere, sie erwarben das Salz=, Kupfer= und Alaunmonopol in der Hauptstadt und hatten die türkische Münze in Pacht. Auch in Egypten wurden ihre alten Privilegien wieder bestätigt — allein Genua hatte inzwischen nicht gewonnen, was für Venedig unter= dessen verloren gegangen war. Beide aber mußten fortan in der Türkei den Karatsch, die Staatssteuer, zahlen, während noch oben= drein der egyptische Sultan den Venetianern den Preis des indi= schen Pfeffers namhaft erhöhte. Das war das Ergebniß des ita= lienischen Handelsneides, und selbst diese verhältnißmäßig noch günstige Lage dauerte nur wenige Jahre!

Die Ottomanen breiteten ihre Herrschaft nach der Eroberung von Konstantinopel erst recht in dem Gebiete des ehemaligen byzan= tinischen Reiches aus. Nachdem sie, wie ihrer Zeit die Normannen in England, in ihren eroberten Besitzungen einen neuen Feudal= staat eingerichtet hatten, wobei indessen Manches vom alten byzan= tinischen Staatsgebäude, namentlich das Steuersystem, bestehen blieb, und auch viele Griechen in die Verwaltung aufgenommen wurden, wandten sie ihre Blicke wieder nach außen. Trotz des Vertrages ward 1471 zuerst Kaffa, in letzterer Zeit im Besitz der genuesischen Bank vom heiligen Georg, den Italienern entrissen — 70,000 Christen fielen dabei als Sklaven in die Hände der Sieger

— dann folgten die von den verschiedenen italienischen Städten besetzten Inseln des ägäischen Meeres einem gleichen Schicksale; und Venedig mußte fortan den Zugang zu den Kornkammern des Pontus mit einer jährlichen Abgabe von 10,000 Dukaten erkaufen. Als indessen Katharina Cornaro, die Wittwe des letzten Königs von Cypern, ihrer Vaterstadt Venedig die reiche Insel vermachte, hörte bei wieder entbrannter Feindschaft mit den Türken auch jene Vergünstigung auf. So blieb der adriatischen Republik nur der Handel nach Egypten übrig; und selbst dieser war in fühlbarer Abnahme begriffen.

Wir wollen jedoch hier die Einzelnheiten dieser Vorgänge nicht weiter verfolgen. Aus dem Angeführten erhellt bereits zur Genüge, wie unser Erdtheil durch das Vordringen der Türken im Laufe eines Jahrhunderts in seinem Welthandel mit Indien gestört war; wozu man noch obendrein in Rechnung bringen muß, daß gleichzeitig die Tartaren die alten russisch-indischen Wege ebenfalls verschlossen, indem sie vom Norden herunter sogar in Indien selbst plündernd einfielen. Was aber den Venetianern und Genuesen nicht gelang, darnach konnten die übrigen Handelsplätze des mittelländischen Meeres, Florenz, Marseille, Barcelona, oder die als Zwischenmarkt reich gewordene Insel Majorca vollends nicht streben. An Europa ward mithin am Schlusse des fünfzehnten Jahrhunderts sehr dringend die Frage gerichtet, ob denn kein anderer Weg als über die Levante oder Mittelasien nach Indien aufzufinden sey — eine Frage, mit welcher sich die europäische Wissenschaft seit Jahrtausenden beschäftigt hatte.

Man muß sich nämlich wohl hüten, den Gedanken Columbus', daß in westlicher Richtung über das Meer dieser Zugang nach Indien anzutreffen sey, als die vereinzelt stehende Ahnung eines gewaltigen Kopfes aufzufassen. Derselbe entsprang nicht nur aus den astronomischen und geographischen Kenntnissen seines Zeitalters, sondern zieht sich, wie Alexander von Humboldt ebenso geistreich als gelehrt nachgewiesen hat, bereits aus dem Alterthume durch die Schriftsteller der arabischen Welt in das spätere Mittelalter hinein; wenngleich damals über das wissenschaftliche Gesammt-

bewußtseyn der Völker nicht in der heutigen klaren Genauigkeit
Buch geführt ist. Nachdem einmal, im Gegensatze zu der homeri=
schen S ch ei b e, von den Pythagoräern die Kugelgestalt der Erde
gelehrt worden war, ergab sich der Schluß, daß man von Westen
aus gleichfalls nach Indien gelangen könne, eigentlich schon von
selbst. Die berühmte Stelle aus dem Chor der Medea von dem
spanischen Seneca, worin die durch die Schifffahrt bewerkstelligte
Völkervermischung geschildert wird:

> „Nil, qua fuerat sede, reliquit —
> Pervius orbis:
> Indus gelidum potat Araxen,
> Albim Persae Rhenumque bibunt.
> Venient annis saecula seris,
> Quibus Oceanus vincula rerum
> Laxet et ingens pateat tellus,
> Tiphysque [1] novos detegat orbes
> Nec sit terris ultima Thule" . . .

bildet daher auch nur eine im dichterischen Aufschwung gezogene
Denkfolgerichtigkeit aus den Lehren der griechisch=italischen Philoso=
phenschule. Bestimmter tritt dann diese Anschauung in der Vor=
rede zu den Naturales quaestiones des Seneca in der Behauptung
auf, „daß die Entfernung zwischen Spanien und Indien unbe=
deutend, und die Ueberfahrt bei günstigem Winde leicht zu be=
werkstelligen sey;" wie ja auch schon Aristoteles die Ansicht gehegt
hatte, „Indien könne deßwegen gar nicht weit von der Westküste
Afrikas gelegen seyn, weil in beiden Gegenden die gleichen Ele=
phanten vorkämen." Strabo und Eratosthenes stehen ungefähr auf
dem nämlichen Standpunkte der Erdbetrachtung. Ersterer ist sogar
der Meinung, „daß in derselben gemäßigten Zone, welche wir be=
wohnen, und besonders in der Nähe des Parallels, der durch
Thinä hindurch über das atlantische Meer hinweggeht (der an=
genommene Aequator) zwei und vielleicht noch mehrere Länder=
strecken vorhanden seyn könnten" . . . „Nur die weite Ausdehnung
und die Einsamkeit des Meeres bieten Hindernisse dar, die man
zu überwinden nicht im Stande ist." Ebenso stellen die arabischen

---

[1] Tiphys war der Steuermann der Argonauten.

Gelehrten, z. B. Edrifi, der Geograph Nubiens, den Satz auf, daß das chinesische Meer mit dem atlantinischen durch den „finsteren" — nie befahrenen — Ocean in Verbindung stehe, worin ja nicht minder die Möglichkeit, Afrika zu umschiffen, ausgesprochen liegt.

Wie weit die Phönicier ehedem ihre Entdeckungen im Westen ausgedehnt haben, ist bekanntlich nicht mit Sicherheit aus ihren dunklen Sagen zu entnehmen. Es lohnt sich aber auch eigentlich nicht der Mühe, den alten Streit, ob etwa unter den „Kassiteriden" statt des brittischen Eilands die Azoren zu verstehen seyen, wieder aufzufrischen, oder auf die ursprünglich egyptische Sage des Solon von der dem Neptun geweihten Insel Atlantis, „die während eines langen Zeitraums die Herrschaft über die Inseln des atlantischen Oceans ausübte," ausführlich zurückzukommen. Im Mittelalter verquicken sich dann diese Mythen des Alterthums mit den auf die Bibel gestützten Anschauungen der Kirchenväter zu einer gänzlichen Unverständlichkeit, wie sie das apokryphische Buch Esra darbietet. Erst die in Italien wiedererstandenen Wissenschaften, verbunden mit den weiter ausgreifenden Handelsunternehmungen der südeuropäischen Völker, bringen nach und nach bei einzelnen Gelehrten — dem Mönch Bacon — oder in den italienischen Klöstern mehr Klarheit in die geographischen Auffassungen. So erzählt, der englischen Weltgeschichte zufolge, Johann Mandeville, ein englischer Arzt, der 1332 eine große Reise nach Asien machte, in seinen travels, er habe in seiner Jugend von einem Manne gehört, der rund um die Welt gereist und zurück nach England gekommen sey, ohne zu wissen, daß er wieder im Vaterland war. Man glaubte zu seiner Zeit, daß es den Menschen unmöglich sey, unter der Erde wegzureisen, weil sie sonst in den Himmel fallen müßten. Er beweist jedoch, wie auf dem Erdboden etwas weder oben noch unten heißen könne, sondern die Erde allenthalben mit dem Firmamente umgeben sey. Um dieses deutlich zu machen, gibt er an, wenn man auf dem Papier einen kleineren und einen größeren Kreis beschreibe, deren Mittelpunkte zusammenfielen, so zeige diese Figur das Verhältniß der Erdtheile zu den gegenüber liegenden

Theilen des Himmels; auch lehrte er, wie auf der Oberfläche der Erde ein Grad gemessen und daraus der Umkreis und der Durchmesser derselben bestimmt werden könne.

Eine eigene Bethätigung an dem Auffinden fremder Länder zeigt aber nach den sagenhaften Fahrten der Phönicier, Karthager und Massilier das Mittelalter zuerst in den Zügen der Normannen nach Island, Grönland und Winland am Schlusse des neunten Jahrhunderts, ohne daß sich jedoch für Wissenschaft und Handel weitere Folgen daran knüpften. Englische Schriftsteller — Powel und Richard Hakluyt — lassen ferner einen gallischen Fürsten Namens Madoc 1171 an die Küste von Florida verschlagen werden und daselbst eine Ansiedlung gründen. Auch erinnerte der Bischof von Kerry jüngst an die Sage vom heiligen Brendran, der vor zwölfhundert Jahren nach Westen gesteuert sey, um das Wunderland des Atlantis zu entdecken, und wirklich ein neues Gebiet mit einem neuen Flusse gesehen habe. Doch führt erst das auf dem mittelländischen Meere frisch erblühte Verkehrsleben die Schiffer weiter zu Entdeckungsfahrten in die Welt hinaus. Wie einst Karthago den Himilco und Hanno, Massilia den Pytheas und Euthymenes auf Entdeckungsreisen sandten; so rüsteten die Genuesen im Jahre 1291, nachdem Ptolemais an die Türken verloren gegangen war, zwei Galeeren unter Theodosius Doria und Ugolin Vivaldo aus, um westwärts von Gibraltar neue Länder aufzusuchen. Von beiden wird indessen nie wieder etwas gehört. Dann im Beginne des vierzehnten Jahrhunderts erweitert die Schiffahrt, gestützt auf die festen Küsten Afrikas, die allgemeine Erdkunde in sicherem Fortschreiten. Humboldt hat es dargethan, daß die Möglichkeit, Afrika zu umschiffen, seit dem Anfange des vierzehnten Jahrhunderts in den südlichen Gegenden Europas mehrfach besprochen worden ist. So findet sich auf einer Planisphäre von Sanuto aus dem Jahre 1306 die dreikantige Südspitze Afrikas bereits verzeichnet. Im Jahre 1420 soll dann, einer indischen Inschrift am Kap Diaz zu Folge, eine chinesische Jonke dieses Vorgebirge in der Absicht umfahren haben, um im Westen die fabelhaften Inseln der Männer und der Frauen aufzusuchen — die Amazonen spuken in allen

Völkersagen — allein nach vierzig Tagen vergeblichen Bemühens wieder umgekehrt seyn . . . eine Erzählung, welche gar nicht so unwahrscheinlich ist, wenn man bedenkt, daß an der ganzen Ost= küste Afrikas bis nach Sofala hinunter die Araber saßen, welche mit Indien und China einen lebhaften Handel trieben. Haben ja doch einige Geschichtsforscher, nach chinesischen Quellen, sogar be= hauptet, die Bewohner des himmlischen Reiches wären schon im zwölften Jahrhunderte nach dem Westgestade Amerikas hinüberge= gangen. Dagegen steht es wieder fest, daß auf einer Karte von Fra Mauro, die dreißig Jahre vor der Fahrt von Diaz gezeichnet ward, ebenfalls die Südspitze des afrikanischen Festlandes angegeben ist.

An der westlichen Küste desselben hatten die Erforschungsreisen der Europäer bereits im vierzehnten Jahrhunderte begonnen. 1374 waren katalanische Schiffer bis an die Mündung des Goldflusses auf dem dreiundzwanzigsten Grade nördlicher Breite vorgedrungen. Einige Zeit darauf kamen normannische Seefahrer sogar bis zum achten Grade n. Br. Aber den Portugiesen war es vorbehalten, die große geographische Aufgabe durch ihre während eines ganzen Jahrhunderts andauernde Thatkraft wirklich zu lösen. Bis zu dieser Zeit war Portugal trotz seiner günstigen Lage an der See im Weltverkehre kaum hervorgetreten. Im Jahre 1274 werden portugiesische Kaufleute erwähnt, die auf einer Reise nach England begriffen sind; gleichzeitig kamen einige englische Händler nach Lissabon. Namentlich ist es der Fischfang, der die Portugiesen an den eigenen wie fremden Küsten beschäftigt. Eduard III. gewährt ihnen durch Vertrag das Recht, fünfzig Jahre in den englischen Gewässern auf den Fang zu gehen. Mit den Handelsstädten des mittelländischen Meeres konnten nämlich die Portugiesen sich hin= sichtlich des Verkehres ebenso wenig messen, als mit den Hansen des Nordens. Der italienische=flandrische Austausch ging an ihren Häfen vorbei, da die Venetianer streng darauf sahen, daß die von ihnen nach den Niederlanden ausgeführten Waaren nicht nach Lissabon auf den Zwischenmarkt gebracht wurden. Erst als die Könige Portugals anfingen, ihre Besitzungen an dem West= rande Afrikas auszudehnen, kommt der Handel des Landes und seine von genuesischen Admiralen befehligte Flotte mehr empor. Der Entdeckungseifer der Portugiesen hatte mithin ganz unmittel= bar wirthschaftliche Gründe.

Was dergestalt unter dem Infanten Don Henrique so günstig eingeleitet war, wurde durch den König Joao II. mit Aufbietung aller ihm zu Gebote stehenden Mittel fortgesetzt. An die glückliche Entdeckung von Madeira 1419 und der Azoren 1432 lehnte sich die Auffindung des reichen Guinea; bis der König, vielleicht er= muntert durch nordische Einflüsse, 1486 Bartholomäus Diaz zu einer weiteren Fahrt nach dem Süden ausrüstete. Denn im Jahre 1476 hatte der König von Dänemark einen Kapitän, Johann von Kolno, ausgeschickt, um Grönland wieder aufzusuchen. Derselbe fand auch wirklich die Küste von Labrador und die Hudsonsstraße, und die Kunde von dieser Reise verbreitete sich alsbald nach Spanien und Portugal. Bekanntlich erreichte dann Diaz die südliche Spitze von Afrika, die er wegen der dortigen Winde das „stürmische" Vorgebirge, der König indessen später das Kap der guten Hoffnung nannte. Doch sah sich die Expedition eben durch die widrigen Luftströmungen und Meutereien unter der Mannschaft genöthigt, auf halbem Wege umzukehren. Erst Vasco de Gama brachte die Ernte vieljähriger Arbeit der Portugiesen glücklich nach Hause. Der unternehmende Johann II. hatte bald nach Diaz' Rückkehr zwei seiner Unterthanen, Covilham und Alonzo von Payva, nach Egypten geschickt, um von Osten her Nachrichten über Afrika einzuziehen. Der Eine sollte zugleich mit dem Könige von Abes= synien einen Handelsvertrag abschließen, dem Anderen aber ward die Bestimmung, die indischen Zustände kennen zu lernen. Letzterer wurde auf der Reise ermordet. Der Erstere gelangte jedoch nach Calicut und Goa; und nach Kairo zurückgekehrt, schrieb er dem Könige durch Vermittlung zweier Juden, „daß die portugiesischen Schiffe, wenn sie die Westküste Afrikas nach Süden hin entlang führen, die Endspitze dieses Welttheils erreichen würden, und daß sie, bei dieser Spitze angelangt, den Weg nach Sofala und der Mondinsel (Madagascar) einschlagen müßten." — Das hat dann 1497 Vasco de Gama gethan.

Man muß also bei Columbus' kühnem Unternehmen zunächst
einmal in Betracht ziehen, daß schon während seiner frühesten
Jugend diese afrikanischen Fahrten im Gange waren, und ihren
Einfluß auf die Gedankenrichtung des jungen Genuesen ausübten;
um so mehr, als er, obschon der Sohn eines Wollkämmers, auf
der Schule von Pavia in den astronomischen und nautischen Wissen=
schaften eine tüchtige Ausbildung erhalten und dann im Dienste
seiner Vaterstadt, wie später Portugals, mehrere Reisen nach Eng=
land und der afrikanischen Küste gemacht hatte. Und wie über=
haupt seine Zeit sich praktisch mit der Auffindung fremder Länder
beschäftigte; so soll man ferner nicht vergessen, daß er der Alters=
genosse der berühmten Astronomen Regiomontanus, Beroal=
dus und des Florentiner Arztes Paolo Toscanelli war, welche
bereits sehr vorgeschrittene Ansichten über die Gestalt der Erde be=
saßen. Mag Columbus den Plan, „das Land der Specereien
auf dem westlichen Wege aufzusuchen," immerhin schon im
Jahre 1470 mit sich herumgetragen haben, als er zu Lissabon bei dem
florentinischen Kaufmann Lorenzo Giraldi lebte; mag er später in
Sevilla bei Juan Berardi, dem Principale von Amerigo Vespucci,
durch das Studium der Alten, namentlich der Aristotelischen Schrif=
ten, weitere Anhaltspunkte für seinen Gedanken gesammelt haben —
die eigentliche Bestätigung seiner Ideen erhielt er doch erst durch
den Brief Toscanelli's an Alphons V. von Portugal, welcher den
Florenzer Arzt um Belehrung über den Westweg nach Indien ge=
beten hatte. Inmitten des regen italienischen Handelslebens, das
eine Menge fremder Reisenden auf die appenninische Halbinsel
führte, hatte sich nämlich Toscanelli neben seiner medicinischen
Praxis viel mit Erkundung der asiatischen Völkerverhältnisse be=
faßt; wobei er jedoch stets den unmittelbar geschäftlichen Ge=
sichtspunkt des zu erweiternden Verkehrs festhielt. So schreibt er
in seinem Briefe an den Canonicus Martinez über den indischen
Handel: „Aus dem einzigen Hafen Zaitou segeln alljährlich mehr
als hundert mit Pfeffer und andern Specereien beladene Schiffe
aus. Mehrere Provinzen und Königreiche sind einzig und allein
von dem Großchan abhängig, der als König der Könige in Katai

wohnt." Er fügt dann hinzu, daß diese Fürsten bereits vor zwei=
hundert Jahren Gesandte an den Papst hätten abordnen wollen.
Zu Eugen IV. sey wirklich ein solcher Friedensbote gekommen.
„Ich habe eine lange Unterredung mit ihm gehabt; er erzählte mir
von der Herrlichkeit seines Königs, von großen Strömen, deren
einer an seinen Ufern zweihundert Städte mit Brücken von Marmor
hätte" u. s. w. Marco Polo hatte diese Gegenden zweihundert
Jahre früher aufgesucht, und der Venetianer Nicolo Conti kam
gerade zu Toscanelli's Zeit aus Indien zurück. Dem portugiesi=
schen Könige antwortete dieser Florentiner nun folgendermaßen:
„Obgleich ich schon häufig von den Vortheilen, welcher jener Weg
zu gewähren im Stande seyn würde, gehandelt habe, so will ich
doch jetzt nach der ausdrücklichen Aufforderung des durchlauchtigsten
Königs eine bestimmte Nachweisung über den einzuschlagenden Weg
ertheilen. Ich könnte, eine Erdkugel in der Hand, leicht, was man
wünscht, auseinandersetzen. Allein ich ziehe es vor, um die Ein=
sicht in die Beschaffenheit des Unternehmens zu erleichtern, den
Weg auf einer den Seekarten ähnlichen Karte anzugeben, auf der
ich die gesammte Westgrenze des Festlandes von Irland bis zum
Ende von Guinea nach Süden hin, nebst allen Inseln, die sich
auf diesem Wege finden, selbst verzeichnet habe. Ich habe gegen=
über, gerade nach Westen hin, den Anfang von Indien mit den
Inseln und den Orten angegeben, wo man wird landen können.
Auch werdet Ihr daraus ersehen, um wie viel Meilen Ihr Euch
vom Nordpol nach dem Aequator hin entfernen, und in welchem
Abstande Ihr zu jener fruchtbaren und an Specereien und Edel=
steinen so überaus reichen Gegend gelangen könnt." Columbus
erhielt auf seine Bitte durch den genannten Kanonikus Martinez
eine Abschrift dieses Briefes von Toscanelli, und es ist nicht un=
wahrscheinlich, daß er eine Abzeichnung der beigefügten Karte auf
seiner ersten Reise mit sich führte.

Wir haben indessen noch eines andern, zu Columbus' Zeit
lebenden, berühmten Mannes zu gedenken, welcher in seiner Erd=
anschauung einen kaum niedrigeren Standpunkt einnahm, als jener
Arzt von Florenz. Es befindet sich nämlich noch gegenwärtig zu

Nürnberg ein im Jahre 1492 von Martin Behaim verfertigter Globus, ein Fuß acht Zoll hoch, auf dem ebenfalls das Königreich von Mango, Cumbalu und Katai nur hundert Grad westlich von den Azoren verlegt wird — soweit greift auf demselben die Ostküste Asiens gegen das westliche Europa vor. Martin Behaim, geboren im Jahre 1459 zu Nürnberg, Mitglied einer aus Böhmen einge= wanderten Patrizierfamilie, deren Nachkommen noch in Bayern leben, treibt zuerst zwanzig Jahre hindurch zu Wien, Venedig und Antwerpen Tuchhandel, und erbaut dann zu Lissabon ein Astro= labium, ein seit dem dreizehnten Jahrhunderte in der Schifferwelt bekanntes, auf Majorca erfundenes Instrument, das, am Maste aufgehängt, dazu diente, während der Nacht die Stunden nach den Sternen zu bestimmen. Wahrscheinlich verfertigte er dasselbe für die Reise, welche er 1484 mit Diego Can nach der afrikanischen Küste über den Aequator hinaus unternahm, um Malagueta, (car- damomum piperatum), Paradieskörner, zu holen, ein noch jetzt beliebtes tropisches Gewürz, welches, bis dahin nur aus Indien bezogen, damals zuerst auch aus dem konkurrirenden mittleren Asien zu den Kaufleuten des atlantischen Meeres gelangte. Endlich ist Behaim, gleichfalls zum Behufe des Handels mit afrikanischen Specereien, auf Fayal, einer von Flamändern besiedelten Insel der Azoren, etablirt und wohnt daselbst in dem Hause seines Schwie= gervaters, des flämischen Ritters Jobst von Hürter, Herrn von Moerkerken. Von dort aus soll er dann mehrere Reisen nach dem Westen gemacht haben, so daß man später eine Zeitlang glaubte, er sey schon vor Columbus an die afrikanischen Küsten gelangt, und habe auch Magellan „das große Geheimniß" einer südwest= lichen Durchfahrt anvertraut. Martin Behaim stirbt 1506 zu Lissabon. Ob Columbus ihn gekannt hat oder nicht, läßt sich nicht mit Bestimmtheit ermitteln. Jedenfalls aber beweist auch das Leben dieses Deutschen, daß am Schlusse des fünfzehnten Jahrhunderts eine mehr geläuterte Auffassung der Erdverhältnisse in weiteren Kreisen verbreitet war.

Hält man nun diese flüchtig skizzirten Thatsachen zusammen: die schon aus dem Alterthume herrührenden Sagen von Ländern

im Westen von Europa, die portugiesischen Entdeckungen an der afrikanischen Küste, und den gleichzeitigen vorgerückten Standpunkt der astronomischen und geographischen Wissenschaften am Schlusse des fünfzehnten Jahrhunderts; so wird die Unternehmung des Columbus
aller der Uebernatürlichkeit entkleidet, womit der poetische Geist der
Nachwelt sie so überreichlich überhangen. Ja, genau genommen,
hat der genuesische Seemann gar nicht erreicht, was er erreichen
wollte. Denn die Vorstellung, wie man sie uns wohl auf Gemäl-
den vorführt, Columbus habe die Ahnung eines den Europäern
unbekannten Erdtheils in sich getragen und diesen aufgesucht, ist
durchweg ungeschichtlich. Er weiß nichts von dem großen Festlande,
welches sich in der Mitte zwischen Europa und Asien von Norden
nach Süden ausdehnt; er hält vielmehr die Entfernung zwischen
den asiatischen und spanischen Reichen für sehr gering und den
Raum nur von Wasser ausgefüllt. Denn man muß es sich immer
vergegenwärtigen: er will nach Indien fahren. Der Plan, welchen
schon Marino Sanuto zwei Jahrhunderte früher gehegt hatte, nämlich dem Zuge der indischen Waaren eine andere Richtung als über
die Levante zu geben, ist, wenn schon in anderer Weise, auch der
Seinige. Am Anfange des vierzehnten Jahrhunderts schrieb nämlich der genannte Italiener — siehe Dei gesta per Francos —
eine Abhandlung, um darzuthun, daß wenn man den indischen
Güterstrom einzig über Bassora, Bagdad und Tauris nach Kaffa
und Kleinasien leite, und dem Sultan von Egypten keine Sklaven
und Waffen verkaufe, dieser ruinirt sey. Und als nun am Schlusse
des fünfzehnten Jahrhunderts die Venetianer allein noch im Besitze
des durch die Türken vielfach geschwächten orientalischen Verkehrs
waren, nahm der Genuese ein ähnliches Ziel in's Auge. „Auf
dem westlichen Wege" will er „zum Lande der Speccereien" gelangen,
das noch immer den Knotenpunkt des ganzen Welthandels bildete.
Nach Katai (der mongolische Name für China) und Zipangu (Japan),
„ubi piper et auri copia," richtet er seinen Kurs. Und als er sich
auf seiner ersten Reise in der Nähe von Land glaubt, sagt er in
seinem Schiffsjournal ausdrücklich, „daß er nach Indien vorwärts
dringen wolle, da es ihm ja frei stünde auf seinem Rückwege Alles

genauer zu unterſuchen." Die Inſel Guanahani, welche er am
12. Oktober 1492 zuerſt erblickt, und die er wegen der aus der
Meuterei ſeiner Mannſchaft ihm erwachſenen Gefahr San Sal=
vador nennt, wird von ihm für ein Vorland der aſiatiſchen Küſte
gehalten. Er meint ſpäter, in Cuba das geſuchte Eiland Zipangu
gefunden zu haben; wie er denn auch dem ganzen Bereich der ent=
deckten Gegenden den Namen Indien gibt. Ja, bis zu ſeinem
Tode zweifelt er daran, daß Amerika von dem öſtlichen Aſien ge=
trennt ſey.

Deſſenungeachtet iſt aber die Fahrt von Columbus über den
weiten Decan vielleicht die größte That, welche die Geſchichte kennt,
und der Augenblick, wo er zuerſt das jenſeitige Land erblickt,
ſchließt eine Gewalt der Empfindung in ſich, wie kein auf den
Schlachtfeldern gewonnener Sieg. Noch jetzt erregt es die eigen=
thümlichſten Gefühle in der Menſchenbruſt, wenn man zum erſten=
male „an der andern Seite des Waſſers" anlangt; jetzt, wo Chro=
nometer, Seekarten, Sextanten und die genaueſten, jährlich von
der Greenwicher Sternwarte ausgegebenen, Geſtirntabellen dem See=
manne alle möglichen Hülfsmittel auf ſeinem gut gefügten Fahr=
zeuge darbieten. Welche Hinderniſſe ſtanden jedoch Columbus ent=
gegen! Vergebens hatte er in Portugal eine Unterſtützung für ſeine
Reiſe geſucht; vergebens durch ſeinen Bruder Bartholomäus den
König Heinrich VII. von England angegangen, ihm bei ſeinem
Unternehmen Vorſchub zu leiſten. Vergebens war er Jahre lang
bemüht geweſen, den Hof der Königin Iſabelle von Caſtilien für
ſeinen Plan zu gewinnen. Man gab ihm endlich, unter Aufwen=
dung von 24,000 Franks für die geſammte Ausrüſtung, drei kleine
Schiffe, die „Santa Maria" von 50 Laſt, die „Pinta" (Kanne)
kommandirt von Martin Alonzo Pinzon, und die „Niña" unter
Vincent Vañez Pinzon, letztere Beiden ohne Verdeck, und 120
Mann, meiſtens aus den Gefängniſſen geholt. Und mit dieſen
Nachen, ſo klein, wie ſie jetzt nicht mehr zwiſchen Europa und
Amerika hin und her gehen, durchſchnitt er ohne viel nautiſche
Inſtrumente — er ſelbſt mußte die Abweichung der Magnetnadel
an verſchiedenen Stellen der See erſt beobachten — das weite

Meer, das man bis dahin trotz des erfundenen Kompasses doch eigentlich nur an den Küsten befahren hatte … ein männliches Beharren und ein Muth, der auch ohne jeden Erfolg groß dastehen würde. Was aber wiegen alle im Staate und in der Wissenschaft errungenen Lorbeern gegen das Auffinden eines neuen Erdtheils, dessen erste Spitze, in günstiger Vorbedeutung für die alte Welt, San Salvador heißt!

Der Eindruck, welchen Columbus' Entdeckung bei den geistigen Spitzen der europäischen Gesellschaft machte, legt allerdings ein vollgültiges Zeugniß für den hohen Stand der damaligen Bildung ab. Peter Martin von Anghierra, früher von Spanien als Unterhändler nach Egypten geschickt, schreibt in einem Briefe von 1494: „Jeder Tag bringt uns neue Wunder aus jener neuen Welt, die ein gewisser Christoph aus Ligurien aufgefunden hat. Unser Freund, Pomponius Laetus, hat sich kaum der Freudenthränen enthalten können, als ich ihm die erste Nachricht von diesem unverhofften Ereigniß mittheilte." Und der Legat Galeatius Butrigarius meldet nach Hause: „Zu London am Hofe des Königs Heinrich VII. war, als die erste Kunde von der Entdeckung der Küsten Indiens kam, welche der Genuese Christoph Columbus gemacht haben sollte, alle Welt darüber einig, daß es eine wahrhaft göttliche Unternehmung sey, auf dem Westwege nach Osten zu dem Lande zu segeln, wo die Gewürze und Specereien wachsen." Allein gerade dieser allgemein vorherrschende Wunsch, unmittelbare Verbindungen mit Indien anzuknüpfen, ließ doch die Staatsmänner der damaligen Zeit die volle Tragweite der Columbus'schen Entdeckung nicht sogleich erkennen. Daß man in den neuen Ländern Kolonien anlegen, weite Reiche gründen könne, darauf verfiel im Anfange Niemand. Ueber die Fahrt von Lucas Vasques de Ayllon nach Florida ruft Anghierra ganz unwillig aus: „Was bedürfen wir solcher Erzeugnisse, die mit den Produkten des südlichen Europas völlig übereinstimmen. Gen Süden, gen Süden! Wer Reichthümer sucht, darf nicht nach den kalten Regionen des Nordens gehen." Columbus selbst ist mit sich über die Folgen seiner Entdeckungen durchaus nicht im Klaren. Zwar schreibt er 1498 an die Königin Isabelle, „daß Castilien fortan eine andere Welt besitze, über welche sie herrschen werde wie über Toledo;" aber es ist doch immer nur der Gewinn an Gold, der ihm dabei vorschwebt. Denn „Gold," heißt es in einem seiner Briefe aus Jamaika vom Jahre 1503, „Gold ist ein wunderbares Ding! Wer dasselbe besitzt, ist Herr von Allem was er wünscht. Durch Gold kann man sogar Seelen in das Paradies gelangen lassen." Und wenn er in den letzten Jahren seines Lebens darauf bringt, daß der spanische Hof die neue Welt erobere, weil nach 150 Jahren die ganze Welt untergehen würde, und doch zuvor der christliche Glaube den Erdball beherrscht haben müßte, so darf man dahinter auch wohl nicht eigentliche Kolonisationspläne suchen.

> „Por Castilia y por Leon
> Nuevo mundo hallo Colon"

lautete zwar die Inschrift, welche König Ferdinand dem Admiral aufs Grab setzen ließ ... aber Indien, Indien bleibt das Ziel der Nationen! Nach Indien will auf Veranlassung des spanischen Hofes 1520 Magellan eine westliche Durchfahrt im Süden suchen, wie 1497 der Venetianer Cabot, dessen Expedition von einigen Bristoler Kaufleuten ausgerüstet ward, sie im Norden hatte finden wollen. Daß Letzterer dabei Neufundland entdeckte, wurde in England für nichts angeschlagen. Die wirkliche unmittelbare Erreichung Indiens durch die Portugiesen übte daher auch für die erste Zeit den einzigen Einfluß auf die Umgestaltung des Welthandels aus; dadurch wird fortan das atlantische Gestade Europas der Sitz des Verkehrs mit den so kostbaren Gewürzen!

Einigen Abbruch an diesem gewinnreichen Geschäftszweige hatte Lissabon den italienischen Seeplätzen zu deren großem Mißvergnügen freilich schon früher gethan. Denn nachdem die Portugiesen sich auf Madeira festgesetzt hatten und dort durch ihre zum Tode verurtheilten Verbrecher Wein und Zucker bauen ließen, und gar seit sie aus Guinea Elfenbein, Gold, Gummi, Baumwolle, Gewürze, Zimmt, kostbare Hölzer, Orseille, und von den kanarischen Inseln Ziegenfelle, Wachs und getrocknete Feigen bezogen, knüpfte das consumtionsfähige reiche Flandern engere Verkehrsbeziehungen mit

ihnen an. Als sich aber vollends in Venedig die Nachricht ver=
breitete, daß unmittelbar nach Vasco de Gama's Entdeckungsfahrt
vier Carovellen, mit Specereien beladen, gerades Weges von Cal=
cutta auf dem Tajo angekommen seyen; da sank, wie Macchiavelli
aus Venedig nach Florenz meldet, der Preis aller an der Adria
aufgestapelten indischen Gewürze um mehr als die Hälfte. Die in
Schrecken versetzte alte Marcusstadt beeilte sich, ihren berühmten
Reisenden Nicolo Conti nach Lissabon zu senden, um Bericht über
den portugiesischen Handel nach Indien abzustatten. Sie forderte
von dem Könige Emmanuel von Portugal, daß sie alle in seiner
Hauptstadt vorräthigen Specereien aufkaufen dürfe, wenn seine
Unterthanen sich für ihren Bedarf versorgt hätten; und schloß end=
lich im Jahre 1522 einen nichtssagenden Vertrag mit Portugal
ab, der natürlich nicht im Stande war, der neuen Wendung des
Weltverkehrs eine andere Richtung zu geben.

Es wäre nun ein sehr anziehender Gegenstand für eine
Einzeluntersuchung, nachzuforschen, ob der indische Handel wohl
den Weg um Afrika, die sogenannte lange Fahrt, dauernd einge=
schlagen haben würde, wenn Venedig in Egypten für seinen bis=
herigen Verkehr weniger Hindernisse gefunden hätte. Dieselbe müßte
uns jedoch über die Grenzen dieses Buches hinausführen. Wir
wollen uns deßhalb darauf beschränken, nur noch die Thatsachen
hier kurz hervorzuheben, welche den Welthandel in die neue
Bahn trieb.

Als gegen das Jahr 1512 die venetianische Ausfuhr nach
dem Nildelta von dem früheren Betrage von 300,000 Ducaten
auf den Werth von 140,000 herabgesunken war, unterhandelte Ve=
nedig in Kairo über einen neuen Vertrag; und damals kam es
mit dem Sultan zu nachfolgenden Gegenreden [1], die den gleich=
zeitigen Zustand der Dinge sehr deutlich darlegen. In einer Note
vom 5. Juni 1512 fragt zuerst der Sultan: „Früher brachten die
venetianischen Kaufleute jedes Jahr alle Arten von Waaren: Oel,
Kupfer, Blei, Tuch, Leder, Pelzwerk, Sammet nach Alexandria.

---

[1] Wappäus, Geschichte der portug. Entdeckungen.

Gegen Ende des Jahres kamen die Galeeren mit Waaren aller
Art an, und vom Tage ihrer Ankunft bis zum Ende der Mudda
(Messe) hörten die Venetianer nicht auf, zu verkaufen und zu kaufen,
sowohl im Tausch als für baares Geld. Heut' zu Tage dagegen
landen nur wenige Schiffe. Die Galeeren kommen bloß alle zwei
Jahre einmal. Man kauft und verkauft nichts, und endlich bestimmt man nur am Ende der Mudda während eines Tages und
einer Nacht den Preis." Der venetianische Gesandte antwortet
darauf: „Es ist wahr, daß unsere Schiffe früher hier im Laufe
des Jahres mit verschiedenen Waaren ankamen. Dieß geschah aber
unter Begünstigung der ausgedehntesten Handelsfreiheit, welche damals sowohl beim Ein= wie beim Verkaufe herrschte. Im Schutze dieser
Freiheit konnte man einen guten Theil der Ladung vorbereiten.
Heute dagegen, wo die Regierung bestimmt, daß die angefahrenen
Waaren nur um den für die letzte oder nächste Mudda festgesetzten
Preis verkauft werden dürfen, ziehen die Kaufleute, welche nicht
zeitig genug zum Convoi kommen können, es vor, auf das folgende
Jahr zu warten, was ihnen vielen Nachtheil bringt und die Bewegung des Handels hemmt. Der Sultan braucht nur zu erlauben,
daß die Waaren zu jeder Zeit des Jahres zum laufenden Preise
verkauft werden, so wird das frühere Verhältniß eintreten." Der
Sultan fragt dann weiter: „Sonst kamen alle Jahre fünf Galeeren
nach Alexandria, ohne die zu zählen, welche nach der Küste der
Berberei versegelten. Nach Beendigung der Mudda blieben noch
große Vorräthe zu einem Betrage von mehr als 300,000 Ducaten
in Alexandrien zurück, so daß man das ganze Jahr hindurch kaufte
und verkaufte, wie auf einer beständigen Messe. Gegenwärtig bleiben
nach der Mudda nicht für 200,000 Ducaten, und wir sehen nur
drei Galeeren ankommen mit sehr wenigen Fahrzeugen und Waaren."
Die Antwort lautete: „Wenn heute so wenig Galeeren ankommen,
so geschieht dieß, weil sie nicht mehr mit Pfeffer beladen
werden können, welcher Artikel in gewöhnlichen Jahren die
Ladung von zwei bis drei Galeeren ausmachte. Dabei muß man
bedenken, daß seit einem Jahrhundert die Specereien nicht so hoch
im Preise waren, als jetzt. Der schöne Ingwer, der sonst durch=

schnittlich 8—10 Ducaten kostete, steht nun 45 Ducaten, und in gleichem Maaße sind die Preise der übrigen Spezereien gestiegen, so daß heut zu Tage der Werth von drei Galeerenladungen den von sechs der früheren gleichkommt." — Nachdem sich der venetia=nische Gesandte dann noch weiter über die inzwischen eingetretenen Beschränkungen der freien Handelsbewegung in Egypten beschwert hat, fügt er am Schlusse seiner Auseinandersetzung ausdrücklich hinzu: „das baare Geld sey in Italien in der letzten Zeit sehr selten geworden, weil eine große Menge davon für Pfeffer nach Portugal ginge."

Auch die Portugiesen erfuhren es sehr bald, daß sie ebenfalls nur gegen Edelmetalle die indischen Waaren beziehen konnten. Schon 1504 schreiben italienische Kaufleute aus Lissabon nach Venedig und Florenz: „In Indien ist wenig Absatz für die Erzeugnisse unserer Länder; alle Briefe von dort lauten, wer gute Geschäfte machen will, muß Goldkrusaden schicken." Und ein anderes Schreiben vom Jahre 1502 sagt: „Die (vier von Indien zurückkehrenden) Schiffe kommen nur mit halben Frachten an. Aus den Aussagen der Rückkehrenden ergibt sich, daß Indien nur sehr wenig fremde Waaren verbraucht, und die Rimessen in edlem Metalle bestehen müssen, woran in jenen Reichen großer Mangel herrscht." Der über Egypten vermittelte venetianisch=indische Verkehr hatte seine asiatischen Bezüge noch einigermaßen mit dem Export italienischer Waaren nach Alexandria decken können. Der nun beginnende directe Handel Europas mit Indien erforderte dagegen ausschließ=lich baares Geld.

Die Portugiesen hatten aber gleich nach ihrer Auffindung In=diens sich durch Cabral und seinen Nachfolger Albuquerque, der als erster Vicekönig alsbald Goa befestigte, zum Herrn des ge=sammten indischen Meeres gemacht und in Folge dessen ein begin=nendes Colonialsystem daselbst eingeführt. Ohne ihre Erlaubniß konnte kein fremdes Schiff nach Indien überhaupt Handel treiben; die Ausfuhr von Zimmt, Pfeffer, Ingwer, Waffen, Eisen, Blei, Stahl aus Indien war zudem ausdrücklich der portugiesischen Flagge vorbehalten. Zur besseren Stütze dieser Politik besetzte Albuquerque dann noch Ormuz, den Haupthafenplatz am persischen Busen, bemächtigte sich der Insel Socotora am Eingange des rothen Meeres und suchte, durch Seeräubereien die Schiffe der Sultane von Egypten in ihrem Verkehr mit Indien, Persien und Arabien zu stören. Dadurch wurden den Venetianern die Waarenzufuhren abgeschnitten, und sie selbst immer mehr auf den Markt von Lissabon hingewiesen. Aber auch die Mameluken in Egypten wurden durch die Stockung des Transito's in ihren Einnahmen wesentlich beeinträchtigt. Sie trieben zwar selber wenig Verkehr, obgleich sie sich, als sie 1269 das Nilland eroberten, Bahriten, d. h. Seeleute, nannten. Denn im Osten hatten die Araber den indischen Handel inne und im Westen besaßen die Europäer die mercantile Herrschaft. Allein wie die Römer und die griechischen Kaiser Egypten wegen seines Reichthums unterwarfen, so konnten auch die Kalifen, die vor der Besetzung des Landes durch Omar nur 200,000 Goldkronen an Tribut bezogen hatten, durch die Zölle ihre Einkünfte bedeutend erhöhen; denn die indischen Güter erlegten bei ihrer Einfuhr in Egypten 5 Procent und bei der Ausfuhr 10 Procent vom Werthe als Mauthabgabe. Der letzte Sultan soll bei seiner Wahl noch 20 Millionen Ducaten unter seine Soldaten haben austheilen lassen. Der venetianische Doge vermochte daher ohne viel Mühe die Herrscher von Egypten, Yemen, Arabien und Guzarate zu einem Kriegszuge in die indischen Gewässer aufzureizen, wofür die Venetianer selber Holz nach Suez brachten und von dort im Jahre 1508 vier große Schiffe nach Indien auslaufen ließen. Indessen geriethen die Verbündeten selber unter einander in Hader, und 1517 ziehen dann die Türken unter Selim in Kairo ein. Das Reich der Mameluken hört auf .... aller Zwischenverkehr im Nildelta hat ein Ende. Kaiser Karl, der Fünfte, hätte kaum noch nöthig gehabt, die von Venedig kommenden orientalischen Waaren in seinen Reichen mit einem Zoll von 25 Procent zu belegen, um den Handel vom mittelländischen Meere abzuziehen. Die Thalatta verödete, und die atlantische Küste ward der ökonomische und politische Schwerpunkt unseres Erdtheils.

Es ist aber ein eigenes Geschick in dem Bildungsgange der Menschheit: In demselben Augenblicke, wo für den Norden von Europa der unmittelbare Zugang zu Indien entdeckt wird, steigt auch Amerika aus den Wellen empor, dessen reiche Gold- und Silberminen erst den Verkehr unseres Erdtheils mit dem Ganges- und Industhale recht ermöglichen. Und als dann in unseren Tagen die Dampfschifffahrt Indien und Europa um hunderte von Meilen näher rückt, der Abfluß des Edelmetalls also im gesteigerten Verkehr noch stärker, als je zuvor, zu werden droht — da wird das Eldorado in Californien und Australien gefunden!

Druckfehler.

Seite 6, 3te Zeile von unten ist zu lesen: Urstandart im Handel statt: Urstand wart ein Handel.

„ 41, 2te Zeile von oben: zwölften statt: zehnten.

„ 58, 14te Zeile von unten: Fell statt: Fall.

„ 122, 15te Zeile von oben: Hufen statt: Höfen.

„ 139, 3te Zeile von oben: mechte statt: mochten.

„ 164, 12te Zeile von oben: den Kaiser statt: der Kaiser.

„ 188, 4te Zeile von unten: denselben statt: derselben.

„ 242, 3te Zeile von unten: auch statt: euch.